Astrid Lohöfer / Kirsten Süselbeck (Hrsg.)

Streifzüge durch die Romania: Festschrift für Gabriele Beck-Busse zum 60. Geburtstag

KULTUR – KOMMUNIKATION – KOOPERATION

herausgegeben von Gabriele Berkenbusch und Katharina von Helmolt

ISSN 1869-5884

11 *Gabriele Berkenbusch, Elisa Wiesbaum, Jens Weyhe*
    Zwischen Hochschule und Arbeitsmarkt
    Die Absolventenstudie der Fakultät Angewandte Sprachen und Interkulturelle
    Kommunikation der Westsächsischen Hochschule Zwickau
    ISBN 978-3-8382-0351-5

12 *Ciara Hogan, Nadine Rentel, Stephanie Schwerter (eds.)*
    Bridging Cultures: Intercultural Mediation in Literature, Linguistics
    and the Arts
    ISBN 978-3-8382-0352-2

13 *Katharina von Helmolt, Gabriele Berkenbusch, Wenjian Jia (Hg.)*
    Interkulturelle Lernsettings
    Konzepte – Formate – Verfahren
    ISBN 978-3-8382-0349-2

14 *Alexandra Bauer*
    Identifikative Integration
    Über das Zugehörigkeitsgefühl von Migranten und Migrantinnen
    zu ihrer Aufnahmegesellschaft
    ISBN 978-3-8382-0382-9

15 *Melanie Püschel*
    Emotionen im Web
    Die Verwendung von Emoticons, Interjektionen und emotiven Akronymen in
    schriftbasierten Webforen für Hörgeschädigte
    ISBN 978-3-8382-0506-9

16 *Friederike Barié-Wimmer, Katharina von Helmolt, Bernhard Zimmermann*
    Interkulturelle Arbeitskontexte
    Beiträge zur empirischen Forschung
    ISBN 978-3-8382-0637-0

17 *Nicola Düll, Katharina von Helmolt, Begoña Prieto Peral,*
    Stefan Rappenglück, Lena Thurau (Hg.)
    Migration und Hochschule
    Herausforderungen für Politik und Bildung
    ISBN 978-3-8382-0542-7

18 *Sara Dirnagl*
    „Because here in Germany". Kategorisierung und Wirklichkeit
    Eine dynamische *Membership Categorization Analysis* von Migrationsberatungsgesprächen
    ISBN 978-3-8382-1005-6

Astrid Lohöfer / Kirsten Süselbeck (Hrsg.)

STREIFZÜGE DURCH DIE ROMANIA

Festschrift für Gabriele Beck-Busse zum 60. Geburtstag

ibidem-Verlag
Stuttgart

Bibliografische Information der Deutschen Nationalbibliothek
Die Deutsche Nationalbibliothek verzeichnet diese Publikation in der
Deutschen Nationalbibliografie; detaillierte bibliografische Daten sind im
Internet über http://dnb.d-nb.de abrufbar.

Bibliographic information published by the Deutsche Nationalbibliothek
Die Deutsche Nationalbibliothek lists this publication in the Deutsche Nationalbibliografie;
detailed bibliographic data are available in the Internet at http://dnb.d-nb.de.

Coverabbildung: © Ibero-Amerikanisches Institut SPK. Abdruck mit freundlicher Genehmigung.

∞

Gedruckt auf alterungsbeständigem, säurefreien Papier
Printed on acid-free paper

ISSN: 1869-5884

ISBN-13: 978-3-8382-1000-1

© *ibidem*-Verlag
Stuttgart 2017

Alle Rechte vorbehalten

Das Werk einschließlich aller seiner Teile ist urheberrechtlich geschützt. Jede Verwertung außerhalb der engen Grenzen des Urheberrechtsgesetzes ist ohne Zustimmung des Verlages unzulässig und strafbar. Dies gilt insbesondere für Vervielfältigungen, Übersetzungen, Mikroverfilmungen und elektronische Speicherformen sowie die Einspeicherung und Verarbeitung in elektronischen Systemen.

All rights reserved. No part of this publication may be reproduced, stored in or introduced into a retrieval system, or transmitted, in any form, or by any means (electronical, mechanical, photocopying, recording or otherwise) without the prior written permission of the publisher. Any person who does any unauthorized act in relation to this publication may be liable to criminal prosecution and civil claims for damages.

Printed in the EU

© Laackman Fotostudios Marburg

Inhaltsverzeichnis

Astrid Lohöfer / Kirsten Süselbeck
Einleitung 9

1. Ulrike Mühlschlegel
   Dudelsack und Schafspelze: Natur und Landeskunde in den
   Wörterbüchern von Bösche, Wollheim und Tolhausen 19

2. Gerda Haßler
   Was ist unbestimmt am *indefinido*? Antworten aus der Geschichte
   der spanischen Grammatikographie 31

3. Barbara Schäfer-Prieß
   Grammatik und Konfession im frühen 17. Jahrhundert 53

4. Sarah Dessì Schmid
   Reine Theorie – hybride Praxis: Purismus in der italienischen
   Sprachgeschichte 67

5. Maria Selig
   Sprachwissenschaft und Sprachtheorie: Zu Philipp Wegener (1848-
   1916) 95

6. Rudolf Windisch
   Alexandru Philippide, *Originea romînilor*, I/II, Iaşi, 1923-1927 –
   ein Monument der rumänischen Sprachgeschichtsschreibung 115

7. Arno Gimber
   Emilia Pardo Bazón und die Professur für neolateinische Literatur
   an der Madrider *Universidad Central* 149

8. Daniel Sachs / Benjamin Sachs
   Out of Germany: The Exodus of Leonie Feiler Sachs and Her
   Family 161

9. Rolf Kemmler / Sónia Coelho / Susana Fontes
   Os primeiros 150 anos de gramática feminina em Portugal 179

10. Helena Sanson
    La *"Vraie méthode"* di Nicolas Adam e le sue grammatiche
    'à l'usage des dames' 201

11. Ana Cristina Macário Lopes
    Texto, relações discursivas e ensino 229

12. Astrid Lohöfer
    Lyrische Sprache und Ethik: Theoretisch-methodische
    Überlegungen am Beispiel von Rimbauds „Les Reparties de Nina" ...243

13. Peter Klaus
    Á la découverte des littératures canadiennes de langue française
    (Québec, Acadie, Ontario) 265

14. Madeleine Kinsella
    "Une Seconde Patrie": The Irish in France. The Historical and
    Cultural Dynamics of a Diaspora 1600-1800 295

Gabriele Beck-Busse
Veröffentlichungen 329

Astrid Lohöfer / Kirsten Süselbeck

Einleitung

„Grammatik im Spannungsfeld von Sprache, Kultur und Gesellschaft" – so lautet der Untertitel zu Gabriele Beck-Busses Studie zu den *Grammatiken für Damen*. Tatsächlich könnte man ihr gesamtes Werk als ‚Sprachwissenschaft im Spannungsfeld von Sprache, Kultur und Gesellschaft' betiteln. Ihre Forschungen betreffen nicht nur die ganze Bandbreite der romanischen Sprachen und eine beeindruckende Vielfalt an Themen – von der Verbsemantik über die Sprachgeschichte, insbesondere Grammatikgeschichte, die Wissenschaftsgeschichte, bis hin zur Didaktik – sondern sie alle sind außerdem Früchte einer Sprachwissenschaft, die Sprache nicht losgelöst sieht von Kultur und Gesellschaft und die sprachtheoretische Texte aus dem Geist ihrer Zeit heraus interpretiert.

In ihren Anfängen ist Beck-Busse vor allem fasziniert von der Sprachwissenschaft als Versuch, die Sprache aus der Beschreibung einzelsprachlicher Phänomene heraus in Begriffen und Kategorien zu fassen – dies schlägt sich in ihrer Dissertation zur temporalen Struktur von Verben im Französischen nieder (*Verb-Satz-Zeit. Zur temporalen Struktur der Verben im Französischen*. Erschienen 1987 bei Niemeyer), welche die bisherigen Versuche der semantischen Klassifikation französischer Verben hinterfragt und ergänzt. In dieser und ähnlichen Arbeiten verdeutlicht Beck-Busse, dass die Realität der Sprache von der Porosität der wissenschaftlichen Klassen zeugt, zeigt jedoch gleichzeitig die beeindruckende Systemhaftigkeit von Sprache auf. Bereits hier verweist sie auf den Zusammenhang von Sprache und Welt und bezeugt den Umstand, dass es das Zusammenbringen von sprachlicher Regelmäßigkeit und ‚Kenntnis von Welt' ist, was menschliche Kommunikation möglich macht. Aus diesem Denken heraus macht Beck-Busse die Sprachwissenschaft auch für den Fremdsprachenunterricht fruchtbar, insbesondere die Dependenzgrammatik Lucien Tesnières und seine Erkenntnis, dass das Verb die dominierende Rolle im Satz spielt. Dieses Interesse an der Lehre sowie die Bewusstmachung der Verbsyntax im Fremdsprachenunterricht zeigt sich unter anderem in dem von ihr 1993 konzipierten Französisch-Übungsheft (*Verbe et objet*. Erschienen bei Cornelsen).

Von hier aus bewegt sich die Forschung von Beck-Busse immer weiter auf den Fokus der Analyse von metasprachlichen Diskursen und der Wissenschaft der Sprache selbst zu. Wie wird über Sprache gesprochen, wie wird sie reglementiert, wie wissenschaftlich analysiert, wie gelehrt? Es geht um Sprachpflege, Sprachpolitik, Sprechen über Sprache in Radio und Presse – und um Wissenschaftsgeschichte. In diesem Bereich ist es das Verdienst von Beck-Busse, den oft ignorierten Beitrag von Frauen sichtbar zu machen, die sich auf hohem Niveau und mit großer Intensität, teils trotz erheblicher Schwierigkeiten und Stirnrunzeln darüber, dass sie sich als Frauen überhaupt wissenschaftlich betätigen, mit den romanischen Sprachen beschäftigt und Grundlegendes zu ihrem Studium beigetragen haben – allen voran Elise Richter und Carolina Michaëlis de Vasconcelos.

Der Bezug der Sprachwissenschaft zur Geistes- und Kulturgeschichte wird dann in Beck-Busses Beschäftigung mit den Grammatiken „für Damen" (*Grammaires des Dames – Grammatiche per le Dame: Grammatik im Spannungsfeld von Sprache, Kultur und Gesellschaft.* Erschienen 2014 bei Peter Lang) wegweisend. Hier stehen nicht grammatiktheoretische Fragestellungen, sondern vielmehr der Bezug dieser historischen Texte zur Ideengeschichte und zur Gesellschaft im Vordergrund. Die Damengrammatiken werden als Diskurstradition wahrgenommen, welche von gesellschaftlichen Normen beeinflusst ist. Beck-Busse blickt dabei auf die Grammatiken nicht nur mit sprachwissenschaftlichem, sondern auch mit kultur- und literaturwissenschaftlichem Instrumentarium. So kann sie die Grammatiken für Damen als Genre beschreiben und zum Beispiel auch auf die Anleihen der Texte bei Literatur und Dichtung hinweisen. Neben Aufbau, Struktur, Inhalt, Sprachduktus und Terminologie werden nicht nur der Zeitgeist und das damalige Deutungsuniversum, sondern auch publikationsgeschichtliche Aspekte berücksichtigt – Verlage, Auflagen, Druckorte, Format und Umfang, Widmungen. Letztendlich wird klar, dass ein Zusammennehmen all dieser Aspekte notwendig ist, um zu erläutern, wen die „Damen" in den Titeln der Grammatiken ansprechen sollen, nämlich nicht das weibliche Geschlecht, sondern ein Publikum, das diejenigen Ansprüche besitzt und Erwartungen erfüllt, welche mit dem ‚Dame-Sein' verknüpft werden und dem die Werke in ihrer Art der Präsentation gerecht werden wollen. Durch die jeweiligen Bezüge zur Zeitgeschichte und nicht zuletzt die Breite der Studie – es werden italienische und französische Grammatiken aus den deutschsprachigen Ländern, aus Frankreich, Italien und England im Zeitraum von 1728 bis 1850 untersucht – werden auch länder- und zeitspezifische Unterschiede herausgearbeitet.

Beck-Busse hat immer bewiesen, dass es, um Sprachwissenschaft zu betreiben, zum einen eine gewissenhafte und entschlossene Genauigkeit in der Methode braucht, zum anderen aber auch ein stets kritisches und hinterfragendes Bewusstsein für historische Zusammenhänge. Dabei ist die historische Betrachtung von Sprache, Grammatik und Wortschatz selbst ebenso wichtig wie ihre Einbettung in kulturgeschichtliche Zusammenhänge und in die Geschichte der Wissenschaften, die diese beschreibt und aufdeckt. Die vorliegende Festschrift greift zum einen die Fülle der beforschten Sprachen von Beck-Busse auf und nimmt daher Bezug auf die gesamte Romania, vom Westen mit Portugiesisch bis zum Osten mit Rumänisch; zum anderen steht, gemäß den Interessen der Gefeierten, der historische Blickwinkel im Mittelpunkt, angewandt auf die gesamte Bandbreite der von ihr in ihren Publikationen berührten Themen. Ebenso wie das Engagement Beck-Busses nicht an den Grenzen der Universität halt macht – man denke an ihre kontinuierliche Öffentlichkeitsarbeit in Form zahlreicher Tagungen, Ausstellungen und Veranstaltungen –, beschränken sich ihre vielfältigen Interessen nicht nur auf das Gebiet der Sprachwissenschaft, wie die Hinzufügung von drei Beiträgen aus dem Bereich der historischen Literatur- und Kulturwissenschaft am Ende des vorliegendenen Bandes verdeutlichen soll.

Den Auftakt zur Festschrift bildet eine lexikographiegeschichtliche Analyse von Ulrike Mühlschlegel, welche sich mit den Vorläufern des *Neuen Wörterbuchs der portugiesischen und deutschen Sprache* (1887) der von Gabriele Beck-Busse in ihren Aufsätzen bekannt gemachten Romanistin Henriette Michaelis de Vasconcelos befasst: mit Anton Edmund Wollheim da Fonsecas *Handwörterbuch der portugiesischen und deutschen Sprache* (1844), mit Eduard Theodor Bösches *Neuem vollständigen Handwörterbuch der portugiesischen und deutschen Sprache* (1858) und – als Vergleichsobjekt – mit dem *Neuen spanisch-deutschen und deutsch-spanischen Wörterbuch* (1888-1889) von Ludwig Tolhausen. Die Wörterbücher sollten zwar einfach zu handhaben und bei der direkten Kommunikation und dem Erlernen der Sprache behilflich sein, aber sie vermitteln dem Benutzer zugleich auch, wie Mühlschlegel anhand von Beispielen zeigt, einen Einblick in die damalige Volkskultur der Iberischen Halbinsel.

Von der Lexikographie- zur Grammatikgeschichte führt uns der Aufsatz von Gerda Haßler, der sich ebenfalls mit der spanischen Sprache befasst und der Bezeichnung *indefinido* für das einfache Perfekt auf den Grund geht. Zwar nennt selbst die *Real Academia Española* die Verbform mittlerweile *pretérito perfecto simple*, aber die Bezeichnung *indefinido* hält sich dennoch hartnäckig, auch in deutschen Sprachlehrbüchern. Haßler untersucht zunächst anhand von Beispielsätzen aus der *Nueva Gramática de la Lengua Española* (2009), was an der Verbform ‚unbestimmt' ist. Dabei stellt sich heraus, dass weder die aspektuelle Bestimmtheit die Bezeichnung *indefinido* rechtfertigen kann, noch die temporalen Eigenschaften dies tun – vor allem, wenn die unterschiedlichen Gebräuche in den diatopischen Varietäten in Betracht gezogen werden. Im zweiten Teil ihres Beitrags zeichnet Haßler die Geschichte der Bezeichnung der Verbform in den spanischen Grammatiken vom 15. bis zum 20. Jahrhundert nach – von Antonio de Nebrija (1492) über Juan Manuel Calleja (1818) und Andrés Bello (1847) bis hin zu den neueren Akademiegrammatiken. Dabei attestiert sie ihnen in der Gesamtschau „eine große Verwirrung um den Terminus *indefinido*" – und deckt so manche Irrtümer auf.

Erneut um die Geschichte der Grammatik geht es in dem Beitrag von Barbara Schäfer-Prieß, der das bisher wenig beachtete Thema des Einflusses der Konfession der Autoren auf die frühneuzeitliche Grammatikschreibung beleuchtet. Exemplarisch werden die Autoren Amaro de Roboredo aus dem katholischen Portugal und Wolfgang Ratke aus dem protestantischen Deutschland verglichen. Beide vereint der Glaube an eine universelle Grammatik und die Hervorhebung der Bedeutung der Lehre der Grammatikregeln der Muttersprache für das Erlernen der klassischen Sprachen. Schäfer-Prieß begibt sich auf die Suche nach gemeinsamen Quellen beider Autoren und wirft dabei auch einen Blick auf die Rolle der Zensur im 16. und 17. Jahrhundert, die nicht nur in katholischen, sondern auch in protestantischen Gebieten auf die Grammatikschreibung Einfluss nahm.

Auch Sarah Dessì Schmid interessiert sich für Sprachgeschichte vor dem Hintergrund politischer Gegebenheiten und nimmt uns mit auf eine Reise durch die Geschichte der Standardisierung des Italienischen – vom 16. Jahrhundert mit den Vorstellungen Bembos und Manuzios sowie Salviatis und der *Accademia della Crusca* über das 19. Jahrhundert mit Cesari und Manzoni bis heute. Sie erläutert die Rolle, die an den unterschiedlichen Stationen der *purismo* spielte und analysiert dabei im Detail, was das jeweilige Sprachmodell ausmachte. Auf diese Weise deckt sie Widersprüche auf zwischen puristischen (oder antipuristischen) Theorien, angewendeten Begriffen und deklarierten Zielen auf der einen Seite und tatsächlicher, meist „hybrider" Praxis auf der anderen. Auch werden die praktischen, teils kulturell und politisch bedingten Umstände aufgezeigt, die die Unterwanderung der theoretischen Grundsätze und letztendlich auch den Erfolg der verschiedenen Modelle bedingen. Dessì Schmid macht deutlich, dass der Begriff des ‚*purismo*' aus heutiger Sicht auf die Sprachgeschichte keine klare Kategorie darstellt und regt dazu an, seine Bedeutungsnuancen und -grenzen zu hinterfragen.

Die folgenden zwei Beiträge verlagern den Fokus von der Sprach- zur Sprachwissenschaftsgeschichte, indem sie an das Lebenswerk zweier einflussreicher Linguisten erinnern. Der Beitrag von Maria Selig befasst sich mit dem preußischen Sprachwissenschaftler Philipp Wegener, der als einer der Pioniere der pragmatisch ausgerichteten Sprachtheorie angesehen werden muss. In seinem 1885 erschienenen Hauptwerk *Untersuchungen über die Grundfragen des Sprachlebens* wendet sich Wegener von der idealistischen Vorstellung eines kollektiven ‚Sprachgeistes' ebenso ab wie von der im Naturalismus vorherrschenden Reduktion von Sprache auf Artikulationsvorgänge und definiert als Grundlage jeglicher sprachlicher Strukturbildung das unmittelbare kommunikative Handeln in der Sprechsituation – ein Gedanke, der sich u.a. in Karl Bühlers Organonmodell und dessen Auffassung von Sprachgebilden als Momenten einer Sprechhandlung fortsetzt. Wie Selig zeigt, hat das Werk Wegeners einen wichtigen Stellenwert für die Historiographie der Sprachwissenschaft, indem es nicht nur die junggrammatische Hinwendung zur Psychologie exemplifiziert, sondern auch das sprachtheoretische Denken zwischen den beiden disziplinären Schließungen der Linguistik durch das historisch-vergleichende und das strukturalistische Paradigma.

Im junggrammatischen Kontext situiert sich auch der Beitrag von Rudolf Windisch, eine Würdigung der rumänischen Sprachgeschichte *Originea romînilor* von Alexandru Philippide (1859-1933), welcher u.a. in Halle bei Eduard Sievers studierte und ab 1893 den Lehrstuhl für romanische Philologie an der Universität Iași innehatte. Windisch zeichnet die komplexe Argumentationslinie der *Originea* nach und thematisiert deren Beeinflussung durch die Theorien der Junggrammatiker ebenso wie ihre Wirkung auf nachfolgende Generationen rumänischer Philologen, darunter Sextil Pușcariu,

Gheorge Ivănescu und Eugenio Coseriu. Anhand zahlreicher Belegbeispiele aus der *Originea* erläutert Windisch Philippides Auffassung von einer „Artikulationsbasis" und einer „psychischen Basis" der Spracherzeugung – zwei Konzepten, denen Philippide eine wesentliche Rolle bei der Entwicklung des Rumänischen (besonders in Abgrenzung zum Albanischen) zuschrieb. Aufgrund ihrer ebenso umfassenden wie systematischen Darstellung rumänischer Sprachgeschichte, so Windisch, verdient Philippides *Originea romînilor* den Vergleich mit den großen Monumenten westromanischer Sprachgeschichtsschreibung, wie z.B. den *Orígenes del español* oder der *Histoire de la langue française des origines à 1900*.

Die nächsten beiden Aufsätze verankern sich ebenfalls in der Wissenschaftsgeschichte und greifen einen zentralen Schwerpunkt von Beck-Busses Forschungen auf, nämlich den der ‚Frauen in der Romanistik'. Arno Gimber berichtet in diesem Zusammenhang von einer bisher kaum beachteten Episode in der Biographie der spanischen Schriftstellerin Emilia Pardo Bazán (1851-1921), nämlich ihrer Berufung auf den Lehrstuhl für zeitgenössische Literatur der romanischen Sprachen an der Madrider *Universidad Central*. Obwohl Pardo Bazán als Schriftstellerin und Vertreterin des modernen, liberalen Spanien hohes Ansehen genoss, konnte die Professur nur gegen den Willen des Fakultätsrats eingerichtet werden – sicherlich auch dank der Tatsache, dass mehrere männliche Persönlichkeiten von hohem Rang dafür eintraten. Anhand der Debatte um die Berufung Pardo Bazáns macht Gimber deutlich, dass ihre Ernennung vor allem deshalb Unmut erregte, weil sie eine Frau war.

Um den nicht weniger steinigen Lebensweg einer Romanistin geht es in der autobiografischen Studie von Daniel und Benjamin Sachs. Die beiden Söhne von Leonie Feiler Sachs beschreiben die einzelnen Stationen im Leben ihrer Mutter, welches durch die Heirat mit dem jüdischen Hispanisten Georg Sachs eine entscheidende Wende nahm: Kurz vor der Machtergreifung im Januar 1933 folgte Leonie ihrem Mann nach Spanien, wo dieser eine Position am *Centro de Studios Históricos* der Universität Madrid angenommen hatte, um dem immer enger werdenden Netz aus Vorschriften und Verboten in Deutschland zu entfliehen. Als auch Spanien wenige Jahre später von der faschistischen Welle erfasst wurde, floh das Paar mit den beiden gerade erst geborenen Söhnen über Paris nach New York – ein weiterer, doppelter Verlust für die deutsche Romanistik im Zuge der nationalistischen Radikalisierung Europas.

Mit den Biografien zweier Romanistinnen beschäftigen sich auch Rolf Kemmler, Sónia Coelho und Susana Fontes, deren Aufsatz einen Überblick über die Entwicklung der Frauengrammatik in Portugal von 1780 bis 1930 liefert und dabei an das Thema von Beck-Busses Habilitationsschrift anknüpft, indem er die speziell für ein weibliches Publikum konzipierten Grammatiken von Francisca de Chantal Álvares und Berta Valente de Almeida ins Zentrum der Analyse stellt. Die Autoren beleuchten die Biografien beider Linguistinnen vor dem Hintergrund zeitgenössischer Konzepte von weiblicher Spracherziehung und untersuchen anschließend die Paratexte, mit denen Álvares und Almeida selbst ihre Grammatiken in diesem Kontext situieren.

Ebenfalls um historische (Fremd-)Sprachendidaktik mit besonderem Fokus auf die ‚Damengrammatik' geht es in Helena Sansons Beitrag zur „Vraie méthode" bei Nicolas Adam (1717-1792). Mit seinen Überlegungen folgt der Pariser Autor einer gegen Ende des 16. Jahrhunderts in Europa aufkommenden und sich bis ins 18. Jahrhundert verbreitenden Tradition, in der die Formel ‚à l'usage des dames' als Titelzusatz von Grammatiken diese Lehrwerke als besonders geeignet für eine bestimmte Zielgruppe kennzeichnete – und zwar nicht nur für die der „dames", für die der uneingeschränkte Zugang zu Bildung unüblich war, sondern viel allgemeiner für die der „jeunes étudiants", die damit Zugang zum elementaren Erwerb grammatischer Kenntnisse in der eigenen sowie in einer Fremdsprache erhalten sollten. In einer vergleichenden Analyse mit dem tschechischen Linguisten und Pädagogen Jan Amos Komenský (Comenius) (1592-1670) zeigt Sanson, wie Adam dessen Grundidee „du connu à l'inconnu" in seiner eigenen didaktischen Methodik fortsetzte. So rät er zum besonders erfolgreichen Erlernen des Italienischen und weiterer Fremdsprachen den Weg über den direkten, strukturellen Vergleich mit der Muttersprache Französisch zu gehen. Für die Zeit besonders innovativ ist Adams Empfehlung, dass sich das Studium des klassischen Lateins ebenso für weibliche wie für männliche Sprachlerner eigne – letztlich also ein Ansatz, der mit seinem Anspruch auf Universalität und darauf, „aperto a tutti" zu sein, ein fast schon modernes Moment aufweist.

Einen synchronen Blick auf die Fremdsprachendidaktik wirft anschließend der Aufsatz von Ana Cristina Macário Lopes, welcher für einen systematischen Aufbau metasprachlicher Kompetenz im Sprachunterricht plädiert. Ihre Überlegungen, die sich auf den muttersprachlichen Portugiesischunterricht beziehen, basieren auf den häufig zu beobachtenden Schwierigkeiten von Lernenden im Bereich diskursiver Konnektoren, welche über die Satzgrenze hinausgehen und / oder morphologisch unmarkiert sind. Um das Verständnis und die Vermittlung solcher Konnektoren zu erleichtern, entwickelt Lopes eine Typologie auf der Grundlage ihrer jeweiligen semantischen Funktionen und empfiehlt, im Unterricht nicht nur sprachpraktische Übungen durchzuführen, sondern auch regelmäßig Raum zu schaffen für die bewusste Reflexion über den diskursiven bzw. textuellen Gebrauch von Sprache.

Den Übergang von der Sprach- zur Literaturwissenschaft bildet der Beitrag von Astrid Lohöfer, welcher den Zusammenhang von lyrischem Sprachgebrauch und ethischer Aussagekraft beleuchtet – ein Zusammenhang, der in der gegenwärtigen Literaturkritik üblicherweise in Frage gestellt wird. Um den Verdacht der ethischen Irrelevanz zu entkräften, dem lyrische Texte – insbesondere der Moderne – immer wieder ausgesetzt sind, entwickelt Lohöfer zunächst einen alternativen Ansatz zur ethischen Textanalyse, welcher auf den kunsttheoretischen Positionen Martin Heideggers und Paul Ricœurs basiert und über eine einseitige Fokussierung auf die Ethik (und die inhaltliche Ebene) bzw. die Ästhetik (und die sprachliche Ebene) hinausgeht. In einem zweiten Schritt wendet sie diesen Ansatz exemplarisch auf Arthur Rimbauds Langgedicht „Les Reparties de Nina" an und zeigt dadurch ethische Dimensionen in einem lyrischen Text der Moderne auf, die von der bisherigen Forschung vernachlässigt wurden.

Von der Moderne in die Postmoderne und von Frankreich nach Kanada führt uns anschließend der Aufsatz von Peter Klaus, welcher einen Überblick über die zeitgenössische literarische Produktion in den französischsprachigen Provinzen Kanadas bietet. Wie Klaus hervorhebt, wird die frankokanadische Literatur nicht nur von bekannten Autoren aus Québec wie Jacques Godbout, Naïm Kattan oder Jacques Poulin geprägt, sondern auch von Schriftstellern aus Akadien (z.B. Antonine Maillet, Viola Léger, Herménégilde Chiasson) sowie aus den französischsprachigen Regionen Ontarios (Daniel Poliquin, Patrice Desbiens, Jean-Marc Dalpé). Die Diversität und Heterogenität, durch die sich die (franko-)kanadische Kultur auszeichnet, schlägt sich nicht zuletzt in den zahlreichen unterschiedlichen Ausprägungen literarischen Schaffens nieder, welche Klaus in seiner Zusammenschau beleuchtet – vom weiblichen Schreiben über die *écritures migrantes* bis hin zur künstlerischen Auseinandersetzung mit dem Spannungsfeld zwischen Amerikanität und Frankophonie bzw. mit den postkolonialen Konzepten von ‚Hybridität' und ‚Transkulturalität'.

Transkulturelle Beziehungen bilden auch die Grundlage des letzten Beitrags in diesem Band: Madeleine Kinsellas kulturwissenschaftlicher Darstellung der irischen Emigration nach Frankreich, welche gegen Ende des 16. Jahrhunderts im Zuge der Kolonisierung und Anglikanisierung Irlands durch die Tudor-Dynastie einsetzte. Kinsella beschreibt den nachfolgenden Prozess des kulturellen Austauschs zwischen Irland und Frankreich, der sich auf drei Ebenen vollzog: auf der kulturellen Ebene mit der Gründung schulisch-universitärer Einrichtungen wie dem *Collège des Irlandais* in Paris; auf der militärischen Ebene mit der Unterstützung der französischen Armee durch die *Brigade Irlandaise*; sowie auf der wirtschaftlichen Ebene mit der Belebung französischer Atlantikhäfen durch irische Händler. Der Beitrag zeigt, dass die irische Diaspora von ihrer „zweiten Heimat" Frankreich nicht nur profitiert, sondern diese auch in mehrfacher Hinsicht bereichert hat, und führt somit zum Ausgangspunkt unserer Streifzüge zurück – zur Romania als Ort einer historischen, kulturellen und sprach-(wissenschaft)lichen Vielfalt, welche sich auf eindrucksvolle Weise in der den Band abschließenden Bibliographie von Gabriele Beck-Busse wiederspiegelt.

Wir danken Prof. Dr. Winfried Busse, Dr. Helga Lohöfer, Rahel Perschke sowie Américo Vinga-Martins für die Mithilfe bei der Korrektur und Formatierung dieses Bandes, ebenso wie Valerie Lange vom ibidem-Verlag für ihre Beratung und ihr Entgegenkommen beim Anfertigen der Druckvorlage. Für ihre finanzielle Unterstützung danken wir dem Institut für Romanische Philologie sowie dem Fachbereich Fremdsprachliche Philologien der Philipps-Universität Marburg.

Lissabon / Augsburg   Astrid Lohöfer / Kirsten Süselbeck

Ulrike Mühlschlegel

Dudelsack und Schafspelze: Natur und Landeskunde in den Wörterbüchern von Bösche, Wollheim und Tolhausen

1. Einleitung

So wie ‚Duden' und ‚Brockhaus' im Deutschen für ein einsprachiges Wörterbuch bzw. für eine Enzyklopädie stehen, so wie seit der frühen Neuzeit ‚Calepinus' (nach Ambrogio Calepino bzw. in seiner latinisierten Form Ambrosius Calepinus) ein jegliches polyglotte Wörterbuch mit vier, sechs oder mehr Sprachen bezeichnet, so ist in Brasilien ‚Michaelis' noch heute die Bezeichnung für ein Wörterbuch.

Dies geht zurück auf die Arbeit von Henriette Michaelis, deren *Neues Wörterbuch der portugiesischen und deutschen Sprache* (erstmals in Leipzig 1887 erschienen) einen Meilenstein in der portugiesisch-deutschen Lexikographie darstellt. Seine technischen Neuerungen, seine Fortschritte in der Sprachbeschreibung und Darstellung sowie seine Nutzerorientierung bildeten die Basis für eine lange Reihe von Neuauflagen und Bearbeitungen, die für das zweisprachige Wörterbuch mit Portugiesisch und Deutsch bis 1932 gehen, eine englisch-portugiesische Adaptation wurde sogar bis 1955 aufgelegt. Der Verlag Melhoramentos in São Paulo, der diese Bearbeitung herausgab und zur Grundlage weiterer Wörterbücher machte, führt heute ‚Michaelis' als Namen einer Reihe von ein- und mehrsprachigen Wörterbüchern (vgl. Ettinger, 1991, 3023).

Gabriele Beck-Busse ist es zu verdanken, dass wir heute über Henriette Michaelis und auch über ihre Schwester Karoline – besser bekannt unter ihrem späteren Namen Carolina Michaelis de Vasconcelos – mehr wissen als nur das Geburtsdatum.[1] In einer Reihe von Aufsätzen zeichnet sie das Leben von Henriette und Carolina Michaelis de Vasconcelos nach, erforscht das Umfeld der beiden gelehrten Schwestern mit ihrem Lehrer Carl Goldbeck und untersucht

---

[1] Bei Henriette Michaelis gelang es ihr trotz intensiver Archivarbeit nicht einmal, das Todesdatum zu ermitteln.

das portugiesisch-deutsche Wörterbuch von Henriette Michaelis. Hier muss auch unbedingt die von Gabriele Beck-Busse initiierte Seite *Frauen in der Romanistik* genannt werden,[2] die eine Fülle an biographischen, bibliographischen und wissenschaftshistorischen Informationen über Romanistinnen und Philologinnen bietet. Für die erste Ausgabe des Wörterbuchs von Henriette Michaelis enthält die Seite drei ausführliche zeitgenössische Rezensionen.[3]

Hier sollen nun die direkten Vorläufer des *Neuen Wörterbuchs der portugiesischen und deutschen Sprache*, die Werke von Wollheim da Fonseca (1844) und Bösche (1858) näher betrachtet werden und zwar unter dem Aspekt der kulturspezifischen Lemmata. Als weiteres Vergleichsobjekt wird das *Neue spanisch-deutsche und deutsch-spanische Wörterbuch* von Louis Tolhausen herangezogen, ein Wörterbuch mit umfangreichen Be- und Umschreibungen sowie landeskundlichen und enzyklopädischen Informationen.[4]

2. Die Anfänge der portugiesisch-deutschen Lexikographie

Bis zum Beginn des 18. Jahrhunderts tritt das Portugiesische nicht in Kombination mit den modernen europäischen Sprachen auf. Es findet sich in den polyglotten Werken von Calepino und Berlaimont (vgl. Ettinger, 1991, 3020-3022), in Wortlisten mit asiatischen und indigenen Sprachen Südamerikas, die im Kontext der Missionarslinguistik entstehen, sowie in zweisprachigen Wörterbüchern mit Latein, die dem Unterricht dienen. 1701 erscheint mit *A compleat Account of the Portugueze Language* das erste englisch-portugiesische Wörterbuch (vgl. Messner, 1996, 53). 1714 folgt mit dem *Tesouro dos vocabulos das duas linguas Portugueza e Belgica* von Abraham Alewyn und Johannes Collé das erste portugiesisch-niederländische Werk. Ab der Mitte des 18. Jahrhunderts, zeitgleich mit der Zunahme des französischen Einflusses auf die portugiesische Philosophie, Literatur, Kultur und Sprache, treten portugiesisch-französische Wörterbücher auf, den Anfang macht Joseph Marques mit dem *Dictionnaire des langues francoise et portugaise* (1758) und dem *Novo diccionario das línguas portugueza e franceza* (1764).

---

[2] <http://www.romanistinnen.de/>
[3] <http://www.romanistinnen.de/frauen/michaelish.html>
[4] Zur Relevanz dieser Betrachtungen sei auf die Ausführungen von Gabriele Beck-Busse in Beck-Busse / Mühlschlegel, 2005, verwiesen.

Die portugiesisch-deutsche Lexikographie beginnt erst im 19. Jahrhundert. Erste Sprachlehren entstehen 1778 (Johannes Andreas von Jung, *Portugiesische Grammatik*) und 1785 (Abraham Meldola, *Nova grammatica portugueza*). 1810 bringt Johann Daniel Wagener sein *Allgemeines Warenlexikon, in spanischer, portugiesischer, französischer, italienischer und englischer Sprache* heraus, 1811/1812 folgen dann die beiden Bände des *Novo diccionario portuguez-alemão e alemão-portuguez*.

Wageners Zielgruppe sind Deutsch-Sprecher, die das Portugiesische für Handelskontakte und in Wirtschaftsbeziehungen nutzen wollen. Seine Wörterbücher lassen sich aus heutiger Sicht als praxisorientiert und nutzerfreundlich charakterisieren, wenn sie auch zur Redundanz neigen und dem Benutzer umfangreiches Wortmaterial zur Verfügung stellen: Bei den Äquivalenten ist besonders für das Portugiesische eine große Häufung zu verzeichnen, die den Nutzer angesichts fehlender Gebrauchsmarkierungen ratlos lässt. Daneben arbeitet Wagener auch mit Umschreibungen, Beschreibungen und ausführlichen enzyklopädischen Angaben. Die Erfahrung des Autors im Sprachunterricht und in der Grammatik zeigt sich an den Beispielen zu Syntagmen und Kollokationen, besonders aber im Bereich der Präpositionen und Konjunktionen, oft eine Schwachstelle der frühen Wörterbücher.[5]

3. Die Autoren und ihre Werke: Wollheim da Fonseca, Bösche, Tolhausen

Anton Edmund Wollheim da Fonseca (1810-1884) entstammt einer Breslauer Familie, die um sein Geburtsjahr nach Hamburg zieht. Der Schriftsteller, Diplomat und Abenteurer gilt als schillernde Persönlichkeit. Nachdem er im portugiesischen Bürgerkrieg auf Seiten des Königs Dom Pedro gekämpft hat, wird er in den Ritterstand erhoben und erhält den Titel „Chevalier de Fonseca". Theodor Fontane wird mit den Worten zitiert, Wollheim „spräche dreiunddreißig Sprachen und lüge in vierunddreißig" (Kummereincke, 2014, o.S.). Wollheim da Fonseca ist aber auch habilitierter Orientalist, Sprachlehrer und Hochschuldozent, er arbeitet mehrere Jahre als königlicher Bibliothekar und Sekretär in Kopenhagen (Briesemeister, 2014). In seiner zweiten Lebenshälfte wirkt er vor allem als Dramaturg an verschiedenen Hamburger Bühnen.

---

[5] Vgl. zu Wagener ausführlich Mühlschlegel, 2001.

Ende des 18. Jahrhunderts macht sich in der Lexikographie der modernen europäischen Sprachen der Wunsch nach einfach zu handhabenden Wörterbüchern bemerkbar, nach Taschenwörterbüchern, die auf Reisen mitgenommen werden können. Diesem entspricht Wollheim da Fonsecas *Handwörterbuch der portugiesischen und deutschen Sprache*: Ohne lange Vorreden und ohne Angaben zu Orthographie, Grammatik und Aussprache umfasst der portugiesisch-deutsche Teil 392 Seiten, der deutsch-portugiesische 313 Seiten. Das Fehlen eines Abkürzungsverzeichnisses fällt insofern ins Gewicht, als Wollheim umfangreichen Gebrauch von Abkürzungen macht, sowohl für die Grammatik als auch für die diasystematische Markierung, und diese Abkürzungen bei weitem nicht selbsterklärend sind.

Die Biographie des Offiziers, Schriftstellers, Naturforschers und Lexikographen Eduard Theodor Bösche weist einige Parallelen zu derjenigen Wollheim da Fonsecas auf, wenn er auch nicht über dessen prominente Stellung in der Gesellschaft verfügt. 1807 in Peine bei Hannover geboren und bereits zu Schulzeiten des Englischen und Französischen mächtig, wird Bösche vom brasilianischen Militär angeworben und erreicht am 14. April 1825 mit dem Auswandererschiff „Wilhelmine" den Hafen von Rio de Janeiro. Zehn Jahre wird er im Süden Brasiliens bleiben und nach der Rückkehr seine Eindrücke, teils malerisch verklärt, in den *Wechselbildern von Land und Seereisen, Abenteuern, Begebenheiten, Staatsereignissen, Volks- und Sittenschilderungen* veröffentlichen.[6] Außerdem ist er Autor mehrerer in Hamburg verlegter Sprachlehren, die er für Kaufleute und Reisende, aber auch explizit für Auswanderer nach Brasilien konzipiert. Daneben publiziert Bösche landeskundliche Überblickswerke zu Brasilien.

Auch Bösches *Neues vollständiges Handwörterbuch der portugiesischen und deutschen Sprache. Mit besonderer Rücksicht auf Wissenschaften, Künste, Industrie, Handel, Schifffahrt* führt bereits im Titel der ersten Auflage den Hinweis auf das reduzierte Format. Die folgenden Auflagen werden sogar unter der Bezeichnung *Neues vollständiges Taschenwörterbuch ...* publiziert. Mit 847 Seiten (Portugiesisch-Deutsch) bzw. 806 Seiten (Deutsch-Portugiesisch) bei gleichem Format, gleicher Typengröße und gleichem Satzspiegel wie das

---

[6] Zu Eduard Theodor Bösche siehe Martins / Witt / Moreira, 2014.

Werk von Wollheim da Fonseca ist es deutlich umfangreicher, dennoch verzichtet auch Bösche auf eine Einleitung sowie Anmerkungen zu Grammatik und Orthographie.

Es wird deutlich, dass die Wörterbücher von Wollheim da Fonseca und Bösche auf die direkte Kommunikation ausgerichtet sind und im Falle des Spracherwerbs ergänzend zu den zu dieser Zeit bereits zahlreich vorhandenen – und bei von Bösche sogar vom selben Autor publizierten – Sprachlehren zu sehen sind.

Über Ludwig Tolhausen ist außer seinen Lebensdaten (1817-1904) nur wenig bekannt Er ist als Sprachlehrer tätig, wirkt im Fürstentum Moldau beim Aufbau des Bildungswesens und der Professionalisierung der französischen Sprachlehre mit (Lang, o.J.) und veröffentlicht im Ruhestand schließlich sein zweibändiges *Neues spanisch-deutsches und deutsch-spanisches Wörterbuch* (1888-1889). Dies ist – im Unterschied zu den vorher erwähnten Taschenwörterbüchern der portugiesischen und deutschen Sprache – ein Großwörterbuch, dessen spanisch-deutscher Teil 764 Seiten und der deutsch-spanische Teil 828 Seiten erreicht. Tolhausen hält sich bereits in Band 1 (Spanisch-Deutsch) nicht lange mit Vorworten, Einleitungen oder Anreden an den Leser auf, sondern beginnt sein Werk sogleich mit einem Abkürzungsverzeichnis (ohne Seitenzahl). Hier unterscheidet er zwischen „sprachlichen Abkürzungen", also grammatikalischen Hinweisen wie conj. = conjunctio, Bindewort oder v.a. = verbum activum, thätiges Zeitwort, und „sachlichen Abkürzungen", die die diatechnischen Marker darstellen. Die 43 Abkürzungen reichen von Agr. = Agrikultur, Ackerbau über Mal. = Malerei, Bildhauerei bis zu Zimm. = Zimmermann, Schreiner und umfassen dabei auch moderne Technik (Tel. = Telegraph) sowie Marker, die nur im Kontext der spanischen Kultur und Landeskunde erforderlich sind (Taur. = Tauromachie, Stiergefecht). Es folgen vier Seiten „Spanische Orthoepie und Orthographie" (I-IV) und dann beginnt der Hauptteil mit den Lemmata. Die letzten Seiten 763 und 764 gehören zu einem spanisch-deutschen Abkürzungsverzeichnis der „Abreviaturas que más comunmente se usan en castellano" und reicht von A. = A lteza ∥ Aprobado (en examen) über kg = kilogramo, kilogramos bis x.mo = diezmo.

Band 2 (Deutsch-Spanisch) verzichtet übrigens auf jeglichen paralexikographischen Vorspann und beginnt sogleich mit dem Hauptteil, es schließt sich auf der letzten Seite ein Verzeichnis der im Wörterbuch verwendeten, lexikographischen spanischen Abkürzungen an sowie 15 Zeilen mit knappen Hinweisen zur deutschen Orthoepie und Orthographie.

4. Natur und Landeskunde

Als erstes soll hier nun das Lemma *gaita* betrachtet werden, also der Dudelsack: ein volkstümliches Instrument, das im 19. Jahrhundert in Deutschland auch synonym als Bockpfeife, Pfeifensack oder Sackpfeife bezeichnet wird.[7] Heute ist im Deutschen *Dudelsack* oder musikwissenschaftlich bzw. instrumentenkundlich als neutrale Bezeichnung *Sackpfeife* gebräuchlich.

Das *Dicionário da Língua Portuguesa* (2015) verzeichnet

> **gaita**. ga.ita. nome femenino. 1. MÚSICA. instrumento de sopro que consiste num tubo modulante com palheta e orifícios. 2. qualquer instrumento de sopro para crianças; pífaro. 3. *popular* corno de animal; chifre. 4. popular circunstância que traz aborrecimento; contrariedade. 5. *popular* coisa nenhuma. 6. *Brasil popular* dinheiro. 7. plural *popular* orifícios por onde a lampreia respira.
>
> **gaita de foles**. nome femenino. MÚSICA. instrumento composto por diversos tubos ligados a um saco feito de couro, que se enche de ar através de um tubo superior
>
> **gaita!** exclamação que exprime descontentamento ou irritação
>
> **ir-se à gaita.** malograr-se
>
> **saber que nem gaita.** ter bom sabor
>
> **gaita de beiços**. nome femenino. MÚSICA. instrumento de sopro constituído essencialmente por palhetas metálicas, vibráteis, de tamanhos diversos de acordo com as várias notas musicais, fixas a uma prancheta de madeira com orifícios destinados à entrada do ar soprado com a boca, tudo dentro de uma caixa metálica apropriada

und das *Diccionario de la lengua española* ([23]2014)

> **gaita**. Quizá del gót. *gaits* 'cabra'. 1. f. Instrumento musical de viento parecido a una flauta o chirimía de unos 40 cm de largo. 2. f. gaita gallega. 3. f. coloq. Pescuezo. Alargar la gaita. Sacar la gaita. 4. f. coloq. Cosa fastidiosa, pesada y molesta. Es una gaita esto de no saber escribir. No me vengas con gaitas. 5. f. coloq. Esp. Tontería o cosa sin importancia. U. m. en pl. Déjate de gaitas. 6. f. Ven. Canto popular navideño típico del estado de Zulia, de ritmo movido y alegre. 7. f. desus. Enema. 8. m. y f. coloq. Arg. y Ur. Persona nacida en Galicia, y, por ext., en cualquier lugar de España.
>
> **gaita gallega** 1. f. Instrumento musical de viento formado por una bolsa de cuero o fuelle que tiene acoplados tres tubos: el soplete, el puntero y el roncón.

---

[7] Digitales Wörterbuch der Deutschen Sprache <http://www.dwds.de/?qu=sackpfeife>.

gaita zamorana 1. f. Instrumento musical formado por una caja alargada que contiene cuerdas, a las que hiere una rueda movida por una manivela. Las cuerdas se pisan por medio de teclas dispuestas a un lado de la caja.

ándese la gaita por el lugar. 1. expr. coloq. desus. Era u. para dar a entender la indiferencia con que alguien mira aquello que por ningún concepto le importa o interesa.

estar alguien de gaita. 1. loc. verb. coloq. desus. Estar alegre y contento, y hablar con gusto y placer.

templar gaitas. 1. loc. verb. coloq. Usar contemplaciones para concertar voluntades o satisfacer o desenojar a alguien.

Bei Wollheim da Fonseca finden wir

Gaita, f. kleine Flöte, f.; – **de folles**, Dudelsack, m; Sackpfeife, f.; **estar de** –, fröhlich seyn; **tocar a** –, sich betrinken; **na primeira** –, beim ersten Hahnenschrei

bei Bösche

Gaita, f. Schäferflöte, Schäferpfeife f.; - **de folles**, Sackpfeife f., Dudelsack, m. Bockpfeife f.; **estar de** –, lustig sein; **tomar alguem com** - , Jemanden betrügen; **na primeira** – bei'm ersten Hahnenschrei; **tocar a** – (*burl.*) sich betrinken; - **da lampreia**, Hals des Neunauge, m; **saber a** –s (*fam.*) lecker, schmackhaft sein

und schließlich bei Tolhausen

ga·ita, f. Dudelsack, m. Sackpfeife, f. ‖ Sackpfeifenregister der Orgel, n. ‖ Baßpfeife, f. ‖ Leier des Leiermanns, f. ‖ Klystierspritze, f. ‖ dürres, mageres Pferd, n, Mähre, f. ‖ fam. Kopf, Hals, m. ‖ ~ **gallega**, Duden, Dudelsack mit drei Stimmern ‖ ein spanischer Tanz ‖ ~ **zamorana**, f. Hümmelchen, n. Dudelsack mit zwei Stimmern ‖ **alegre como una** ~, munter wie ein Vogel auf dem Zweig ‖ **estar de** ~, lustig, fröhlich, aufgeräumt sein ‖ **salir con una** ~, mit einem Anliegen hervorrücken ‖ **templar la** ~, jemandes Zorn besänftigen ‖ **¡ándese la ~ por el lugar!** was liegt mir an dem, was das Volk sagt! ‖ **andar templando ~s**, allzu dienstfertig, allzu willfährig sein, zuviel Schmeicheleien machen

Hier fällt auf, dass Wollheim da Fonseca und Bösche zunächst die Bedeutung ‚kleine, einfache Flöte' aufführen und erst im Kompositum *gaita de folles* (heute: *gaita de foles*, vor der Rechtschreibreform *gaita-de-foles*) die Bedeutung ‚Dudelsack', während Tolhausen bereits das Grundwort *gaita* mit dem Äquivalent ‚Dudelsack' übersetzt. Das umfangreichere Wörterbuch von Bösche enthält zusätzlich zu den Redewendungen, die Wollheim da Fonseca auflistet, noch eine weitere sowie die Zusammensetzung *gaita da lampreia* als „Hals des Neunauges".[8] Tolhausen führt verschiedene Unterformen der *gaita* auf, was der wichtigen Rolle dieses Instruments in der spanischen Musik und

---

[8] Das Neunauge war ein weit verbreiteter und geschätzter Speisefisch und ist durch Überfischung in Mitteleuropa inzwischen selten geworden. *gaitas* bezeichnet im genauen Wortsinn die Kiemenspalten des Tieres.

seinen zahlreichen regionalen Ausdifferenzierungen entspricht. (*Duden* im Sublemma *gaita gallega* ist möglicherweise ein Schreibfehler.) Die Verbreitung des Instruments und seine Rolle in der Volkskultur werden auch durch die umfangreiche Syntagmatik und die übertragenen Bedeutungen sichtbar.[9] Als zweites soll das Lemma port. *samarra* / span. *zamarra* betrachtet werden, ein rustikales Kleidungsstück, ebenfalls aus dem Bereich der Volkskultur. Dazu findet sich im *Dicionário da Língua Portuguesa* (2015):

> **samarra**. Do basco *zamar*, "pele de carneiro", pelo castelhano *zamarra*, "samarra" 1. Antigo antigo vestido pastoril feito de peles de ovelha com lã, 2. espécie de batina eclesiástica, 3. casaco curto de tecido encorpado, geralmente com gola de pele, 4. vestimenta rústica.

und im *Diccionario de la lengua española* ([23]2014)

> **zamarra**. Del vasco **zamarra**. 1. f. Prenda de vestir, rústica, hecha de piel con su lana o pelo. 2. f. pellizo (‖ chaqueta de abrigo) 3. Piel de carnero

Wollheim da Fonseca führt es auf als

> **Samarra**, f. Schäferpelz, m.; Bauernkittel, m.; ein Priestergewand, n.

und bei Bösche lesen wir

> **Samarra**, f., Kleidung von Schafpelzen, welche die Schäfer im Winter tragen, f., it. lange, nachschleppende Rock, m., lange und weite Oberkleid, n.[10]

Auch Tolhausen führt dieses Lemma auf:

> **zama·rra**, f. Schafspelz, m. ‖ Schaffell, n. ‖ Pelz, Leibpelz, m.

Darauf folgt in seinem Wörterbuch übrigens das kuriose und eher in der Tradition der frühneuzeitlichen *copia verborum* – also dem Bestreben, möglichst viele Lemmata aufzunehmen und dafür auch systemgerechte, aber ungebräuchliche Suffix-Ableitungen aufzunehmen – stehende

> **zamarrazo**, m. Schlag mit einem Schafspelz, m.

Insgesamt sind die drei Wörterbücher, obwohl von jeweils unterschiedlichem Umfang, also nicht nur ergänzende Instrumente zum Erlernen der Fremdsprache oder rasche Hilfsmittel bei Reisen und Handel. Sie vermitteln vielmehr

---

[9] Zum Lemma *gaita* und seiner Fortführung im Wörterbuch von Henriette Michaelis siehe die Untersuchungen von Gabriele Beck-Busse in Beck / Mühlschlegel, 2005.
[10] Die Adjektivdeklination stellt vermutlich einen Druckfehler dar. Unklar bleibt die Abkürzung it., da keine italienische Herkunft vorliegt.

einen Einblick in die lebendigen Kulturen des 19. Jahrhunderts auf der Iberischen Halbinsel.

Betrachten wir die zweisprachige Lexikographie mit Portugiesisch und Deutsch, wird dies vor allem im Werk von Bösche ergänzt durch eine Vielzahl von Lemmata aus der Botanik, die von präzisen Äquivalenten in der Zielsprache bis zu generischen Umschreibungen reichen:

Sanamunda, f. Märzwurz, f.[11]
Sangralingua, f. Name einer Pflanze, f.[12]

In Wollheim da Fonsecas Werk mit seinem deutlich geringeren Umfang fehlen diese Lemmata weitgehend. Sowohl Bösches als auch Wollheim da Fonsecas Wörterbuch enthalten asiatische und amerikanische Lehnwörter, die sich auf die Realität in den früheren und damaligen Kolonialgebieten Portugals beziehen:

Bösche
Samorim, m. König von Kalikut, m.
Sambuco, m. (asiat. Wort) eine Art Küstenfahrzeug, m.

Wollheim da Fonseca
Sambuco, m. (in Asien) eine Nachen, m.
Samburá, f. (bras. Wort) eine Art Fischkorb, m.

Die Markierung als Brasilianismus fehlt bei Bösche. Möglicherweise ist hierfür ausschlaggebend, dass seine Portugiesisch-Kenntnisse überwiegend aus Brasilien stammen, also die Differenz in der diatopischen Varietät für ihn nicht deutlich wurde. Auffällig ist in diesem Kontext jedoch, dass auch zu erwartende Brasilianismen bei ihm fehlen und dafür das europäisch-portugiesische Lemma steht. So finden wir keinen Eintrag zu *abacaxi*, wohl aber

Anana oder Ananaz (ananas), f. Ananas, f.

Die genaue Untersuchung der Brasilianismen und anderer Lehnwörter steht für die beiden frühen Wörterbücher der portugiesischen und der deutschen Sprache noch aus, ebenso ein präziser Abgleich mit möglichen Quellen wie Moraes Silva, aber auch Wagener. Damit ließe sich schließlich eine lückenlose Linie ziehen zu Henriette Michaelis' *Neuem Wörterbuch der portugiesischen und*

---

[11] *Geum urbanum*, heute bekannter als Nelkenwurz.
[12] Quelle für das Lemma *sangralingua* ist wahrscheinlich Antonio de Moraes Silva, *Diccionario da lingua portueza* (1789); *sanamunda* fehlt dort hingegen.

deutschen Sprache, das in seinem Vorwort wiederum Wollheim da Fonseca und Bösche ausdrücklich als Vorläufer nennt.

Literaturangaben

Beck-Busse, Gabriele / Mühlschlegel, Ulrike 2005
Henriette Michaelis' Neues Wörterbuch der portugiesischen und deutschen Sprache: Zwischen Tradition und Fortschritt. In: Lusorama 61: 118-143.

Bösche, Eduard Theodor 1858
Neues vollständiges Handwörterbuch der portugiesischen und deutschen Sprache. Mit besonderer Rücksicht auf Wissenschaften, Künste, Industrie, Handel, Schifffahrt etc. Hamburg.

Bösche, Eduard Theodor [2]1876
Neues vollständiges Taschenwörterbuch der portugiesischen und deutschen Sprache. Mit besonderer Rücksicht auf Wissenschaften, Künste, Industrie, Handel, Schifffahrt etc. Hamburg.

Briesemeister, Dietrich 2014
Wege und Motive der Beschäftigung mit dem Portugiesischen in Deutschland. Ein geschichtlicher Überblick.
<http://www.lusitanistenverband.de/fileadmin/verband/dlv/documents/Briesemeister-Betrachtungen_zur_Lusitanistik.pdf; 30.7.2016>

Corvo Sánchez, María José 2008
Breve historia de la lexicografía bilingüe española y alemana hasta el siglo XIX. In: Philologia Hispalensis 22: 113-139.

Ettinger, Stefan 1991
Die zweisprachige Lexikographie mit Portugiesisch. In: Wörterbücher. Dictionaries. Dictionnaires. Ein internationales Handbuch zur Lexikographie. An international encyclopedia of lexicography. Encyclopedie internationale de lexicographie, Vol. 3, hg. von Franz Josef Hausmann. Berlin / New York: 3020-3030.

Kummereinke, Sven 2014
Menschlichkeit als Verbrechen. Die Geschichte des Wollheim-Fonsecas. In: Hamburger Abendblatt, 31.05.2014 <http://www.abendblatt.de/hamburg/article128584563/Menschlichkeit-als-Verbrechen-die-Geschichte-des-Fonseca-Wollheim.html; 30.7.2016>

Lang, Hubert (o.J.)
Turner, Sänger und Schützen, Sind der Freiheit Stützen. Martin Drucker senior (1834-1913) Jurist, Dichter und Musiker. <http://www.hubertlang.de/5_martind4.html; 30.7.2016>

Martins, Maria Cristina Bohn / Witt, Marcos Antônio / Moreira, Paulo Roberto Staudt (edd) 2014
Quadros alternados de E.T. Bösche: Imigrantes e soldados no Rio de Janeiro, 1825-1834. São Leopoldo.

Michaelis, Henriette 1887
Neues Wörterbuch der portugiesischen und deutschen Sprache mit besonderer Berücksichtigung der technischen Ausdrücke des Handels und der Industrie, der Wissenschaften und Künste und der Umgangssprache. Leipzig.

Messner, Dieter 1996
Zu zwei Aufsätzen zur portugiesischen Lexikographie: Eine Ergänzung. In: Lusorama 30: 52-54.

Mühlschlegel, Ulrike 2000
Enciclopedia, vocabulario, dictionario. Spanische und portugiesische Lexikographie im 17. und 18. Jahrhundert. Frankfurt am Main.

Mühlschlegel, Ulrike 2001
"Die portugiesische Sprache hat schon Fortschritte gemacht in Deutschland". Die Wörterbücher Johann Daniel Wageners mit Deutsch und Portugiesisch. In: Studien zur zweisprachigen Lexikographie mit Deutsch, Vol. 6, hg. von Herbert Wiegand. Hildesheim *et al.*: 93-105.

Porto Editora 2015 (reimpressão)
Dicionário da Língua Portuguesa. Porto.

Real Academia Española ^{23}2014.
Diccionario de la lengua española. Madrid.

Schlipf, Wolfgang 1956-1957
Einige Bemerkungen zur Entwicklungsgeschichte des spanischen Wörterbuchs in Deutschland. In: Boletín de Filología 9: 189-234.

Schlipf, Wolfgang 1958
Einige Bemerkungen zur Entwicklungsgeschichte des spanischen Wörterbuchs in Deutschland (Continuación). In: Boletín de Filología 10: 303-401.

Tolhausen, Louis 1888-1889
Neues spanisch-deutsches und deutsch-spanisches Wörterbuch. Leipzig.

Wollheim da Fonseca, Anton Edmund (o. J. [1844])
Handwörterbuch der portugiesischen und deutschen Sprache. Leipzig

Gerda Haßler

Was ist unbestimmt am *indefinido*? Antworten aus der Geschichte der spanischen Grammatikographie

In deutschen Spanischlehrbüchern findet sich noch immer die Bezeichnung *indefinido* für die inzwischen von der *Real Academia Española* (RAE) längst wieder als *pretérito perfecto simple* bezeichnete Verbform. So wird auch in einem Online-Kurs die folgende Erklärung gegeben:

> Indefinido (Historische Vergangenheit): Die historische Vergangenheit (auch Pretérito Indefinido oder nur Indefinido) wird verwendet, wenn eine abgeschlossene Handlung zu einem abgeschlossenen Zeitraum stattgefunden hat. Sie wird auch als Erzählzeit bezeichnet. (<http://online-spanisch.com/preterito-indefinido.html>)

Wenn eine abgeschlossene Handlung in einem abgeschlossenen Zeitraum stattgefunden hat, scheint das im Widerspruch zur Charakteristik der Verbform als ‚unbestimmt' (*indefinido*) zu stehen. Möglicherweise ist der Gebrauch der Bezeichnung auch einfach unreflektiert, was in der zitierten Textstelle auch durch das Attribut *historisch* noch unterstrichen wird, denn mit dem *pretérito perfecto simple* bezeichnete Situationen müssen keinesfalls ‚historisch' sein. Im Folgenden soll zunächst anhand der Beschreibung des *pretérito perfecto simple* in der *Nueva Gramática de la Lengua Española* (RAE, 2009) untersucht werden, ob ihm wirklich Merkmale zukommen, die seine Beschreibung als ‚unbestimmt' rechtfertigen. Danach soll eine Antwort auf die Frage, was am *indefinido* unbestimmt ist, in der Geschichte der spanischen Grammatiken gefunden werden.

1. Das *pretérito perfecto simple* in der *Nueva Gramática de la Lengua Española*

Die *Nueva Gramática de la Lengua Española* (RAE, 2009) benennt die hier diskutierte Verbform mit einer dreigliedrigen Bezeichnung und hebt damit ihre temporal-deiktische, aspektuelle und morphologische Qualität hervor:

> La denominación de PRETÉRITO PERFECTO SIMPLE consta de tres términos: el primero es un rasgo deíctico o referencial, es decir, propiamente temporal (*pretérito*); el segundo es un rasgo aspectual (*perfecto*), y el tercero es un rasgo morfológico (*simple*). (RAE, 2009, 1736)

Mit dieser Verbform werden begrenzte Situationen[1] bezeichnet, wodurch sie sich von nicht begrenzten Darstellungen mit dem *pretérito imperfecto* unterscheidet. Im folgenden Satz (1) wurde die Lektüre des Buches abgeschlossen, während es in Satz (2) zwar im letzten Monat unternommen, aber nicht abgeschlossen wurde (vgl. RAE, 2009, 1737):

(1) Arturo *leyó* Guerra y Paz el mes pasado.
(2) Arturo *leía* Guerra y Paz el mes pasado.

Wenn mit dem pretérito perfecto simple begrenzte, abgeschlossene Situationen bezeichnet werden, bedeutet dies jedoch nicht, dass diese punktuell sein müssen. Noch deutlicher als Beispiel (1) zeigen das die Beispiele (3) und (4) (vgl. RAE, 2009, 1736):

(3) *Escribió* versos durante toda su vida.
(4) *Vivieron* varios años en el extranjero.

Das *pretérito perfecto simple* kann in Abhängigkeit vom Kontext sowohl den Beginn einer Situation als auch ihr Ende ausdrücken. Im Hinblick auf diese Phasen einer Handlung oder eines Vorgangs ist es also tatsächlich ‚unbestimmt'. Während in Beispiel (5) der Beginn des Sprechens gemeint ist und *habló* inchoativ verwendet wird, bezeichnet es in (6) das Ende des Sprechens (RAE, 2009, 1738):

(5) En cuanto habló, vimos que era sevillano.
(6) En cuanto habló claro Pedro Juan, se encalabrinó por la Marta. (Pereda, Puchera)

Wenn das *pretérito perfecto simple* im Hinblick auf die inchoative oder terminative Bedeutung der Verbform tatsächlich unbestimmt ist, so teilt es diese Eigenschaft jedoch mit dem perfektiven Aspekt in Aspektsprachen, der gleichfalls unterschiedliche Bedeutungen haben kann (vgl. Bondarko, 1971). Das *pretérito perfecto simple* kann als perfektive Verbform Situationen in ihrem Anfang und/oder Endpunkt begrenzen und legt somit eher die Eigenschaft nahe, ‚bestimmt' (*definido*) zu sein.

Besonders deutlich wird der zeitlich bestimmte Charakter des *pretérito perfecto simple* in Aussagen, in denen permanente Zustände als zeitlich befristete Übergangssituationen reinterpretiert werden. In der *Nueva Gramática de la Lengua Española* wird hierfür der Satz *Fue de extracción humilde* als Beispiel verwendet. Auf den ersten Blick wirkt dieser Satz grammatisch auffällig,

---

[1] Mit dem Terminus ‚Situation' erfassen wir alle darstellbaren Prozesse, Vorgänge, Zustände, Ereignisse oder Handlungen.

was jedoch bei einer Interpretation als vorübergehende bescheidene Situation eines Individuums abgeschwächt wird (RAE, 2009, 1739):

> (7) Fray Miguel Ghisleri, o de Alejandría, *fue* de extracción humilde. (Tinajero, Historia)

Außerdem werden in der *Nueva Gramática de la Lengua Española* Beispiele wie (8) bis (10) genannt (RAE, 2009, 1740), die nur dann als grammatisch korrekt betrachtet werden können, wenn die beschriebenen Situationen auf einen bestimmten, in der Vergangenheit abgeschlossenen Zeitraum eingeschränkt werden. Der Blick auf das Meer, den man von dem Fenster aus hatte, ist möglicherweise innzwischen verbaut, die Stadtmauern sind abgerissen und Luis hat seine Haarfarbe geändert:

> (8) La ventana principal del salón dio al mar durante muchos años.
> (9) Las murallas rodearon la ciudad.
> (10) Luis fue rubio.

Die Begrenzung der Situation wird in diesen Beispielen einzig und allein durch das *pretérito perfecto simple* festgelegt, was für seinen bestimmten Charakter spricht.

In anderen Fällen ergibt sich die Begrenzung der bezeichneten Situation durch die Existenz des Subjekts. So ist im folgenden Satz eher die Lebenszeit des Großvaters als Begrenzung des Zutreffens der Aussage wahrscheinlich und nicht die Möglichkeit, dass er seinen Beruf wechselte. Eine Abgrenzung der existentiellen und der vorübergehenden Begrenzung ist jedoch von pragmatischen Faktoren abhängig und hängt vom Weltwissen ab:

> (11) Su abuelo fue marino (RAE, 2009, 1740).

Wie gezeigt wurde, liefert die aspektuelle Bestimmtheit des *pretérito perfecto simple* keinen Grund, es als ‚unbestimmt' (*indefinido*) zu bezeichnen. Es nimmt vielmehr immer Begrenzungen vor, die durch zusätzliche Zeitangaben oder pragmatische Bedingungen präzisiert werden können.

Ein temporaler Grund für die Bezeichnung des *pretérito perfecto simple* als *indefinido* ließe sich aus einem Vergleich mit dem *pretérito perfecto compuesto* ableiten. Während letzteres Situationen bezeichnet, die an den Sprechaktmoment heranreichen, bezeichnet das *pretérito perfecto simple* in einem beliebigen Intervall der Vergangenheit, also tatsächlich zeitlich nicht bestimmten Moment vorliegende Situationen.

Die in älteren Grammatiken getroffene Unterscheidung zwischen dem einfachen und zusammengesetzten Perfekt nach dem zeitlichen Abstand zum

Sprechaktmoment oder die Annahme einer 24-Stunden-Regel für das zusammengesetzte Perfekt finden sich durch den realen Sprachgebrauch jedoch nicht bestätigt. Für das lateinamerikanische Spanisch stellt die *Nueva Gramática de la Lengua Española* sogar ein völlig gleichwertiges Verwenden der folgenden Konstruktionen fest (RAE, 2009, 1742):

(12) Este año (fui – he ido) tres veces a Europa.
(13) Mi hijo (sacó – ha sacado) sobresaliente en Matemáticas alguna vez.
(14) Es la mejor novela que (publicó – ha publicado) hasta ahora.
(15) ¡Como (creció – ha crecido) este muchacho!
(16) Se (convirtió – ha convertido) en un punto de referencia para nuestros jóvenes.

Nach der klassischen Definition gibt das zusammengesetzte Perfekt in romanischen Sprachen eine Situation in der Vergangenheit in Beziehung zur Gegenwart wieder, wobei diese Beziehung im Heranreichen der Situation an die Gegenwart oder im Fortbestehen der Ergebnisse einer dargestellten Handlung bestehen kann. Dies trifft natürlich nur dann zu, wenn in der betreffenden Varietät der Sprache eine Form für nicht in Bezug zur Gegenwart stehende Situationen vorhanden ist. Im gesprochenen Französischen und Norditalienischen wird das zusammengesetzte Perfekt auch für Ereignisse in der Vergangenheit benutzt, die nicht in Beziehung zur Gegenwart stehen (vgl. detailliert in Haßler, 2016, 128-145).

Das zusammengesetzte Perfekt ist in den romanischen Sprachen aus einer resultativen Verbalperiphrase entstanden, die sich zur Bezeichnung der Vorzeitigkeit gegenüber dem Sprechaktmoment entwickelte. In dieser Bedeutung trat das zusammengesetzte Perfekt mit dem einfachen Perfekt in Konkurrenz. Eine Bedeutungsspezialisierung konnte dabei nur stabil bleiben, wenn beide Formen regelmäßig und in spezifischen Kontexten verwendet werden. Für das Spanische besteht heute Einigkeit im Hinblick darauf, dass die Form *he cantado* das Heranreichen einer vergangenen Situation oder von deren Ergebnissen an die Gegenwart ausdrückt, während *canté* Vorzeitigkeit ohne Beziehung zum Sprechaktmoment bezeichnet. Dieser temporale Unterschied zwischen dem einfachen und dem zusammengesetzten Perfekt trifft heute vor allem in Zentral- und Südspanien, an der peruanischen Küste, in Bolivien und Kolumbien, im Nordosten sowie in der Zentralregion Argentiniens und mit einigen Einschränkungen in Kuba und anderen Gebieten der Antillen zu. In anderen Ländern, insbesondere in Mexiko, Venezuela und mehreren mittelamerikanischen Ländern, ist die Opposition der Formen *canté* und *he cantado* eher aspektuell als temporal. Dabei wird das einfache Perfekt verwendet, um in der

Vergangenheit abgeschlossene Handlungen zu bezeichnen, während das zusammengesetzte Perfekt für Situationen, die während des Sprechaktmoments andauern, verwendet wird. Eine Äußerung wie *Hoy estuvo más tranquilo* (Excelsior 21.1.1997) ist daher trotz des Deiktikums *hoy* möglich, wenn der Zustand abgeschlossen ist. In einigen Ländern, wie zum Beispiel in Chile und großen Teilen Argentiniens, wird die Opposition des einfachen und des zusammengesetzten Perfekts zugunsten des *pretérito perfecto simple* neutralisiert, das dort das *pretérito perfecto compuesto* unabhängig von temporalen oder aspektuellen Eigenschaften ersetzt. Der umgekehrte Ersetzungsprozess findet an der peruanischen Küste und in Bolivien statt, wo sich das zusammengesetzte Perfekt ausbreitet (RAE, 2009, 1722). Die Beschreibung der Funktionen der beiden Perfektformen ist somit auch für das Spanische sehr komplex und kann von einer vollen Differenzierung nur dort ausgehen, wo beide Funktionen regulär gebraucht werden.

Beim zusammengesetzten Perfekt lassen sich deiktische und nicht-deiktische Gebrauchsweisen unterscheiden. Wenn das Resultat einer Situation oder einer Handlung im Sprechaktmoment gegeben ist, liegt eindeutig eine deiktische Verwendung des zusammengesetzten Perfekts vor und diese Verbform wird in Varietäten deutlich gegenüber dem einfachen Perfekt präferiert:

(17) Las elecciones no se *han celebrado*, pero no se demorarán muchos meses.
(18) *Ha llegado* hace un rato.

Der deiktische Gebrauch des zusammengesetzten Perfekts korreliert häufig auch mit deiktischen Ausdrücken. So wird im folgenden Satz das lokale Deiktikum der Nähe *este* verwendet während *aquel* als Deiktikum der Ferne ausgeschlossen ist (RAE, 2009, 1723):

(19) En este siglo la ciencia *ha experimentado* grandes avances.

Die Kompatibilität oder die Konkordanz der deiktischen Eigenschaften zwischen dem Tempus und bestimmten Adjektiven oder Adverbien, die temporale oder lokale Nähe signalisieren, zeigt den Gegenwartsbezug des zusammengesetzten Perfekts und rechtfertigt für solche Okkurrenzen seine Bezeichnung als *antepresente* (RAE, 2009, 1723):

(20) En su *actual* situación laboral ha sufrido no pocos sinsabores.
(21) La vicetiple ha tenido días mejores en la *presente* temporada.

Insbesondere atelische Verben im zusammengesetzten Perfekt sind zum Ausdruck kontinuierlicher Situationen in der Lage. In dem folgenden Beispiel aus der Grammatik der Real Academia Española (RAE, 2009, 1726) wird das Fehlen einer bestimmten Möglichkeit oder Fähigkeit beschrieben, was vom Sprechaktmoment aus eingeschätzt wird:

> (22) Durante tres días no hemos podido cruzar palabra. (Cabrera, Infante)

Zusammengesetzte Perfektformen mit kontinuierlicher Bedeutung treten typischerweise mit Komplementen auf, die die Dauer der beschriebenen Situation messen. Das Ende dieser Messung ist der Sprechaktmoment, aber dieser Moment ist nicht notwendigerweise das Ende der Situation. So ist mit dem folgenden Beispiel nicht gesagt, dass die Angestellten ihre Beschäftigung nach dieser Feststellung aufgegeben hätten, nur die Einschätzung der Epoche, für die eine Feststellung getroffen wird, endet im Sprechaktmoment (RAE, 2009, 1727):

> (23) Al negocio pueden entrar 153 empleados y funcionarios que durante años han estado dedicados a la fabricación y venta de alfombras. (Tiempo [Col.] 24.9.1996)

Obwohl solche Verwendungen des zusammengesetzten Perfekts auf den gesamten hispanophonen Sprachraum zutreffen, gibt es diatopische Variation in Hinblick auf das Fortdauern der bezeichneten Situation nach dem Sprechaktmoment. So kann die Äußerung *He trabajado veinte años para él* mit der Inferenz ‚ich arbeite weiter für ihn' interpretiert oder auch als ‚ich arbeite nicht mehr für ihn' verstanden werden. Beide Interpretationen sind im europäischen Spanisch, mit Ausnahme der kanarischen Inseln und des Nordostens Spaniens, auf den Antillen, in der Andenregion und im Nordosten Argentiniens möglich, während eine klare Präferenz für die kontinuierliche Bedeutung als *antepresente* in den übrigen spanischsprachigen Ländern Amerikas zu verzeichnen ist. So ist auch der Satz *Así ha sido siempre hasta ahora* trotz der deiktischen Angabe *hasta ahora* nicht eindeutig und kann sowohl mit einer implizierten Fortsetzung der Situation als auch mit deren Beendigung verstanden werden. Der Satz *He vivido aquí durante veinte años* würde in Spanien, auf den Antillen, in der Andenregion und im Nordosten Argentiniens als Aussage über eine Situation bis zum Sprechaktmoment verstanden, d.h. nach dieser Interpretation würde der Sprecher jetzt nicht mehr an dem Ort wohnen, während in den übrigen spanischsprachigen Ländern eine kontinuierliche Interpretation möglich wäre. Für die letztere wäre der angebrachte Ausdruck für eine Situation, die nicht fortbesteht, ein Satz im einfachen Perfekt (*Viví aquí durante muchos años*).

Das einfache Perfekt ist in der Lage, selbst eine temporale Bezugsebene zu schaffen, ohne sich auf explizite Zeitangaben stützen zu müssen. In einer Erzählung dient die lineare Abfolge einfacher Perfektformen der Markierung der chronologischen Folge von erzählten Fakten, auch ohne die Hilfe von temporalen Indikatoren. Im Spanischen ist das einfache Perfekt die reguläre Verbform zur Darstellung einer Handlungsfolge, die sie auf ikonische Weise repräsentiert (RAE, 2009, 1737):

(24) *Miró* después a un lado y a otro. Se *colocó* junto a ellos, *observó* sus maletas, se *quitó* el sombrero y *dijo* [...]. (Chacón, Voz)

Die Aufeinanderfolge mit dem einfachen Perfekt bezeichneter Handlungen kann eine kausale Beziehung zwischen diesen suggerieren (*se cayó y se rompió la cadera*). Der ikonische Effekt solcher Abfolgen hat auch eine gewisse diskursive Wirkung und wird gewöhnlich verwendet, um Erzählungen lebendig zu gestalten und sie voranzutreiben (RAE, 2009, 1737).

Das einfache Perfekt bezeichnet einen in der Vergangenheit abgeschlossenen Prozess ohne Beziehungen zum Sprechaktmoment, der nicht aktualisierbar ist. Mit diesem Tempus stellt man einen Prozess als klar abgegrenzt und auf seinen Endpunkt hin orientiert dar. Solche Verwendungen des einfachen Perfekts liegen bei telischen Verben besonders nahe: *llegaron, murió, leí la novela, visitaste al médico*. Die zeitlich abgrenzende Bedeutung des einfachen Perfekts ist jedoch auch mit atelischen Verben möglich, deren äußere Begrenzung durch Adverbiale oder durch Objekte vorgenommen werden kann:

(25) El cuadro *estuvo* HASTA HACE SOLO DIEZ AÑOS en manos de los descendientes de Berthe Morisot. (Clarín 6.11.2000)
(26) venerable madre Teresa Gallifa Palmarola *vivió* en Barcelona DURANTE LA SEGUNDA MITAD DEL SIGLO XIX. (Roncaglolo, Jet Lag)

Die Länge des Abstands dieses Endpunkts vom Sprechaktmoment ist für die Wahl des einfachen Perfekts nicht ausschlaggebend:

(27) *Escribió* libros durante TODA SU VIDA.

Wie das letztgenannte Beispiel (27) zeigt, widerspricht die ganzheitliche Sicht des einfachen Perfekts nicht der Tatsache, dass es mit Adverbialen verbindbar ist, die eine Dauer bezeichnen. Ebenso kommt es mit durativen Verben vor, denen es durch seine aspektuelle Qualität Grenzen auferlegt, die ihrer Durativität nicht widersprechen. So kann es zum Beispiel den Beginn einer Situation kennzeichnen:

(28) Escribió la carta a las ocho.

In Beispiel (28) fokussiert das einfache Perfekt den Beginn einer Situation mehr als diese Situation selbst. In dieser inchoativen Bedeutung ist das einfache Perfekt auf semelfaktive Handlungen spezialisiert, während das Imperfekt auch mit einer inchoativen Interpretation kompatibel ist, diese jedoch mit dem Merkmal der Iterativität verbunden ist (RAE, 2009, 1738). In dem folgenden spanischen Satz wird eine Handlungsfolge erzählt, die sich jeden Abend vollzogen hat:

(29) A las diez y media, completamente agotado, entraba en su casa y leía el periódico.

Das einfache Perfekt kann auch mit Frequenzangaben auftreten, die eine Situation nicht lokalisieren, sondern die Häufigkeit, mit der sie in einem bestimmten Intervall auftritt, benennen (RAE, 2009, 1738). Die Rolle des einfachen Perfekts ist in solchen Äußerungen die Abgrenzung des Intervalls:

(30) *Revivió* CON FRECUENCIA la escena del columpio. (Landero, *Juegos*)

Das einfache Perfekt ist ein Tempus, das sich aufgrund seiner Aspektualität vor allem für das Erzählen von Ereignissen eignet. Es gibt Prozesse kompakt und ganzheitlich wieder und liefert davon eine globale, undifferenzierte und nicht nach Abschnitten gegliederte Sicht (Martin, 1971, 70). Dies unterscheidet das einfache Perfekt nicht nur vom Imperfekt, sondern auch vom zusammengesetzten Perfekt, das beim Vorhandensein beider Tempora eher die statische Beschreibung einer Szene übernimmt (Bertinetto, 1991, 95). Das einfache Perfekt hat außerdem eine strikt deiktische Qualität. Wenn eine Situation mit dem einfachen Perfekt bezeichnet wird, besteht immer eine Beziehung der Anteriorität in Bezug auf den Sprechaktmoment.

Die meisten atelische Zustände benennenden Prädikate widersetzen sich jedoch dem einfachen Perfekt aufgrund dessen aspektueller Qualität. Diese Inkompatibilität ergibt sich als natürliche Konsequenz aus der Tatsache, dass sie stabile Eigenschaften von Personen oder Sachen ausdrücken, die über keine externen Grenzen verfügen. Da die Situationen in diesen Fällen weder in gesetzten temporalen Grenzen verlaufen noch in einem bestimmten Intervall, führt die Kombination mit dem einfachen Perfekt zu nicht interpretierbaren Sätzen, wie dem folgenden (RAE, 2009, 1739):

(31) Carlos V *descendió de los Habsburgo.

Demgegenüber erlegt das Imperfekt der Interpretation der Situation keine Grenzen auf:

(32) Carlos V *descendía* de los Habsburgo.

Es gibt verschiedene sprachliche Mittel, die eine für den Gebrauch perfektiver Verbformen erforderliche Begrenzung einführen können (RAE, 2009, 1739). Zustandsverben können zum Beispiel inchoative Bedeutung annehmen, wie das Verb *saber*, das in solchen Sätzen ‚erfahren' und nicht ‚wissen' bedeutet, oder *conocer*, das mit einer Begrenzung als ‚kennen lernen' und nicht als ‚kennen' interpretiert wird:

(33) Recién en la adolescencia supo la verdad.
(34) La conoció en Madrid.

Deutlich wird die Unterscheidung im generischen Gebrauch des einfachen und des zusammengesetzten Perfekts im folgenden Satz (RAE, 2009, 1742):

(35) El departamento de salud aconseja a cualquiera que *estuvo* en riesgo de contagio y *no ha sido vacunado* [...] buscar un tratamiento preventivo lo más pronto posible (Tribuna [USA] 10.5.2008).

Typischerweise führt das einfache Perfekt Handlungen, Prozesse oder Zustände ein, die Personen oder bestimmten Sachen in der Vergangenheit zugeschrieben werden. In vielen spanischsprachigen Ländern sind jedoch auch unspezifizierte und indeterminierte Nominalgruppen (*cualquiera*) mit diesem Tempus kompatibel. Der Gebrauch des *pretérito perfecto simple* in generischen Sätzen spielt nicht notwendigerweise auf ein bestimmtes Ereignis vor dem Sprechaktmoment an, sondern auf einen beliebigen Moment in der Vergangenheit. Fortgesetzt wird der Satz jedoch mit einer Form des *pretérito perfecto compuesto* (*no ha sido vacunado*), da der Zustand des ‚nicht geimpft Seins' unmittelbare Auswirkungen für die Gegenwart und Zukunft hat.

Wie dargestellt wurde, rechtfertigen auch die temporalen Eigenschaften des *pretérito perfecto simple* seine Kennzeichnung als ‚unbestimmt' (*indefinido*) nicht. Diese Verbform nimmt Bezug auf konkrete Zeitintervalle der Vergangenheit, die zudem kontextuell und pragmatisch näher bestimmt werden können. Außerdem ist sein Unterschied im Vergleich zum *pretérito perfecto compuesto* in vielen Kontexten und Varietäten nicht (mehr) gegeben.

2. Benennungen und Beschreibung des *pretérito perfecto simple* in der Geschichte der spanischen Grammatiken

In der Geschichte der spanischen Grammatiken findet man bei einem groben Überblick große Verwirrung um den Terminus *indefinido*, der seit dem 17. Jahrhundert sowohl auf das *pretérito perfecto compuesto* als auch auf das *pretérito imperfecto* und schließlich auf das *pretérito imperfecto simple* angewandt wurde.

Wie die frühen Grammatiken aller europäischen Sprachen gehen auch die spanische Grammatiken vor allem von lateinischen Vorbildern aus, wobei insbesondere die *Ars minor* (4. Jh.) von Donatus zu erwähnen ist, in der bereits zwischen *praeteritum perfectum* und *praeteritum plusquamperfectum* unterschieden wurde (vgl. Schönberger, 2008):

> Tempora verborum quot sunt? Tria. Quae? praesens, ut lego, praeteritum, ut legi, futurum, ut legam. Quot sunt: tempora in declinatione verborum? Quinque. Quae? Praesens, ut lego, praeteritum inperfectum, ut legebam, praeteritum perfectum, ut legi, praeteritum plusquamperfectum, ut legeram, futurum, ut legam. (Donato, Ars minor, De Verbo. <http://www.intratext.com/IXT/LAT0192/__P3.HTM>)

Auch Elio Antonio de Nebrija (1980, <1492>) orientierte sich in seiner spanischen Grammatik an ihm und verwendete für die Bezeichnung der Verbformen Lehnübersetzungen:

> *praeteritum imperfectum* = *passado & no acabado* (f. 14ro et passim)
> praeteritum perfectum = passado & acabado (f. 14ro et passim)
> praeteritum plus quam perfectum = passado & mas que *acabado* (Nebrija, 1485, ILC, f. 14ro et passim)

Nach der *Gramática castellana* Nebrijas gibt es fünf Tempora des Indikativs und fünf des Subjunktivs. Für ihre Benennung nutzt er Entlehnungen aus dem Latein (*tiempo presente, tiempo futuro o venidero*) und Lehnübersetzungen (*tiempo passado no acabado, tiempo passado acabado, tiempo passado mas que acabado*). Nebrija konnte sich an zwei vorausgehenden Arbeiten orientieren, die Beschreibungen von Verbformen enthielten, das *Compendium grammaticae* (ca. 1485) von Juan de Pastrana und eine Abhandlung von Andrés Gutiérrez de Cerezo (vgl. Ridruejo, 1977, 56-58). Diese Autoren unterschieden drei Formen des Perfekts im Lateinischen: den Aorist, das zusammengesetzte Perfekt und das Plusquamperfekt. Nebrija passte sein System dem dieser Autoren an.

Die Funktion der Verbformen leitete er aus ihren Bezeichnungen ab:

> Presente tiempo se llama aquél en el cual alguna cosa se haze agora, como diziendo *io amo*.
> Passado no acabado se llama en el cual alguna cosa se hazía, como diziendo *io amava*.
> Passado acabado es aquél en el cual alguna cosa se hizo, como diziendo *io amé*.
> Passado más que acabado es aquél en el cual alguna cosa se avía hecho, cuando algo se hizo, como *io te avía amado, cuando tú me amaste*.
> Venidero se llama en el cual alguna cosa se a de hazer, como diziendo *io amaré*.
> (Nebrija, 1980 <1492>, 185, 31-39)

Für die am Lateinischen orientierten Grammatiken brachten die analytischen Verbformen des Spanischen das Problem ihrer Integration in das System mit sich. Nebrija entschied sich zur Beschreibung von fünf Verbformen (*presente, passado no acabado, passado acabado, passado mas que acabado, venidero*), berücksichtigte jedoch auch die Tempora, die es im Lateinischen gibt und die im Spanischen fehlen. Er beschreibt ihre Zusammensetzung ausgehend von den Formen des Verbs *haber*, denen eine nominale Verbform hinzugefügt wird. Diese nominale Verbform hat Nebrija (1980 <1492>, 83-84) unter der Bezeichnung *nombre verbal infinito* als neue Wortart hinzugefügt, die den Sinn der Verbalhandlung trägt. In den ersten Grammatiken wurde nicht zwischen der chronologischen Zeit und dem grammatischen Tempus unterschieden, worauf auch die Verwendung des Terminus *pasado* ‚Vergangenheit' zurückgeht.

Betrachten wir zunächst die Bezeichnungen der Verbformen der Vergangenheit in frühen spanischen Grammatiken, so ist auffällig, dass das zusammengesetzte Perfekt überhaupt nicht behandelt und allenfalls einfach unter der Konjugation des Hilfsverbs *haber* erwähnt wurde. Die Grammatiken des 17. Jahrhunderts stimmen in der Bezeichnung des einfachen Perfekts und des Imperfekts überein: *pasado acabado / pasado no acabado* (Nebrija, 1980 <1492>), *preterito perfeto / preterito imperfeto* (Jiménez Patón, 1614; Villar, 1651).

Als Beispiel für die Fortsetzung der von Nebrija übernommenen lateinischen Terminologie sei Correas (1626, 156) genannt, der von fünf Tempora ausging und die doppelte Charakteristik als *cumplido i acabado* benutzte:

> *Presente*, qe demuestra lo qe ahora se haze; *pasado no-cumplido ni acabado*, que muestra lo qe se hazía i no se acabó; *pasado cumplido i acabado*, qe muestra lo que se hizo i acabó; *pasado mas que cumplido*, qe muestra qe algo se hizo antes qe otra cosa, i antes qe otro hiziese; *venidero*, qe muestra lo qe se ha de hazer adelante. (Correas, 1626, 156)

Er erwähnte auch die lateinischen Bezeichnungen und rechtfertigte deren Gebrauch damit, dass sie durch das Studium der lateinischen Sprache bekannt seien:

A estos cinco tiempos en la Gramática Latina llaman Presente, pretérito imperfecto, pretérito perfecto, pretérito pluscuamperfecto, futuro imperfecto, los cuales términos usaremos alguna vez como notorios á los qe estudian. (Correas, 1626, 156)

Doch auch aus der griechischen Grammatiktradition wurden Termini und Beschreibungsprozeduren übernommen und auf die spanische Sprache übertragen. Wichtig war dabei insbesondere der Terminus *Aorist* (ἀόριστος) ‚unbestimmte (Zeit), unabgegrenzt', der ‚keine bestimmte zeitliche Ausdehnung' bezeichnete. Im Gegensatz zu anderen Vergangenheitstempora wie beispielsweise dem Imperfekt oder dem Perfekt beschreibt der Aorist Ereignisse in der Vergangenheit, die als individuelle, einmalig abgeschlossene Handlungen, also *punktuell*, betrachtet werden. Während die perfekten Verbformen Plusquamperfekt, Perfekt und Perfektfutur ihre ebenfalls perfektiven aspektuellen Merkmale stets mit temporalen verbinden, kann die Aspektbedeutung des Aorists in einigen Formen ohne zeitliche Merkmale fungieren.

Aufgrund seiner aspektuellen Merkmale bot sich das einfache Perfekt für einen Vergleich mit dem Aorist an, obwohl ihm die zeitliche Unbestimmtheit fehlte. In diesem Zusammenhang ist die Beschreibung der zwei Perfektformen des Spanischen in der für Nichtmuttersprachler geschriebenen Einführung von John Sanford (1611) interessant, der sie folgendermaßen unterscheidet: der Aorist (das einfache Perfekt) kennzeichne nur den Abschluss der Handlung und beinhalte kein temporales Merkmal, während das zusammengesetzte Perfekt den kürzlichen Abschluss eines Prozesses und ein zeitliches Merkmal ausdrücke:

> They have two Preterperfect tenses; one faith *Bartholomeus Granius* which aunswereth to the Greek Aorist, because it signifieth a thing done and past, without determining the time when, as *yo ame*, I loued a while agoe, *yo andúve* I went, *yo vine* I came: The other signifieth a thing lately past with determination of the time, as *ya he comido oy venado*, I have eaton venison to day. (Sanford, 1611, 25)

Damit werden die ursprünglich im Griechischen gegebenen Verhältnisse auf das Spanische projiziert, dessen Realität jedoch davon entfernt war.

Diese Bezeichnungstradition setzte sich im 18. Jahrhundert fort, als man das zusammengesetzte Perfekt nicht mehr einfach als das Präsens von *haber* mit einem Partizip oder einem infiniten Verbalnomen (*nombre verbal infinito*) behandelte und die zusammengesetzten Verbformen in die Beschreibung des Verbalparadigmas integrierte. Dabei kam es auch zu Anklängen an französische Grammatiken, in denen man den Terminus *indéfini* bereits vom griechischen Terminus Aorist getrennt hatte und auf das zusammengesetzte Perfekt bezog (vgl. Haßler im Druck). Dieses wurde aufgrund des Heranreichens der bezeichneten Situation an die Gegenwart als „unbestimmt" betrachtet.

Einer der ersten Autoren, die sich diesem Bezeichnungsgebrauch anschlossen, war Martínez Gómez Gayoso. Er unterschied im ersten Band seiner Grammatik nur sechs Tempora und bezog sie auf wenig präzisierte temporale Funktionen, die er nach der Tradition der lateinischen Grammatiken benannte (Martínez Gómez Gayoso, 1769, I, 124). Neben den eigentlichen Tempora behandelte Martínez Gómez Gayoso auch die Hilfsverben, die bei der Konjugation der Verben helfen („ayudan à la conjugación de los demás Verbos", Martínez Gómez Gayoso, 1789, I, 126).

Martínez Gómez Gayoso integrierte die Formen des zusammengesetzten Perfekts (*he consumido*) und des *pretérito anterior* (*hube consumido*) in das Verbalparadigma, implementierte aber zunächst im ersten Band keine funktionalen Differenzen zwischen diesen Formen und dem einfachen Perfekt (*consumí*). Die drei Formen erscheinen zunächst unter der Bezeichnung *pretérito perfecto* (z.B. Martínez Gómez Gayoso, 1789, I, 179). Wahrscheinlich unter dem Einfluss französischer Grammatiken verwendet er jedoch im zweiten Band seiner Grammatik die Bezeichnung *preterito indefinido* (Martínez Gómez Gayoso, 1789, II, 6) für das zusammengesetzte Perfekt und gibt eine Erklärung, die sich der 24-Stunden-Regel annähert. Dabei ersetzt er jedoch die präzise Angabe, dass die damit bezeichnete Situation nicht länger als 24 Stunden zurückliegen darf, durch den Hinweis auf temporale Deiktika der Nähe (*este año, este mes* o *esta mañana*):

> El Preterito indefinido una cosa pasada en un tiempo del que dura algo todavia, o que es passado poco a, v. g. *Yo e estado enfermo este año, o este mes: E oido Missa esta mañana.* (Martínez Gómez Gayoso, 1789, II, 56)

Die Verwendung des Terminus *indefinido* für die zusammengesetzte Perfektform fand auch weitere Anhänger. In der Grammatik des Padre Benito de San Pedro (1769) erscheinen die zusammengesetzten Verbformen in das Konjugationsparadigma integriert. Das zusammengesetzte Perfekt wird in dieser Grammatik – der französischen Tradition folgend – als *pretérito indefinido* bezeichnet. San Pedro rechtfertigt seinen von der griechischen Tradition abweichenden Gebrauch des Terminus *indefinido* nicht, wahrscheinlich hat er ihn aber für das zusammengesetzte Perfekt verwendet, weil diese Verbform mit der Gegenwart in Beziehung steht und daher nur einen relativen temporalen Wert hat:

El Pretérito indefinido [denota] una cosa passada en un tiempo del que dura algo todavía, o que es passado poco a, v.g. *Yo e estado enfermo este año, oeste mes: E oido Missa esta mañana.* (San Pedro, 1769, II, 56)

Der mit dem Terminus *indefinido* bezeichnete Begriff der ‚Unbestimmtheit' wurde auch in Spanien bereits im 18. Jahrhundert auf unterschiedliche Verbformen angewandt. Der Bezug zum griechischen Aorist war verloren gegangen und die Grammatiker werteten aufgrund unterschiedlicher Kriterien verschiedene Verbformen als unbestimmt. Die königliche Sprachakademie führte für das zusammengesetzte Perfekt die Bezeichnung *pretérito perfecto próximo* ein und berücksichtigte damit etwas Ähnliches wie die 24-Stunden-Regel: Die mit dem zusammengesetzten Perfekt bezeichneten Vorgänge sollten zeitlich nahe gegenüber dem Redemoment sein. Das einfache Perfekt wurde im Gegensatz dazu *pretérito perfecto remoto* genannt, womit der zeitliche Abstand zum Sprechaktmoment zum Kriterium der Benennung erhoben wurde.

Im 19. Jahrhundert begannen einige Autoren – unabhängig von den traditionellen Beschreibungen und Benennungen – über die Funktionen und den Gebrauch der Verbformen nachzudenken. Diese Überlegungen führten zu unterschiedlichen Theorien und zu neuen Termini (vgl. Esparza Torres, 2009).

Juan Manuel Calleja, ein von den Ideologen beeinflusster Autor, unterschied in seinen *Elementos de gramática castellana* (1818) die grammatischen Tempora und die ontologische Zeit.[2] Er bezeichnete beide zwar mit dem gleichen Terminus, benutzte aber für die unterschiedlichen ontologischen Zeiten spanische Wörter, während er die grammatischen Tempora mit Termini belegte, die aus dem Lateinischen abgeleitet waren:

> Los tiempos son tres: presente, pasado y venidero, que se subdividen en cada modo en otros varios.
> El modo indicativo admite ocho tiempos, que son: presente, pretérito imperfecto, pretérito perfecto remoto simple, pretérito remoto compuesto, pretérito próximo, pretérito pluscuamperfecto, futuro imperfecto y futuro perfecto. (Calleja, 1818, 25)

Der für die Bezeichnung des einfachen Perfekts gewählte Terminus *pretérito perfecto remoto simple* besteht aus vier Wörtern, von denen jedes ein Merkmal der betreffenden Verbform bezeichnet:

> El pretérito perfecto remoto simple manifiesta ya pasada la significación del verbo, v.g. *fui, estuve, escribí.* Se llama simple, por que su terminación lo es, y remoto por que para

---

[2] Zum Ausdruck der Zeit vgl. auch Calero Vaquera (2011).

usarle no basta que la cosa de que se habla haya pasado, sino que es menester que haya algun tiempo que pasó. (Calleja, 1818, 26)

Der südamerikanische Philosoph, Völkerrechtler und Philologe Andrés Bello (1781–1865) hat eine eigene innovative Terminologie erfunden, in der er drei Basiszeiten annimmt und diese mit den Bezeichnungen *presente*, *pretérito* und *futuro* belegt, denen er dann für die Relationen der Vor-, Gleich- und Nachzeitigkeit die Präfixe *ante-*, *co-* und *pos(t)* hinzufügt. Dieses einfache und symmetrische System hat Fürsprecher gefunden, es reduziert allerdings die Beschreibung der Verbformen auf die von Bello angenommene temporale Bedeutung. Zum Beispiel betonte er mit der Bezeichnung *copretérito* das gleichzeitige Ablaufen eines Prozesses während eines anderen. Die Nachzeitigkeit in der Vergangenheit darstellende Verbform nennt er *pospretérito* (z.B. *cantaría*). Er nimmt fünf zusammengesetzte Formen des Indikativs an (*he cantado*, *hube cantado*, *habré cantado*, *había cantado*, *habría cantado*). Die Bezeichnung *ante-presente* für das zusammengesetzte Perfekt hebt die Beziehung der Form *he cantado* zum Präsens hervor (Bello, 1859, § 289, 149).

Wie wir bereits im 18. Jahrhundert am Beispiel von San Pedro gesehen haben, führte diese Verbform zu den größten terminologischen Innovationen. Die Benennung des zusammengesetzten Perfekts als *pretérito indefinido* findet sich auch in der Grammatik von Andrés Martínez de Noboa (1839), für den diese Verbform einen unbestimmteren Zeitraum als die anderen Verbformen der Vergangenheit bezeichnet, der noch nicht zu Ende ist, sondern in die Gegenwart hineinreicht. Das einfache Perfekt nennt er unter Nutzung des Oppositionspaars ‚bestimmt'/‚unbestimmt' *pretérito definido* und das Imperfekt *pretérito actual*:

1° Pretérito actual. Se llama pretérito porque espresa la significación como pasada respecto del presente, pero como presente ó coexistente con otra época anterior, v.g. *yo entraba cuando tú salias.*
2° Pretérito definido. Se llama definido este pretérito porque se refiere á una época fija, determinada, i enteramente concluida, haga poco ó mucho que se concluyó, sin embargo de que se le mire como mas remoto que el indefinido.
3° Pretérito indefinido. Se llama indefinido porque la época á que se refiere es mas indeterminada ó no ha acabado de pasar, sino que está pendiente ó relacionada con la presente; por cuya razon se le considera mas inmediato al presente, que el definido. Ejemplos de los dos: El año ó el siglo pasado hubo *hambres, este año ó este siglo ha habido guerras. Ayer se marchó el criado, i no ha venido hasta ahora.* (Noboa, 1839, 84)

Eine andere Überlegung zur Natur der Verbformen wurde von Vicente Salvá (1786–1849) eingebracht, die zwischen dem *pretérito coexistente*, mit dem er den gleichzeitigen Ablauf von Prozessen betonte, und dem *pretérito absoluto*, mit dem er das einfache Perfekt meinte, unterscheidet. Im syntaktischen Teil seiner Grammatik stellt Salvá fest, dass für die Herstellung der Gleichzeitigkeit immer ein anderes Verb, ein Adverb oder ein Satz, der eine zweite Situation bezeichnet, notwendig ist: „siempre se necesita otro miembro con verbo, ó un adverbio ó alguna frase que designen la segunda accion, para que se realize la coexistencia de los dos sucesos" (Salvá, 1852, 172). In dieser aspektuellen Eigenschaft unterscheidet sich das Imperfekt (*pretérito coexistente*) grundsätzlich vom einfachen Perfekt (*pretérito absoluto*):

> [...] á mas de limitar á una época precisa, si se señala, las acciones, no necesita la simultaneidad de otra para que se complete el sentido de la frase. Cuando digo, *Juan llegó anteayer*, la oración queda perfecta; pero si dijera, llegaba anteayer, preciso seria que añadiese, *cuando nosotros le vimos apear*, ó alguna cosa semejante. (Salvá, 1852, 172)

Salvá nutzt in diesem Teil seiner Grammatik auch den Terminus *indefinido* mit zwei Attributen: *absoluto y condicional*. Der *indefinido condicional*

> tiene que ir siempre después de una partícula conjuntiva o después de un adjetivo relativo, que se reliera á algun nombre regido por otro verbo anterior, v. g. *Aunque fuese tarde, determinó entrar en el teatro*; *No le daba cuidado que yo lo notase*; [...] (Salvá, 1852, 183).

Er führt eine Zweiteilung des *pretérito indefinido* ein, in Wirklichkeit nennt er aber das *pretérito perfecto simple* immer *pretérito absoluto*.

Den Namen *pretérito próximo* für das zusammengesetzte Perfekt rechtfertigt er mit seinem Kontrast zum *pretérito absoluto*: Dieses drückt einen vollständig vergangenen Prozess aus, während beim *pretérito próximo* der Vorgang zwar stattgefunden hat, wir uns aber immer noch im selben Zeitraum befinden oder dieser Vorgang jederzeit wieder aufgenommen werden kann.[3]

Die Termini *pretérito absoluto* und *imperfecto* wurden auch in der philosophischen Grammatik von Eduardo Benot (1822–1907) verwendet, der die Verbformen ansonsten nach dem morphologischen Kriterium in einfache und zusammengesetzte einteilte (Benot, 1910).

---

[3] „[...] que ha sucedido ya la cosa; pero que esta ó la época á que aludimos, todavía duran, ó bien que no ha cesado la práctica, la esperanza, ó por lo menos la posibilidad de que vuelva á repetirse lo que la frase significa" (Salvá 1852: 186).

Die königliche Sprachakademie kehrte zur Tradition zurück, indem sie die Perfektformen nach dem morphologischen Kriterium als einfach und zusammengesetzt einteilte und das strittige Kriterium der Nähe des *pretérito perfecto próximo* aufgab.

3. Die Benennung des einfachen Perfekts im 20. Jahrhundert

1917 kommt es zu einer Veränderung in der Benennung der Verbform des einfachen Perfekts, das ohne nähere Erklärung von der Akademie *pretérito indefinido* genannt wird (RAE, 1917). Ein Rekurs auf die griechische Bezeichnungstradition des temporal unbestimmten Aorists ist möglich, angesichts der vorangegangenen Diskussion erscheint dies jedoch wenig wahrscheinlich. Man könnte auch spekulieren, dass vielleicht ein Einfluss der Grammatik von Port-Royal vorliegen könnte, die diese Verbform auch als indefinit erklärt und dies mit der temporalen Unbestimmtheit jenseits der 24 Stunden begründet hatte. Dass dies Anfang des 20. Jahrhunderts in Spanien noch eine Rolle gespielt hatte, darf jedoch bezweifelt werden. Wahrscheinlicher erscheint die Wiederaufnahme dieser Bezeichnung vor allem im Zusammenhang mit der Verbreitung der Aspekttheorien zu Beginn des 20. Jahrhunderts in Europa, die fast zeitgleich mit der Entwicklung strukturalistischer Sprachtheorien vor sich ging, die die Idee binärer Oppositionen einbrachten. In der spanischen Grammatik gab es keine Probleme, den Aspekt zu integrieren, hatte man doch schon seit geraumer Zeit Verbformen als vollendet oder unvollendet charakterisiert.

In der folgenden Tabelle nach Rojo (1990, 20) sind die Verbformen entsprechend der Akademiegrammatik von 1917 dargestellt:

Verbformen, die eine Handlung als *nicht* abgeschlossen darstellen		Verbformen, die eine Handlung als abgeschlossen darstellen	
Modo Indicativo			
Presente	*digo*	Pretérito perfecto	*he dicho*
Pretérito imperfecto	*decía*	Pretérito pluscuamperfecto	*había dicho*
Pretérito indefinido	*dije*	Pretérito anterior	*hube dicho*
Futuro imperfecto	*diré*	Futuro perfecto	*habré dicho*

		Modo Potencial	
Potencial simple		*Potencial compuesto*	
o imperfecto	*diría*	o perfecto	*habría dicho*

		Modo Subjuntivo	
Presente	*diga*	Pretérito perfecto	*haya dicho*
Pretérito imperfecto	*dijera*	Pretérito pluscuamperfecto	*hubiera dicho*
	dijese		*hubiese dicho*
Futuro imperfecto	*dijere*	Futuro perfecto	*hubiere dicho*

Es fällt auf, dass die als *Pretérito indefinido* bezeichnete Verbform hier unter denen aufgeführt ist, die eine Handlung als nicht abgeschlossen darstellen, also unter den imperfektiven. Diese Einordnung wirkt schon deshalb befremdlich, weil jeder Sprecher des Spanischen das einfache Perfekt für einmalige und abgeschlossene Handlungen verwendet und weil es in einem deutlichen aspektuellen Kontrast zum *imperfecto* steht.

Gili Gaya (1961 <1943>, § 119), der diese Zuordnung und Bezeichnung korrigiert hat, gibt eine plausible und zugleich eine erstaunliche Erklärung dieser Einordnung. Offensichtlich hatte die Akademie das aspektuelle Merkmal der Perfektivität mit der Inchoativität und der Terminativität als deren Spezialbedeutungen verwechselt. Wie wir im Abschnitt 1 dieses Beitrags gesehen haben, können Verben im einfachen Perfekt sowohl den Anfang als auch das Ende einer Handlung bezeichnen, sind also in diesem Sinne tatsächlich indefinit:

> [el indefinido] expresa unas veces el hecho o acción como incipientes, y otras como terminados, según la significación del verbo. (RAE, 1931, § 294b)

Dennoch sind sie perfektiv, insofern sie die Handlung nicht im Verlauf, sondern ganzheitlich und begrenzt in den Blick nehmen. Es scheint also hier eine Verwechslung des Aspekts als generelles Phänomen und möglicher spezifischer Bedeutungen des Aspekts vorzuliegen.

Überraschend ist die andere Erklärung für die Einordnung des einfachen Perfekts unter die imperfektiven Verbformen: Die Zuordnung einer einfachen

Verbform auf die Seite der zusammengesetzten hätte die Systemsymmetrie gestört (Rojo, 1990, 21). Dieser Irrtum wurde von Gili Gaya (1961 <1943>) korrigiert, wobei er zu einer globalen Sichtweise der Verbstruktur gelangte, die den meisten späteren Darstellungen zugrunde liegt. Nach dieser Ansicht sind alle zusammengesetzten Verbformen und das einfache Perfekt perfektiv und alle einfachen Verbformen mit Ausnahme des einfachen Perfekts imperfektiv. Mit der Opposition der absoluten und der relativen Tempora wird dem Vorhandensein eines weiteren Referenzpunktes neben dem Sprechaktmoment Rechnung getragen:

	Imperfectos		Imperfectos		Imperfectos	
Absolutos	Relativos	Absolutos	Relativos	Absolutos	Relativos
leo		*leo*		*leo*	
leía		*leía*		*leía*	
leeré	*leería*	*leeré*	*leería*	*leeré*	*leería*

Im *Esbozo de una nueva gramática de la lengua española* (RAE, 1973) nahm auch die Akademie diese Korrektur vor und kehrte zur traditionellen morphologisch fundierten Bezeichnung *pretérito perfecto simple* zurück:

Verbform	RAE (1931)	RAE (1973)	Nueva gramática (RAE 2009)
CANTÉ	pretérito indefinido	pretérito perfecto simple	pretérito perfecto simple
CANTABA	Pretérito imperfecto	Pretérito imperfecto	Pretérito imperfecto
HE CANTADO	pretérito perfecto	pretérito perfecto compuesto	pretérito perfecto compuesto

Obwohl die Bezeichnungen der Real Academia Española seit 1973 mit wenigen Modifikationen beibehalten und weit verbreitet wurden (vgl. RAE, 2009), sind die früheren Bezeichnungsvarianten mitunter noch anzutreffen. Insbesondere die deutschen Lehrbücher des Spanischen folgen weitgehend der Terminologie von 1917, was für das Verständnis der Funktionen des einfachen Perfekts ungünstige Folgen hat, insofern sein Charakter als „bestimmte" Verbform verwischt wird.

Literaturangaben

Bello, Andrés 1859 <1847>
Gramática de la lengua castellana destinada al uso de los americanos. Carácas.

Benot, Eduardo 1910
Arte de hablar. Gramática filosófica de la lengua castellana. Obra póstuma. Madrid.

Bertinetto, Pier Marco 1991
Il verbo. In: Grande grammatica italiana di consultazione, a cura di Lorenzo Renzi, Giampaolo Salvi & Anna Cardinaletti. Nuova edizione. Band II: I sintagmi verbale, aggettivale, avverbiale. La subordinazione. Bologna: 13-161.

Bondarko, Aleksandr V. 1971
Vid i vremja russkogo glagola (značenie i upotreblenie). Moskau.

Calero Vaquera, María Luisa 2011
La medida del tiempo y su expresión en español y otras lenguas. In: Tiempo, espacio y relaciones espacio-temporales. Nuevas aportaciones de los estudios contrastivos, ed. por Carsten Sinner, Elia Hernández Socas, Christian Bahr. Frankfurt a. M.: 51-72.

Calleja, Juan Manuel 1818
Elementos de gramática castellana. Bilbao.

Correas, Gonzálo 1626
Arte grande de la lengua castellana compuesto en 1626 por el Maestro Gonzálo Correas. Publícalo por primera vez el Conde de la Viñaza. Madrid.

Esparza Torres, Miguel Ángel 2009
La gramática española del siglo XIX: estado actual de la investigación y perspectivas. In: Revista internacional de lingüística iberoamericana 13: 11-40.

Gili Gaya, Samuel 1961 <1943>
Curso superior de sintaxis española. Decimotercera edición. Barcelona.

Haßler, Gerda 2016
Temporalität, Aspektualität, Modalität in romanischen Sprachen. Berlin, Boston.

Haßler, Gerda (im Druck)
Definit oder indefinit? Probleme beim Überschreiten einzelsprachlicher Grenzen der Grammatikographie. In: Vivat diversitas – Romania una, linguae multae. Festschrift für Prof. Dr. Isabel Zollna zum 60. Geburtstag, hg. von Vera Eilers und Stefan Serafin. Stuttgart.

Jiménez Patón, Bartolomé 1614
Institvciones de la gramatica española. Baeza.

Martin, Robert 1971
Temps et aspect. Paris.

Martínez Gómez Gayoso, Benito 1769
Gramática de la lengua castellana reducida a breves reglas, facil méthodo para instruccion de la Juventud: nuevamente añadida y emendada. Madrid.

Nebrija Antonio de 1485
Introductiones latinae, cum commento. Salamanca.

Nebrija, Antonio de 1980 <1492>
Gramática de la lengua castellana. Estudio y edición de Antonio Quilis, Madrid.

Noboa, Andrés Martínez de 1839
Nueva Gramática de la lengua castellana, según los principios de la filosofía gramatical. Madrid.

Pastrana, Juan de ca. 1485
Compendium grammaticae. Salamanca.

RAE 1771
Gramática de la lengua castellana compuesta por la Real Academia Española. Madrid.

RAE 1796
Gramática de la lengua castellana compuesta por la Real Academia Española. Quarta edición corregida y aumentada. Madrid.

RAE 1917
Gramática de la lengua castellana, por la Real Academia Española, Nueva edición, reformada, Madrid.

RAE 1931
Gramática de la lengua española, nueva edición, reformada. Madrid.

RAE 1973
Esbozo de una nueva gramática de la lengua española. Madrid.

RAE 2009
Nueva gramática de la lengua española. Madrid.

Ridruejo, Emilio 1977
Notas romances en gramáticas latino-españoles del siglo XV, In: Revista de Filología Española 59: 47-80.

Rojo, Guillermo 1990
Relaciones entre temporalidad y aspecto en el verbo español. In: Tiempo y aspecto en español, ed. por Ignacio Bosque. Madrid: Cátedra: 17-41.

Salvá, Vicente 1852
Gramática de la lengua castellana según ahora se habla. Novena edición. Paris; Méjico.

San Pedro, Benito de 1769
Arte del Romance castellano, dispuesta segun sus principios generales i el uso de los mejores autores. Tomo II. Valencia.

Sanford, John 1611
Προπύλαιν, or an entrance to the Spanish tongue. London.

Schönberger, Axel 2008
Die Ars minor des Aelius Donatus: lateinischer Text und kommentierte deutsche Übersetzung einer antiken Elementargrammatik aus dem 4. Jahrhundert nach Christus. Frankfurt.

Villar, Juan 1651
Arte de la lengva española reducida a reglas y preceptos de rigurosa gramatica. Valencia.

Barbara Schäfer-Prieß

Grammatik und Konfession im frühen 17. Jahrhundert

1. Einleitung

Ausgangspunkt für meine Beschäftigung mit der Frage, welche Rolle die Konfession der Autoren in der frühneuzeitlichen Grammatikschreibung spielt, war zunächst die Beobachtung, dass Grammatiken, die ein universalistisches Modell zum Fremdsprachenlernen dienstbar machen wollen, zeitgleich einerseits auf der Iberischen Halbinsel (Amaro de Roboredo, Gonzalo Correas), andererseits im deutschen Sprachraum (Wolfgang Ratke, Christoph Helwig) auftauchten. Die naheliegende Suche nach gemeinsamen Quellen oder – von vornherein wenig wahrscheinlich – Hinweisen auf gegenseitige Beeinflussung fiel, wie unten genauer zu sehen sein wird, weitgehend negativ aus. Stattdessen zeichnete sich das Bild ab, dass es zu Beginn des 17. Jahrhunderts in Westeuropa mindestens zwei voneinander unabhängige Grammatikrichtungen gab: eine katholische und eine protestantische, wobei im letzteren Fall noch zwischen verschiedenen Ausrichtungen zu unterscheiden ist.

Auf den Konflikt zwischen Lutheranern, Calvinisten und weiteren protestantischen Richtungen weist Padley (1976, 93-94) im Zusammenhang mit Petrus Ramus hin. Ansonsten scheint dieses Thema bisher erstaunlich wenig Beachtung gefunden zu haben. Natürlich ist bekannt, dass der Protestantismus die Beschäftigung mit den Volkssprachen und damit auch die volkssprachliche Grammatikschreibung tendenziell förderte (vgl. z.B. Siegfried, 2011), doch darüber hinaus bleiben viele Fragen offen, zu deren Klärung hier versucht werden soll, einen kleinen Beitrag zu leisten. Dazu werden exemplarisch zwei Autoren miteinander verglichen, die zeitgleich sehr ähnliche Ansätze verfolgt haben – der eine, Amaro de Roboredo, im katholischen Portugal, der andere, Wolfgang Ratke, im protestantischen Deutschland.

2. Universalismus und volkssprachliche Grammatikschreibung bei Amaro de Roboredo und Wolfgang Ratke

2.1. Biographische Informationen

Über das Leben Amaro de Roboredos ist sehr wenig bekannt. Er wurde in Algoso (Trás-os-Montes) geboren, laut C. Assunção und G. Fernandes (in Roboredo, 2007b, xii) vermutlich zwischen 1580 und 1585. Roboredo schlug eine geistliche Laufbahn ein, war nach 1610 Sekretär des Erzbischofs von Evora und in Lissabon Hauslehrer bei einem spanischen Adligen. Zwischen 1615 und 1625 veröffentlichte er neben theologischen Schriften mehrere Werke zur lateinischen und portugiesischen Sprache, nämlich die *Verdadeira gramática latina para se bem saber em breve tempo, escrita na língua portuguesa, com exemplos na latina* (1615), die *Regras da ortografia portuguesa* (1615), den *Método gramatical para todas as línguas* (1619), die *Raízes da língua latina* (1621), die *Porta das línguas* (1623) und die *Gramática latina mais breve e facil que as publicadas até agora* (1625). Er starb vermutlich nach 1653 (Roboredo, 2007b, xii).

Wolfgang Ratke wurde 1571 in Wilster / Holstein geboren und starb 1635 in Erfurt. Nach dem Besuch des Johanneums in Hamburg studierte er in Rostock Theologie, Philosophie, orientalische Sprachen und Mathematik und hielt sich zwischen 1603 und 1610 in Amsterdam auf, wo er laut Ising (1959, Teil I, 5) wahrscheinlich erste Anregungen zur Beschäftigung mit der Muttersprache erhielt. Anschließend lebte Ratke in verschiedenen deutschen Städten und versuchte erfolglos eine Schulreform durchzusetzen, bei der ein zentrales Anliegen die Einbeziehung der deutschen Sprache in den Unterricht war. Seine didaktischen Pläne legte er 1612 anlässlich der Krönung von Kaiser Matthias im *Memorial* dar (Ratke, 1959a <1612>).

Eine bibliographische Bestandsaufnahme gestaltet sich bei Ratke schwierig, da bei Gemeinschaftswerken wie der *Encyclopedia pro didactica Ratichii* (*Allunterweisung*) oder den ca. 30 Schulbüchern, die zwischen 1680 und 1620 in Köthen gedruckt wurden, der Anteil Ratkes schwer zu bestimmen ist. Viele ihm zugeschriebene Texte sind nur in Handschriften überliefert und wurden erst in neuerer Zeit ediert (Kordes, 1999, 5-7).

2.2. Das Grammatikmodell

Roboredo stellt in seinem *Método gramatical para todas als línguas* die Forderung nach Lateinunterricht in der Muttersprache auf und verbindet diese mit einem rationalistisch-universalistischen Sprachmodell:

> E a lingua Materna se ha primeiro de ensinar per arte aos mininos (Roboredo, 1619, a4r). O principiante, que passar per este Methodo para as outras linguas tem meio caminho andado, tendo decorado na primeira as regras que servem para todas, e achandoas correspondentes nos lugares em que vão postos os preceitos. E viráse a facilitar mais o comercio entre as Nações & a descobrir muitas propriedades da lingua estranha, fazẽdo da Materna quasi regra commum. Como por exemplo, quem souber bem per arte a Portuguesa, ou Castelhana, descorrendo na Latina per semelhança, irá descobrindo hum concerto, propriedade, & methafora racional, & ainda as irregularidades, & particulares modos de fallar, que o ignorante vulgo introduzio: os quaes são certas quebras da arte, que sendo mui arreigadas devemos usar. A razão he, que os Latinos erão homẽs, com os quaes concordamos na racionalidade, que encaminha o entendimento, & lingua, a declarar, o que sentimos; & ainda que as palavras sejão diversas, assi cada hũa per si, com muitas iuntas na razão da frase, com tudo a união racional dellas em todos he a mesma.

> [Und die Kinder sollen zuerst die Grammatik ihrer Muttersprache gelehrt bekommen. [...] Der Anfänger, der mit dieser Methode zu den anderen Sprachen übergeht, hat schon den halben Weg zurückgelegt, da er ja in der ersten [Sprache] die Regeln verstanden hat, die für alle anwendbar sind, und er die Entsprechungen an den Stellen findet, wo die Regeln dargelegt sind. Und es wird den Handel zwischen den Nationen vereinfachen und viele Eigenheiten der Fremdsprache erkennen lassen, wenn die Muttersprache quasi zur allgemeinen Regel wird. Wie z.B. jemand, der die Grammatik des Portugiesischen oder Kastilischen gut beherrscht, wenn er das Lateinische als ähnlich betrachtet, ein Zusammenspiel, eine [gemeinsame] Eigenschaft und eine rationale Metapher entdecken wird, trotz der Unregelmäßigkeiten und besonderen Sprechweisen, die das unwissende Volk eingeführt hat: Diese sind gewisse Brüche der Grammatik, die wir, da sie verwurzelt sind, verwenden müssen. Der Grund ist, dass die Lateiner Menschen waren, mit denen wir übereinstimmen hinsichtlich der Rationalität, die den Verstand und die Sprache dahin leitet auszudrücken, was wir fühlen. Und auch wenn die Wörter unterschiedlich sein mögen, wenn sie allein stehen - wenn viele in der *ratio*[1] des Satzes verbunden sind, ist dennoch ihre rationale Verbindung dieselbe.] (Roboredo, 1619, a4v, meine Übersetzung)

In den Schriften, die von Ratke selbst sowie von Zeitgenossen über ihn überliefert sind, kommen, wenn auch weniger präzise formuliert, sehr ähnliche Gedanken zum Ausdruck:

> Nu ist der Rechte gebrauch vnd lauff der Natur, das die Liebe Jugent, zum Ersten, Jhr angeborne Muttersprache, welche bey vns die teutsche Recht vnd fertig Lesen, schreiben

---

[1] *Ratio* ist hier wohl im Sinne von Sanctius zu verstehen, als logisch-abstrakte syntaktische Struktur (vgl. Schäfer-Prieß, 2016, 208).

und sprechen lerne, damit sie Jhre Lehrer In Andern Sprachen künfftig desto besser verstehen vnd begreiffen können. (Ratke 1612[2], zitiert nach Ising, 1959, I, 112)

In allen Sprachen / Künsten vnnd Wissenschafften / muß eine Gleichförmigkeit seyn / beid was die Art zu lehren / vnd was die Bücher betrifft / vnd die Praecepta so viel jmmer möglich ist.
Als die Grammatica muß in deutschen vbereinstimmen mit der Hebräischen / Griechischen / Lateinischen / etc. so viel jmmer möglich die Eygenschafften der Sprachen zu lassen. Denn diß hilfft dem Verstande trefflich wol / vnd wird desto leichter vnd fertiger eine jede Sprach gefasset vnd behalten... vnd gibt auch dieses eine Scharffsinnigkeit / dass man eygentlich sihet / wie eine Sprach von der anderen abtrit / vnd wo sie vbereinkommen. (Ratke 1617[3], zitiert nach Ising, 1959, I, 37)

[...] were auch vmb solche Grammaticam also beschaffen, dass sie gar fuglich in alle sprachen könnte versetzet werden, vndt solcher gestalt, wer sie nur in der einen sprache recht könnte vndt verstünde in den anderen linguis ob earundem, exceptis cuiuslibet idiomatis, harmonicam, ratione grammatices keine sonderliche beschwerung befinden würde. (Ratke 1634[4], zitiert nach Ising, 1959, I, 37)

Beide Autoren gehen also darin konform, dass sie eine für alle Sprachen gültige, also universelle Grammatik ansetzen. Für den Fremdsprachenunterricht ziehen sie daraus den Schluss, dass zuerst die Grammatikregeln der Muttersprache erlernt werden sollten, um sie dann auf die Fremdsprache übertragen zu können.

Es stellt sich nun die Frage, ob diese Gemeinsamkeit als Zufall zu erklären ist – der dadurch begünstigt worden sein mag, dass sowohl universalistische Grammatikmodelle als auch die Forderung nach Einbeziehung der jeweiligen Muttersprache in den vorwiegend lateinischen Schulunterricht in verschiedenen Ländern im Raum standen und eine Kombination dieser beiden Ansätze praktisch auf der Hand lag –, ob eine gegenseitige Beeinflussung stattgefunden haben könnte – worauf es keinerlei Hinweise gibt, weshalb diese Spur hier nicht weiter verfolgt werden soll –, oder ob sich eine oder mehrere gemeinsame Quellen nachweisen lassen. Zur Klärung dieser Frage soll zunächst versucht werden zu rekonstruieren, auf welche Vorgängertexte sich Roboredo und Ratke beziehen.

---

[2] *Memorial Welches zu Franckfort Auff dem Wahltag Aõ 1612 den 7. Maij dem teutschen Reich vbergeben.*

[3] *Artickel / Auff welchen fürnehmlich die Ratichianische LehrKunst beruhet.*

[4] *Vnterthänige Relation. Von der Lehrart Herrn Wolfgangi Ratichij. Königl. Maytt. vndt der Reiche Schweden Hochverordneten Raths vndt Cantzlers Excellentz zu eigenen handen vberliefert im Qvartir Großen Sömmerda den 15. Martij anno 1634.* Es handelt sich um einen Bericht von Johann Matthaeus Meyfart, Hieronymus Brückner und Stephan Ziegler über Ratkes Lehrmethode.

3. Intertextuelle Bezüge

Was die universalistische Grundlage angeht, so ist es bei Roboredo offenkundig, dass er sich vor allem an dem Spanier Sanctius Brocensis (Francisco Sánchez de las Brozas, 1523-1600), dem Verfasser der berühmten *Minerva*, orientiert,[5] den er mit höchstem Lob im Vorwort zu seinem *Método gramatical* (Roboredo, 2007b, [17] b1r) erwähnt. Seiner vier Jahre vor dem *Método* im Jahr 1615 erschienenen Lateingrammatik *Verdadeira gramática latina* (Roboredo, 2007a) ist zu entnehmen, dass Roboredo mit den wichtigsten antiken Grammatikern sowie die Neuzeit betreffend mit dem Niederländer Despauterius (gest. 1520), dem Italiener Julius Caesar Scaliger[6] (1484-1558), dem Spanier Antonio de Nebrija (1441-1522) sowie mit seinen Landsleuten Manuel Alvares (1526-1583) und Francisco Martins (gest. 1596) vertraut war (Roboredo, 2007a, xxix). Scaliger war gleichzeitig ein wichtiger Ideengeber für Sanctius. Ein weiterer Autor, der in Zusammenhang mit Sanctius, nicht aber mit Roboredo genannt wird, ist der Franzose Petrus Ramus (Pierre de la Ramée, 1515-1572).

Hinsichtlich der Forderung nach muttersprachlichem Grammatikunterricht zur Vorbereitung auf den Lateinunterricht konnte Roboredo z.B. auf Nebrija (vgl. Schäfer, 1991, 55-60) sowie Juan Luis Vives (1493-1540) und Pedro Simón Abril (1530-1595; vgl. Breva-Claramonte, 1994) zurückgreifen.[7] Das Besondere an Roboredos Darstellung ist, dass er die Forderung nach Unterricht in muttersprachlicher Grammatik explizit mit seiner universalistischen Sprachtheorie verbinden kann: Da die grammatischen Strukturen in allen Spra-

---

[5] Sanctius' *Minerva sive de causis linguae latinae* von 1587 stellte bekanntlich auch eine wichtige Quelle für Claude Lancelot, Verfasser der seinerzeit weitverbreiteten *Nouvelle méthode pour apprendre la langue latine* (1. Aufl. 1644, Einfluss von Sanctius ab der 2. Aufl. 1654, vgl. Schäfer-Prieß, 2016, 209) und Mitverfasser der einflussreichen *Grammaire générale et raisonnée* von 1660, dar. Roboredo blieb zwar ein derartiger Ruhm versagt, doch kann er höchstwahrscheinlich das Verdienst beanspruchen, als erster die universalistischen Ideen Sanctius' in die volkssprachliche Grammatikschreibung bzw. Sprachdidaktik eingebracht zu haben.
[6] Julius Caesar Scaliger ist nicht zu verwechseln mit seinem Sohn Joseph Justus Scaliger (1540-1609), der 1562 zum Calvinismus übergetreten war (Jaumann, 2004, 586).
[7] Weitgehend unabhängig vom institutionellen Umfeld war der einsprachige Lateinunterricht mit lateinischen Lehrbüchern im frühneuzeitlichen Europa weit verbreitet und sah sich immer wieder in der Kritik, da seine Effizienz bezweifelt wurde. In den katholischen Ländern hielten vor allem die Jesuiten an dieser Methode fest, doch war sie ebenso im protestantischen Bereich anzutreffen.

chen identisch seien, habe man mit dem bewussten (*por arte*) Erwerb der muttersprachlichen Grammatikregeln die Grundlage für alle anderen Sprachen gelegt.

Weniger klar als bei Roboredo sieht es hinsichtlich möglicher Vorbilder bei Ratke aus. Von Autoren wie Ising (1959, I, 38) und Padley (z.B. 1985, I, 47) (vgl. Kordes, 1999, 334) wird der Einfluss von Ramus betont, während Kordes (1999, 419-420) dies relativiert und die Rolle der *harmonia linguarum*-Tradition (s.u.) hervorhebt. Auf jeden Fall war Ramus gleichzeitig eine direkte Quelle für Ratke und zumindest eine indirekte – über Sanctius – für Roboredo. Doch wie immer sein Einfluss zu bewerten ist, als Quelle für den gemeinsamen universalistischen Ansatz kann Ramus mit größter Wahrscheinlichkeit ausgeschlossen werden:

> Im Unterschied zu Ratke hatte Ramus hingegen keine universalgrammatische Ambition. Schon allein durch deren Existenz bzw. durch die Existenz transzendentaler grammatischer Kategorien würde sein Programm der Rückführung jeder Disziplin auf eine Methode bzw. auf einen exakt zu delimitierenden Gegenstandsbereich mit Hilfe seiner drei Gesetze konterkariert; die Abweichungen der Einzelgrammatiken hätten in seinen *homogenen* Disziplinen keinen Platz gehabt. Bei Ratke gibt es jedoch einen universalgrammatischen Ansatz, dem ein außergrammatisches Modell, eine Ontologie, zugrunde lag. (Kordes, 1999, 420)[8]

Wie für Ramus gilt auch für J.C. Scaliger, dass er sowohl für Roboredo als auch für Ratke als Quelle in Frage kommt, bei Roboredo direkt (s.o.), bei Ratke z.B. durch Frischlin (s.u.; vgl. Kordes, 1999, 355) vermittelt, doch möglicherweise ebenfalls als direkte Quelle.[9] Tatsächlich werden in Scaligers *De causis linguae latinae* (1540) zentrale Punkte von Sanctius' Argumentation, so die Bedeutung der *ratio* und damit auch der universalistische Anspruch, bereits vorweggenommen (vgl. Scaliger, 2004 <1540>). Da jedoch gerade das rationalistische und vor allem das syntaktische Element bei den Repräsentanten der Sprachenharmonie schwach ausgeprägt ist, scheint eine wesentliche Wirkung Scaligers eher unwahrscheinlich.

Das *harmonia linguarum*-Konzept unterscheidet sich von den universalistischen Ansätzen Scaligers und Sanctius' vor allem dadurch, dass es eine starke lexikalische Komponente hat, wogegen die Rolle der *ratio* in den Hintergrund tritt und die Grundlage für eine allgemeine Grammatik vage bleibt

---

[8] Damit übereinstimmend Salus (1976, 88): „Petrus Ramus [...] was basically antiuniversalist, remarking that philosophical arguments in grammar did not save the scholastics [sic] from barbarisms [*Scholae Grammaticae*, 7-14, 95]".

[9] Bei Ising (1959, I, 36) wird nur Julius Caesar Scaligers Sohn Joseph Justus als Quelle genannt.

(Kordes, 1999, 376-380). Die *harmonia linguarum* wird dabei als Teil eines Gesamtkonzeptes gesehen:

> Es ist der große, aus dem Neuplatonismus der Renaissance übernommene Gedanke einer alles durchwaltenden Harmonie oder, wie Ratke dafür auch sagt, eines „Einstimmigseins" von allem mit allem. [...] Diese Übereinstimmung besteht darum, nicht nur innerhalb der Natur, sondern auch zwischen den verschiedenen Sprachen, die alle nach dem selben Gesetz gebaut sind, so daß, was für den Unterricht eine große Erleichterung bedeutet, die Grammatik der einen, schon bekannten Sprache auf die andere, neu zu lernende übertragen werden kann. (Bollnow, 1988, 120)

Kordes spricht von einem „Remedium der *babylonica confusio*, der *huius ultimi saeculi perversitas* [...] *in Politicis, et ut ita loqura, in prophanis* [...], in der Kirche wie auch für die deutsche Nation und Sprache. Wie in den anderen Nationen sollte „*durch solch löbliche Constitution unn Ordnung /das H. Römische Reich Deutscher Nation* [...] *zusammen gehalten* [werden]" (Kordes, 1999, 379, kursiv im Original). Eine solche theologische und sogar politische Ausrichtung ist der rationalistisch-universalistischen Schule eher fremd.

Von wesentlicher Bedeutung für die *harmonia linguarum*-Tradition ist das Hebräische, das, so z.B. Theodor Bibliander (1509-1564), „eine Verbindung von Sprache und Welt herstellt"[10] (Kordes, 1999, 378). Das Konzept der Sprachenharmonie ist, wie gesagt, vorrangig ein lexikalisches und eng verknüpft mit der Vorstellung von einer gemeinsamen Ursprache:

> Im Rahmen der Sprachforschung läßt sich diese Beziehung mit dem genealogischen Prinzip verquicken, daß alle Sprachen aus einer Ursprache hervorgegangen sein sollen. Diese erste und perfekte Sprache kann dann auf der allgemeinsten Betrachtungsebene das *tertium comparationis* aller Idiome repräsentieren. Meistens wurde sie natürlich mit dem Hebräischen identifiziert, im Prinzip konnte aber jede natürliche Sprache diese privilegierte Stellung einnehmen. Man musste nur sog. etymologische Ableitungen zwischen den Worten verschiedener Sprachen konstruieren. (Klein, 1992, 297-298)

Eine genaue Zuordnung von Ratkes Ideen zu bestimmten Vorbildern aus diesem Umfeld gestaltet sich schwierig. Namen, die hier genannt werden, sind außer Bibliander Johannes Reuchlin (1455-1522), Elias Hutter (1553- c.1605) und Philipp Nicodemus Frischlin (1547-1590), alle drei Hebraisten. Bei Frischlin, dem Ratke in vielem folgt (Kordes, 1999, 382), ist bekannt, dass er von Scaliger beeinflusst war (Kordes, 1999, 358).

---

[10] „[...] die hebräischen Worte führten somit zur Erkenntnis des „Wahren", denn im Hebräischen als einer *lingua adamica* bestand die vom Turmbau zerstörte Übereinstimmung von Sprache und Welt" (Kordes 1999: 378).

Es lässt sich also festhalten, dass wir es bei Roboredo und Ratke mit Repräsentanten unterschiedlicher Universalismuskonzepte zu tun haben: Die Tradition, in der Roboredo steht, ist grammatisch (bei Scaliger und Sanctius: syntaktisch) ausgerichtet, ahistorisch und rationalistisch, die Sprachenharmonietradition hingegen lexikalisch und historisch. Statt auf eine universelle, unveränderliche *ratio* wird auf eine Ursprache referiert, die die Grundlage für die postulierten Gemeinsamkeiten darstellen soll. Nur in letzterem Modell spielen nationale und vor allem theologische Anliegen eine Rolle. Wissenschaftsgeschichtlich setzt der erstere Ansatz die scholastische Tradition fort, wogegen die historische Komponente als charakteristisch für die Renaissance gelten kann. Unterschiedlich ist auch die Rolle des Hebräischen zu bewerten, das anders als bei der *harmonia linguarum* in dem rationalistisch-grammatischen Modell keine konstituierende Funktion hat (obwohl Hebräischstudien natürlich auch in diesem Umfeld betrieben wurden und die Ursprachentheorie präsent war).

Es hat demnach den Anschein, dass die beiden universalistischen Ansätze als weitgehend unabhängig voneinander zu sehen sind. Tatsächlich gibt es nur wenige Autoren, die in Zusammenhang mit beiden Richtungen genannt werden. An erster Stelle ist hier J.C. Scaliger zu nennen, dessen Einfluss auf die Sanctius-Schule ebenso bestätigt ist wie auf die deutschen Grammatiker. Auch der Einfluss von Petrus Ramus auf beide Schulen ist unbestritten, doch bezieht dieser sich vorrangig auf die Methode und kann wie erwähnt nicht zur Erklärung der sprachtheoretischen Gemeinsamkeiten herangezogen werden.[11]

Auffällig ist, dass es nach Scaliger und Ramus, deren Aktivitäten in die Mitte des 16. Jahrhunderts fallen, vorläufig keine Autoren mehr zu geben scheint, die in beiden Schulen Berücksichtigung finden. Bezüge zu Sanctius fehlen z.B. bei den hier behandelten deutschen Grammatikern, im Gegenzug wird Ramus bei den Sanctianern nicht erwähnt. Zwar beruft sich Sanctius in der ersten Ausgabe der Minerva (1562) noch namentlich auf ihn, doch fehlt

---

[11] Dies gilt auch für Francis Bacon, der sowohl im Zusammenhang mit Roboredo als auch mit Ratke erwähnt wird. Roboredo betreffend weist Ponce de León Romeo (1996, 224) darauf hin, dass die *Verdadeira gramática latina* – und das gilt auch für den Método – noch vor Bacons *Novum Organon* (1620) veröffentlicht wurden. Auch bei Ratke wurden Berührungspunkte mit Bacon konstatiert (Ising, 1959, 33; Kordes, 1999, 313). Selbst wenn ein direkter Einfluss, der allerdings Ratkes frühe Schriften betreffend nicht vom *Novum Organon* ausgegangen sein könnte, vorliegen sollte, kann er kaum die Ansichten zur Sprache betreffen, da Bacon und Ratke laut Adamson (1921, 40-41) völlig unterschiedliche Meinungen bezüglich der Bedeutung der Muttersprache vertreten.

diese Erwähnung in der Ausgabe von 1587, vermutlich mit Rücksicht auf die inzwischen eingeführte Zensur der Inquisition[12]; Ramus war 1562 zum Calvinismus übergetreten.

4. Grammatik, Konfession und Zensur

Einen protestantischen Autor zu nennen war um 1600 im katholischen Raum nicht ungefährlich. Tatsächlich stand Ramus seit 1584 auf dem *Index Librorum Prohibitorum* der Inquisition (Pardo Tomás, 1991, 363). Andere Grammatiker und Philosophen, die dort auftauchen, sind Francis Bacon (seit 1632; vgl. Pardo Tomás, 1991, 352), Christoph Helwig (seit 1612, Pardo Tomás, 1991, 357), Philipp Melanchthon (seit 1559; vgl. Pardo Tomás, 1991, 360), Johannes Reuchlin (seit 1559; vgl. Pardo Tomás, 1991, 363), Julius Caesar Scaliger (seit 1584; vgl. Pardo Tomás, 1991, 364), Joseph Justus Scaliger (seit 1612; vgl. Pardo Tomás, 1991, 364) sowie Robert und Henri Estienne (seit 1584; vgl. Pardo Tomás, 1991, 366). Es handelt sich von Reuchlin und J.C. Scaliger abgesehen um protestantische Autoren. Diese („luteranos, protestantes, calvinistas", Pardo Tomás, 1991, 113) machten 88,53 % der Autoren aus, die in die 1. Klasse der Zensur („häretische Autoren") fielen. In der 2. Klasse („häretische Werke") überwiegen mit 54,46 % die Katholiken; 15,18 % sind „*cristianos*" aus der Zeit vor der Reformation (Pardo Tomás, 1991, 113).

Man kann demnach davon ausgehen, dass Autoren, die sich zum Protestantismus (im weiteren Sinne) bekehrt hatten, allgemein als suspekt angesehen wurden. Dass die beiden katholisch gebliebenen Autoren J.C. Scaliger und Johannes Reuchlin unter die Inquisitionszensur fallen, lässt sich vermutlich damit erklären, dass ersterer 1538 der Häresie angeklagt worden war und letzterer im Streit um die „Judenbücher", für deren Erhalt er sich einsetzte, in Konflikt mit der Kölner theologischen Fakultät und den Dominikanern sowie letztendlich mit dem Papst geraten war (Jaumann, 2004, 550).

Wie streng die Zensur gehandhabt wurde, lässt sich im Einzelfall schwer rekonstruieren. So wird J.C. Scaliger 1615 bei Roboredo (2007a) namentlich genannt, obwohl er seit 1584 auf dem Index stand. Auch in Sanctius' *Minerva* wird Scaliger noch 1587 zitiert (Colombat, 2006, 42), während Ramus, wie bereits ausgeführt, in dieser Ausgabe nicht mehr namentlich erwähnt wird.

---

[12] „In any case Sanctius, who attempted to introduce Ramist pedagogical reform into Spain, had had several brushes with the Inquisition and would not perhaps have wished to publish too openly his adherence to the doctrines of the protestant Ramus" (Padley, 1985, 270).

Ramus selbst bezieht sich übrigens ausschließlich auf Vorgänger aus der Antike (Colombat, 2006, 35-41).

Während die Existenz einer katholischen Zensur weithin bekannt ist, hat der Umstand, dass es in den protestantischen Gebieten im 16. und 17. Jahrhundert ähnliche Maßnahmen gab, bisher wenig Beachtung gefunden. Laut Franz (2014, 81), der sich auf den südwestdeutschen Raum bezieht, waren von den zensorischen Maßnahmen, die von den Landesherren ausgingen, wie bei den Katholiken nicht nur religiöse Schriften betroffen, sondern es mussten zumindest zeitweise alle Texte, gleich welchen Inhalts, vor der Veröffentlichung begutachtet werden. Franz bringt dafür sowohl das Beispiel eines lutherischen als auch eines calvinistischen Landesherren, wobei zu bemerken ist, dass sich deren Zensur nicht nur gegen die Katholiken richtete, sondern auch gegeneinander sowie gegen andere protestantische Richtungen wie Wiedertäufer oder Zwinglianer (Franz, 2014, 68, 72).

Ein Beispiel aus der Grammatikgeschichte für die Auseinandersetzung zwischen Lutheranern und Calvinisten ist die Kontroverse bezüglich Philipp Melanchthon und Petrus Ramus. Ramus genoss zeitweise hohes Ansehen an deutschen Universitäten bzw. überhaupt in den nordeuropäischen und damit tendenziell protestantischen Ländern, während er in Italien und Spanien (zur frühen Ausnahme Sanctius s.o.) verfemt war (Padley, 1985, I, 46). Das Werk Ratkes fällt in den Zeitraum zwischen 1580 und 1620, in dem der Ramismus in Deutschland seinen Höhepunkt hatte, dann aber in Konflikt mit den Lehren des Lutheraners Melanchthon geriet:

> Here an intellectual difference is doubled by a religious one, for Melanchthon's Lutheran followers suspected Ramists of Calvinist leanings. Furthermore the Melanchthonian logic, in general use at German universities, was based on Aristotle and thus acceptable to traditionalists. Conflict eventually led to Ramism being proscribed at several universities, more particularly in Catholic areas, and an uneasy compromise was established in which elements of the Melanchthonian and Ramist dialectics were combined with features of the older Scholastic logic to form a mixed, 'Philippo-Ramist' approach more acceptable to the university than undiluted Ramism. The doctrines of Ramus are rarely found in Germany in their pure form. (Padley, 1985, I, 46-47; vgl. Padley, 1976, 93-94)

Der Einfluss Ramus' in Deutschland betrifft allerdings mehr die Philosophie als die Grammatikschreibung. Eine nachhaltige Wirkung auf diesem Gebiet ist nur in England nachweisbar (Padley, 1976, 93):

> Ramus' grammatical influence, apart from Sanctius, is almost exclusively confined to British authors, and his influence is delayed until well into the seventeenth century. In France,

his formally based *Grammaire* found no echo, and his influence on educational thought ended with the Jesuit ascendancy.

Wie groß die Bedeutung der Zensur bei der Zurückdrängung des Ramismus auch in protestantischen (lutherischen) Ländern war, ist schwierig zu bestimmen. Generell gilt, dass die protestantische Zensur im Gegensatz zur katholischen dezentral war und in den einzelnen Herrschaftsbereichen unterschiedlich streng ausgelegt wurde, so dass auch bei grundsätzlich ähnlich strengen Maßnahmen ein größerer Spielraum für die Autoren bestand:

> Nach diesem Überblick hat man nicht den Eindruck, dass die evangelischen Territorien in Deutschland Wegbereiter der Toleranz waren. Gegenüber der internationalen und mächtigen katholischen Kirche war die Zensur in den kleineren deutschen Ländern teilweise sicher ebenso bedrückend. Verschiedentlich musste ein Pfarrer mit seiner Familie in die Fremde ziehen, weil der Landesherr das Bekenntnis geändert hat. Die Bücherzensur konnte auch kleinlich sein, beispielsweise wenn ein Herzog sich persönlich um die Typographie kümmerte.
> Andererseits wurde die Zensur im Deutschen Reich unterschiedlich gehandhabt. Sofern der Autor nicht Maßnahmen seiner vorgesetzten Behörde fürchten musste, konnte er fast immer einen auswärtigen Druckort finden, wo die Zensur milder gehandhabt wurde. Notfalls setzte man die Orte der Buchmessen in Frankfurt am Main und Leipzig auf das Titelblatt, um den Druckort zu verschleiern. Das hat sogar der Provinzial des Jesuitenordens in Köln bei *Spees Cautio criminalis* 1632 so gehandhabt. (Franz, 2014, 17)

5. Schluss

Es lässt sich als vorläufiges Ergebnis festhalten, dass sich die konfessionellen Auseinandersetzungen des 16. und 17. Jahrhunderts auch auf die Grammatikschreibung niedergeschlagen haben, was sich in der Form auswirkte, dass sich katholische Autoren zeitweise nur auf katholische, protestantische hauptsächlich auf protestantische Zeitgenossen, möglichst solche der gleichen Ausrichtung, bezogen. Antike Grammatiker sowie Humanisten, die noch vor der Reformation gewirkt hatten, waren dagegen für alle zitierfähig, mittelalterliche spielten zumindest nominell ohnehin so gut wie keine Rolle. Dabei lässt sich natürlich nicht entscheiden, ob die Autoren der „Gegenseite", auch aufgrund von Zensurmaßnahmen, tatsächlich nicht rezipiert wurden, oder ob man darauf verzichtete, erkennbare Bezüge herzustellen.

Auf gegenseitige Beeinflussung oder direkte gemeinsame Quellen gibt es jedenfalls bei den beiden hier näher betrachteten Autoren, Amaro de Roboredo und Wolfgang Ratke, keine Hinweise. Zwar kommt in beiden Fällen J.C. Scaliger als Quelle für den universalistischen Ansatz in Frage, doch wurde dieser in Deutschland einerseits, in Spanien und Portugal andererseits so unterschiedlich und durchaus konfessionsspezifisch ausgearbeitet, dass es wohl doch eher als Zufall zu sehen ist, dass mit Roboredos und Ratkes Grammatiken zeitgleich Werke mit auf den ersten Blick sehr ähnlichen Betrachtungsweisen entstanden sind.

Literaturangaben

Adamson, John William 1921
Pioneers of Modern Education 1600-1700. Cambridge.

Bollnow, Otto Friedrich 1988
Zwischen Philosophie und Pädagogik: Vorträge und Aufsätze. Aachen.

Breva-Claramonte, Manuel 1994
La didáctica de las lenguas en el renacimiento: Juan Luis Vives y Pedro Simón Abril: con selección de textos. Bilbao.

Colombat, Bernard 2006
Les références aux anciens et aux modernes chez les grammairiens latins du XVI e siècle (Linacre, Scaliger, Ramus, Sanctius). In : Histoire, Épistémologie, Langage 28.1: 25-50.

Franz, Gunther 2014
Kommunikationskontrolle und Toleranz – Die reichsrechtlichen Grundlagen und Intentionen der Bücherzensur in evangelischen Territorien (16./17. Jahrhundert). In: Reformation und Toleranz – Ein spannungsreiches Verhältnis, hg. v. Andreas Mühling und Thomas Martin Schneider. Bonn: 63-85.

Ising, Erika 1959
Wolfgang Ratkes Schriften zur deutschen Grammatik (1612-1630). Teil I: Abhandlung. Teil II: Textausgabe. Berlin.

Jaumann, Herbert 2004
Handbuch Gelehrtenkultur der Frühen Neuzeit. Band I: Bio-bibliographisches Repertorium. Berlin, New York.

Klein, Wolf Peter 1992
Am Anfang war das Wort. Theorie- und wissenschaftsgeschichtliche Elemente frühneuzeitlichen Sprachbewusstseins. Berlin.

Kordes, Uwe 1999
Wolfgang Ratke (Ratichius, 1571-1635). Gesellschaft, Religiosität und Gelehrsamkeit im frühen 17. Jahrhundert. Heidelberg.

Padley, G.A. 1976
Grammatical Theory in Western Europe 1500-1700. The Latin Tradition. Cambridge u.a.

Padley, G.A. 1985
Grammatical Theory in Western Europe 1500-1700. Trends in Vernacular Grammar I. Cambridge u.a.

Pardo Tomás, José 1991
Ciencia y censura. La inquisición española y los libros científicos en los siglos XVI y XVII. Madrid.

Ponce de León Romeo, Rogelio 1996
La pedagogía del latín en Portugal durante la primera mitad del siglo xvii: cuatro gramáticos lusitanos Cuadernos de Filología Clásica. In: Estudios Latinos 10: 217-228.

Roboredo, Amaro de 2007a <1615>
Verdadeira grammatica latina, para se bem saber em breve tempo, scritta na lingua portuguesa com exemplos na latina. Edição facsimilada com prefácio de Amadeu Torres e estudo introdutório de Gonçalo Fernandes, Rogelio Ponce de León e Carlos Assunção. Vila Real.

Roboredo, Amaro de 2007b <1619>
Methodo grammatical para todas as linguas. Edição facsimilada com prefácio e estudo introdutório por Carlos Assunção e Gonçalo Fernandes. Vila Real.

Salus, Peter H. 1976
Universal Grammar 1000-1850. In: History of Linguistic Thought and Contemporary Linguistics, hg. v. Herman Parret. Berlin, New York: 85-101.

Scaliger, Julius Caesar 2004 <1540>
De causis linguae latinae. Introd., ed. crítica, trad. y notas: Pedro Juan Galán Sánchez. Extremadura.

Schäfer, Barbara 1991
Amaro de Roboredos *Methodo grammatical para todas as linguas* (1619). In: Zur Wissenschaftsgeschichte der deutschsprachigen Lusitanistik. Akten des 1. gemeinsamen Kolloquiums der deutschsprachigen Lusitanistik und Katalanistik, hg. v. Axel Schönberger und Michael Scotti-Rosin. Beihefte zu Lusorama 3: 55-74.

Schäfer-Prieß, Barbara 2016
Universalistische Sprachtheorie in volkssprachlichen Grammatiken des 17. Jahrhunderts: Amaro de Roboredos *Método gramatical* (1619) und Gonzalo Correa' *Arte grande* (1625). In: La historiografía de la lingüística y la memoria de la lingüística moderna, hg. v. María Luisa Calero Vaquera und Gerda Hassler. Münster: 206-215.

Siegfried, Inga 2011
Konfessionelle Grammatikographie? Zum Einfluss religiöser Überzeugungen auf die ersten Grammatiken der deutschen Sprache. In: Nationale und transnationale Perspektiven der Geschichte der Sprachwissenschaft, hg. v. Gerda Haßler. Münster: 22-29.

Sarah Dessì Schmid

Reine Theorie – hybride Praxis
Purismus in der italienischen Sprachgeschichte

1. Was ist ‚rein'? – Eine Einleitung

Rein ist klar, nicht trüb und nicht konfus. Rein ist sauber, nicht schmutzig und nicht obskur. Rein ist ordentlich und homogen, nicht hybrid. Rein ist perfekt, nicht vergänglich und nicht verderblich – nicht beweglich. Rein ist die Theorie in der Sprachkultur – hybrid ist ihre Praxis.

Polysem und an Nuancen reich wie wenige Termini in der Geschichte der Ideen ist ‚*purismo*' in seiner Verwendung in der Diskussion um die Sprache ein relativ neues italienisches Wort; ein Wort zwar von alter Tradition, doch von jungem einzelsprachlichem Gebrauch: Wenn auch das Konzept des *purismo* seinen Ursprung in der Stiltugend der *puritas sermonis* oder *latinitas* in der Rhetorik hat, sind die ersten Belege des Terminus im Italienischen doch erst im späten 18. Jahrhundert zu finden.[1] Und es ist – Paradox der Paradoxe – ein Fremdwort: *Purismo* ist ein Lehnwort aus dem Französischen, denn es war über ein Jahrhundert vor seinem ersten Gebrauch in Italien, um 1619, dass Chapelain dort den Terminus *puriste* einführte und zwar, als er über die Gruppe um Malherbe sprach und diese gerade mit den florentinischen Gelehrten der *Accademia della Crusca* verglich – Ironie des Schicksals.[2]

Purista – als Adjektiv – bezeichnet und qualifiziert aber vieles: *Purista* ist im Allgemeinen eine Reinheit anstrebende kulturelle Haltung von Menschen, Institutionen und Regierungen. *Purista* ist hier insbesondere, wer ein präskriptives Ideal von Sprache vertritt; einer reinen Sprache, also perfekt normiert und von hohem Prestige, die den Einzug von Fremdwörtern ablehnt oder gar bekämpft. *Purista* ist auch, wer sich Neologismen widersetzt, wer gegen

---

[1] Dieser Beitrag baut in einigen Punkten auf meinem zusammen mit Jochen Hafner in italienischer Sprache verfassten Artikel zu Normierung und Purismus im 19. Jahrhundert in Italien auf (Dessì Schmid / Hafner, 2014); auf diesen wird im Folgenden ohne besonderen Verweis Bezug genommen.

[2] Für eine detaillierte Beschreibung des Ursprungs und der Verbreitung des Begriffs ‚*purista*' (1758 erstmalig belegt) und seiner Derivate vgl. Vitale (1986, 3ff.), der sich seinerseits auf Neri (1942) bezieht; vgl. auch Hafner / Kocher (2005) zum Purismus im Allgemeinen.

dialektale und regionale Ausdrücke zu Felde zieht oder gegen jede niedrig markierte diasystematische Varietät. Und in Italien ist schließlich *purista* auch, wer ein archaisches Modell literarischer Sprache vertritt, das sich an den großen florentinischen Werken des 14. Jahrhunderts orientiert; wer, genauer gesagt, jede Zeile des als ‚goldenes Jahrhundert' besungenen *Trecento* unabhängig von ihrer Qualität, Textsorte oder Diskurstradition[3] als unanfechtbares Beispiel reiner, wahrer Sprache verehrt.

Purismo ist eine in unterschiedlichen historischen Phasen mehr oder weniger starke, jedoch konstant präsente ideologische Tendenz in der europäischen Kultur; und als solche ist er – in der Sprache wie auch in der Kunst – in Italien stark repräsentiert; hier entsteht aber auch eine ganz besondere linguistische und literarische Bewegung des 19. Jahrhunderts, des *Ottocento*, die dann in der italienischen Sprachgeschichte als *purismo per antonomasiam* identifiziert wird. Es ist daher nicht übertrieben zu behaupten, dass die Rolle des Purismus im Normierungs- und Normalisierungsprozess des Italienischen eine sehr wesentliche ist, in jenem Prozess, der das Italienische – langsamer und später als andere europäische Kultursprachen – auf den Weg des Standards geführt hat und die – geschriebene – Sprache Dantes, Petrarcas und Boccaccios schließlich in den Mündern aller Italiener erklingen lässt.

Welche ist nun aber die Rolle, die der Purismus in diesem Prozess spielt? Eine fixierende, verteidigende und propagierende, eine die Richtung weisende oder eher eine begleitende? Durch welche sichtbare oder unsichtbare Hand wird er geleitet? Welche Ziele, welche Waffen hatten die Vertreter der reinen – florentinischen, distanzsprachlichen, literarisch-modellhaften und archaischen – Sprache für Italien? Welche Werke des Purismus wurden hervorgebracht, zu welchen gewollten oder ungewollten Resultaten haben diese Werke geführt? Und nicht zuletzt: Bedeutet ‚normieren' – d.h. eine Sprache klar, fest zu regeln – *an sich* schon ‚puristisch' sein, ‚puristisch' werden? Es sind dies keine einfachen und schon gar keine rhetorischen Fragen, ist es doch in der italienischen Sprachgeschichte nicht immer leicht, klare Grenzen zwischen puristischen und – was nicht das Gleiche ist – klassizistischen Thesen zu ziehen.

---

[3] Zum Begriff der Diskurstraditionen vgl. u.a. Aschenberg / Wilhelm (2003), Frank (1998), Frank / Heye / Tophinke (1997), Hafner / Oesterreicher (2007), Jacob / Krefeld (2007), Kabatek (2005), (2007), (2011), Koch (1987) (wo der Terminus ‚Diskurstradition' erstmalig verwendet wird), (1997), (1998), (2010), Oesterreicher (1988), (1997), (2009), Schlieben-Lange (1983), (1996).

Wie es auch nicht leicht ist, zwischen puristischen und den mehr oder weniger streng normativen, präskriptiven Positionen von Autoren und Institutionen zu unterscheiden, die sich der Tradition verbunden fühlten oder sich aus verschiedenen anderen, durchaus praktischen Gründen für eine strenge Durchsetzung ihrer Ideen eingesetzt haben.

Gerade solche Grenzen zu ziehen, solche feinen Unterscheidungen nachzuzeichnen, ist jedoch besonders wichtig, will man sich einen genaueren Blick, ein tieferes Verständnis historischer, sprachlicher und kultureller Realitäten erschließen. Das Fehlen eines solchen Varianten, Feinheiten und Widersprüche suchenden Blicks, eines Blicks, der sich – so Oesterreicher (2007, 16) – von keiner „invertierten Teleologie" irreführen lässt, ist nämlich häufig der Grund, aus dem schnell eine an sich viel komplexere, ja sogar widersprüchliche Realität vereinfachend als puristisch oder antipuristisch abgestempelt wird. Bei näherem Hinsehen sind in der Tat selbst in ausdrücklich als antipuristisch deklarierten Kontexten eindeutige Indizien für das Aufscheinen von Purismus zu erkennen; ebenso wie auch im Werk von erklärten Verteidigern der Reinheit der Sprache überraschende antipuristische Spuren sichtbar werden: Reine Theorie – hybride Praxis.

Der Beitrag möchte – wenn auch nur kursorisch und selbstverständlich ohne jeglichen Anspruch auf Vollständigkeit – einige dieser Fragen angehen; sein Schwerpunkt und zugleich sein Leitmotiv wird dabei die Analyse der Rolle puristischer Sprachkultur und Sprachpolitik im Selektions- und Ausbauprozess der Norm des Italienischen sein. Zunächst einmal werden einige Begriffe und (varietätenlinguistische) Modelle vorgestellt, die zur Analyse der Phasen von Standardisierung von Sprachen im Allgemeinen dienen können: die Konzeptionen des sprachlichen Ausbaus und des *language planning* von Kloss (^{2}1978) und Haugen (1983), und das das Diasystem weiterführende Nähe-Distanz-Modell von Koch / Oesterreicher (1990). Darauf werden diese auf die für die hier verfolgte Fragestellung relevanten Episoden der italienischen Sprachgeschichte angewendet. In dieser knappen kritischen Rekonstruktion wird der Frage der Unterschiede zwischen Theorie und Praxis der puristischen Sprachkultur und -politik besonderer Raum gegeben, was in der Folge zu einem Ausblick auf eine mögliche neue Auffassung des Begriffs der sprachlichen ‚Reinheit' führt.

Es soll also kritisch hinterfragt werden, ob immer effektiv eine eindeutige Korrespondenz wiederzufinden ist zwischen verwendeten Formeln und angestrebten Zielen der puristischen Sprachpolitik einerseits und ihrer tatsächlichen Praxis und den erreichten Resultaten andererseits. Durch diese Fokussierung auf den Normierungsprozess des Italienischen muss allerdings eine Reihe von Erscheinungen, die ebenfalls als puristisch bezeichnet wurden – wie etwa die faschistische Sprachpolitik –, ganz außer Acht gelassen werden.[4]

2. Rahmen und Modelle

Bei dem Prozess, der zu dem führt, was Kloss (^{2}1978) „Ausbausprache" nennt – also zur Standardisierung einer Sprache –, können auf der Basis des Modells von Haugen zwei unterschiedliche Makrobereiche unterschieden werden, die ihrerseits aus zwei Phasen bestehen:

1. Der erste Bereich, *policy planning* – auch ‚Normierung' genannt –, betrifft die Form, die Festlegung, die Entwicklung der Norm und besteht aus den Phasen der Selektion der sprachlichen Basis der Norm (der gewählten Varietät) und ihrer Kodifizierung, also ihrer orthographischen, morphosyntaktischen und lexikalischen Fixierung, etwa durch Werke wie Grammatiken und Wörterbücher. Dabei wird der Begriff ‚Norm' in seiner präskriptiven Bedeutung verstanden, also als System von Regeln, die das definieren – d.h. fixieren und vorschreiben –, was unter den verschiedenen Möglichkeiten des Gebrauchs einer Sprache in Bezug auf ein bestimmtes ästhetisches oder soziokulturelles Ideal ausgewählt werden soll.[5]
2. Der zweite Bereich, *language cultivation* – auch ‚Normalisierung' genannt –, betrifft die Funktion, das Funktionieren der Norm in ihrer Anwendung und besteht aus den Phasen der Implementierung der normierten Sprache (auch Extension genannt) und ihrer weiteren Vervollkommnung, zum Beispiel in ihrem Gebrauch in den unterschiedlichen Textsorten und Diskurstraditionen, die Elaboration (oder Ausbau im engeren Sinne) genannt wird.

Normierung und Normalisierung sind Prozesse, die zwei sehr unterschiedliche Entwicklungsbereiche betreffen: die Gesellschaft (d.h. die Sprecher) und die

---

[4] Es sei hierzu u.a. auf die Arbeiten von Beck-Busse (2014), Ellwanger (1939), Foresti (2003), Klein (1986), Kolb (1990) und (2014), Müller (2006), Raffaelli, A. (2010), Raffaelli, S. (1983) und Simonini (^{2}2004) hingewiesen.

[5] Allgemein werden zwei prinzipielle Bedeutungen des Begriffs der Norm unterschieden (vgl. dazu Muljačić, 1988, 288, u.a.): 1.) Das System von Regeln, die das definieren, fixieren oder vorschreiben, was unter den verschiedenen Formen des Gebrauchs einer Sprache in Bezug auf ein besonderes ästhetisches oder soziokulturelles Ideal gewählt werden soll (Norm als normative oder präskriptive Grammatik, eine Art Anleitung zum korrekten Gebrauch einer Sprache, der sich von allen anderen möglichen Arten, diese zu gebrauchen, unterscheidet, die damit implizit als falsch und damit verboten angenommen werden); 2.) Alles das, was innerhalb einer besonderen Sprachgemeinschaft üblicher, allgemeiner oder eben ‚normaler' Gebrauch ist (deskriptive Norm, die die Sprache als soziale Institution darstellt). Vgl. auch Coseriu (1952).

Sprache (das Sprachsystem). Die Selektion der Basis der Norm – also der Varietät, die als Norm dienen soll – und ihre Extension sind Fragen, die die Sprecher betreffen: Es sind die Sprechergemeinschaften, oder besondere Gruppen davon, die entweder bewusst, also qualitativ, oder unbewusst, also ‚natürlich' das Normmodell auswählen und dieses in immer mehr Kontexten verwenden (das ist das, was mit ‚Extension' gemeint ist). Selektion und Extension gehören bei Haugen (1983) zum *status planning*.

Die erste Fixierung der Basis (der Norm) durch Grammatiken und Wörterbücher (und auch die Reduktion der morphologischen Polymorphie), ebenso wie ihre Elaboration sind hingegen Fragen, die die Sprache als System betreffen und das darstellen, was Haugen (1983) als *corpus planning* bezeichnet. Mit Elaboration sind die weiteren Perfektionierungen der Norm gemeint, die durch zusätzlich übernommene Funktionen und durch ihr wachsendes Prestige erforderlich werden, etwa durch Regeln, die mit dem Gebrauch in verschiedenen Diskurstraditionen verbunden sind. Es müssen nicht alle vier Phasen vollständig abgeschlossen sein, um von einer ‚sprachlichen Norm' sprechen zu können; allerdings muss die gewählte Norm normalisiert sein, damit tatsächlich von einer ‚standardisierten Sprache' die Rede sein kann: Nur eine vollständig, vollkommen ausgebaute Sprache kann in diesem Sinne als Standardsprache definiert werden. Der Grad des Ausbaus einer Sprache ist jedoch variabel und dieser wird – wie Koch (1988, 344) betont – graduell in einer Diskurstradition nach der anderen erreicht. Die Prozesse der Normierung und der Normalisierung können darüber hinaus unterbrochen und wiederaufgenommen, auf neue Ziele ausgerichtet werden und neue Wege gehen: Genau dies war, wie im Folgenden zu sehen sein wird, beim Italienischen der Fall.

Die Normierung entspricht dem, was in der italienischen Sprachgeschichte traditionell als *questione della lingua* im engeren Sinne bezeichnet wird, nämlich die bildungsaristokratische – gelehrte – Diskussion um die Auswahl einer gemeinsamen Sprache für die Schriftlichkeit aus der Vielfalt an Varietäten, an romanischen Sprachen, die im mittelalterlichen und frühneuzeitlichen Italien zur Verfügung standen: der *volgari*. Dass man hier klassischerweise von „*questione della lingua* im engeren Sinne" spricht, hängt mit der Tatsache zusammen, dass zunächst einmal zu klären war, ob überhaupt eine andere Sprache als das Lateinische für die Schriftlichkeit geeignet sein könnte, also für die Domäne der kommunikativen Distanz (vgl. Koch / Oesterreicher, 1990), bevor im *Cinquecento* die Debatte darüber geführt werden konnte, wie diese Sprache denn auszusehen habe, bevor also eine Norm gewählt werden konnte. Erst als die Dignität des *volgare* in ihrem Glanz anerkannt wurde – nicht ohne Schwierigkeiten und nicht zuletzt dank der Stimme von Humanisten wie Alberti –, konnte man sich nun auf den Weg der Selektion machen. Im 16. Jahrhundert standen schließlich mehrere Optionen zur Diskussion, alle diastratisch ähnlich markiert, denn es handelte sich um die Sprache der gebildeten Klassen (der einzigen wenigen, die lesen und schreiben konnten), unterschiedlich jedoch auf der diatopischen und auf der diamesischen Ebene, d.h. der Konzeption für den mündlichen oder schriftlichen Gebrauch. Zwei dieser Optionen orientierten sich diatopisch stark markiert am Florentinischen, unterschieden sich aber in der diamesischen und diaphasischen Markierung. Einerseits findet sich die von Bembo favorisierte Version, die sich am Gebrauch der Schriftlichkeit der großen florentinischen Literatur des 14. Jahrhunderts orientiert: Bembo bevorzugte damit das archaische, 200 Jahre alte Modell für die Norm, das sich dann durchsetzte. Andererseits stand die von Machiavelli favorisierte Varietät zur Diskussion, der mündliche Gebrauch des zeitgenössischen Florentinisch des *Cinquecento*. Eine weitere wichtige Option stellte die von Castiglione vertretene diatopisch schwach markierte und eklektische Varietät der höfischen Sprache dar, der *lingua cortigiana*, welche diamesisch nah am mündlichen Gebrauch am Hof selbst sein sollte. Dies ist die Option, die in Frankreich erfolgreich sein würde, wo der Hof – der *eine* Hof –, anders als in Italien, eine wesentliche Rolle auch in sprachlichen Fragen spielte.

3. Normierung und Purismus
3.1 Die Anfänge der Normierung: Venedig und die *corone*
Die Geschichte der Normierung des Italienischen zeigt ihre besonderen Züge aber nicht allein in den angedeuteten Unterbrechungen und Wiederaufnahmen im Prozess der Selektion und der Kodifizierung der geschriebenen Sprache oder der ewig diskutierten *questione della lingua*,[6] sondern vielmehr in ihrer besonderen, nicht gerade friedfertigen Beziehung zwischen dem schriftlichen und dem mündlichen Gebrauch der Sprache. Denn auch wenn auf der einen Seite Galilei schon sehr früh – im *Seicento* – in italienischer Sprache Texte einer Diskurstradition verfasst, die normalerweise als letzte im Prozess des Ausbaus erreicht wird – der der wissenschaftlichen Prosa –, dauert es auf der

---

[6] Zur *questione della lingua* vgl. u.a. Marazzini (1994), (^{3}2000) und Vitale (^{2}1978), (1986).

anderen Seite noch Jahrhunderte, bevor man von einem Standarditalienischen ausgehen kann, einem Italienisch, das tatsächlich kollektiv gebraucht, *gesprochen* wird.

Die aus einer diasystematischen Perspektive gestellte Frage, nach welcher Sprache im 16. Jahrhundert, im *Cinquecento* gesucht wurde, führt nun zur *questione della lingua* zurück. Es reicht in der Tat nicht aus zu sagen, man habe für den überregionalen Gebrauch nach einer prestigereichen Sprache gesucht – die dann in unserem Fall diatopisch florentinisch ist –, denn dies stellt lediglich einen der relevanten Aspekte dabei dar. Der Kern der Frage liegt eher in der ‚Medialität' der gesuchten Sprache (und mit Koch und Oesterreicher ist hier natürlich im ‚Medium' und in der ‚Konzeption' gemeint): Die italienischen Humanisten suchten nämlich nach einer überregionalen Sprache für die Domäne der Schriftlichkeit – der kommunikativen Distanz (vgl. Koch, 1988).

Es ist in der Tat schwer zu glauben, dass es Zufall ist, dass bei dieser Suche nach einem einheitlichen Modell einer Sprache für die Schriftlichkeit gerade der *Venezianer* Bembo und mit ihm der *Wahlvenezianer* Manuzio sich für das archaische Florentinisch der *Tre Corone* aussprachen, der drei Kronen Dante, Petrarca und Boccaccio, die mit der *Commedia*, dem *Canzoniere* und dem *Decameron* die ersten volkssprachlichen Juwelen der italienischen Literatur geschaffen hatten.

Im Übrigen waren für Bembo die drei *corone* eigentlich nur zwei, denn Dante, mit seiner an Latinismen, Provenzalismen und *volgarismi* prallen Sprache, konnte weniger ein homogenes florentinisches Ideal für Prosa und Dichtung darstellen als Boccaccio und Petrarca. Gerade jener Dante, der in seiner auf Latein verfassten *De vulgari eloquentia* nach einem „*volgare illustre, cardinale, aulico e curiale*" suchte, noch 200 Jahre bevor die *questione della lingua* aktuell wurde; mit *curiale* deutet er allerdings in einer polyzentrischen Zeit, in der von einer *curia*, einem zentralen Hof im engeren Sinne, nicht die Rede sein kann, auf eine italienische *curia* der Intellektuellen, der Gelehrten hin.[7] Für Bembo ist also die Krone, die am wenigsten strahlt, weil sie vom Licht zu vieler verschiedener Edelsteine glänzt, gerade jene von Dante, der doch als Vorreiter für all diejenigen gilt, die für den Rang der Dichtung in der Volkssprache im Gegensatz zum Latein – als Sprache der Wissenschaft und der Gelehrsamkeit – eintreten. Auch hier zeigt sich ein weiteres Paradox.

---

[7] Vgl. hierzu auch Trabant (2010).

Das von Bembo gewählte ist ein relativ genau kodifiziertes Modell, das unter den Literaten der Epoche gut bekannt und wertgeschätzt ist, und es ist vor allem, *weil* es archaisch ist, ein in angesehenen Texten fixiertes Modell, das keinem weiteren historischen Wandel unterworfen ist, ein Modell also, das sich für eine einfache und rasche Reproduktion und Multiplikation geradezu anbietet. Und von einer wahren Multiplikation ist beim Druck mit beweglichen Lettern zu sprechen, bei dieser revolutionären Erfindung des 15. Jahrhunderts, die sehr früh aus dem Deutschland Gutenbergs nach Italien gekommen war, insbesondere nach Venedig, wo sie einen äußerst fruchtbaren Boden gefunden hatte: Es fanden sich eine blühende städtische Wirtschaft, ein äußerst aktiver Handel mit den anderen Teilen Italiens und Europas, die reichliche Produktion von Papier in den Papierfabriken entlang der aus den Alpen kommenden Flüsse und nicht zuletzt die reiche Tradition der darstellenden Künste, die ohne Zweifel die Zunahme der Druckereien begünstigten (vgl. u.a. Trifone, 1993).

In der gleichen Zeit lässt sich auf politischer Ebene besonders im kleinstaatlichen, plurizentrischen Italien ein Verfall des politischen Modells des Hofes beobachten, das in anderen europäischen Ländern – man denke nun wieder an Frankreich – zur gleichen Zeit floriert. Und es zeigt sich auch, dass der Buchdruck seinerseits zur Einschränkung der kulturellen und politischen Rolle der Höfe in Italien beiträgt; wie Trifone feststellt:

> Con l'avvento di questo nuovo potente mezzo di comunicazione, la sede dell'elaborazione di un modello unitario si trasferisce da un luogo ideale, come è appunto la corte, centro di pratiche linguistiche di alto livello sia sul piano dello scritto che su quello del parlato, a un luogo culturale, come è invece il libro, nel quale lo scritto, e solo lo scritto, celebra la sua apoteosi.
> [Mit dem Einzug dieses neuen mächtigen Kommunikationsmittels verschiebt sich der Sitz des Ausbaus eines einheitlichen Modells von einem idealen Ort, wie es eben der Hof ist, Zentrum sprachlichen Handelns höchsten Niveaus sowohl auf der Ebene des Schriftlichen wie des Mündlichen, hin zu einem kulturellen Ort, wie es dagegen das Buch ist, in dem das Schriftliche, und nur das Schriftliche, seine Apotheose feiert.] (Trifone, 1993, 427, meine Übersetzung)

Auch ist in diesem Rahmen nicht schwer zu verstehen, warum dem eklektischen, mündlichen, schwierig festzuhaltenden, höfischen Modell Castigliones in Italien weniger Erfolg beschieden war, und warum Bembo – und gemeinsam mit ihm in Aldo Manuzio das italienische, das venezianische Verlagswesen – das politisch effektive und angesehene, schriftliche Modell der – *due – corone* wählt.

Es ist daher das Venedig der Verlage, das der Vorherrschaft des Florentinisch-Toskanischen mit dem, was Bruni (2002, 72) „die Gleichstellung des *volgare*-Buchs mit dem florentinisch-toskanischen Buch" nennt, die erste mächtige Waffe in die Hand gibt. Es ist dieses Venedig, das in der florentinischen Literatur eine größere kulturelle Reichweite – und vielleicht auch ein wenig mondänen Glanz – erkennt und ihre Erhebung zur Sprache der *italienischen* Literatur, zur *italienischen* Sprache *tout court* fördert; zur Sprache, die geeignet ist, in das kulturell maßgebende Europa Modelle des Klassizismus und der Renaissance zu bringen, *italienische* kulturelle Modelle.

Es ist Venedig, es ist Manuzio, der typografisch innovative, ästhetisch wunderschöne, philologisch akkurate Bücher druckt, moderne Bücher, die gut zu handhaben sind, die in einer neuen und eleganten Schrift erscheinen, der Kursive, schon bald *italico* oder *aldino* genannt. Es ist Venedig, das Werke in *volgare* druckt, die zu den unterschiedlichsten Diskurstraditionen gehören, von der großen Literatur des florentinischen *Trecento* bis zu jener populären, die sich an das etwas breitere Publikum der Reiseberichte oder der religiösen Texte richtet.[8] Gerade hier ist daher einer der – auch unternehmerischen – Gründe des Erfolgs des Modells der archaischen florentinischen Volkssprache zu suchen. Sicher fehlt nicht die Begeisterung – die Bewunderung für die literarischen Modelle des *Trecento* ist aufrichtig –, aber dies ist nicht der einzige Antrieb, auch die anderen Ziele Bembos und Manuzios, die nach einem literarisch-schriftlich fertigen und außerordentlich prestigeträchtigen Modell suchten, nach einer festen reproduzierbaren Sprache, sind von nicht weniger zentraler Wichtigkeit: Reine Theorie – hybride Praxis.

Und so stellt sich erneut eine der eingangs genannten zentralen Fragen: Bedeutet ‚normieren' – d.h. eine Sprache klar, fest zu regeln – *an sich* schon ‚puristisch' sein? Ist Bembos Norm schon deshalb *purista*, nur weil die ge-

---

[8] Ich möchte hier an das Bild Pietro Trifones (vgl. 1993, 425ff.) erinnern: Der Buchdruck habe unsere Art, „die Realität zu lesen", verändert, indem er die Reichweite von Information und der Kenntnis erweitert hat. Dies bedeute allerdings nicht eine automatische Demokratisierung des Wissens, da die schnellste und weitestgehende Verbreitung des Wissens nicht notwendigerweise mit seiner gleichmäßigen Verteilung in der Gesellschaft einhergehe; im Gegenteil, vielleicht „[…] akzentuierte sich der Abstand zwischen der privilegierten Minderheit, die Nutzen aus der neuen Technik ziehen konnte und der benachteiligten Mehrheit, die nicht in der Lage war dies zu tun. Schon bald und in steigendem Maße wurde das Verlagswesen auch ein Instrument des Erhalts und der Ausübung von Macht" (Trifone, 1993, 425, meine Übersetzung).

wählten Grenzen archaisch sind? Ist dieses Normieren dann ganz und gar puristisch? Sind auch seine Absichten puristisch, ist seine *Prose della volgar lingua* eine puristische Grammatik? Die eben geschilderten Zusammenhänge sprechen eindeutig gegen eine so einfache Etikettierung.

3.2 Norm und Purismus: die *Accademia della Crusca*

Bevor sich die von Bembo gewählte florentinische Norm über die Grenzen Venedigs hinaus ausbreiten und gerade in Florenz akzeptiert werden konnte, war die Gründung der *Accademia della Crusca* in den Jahren 1582-1583 abzuwarten. Diese machte sich die Thesen Bembos zu eigen und ging – mit dem Werk Salviatis – weit darüber hinaus, indem sie den Mythos des *Trecento* als goldenes Zeitalter schuf; jenen Mythos, den Cesari und – wenn auch etwas moderater – Puoti im 19. Jahrhundert in jener puristischen Bewegung *per antonomasiam* wieder feiern würden.

Zunächst gilt es aber erst einmal Schritt für Schritt dem Fluss der Geschichte zu folgen: Die *Accademia della Crusca* entstand aus der Versammlung eines Freundeskreises gelehrter Florentiner, der *brigata dei crusconi*, der ‚Schar der groben Kleie'. Sie sollte die bekannteste und einflussreichste Akademie der Frühneuzeit werden, ihre Gründung erfolgte aber zunächst weder in institutioneller Absicht, noch kann sie als erstes Zeugnis der Akademiebewegung in Italien gelten (vgl. dazu Dessì Schmid / Hafner, 2016). Dort existierten in der Tat bereits mehrere, mehr oder weniger gelehrt ausgerichtete und mehr oder weniger an Fragen der Sprache interessierte Sozietäten, die als Produkte höfischer gelehrter Diskussion zugleich die räumliche Streuung des frühneuzeitlichen Akademiewesens über weite Teile Italiens dokumentieren: „Au début du XVIIe siècle, l'Italie apparaît comme la terre promise des Académies", so Charlier (1935, 231).

Obwohl die Treffen der *brigata dei crusconi* in den Jahren 1570-1580 zunächst das spielerische Reden über Themen geringer Bedeutung, die *cruscate* eben, zum Ziel hatten – und damit die Haltung der Renaissance und des Frühbarock dem Komischen und Grotesken gegenüber reflektieren –, sollten diese heiteren Ziele mit der Zeit einer Sprachakademie das Feld überlassen, die gerade mit ihrem Symbol eine größere Revolution vor sich hatte: Mit dem Beitritt Salviatis zur *Accademia della Crusca* im Oktober 1582 ging man daran, die Kleie (eben die *crusca*) vom Weizen zu trennen, zu bereinigen und auszusieben. Und hiermit hatte Salviati große Erfahrung: Noch vor seiner Aufnahme in die *Accademia* hatte er sich mit der *rassettatura* von Boccaccios *Decameron* beschäftigt, einer puristisch-philologischen Arbeit, die dann, wie Marazzini mehrmals betont (vgl. z.B. 2011, 118), in die lexikographische Arbeit der *Accademia* mündete und diese bestimmte; gerade diese Arbeit am *Vocabolario degli Accademici della Crusca* wird sich als die wichtigste Aufgabe der *Accademia* erweisen.[9]

In seiner lexikalischen Kodifizierung, in seiner Festlegung der Basis des Wortschatzes der italienischen Sprache, wollte nun aber Salviati nicht nur alle – also alle *drei* – Kronen wieder dabei haben, sondern auch alle anderen Kopfbedeckungen des 14. Jahrhunderts, auch die Hüte und Mützen: Denn es können – wie im Vorwort *A'Lettori* des *Vocabolario* zu lesen ist[10] – zwar nur die Autoren dieser goldenen Epoche als Beispiel reinen sprachlichen Gebrauchs gelten und Eingang in das *Vocabolario* finden – diese dann aber auch ohne Ausnahme, unabhängig von der Qualität ihrer Produktion. Dagegen lehnte Salviati jeglichen – literarisch noch so exzellenten – Autor des 16. Jahrhunderts ab: Selbst Tasso musste die dritte Ausgabe des *Vocabolario* abwarten, um dort einen Platz zu finden.

Salviati ist also derjenige, der – um es mit einem Bild auszudrücken – die Sammlung der Exponate und den Aufbau der Räumlichkeiten des Preziosenkabinetts der italienischen Sprache beginnt, das die *Accademia della Crusca* verwalten und hüten wird: Schmuckstücke und Edelsteine, goldene Kelche und

---

[9] Zu den Beziehungen zwischen *Accademia della Crusca* und italienischer Sprache vgl. Nencioni (1982).

[10] „Nel compilare il presente Vocabolario (col parere dell'Illustrissimo Cardinal Bembo, de' Deputati alla correzion del Boccaccio dell'anno 1573 e ultimamente del Cavalier Lionardo Salviati) abbiamo stimato necessario di ricorrere all'autorità di quegli scrittori, che vissero, quando questo idioma principalmente fiorì, che fu da' tempi di Dante, o ver poco prima, sino ad alcuni anni, dopo la morte del Boccaccio. Il qual tempo, raccolto in una somma di tutto un secolo, potremo dir, che sia dall'anno del Signore 1300 al 1400 poco più, o poco meno: perchè [sic], secondo che ottimamente discorre il Salviati, gli scrittori, dal 1300 indietro, si possono stimare, in molte parti della lor lingua, soverchio antichi, e quei dal 1400 avanti, corruppero non piccola parte della purità del favellare, di quel buon secolo. Laonde potendo noi tener sicuramente la lingua degli autori di quell'età, per la più regolata e migliore, abbiam raccolto le voci di tutti i lor libri, le abbiam potuto aver nelle mani, assicuratici prima, che, se non tutti, almeno la maggior parte di essi, o fossero scrittor Fiorentini o avessero adoprato nelle scritture loro, vocaboli e maniere di parlare di questa Patria" (Accademia della Crusca (1612), *Vocabolario degli Accademici della Crusca*, Venedig, online: <http://vocabolario.sns.it/html/_s_Introduzione.html>, letzter Zugriff am 21.07.2016).

silberne Statuen, aber auch schlichte, durch ihr Alter geadelte Arbeitsinstrumente und Werkzeuge des Mittelalters sind hier versammelt, und alle stammen aus Florenz (oder aus dem alten Rom und Athen, doch seit so langem in Florenz gelagert, dass niemand sich mehr ihrer Herkunft jenseits der Grenzen der Stadt entsinnen kann). Das macht die Reinheit und die Kostbarkeit, die Exklusivität der Sammlung aus, ihre Begrenzung auf eine ganz besondere Zeit, auf einen ganz besonderen Ort; aber auch die Begrenzung auf einen sehr kleinen Kreis von Besuchern, denn nur sehr wenige Glückliche können das Kabinett bewundern, dort verweilen und sich inspirieren lassen.

Salviati ist damit der erste wahre Purist der italienischen Sprachgeschichte. Und Salviati, und mit ihm natürlich die *Accademia*, haben das Fundament gelegt für das, was Trabant das „italienische Wunder" nennt (Trabant, 2010, 45), nämlich für die Tatsache, dass das sehr konservative und sehr beschränkte Register des *Trecento* tatsächlich die Grundlage für die zukünftige ‚Nationalsprache' des außerordentlich zerklüfteten Dialektraums Italien wurde, aber auch dafür, dass wir Dante, Petrarca und Boccaccio auch heute noch ohne größere Probleme lesen und genießen können.

Natürlich gibt es aber auch eine andere Seite der Medaille; denn dieses puristische Ideal brachte der italienischen Kultur nicht wenige Probleme, so mit den Worten Marazzinis:

> Per Bembo la grandezza del passato non era frutto di un mito nostalgico, ma di una oggettiva valutazione dei meriti letterari di alcuni scrittori di fatto insuperati. Per Salviati, invece, il Trecento si trasformava in una gabbia, al di là di ogni logica e di ogni argomentazione razionale. Il Trecento diventava atto di fede. Erano così stabiliti i fondamenti del purismo, una malattia che divenne cronica nella cultura italiana, e che produsse danni assai gravi. [Für Bembo war die Größe der Vergangenheit nicht Frucht eines nostalgischen Mythos, sondern einer objektiven Bewertung literarischer Verdienste einiger tatsächlich unübertroffener Schriftsteller. Für Salviati hingegen verwandelte sich das *Trecento* in einen Käfig, jenseits jeder Logik und jeder rationalen Argumentation. Das *Trecento* wurde Glaubenssache. So waren die Fundamente des Purismus festgelegt, eine Krankheit, die in der italienischen Kultur chronisch wurde und ziemlich schwere Schäden hervorrief.] (Marazzini, ³2000, 87, meine Übersetzung)

3.3 Neue Wege: zum *purismo* des 19. Jahrhunderts

Warum dauerte es dennoch fast 300 Jahre, bevor die *questione della lingua* als gelöst gelten konnte, die – schon im 16. Jahrhundert gut unterwegs – vom lexikographischen normativen Werk der Akademie unterstützt wurde? Einer Akademie, die zudem die nicht unerhebliche politische Unterstützung durch die Herzöge der Medici und gerade dank ihres *Vocabolario* großes Ansehen in

Europa genoss? Wie viel Gewicht können Akademien haben – wie viel hatte die *Accademia della Crusca* – in der Steuerung der Normierung einer Sprache? Wie viel Erfolg kann ihre puristische Politik haben, wenn diese nur mit einer intellektuellen Elite verbunden bleibt und keinen Zugang zu einem breiteren Publikum findet oder finden will, wenn sie nicht durch den Hof getragen wird, wie in Frankreich, oder durch das nach Unabhängigkeit strebende industrielle Bürgertum, wie in Katalonien; oder, und insbesondere, wenn sie nur den beschränkten Bereich der schriftlichen Kommunikation berührt?

Ein weiteres Mal sind die medialen Aspekte der Wahl Bembos zu betonen, die sich dann bei Salviati radikalisieren: Gerade in ihrer vorwiegend schriftlichen Natur liegt nämlich ein fundamentaler Grund für die immer weitere Fortsetzung der Streitigkeiten und Unsicherheiten um die italienische Sprache. So sehr man die *kulturelle* Vormachtstellung des Italienischen anerkannte, so wenig ging damit eine Entsprechung auf der *sprachlichen* Ebene einher. Von einem Italien als Nation war natürlich überhaupt noch nicht zu sprechen und dies trug zweifellos dazu bei, den begonnenen Prozess der Normalisierung und damit die sprachliche Vereinigung Italiens zu bremsen.

Aber auch dies reicht nicht aus, um die Trennung zwischen politischem, kulturellem und sprachlichem Bewusstsein eines Landes zu rechtfertigen: In Deutschland, dem ebenso die nationale Einheit fehlte, hatte sich die deutsche Sprache unter der Bevölkerung weit verbreitet. Die Gründe, die mehr in der Tiefe zu suchen sind, bringt die *Storia linguistica dell'Italia unita* (De Mauro, ³1995 <1963>, 4) ans Licht, dieser Text, der auch nach seinem fünfzigsten Geburtstag unangefochtener Ausgangs- und Bezugspunkt der Forschung zum Thema bleibt:

> [...] a che l'italiano fosse davvero l'idioma principalmente usato dagli italiani si opponevano abiti e caratteri che, radicati da secoli nella società italiana, avevano prodotto condizioni linguistiche assai singolari, cioè, in definitiva, il paradosso di una lingua celebrata ma non usata e, per dir così, straniera in patria.
> [[...] dagegen, dass das Italienische tatsächlich das von den Italienern hauptsächlich verwendete Idiom war, stellten sich Gebräuche und Charaktereigenschaften, die, seit Jahrhunderten in der italienischen Gesellschaft verwurzelt, sehr besondere sprachliche Bedingungen hervorgebracht hatten, letztendlich nämlich das Paradox einer gefeierten, aber nicht gebrauchten, einer sozusagen im Vaterland fremden Sprache.] (De Mauro, ³1995 <1963>, 4, meine Übersetzung)

Hier ist also ganz offensichtlich ein weiteres Paradox zu finden, dasjenige der „gefeierten", jedoch „nicht gebrauchten" italienischen Sprache.

Es handelt sich um tiefe Brüche, die sich nicht nur zwischen den italienischen Regionen, sondern auch zwischen den sozialen Klassen im Lande gebildet hatten; Brüche, die zu heilen in den drei Jahrhunderten zwischen Bembo und Salviati und dann Manzoni nicht gelang. Dem *Settecento* mit seiner kosmopolitischen Aufklärung, mit seinem Europäismus war in der Tat eine Epoche gefolgt, die die eigenen nationalen Wurzeln wiederentdeckte und mit diesen die des eigenen sprachlichen Erbes. Hierzu Serianni:

> […] alla sensibiltà per la lingua colta, letteraria, intellettuale, si affianca l'interesse per l'uso popolare, primitivo, ingenuo, sia esso depositato nelle scritture trecentesche (secondo l'ideale dei puristi) o venga sorpreso sulle labbra dei toscani contemporanei […]; il carattere astratto di molti dibattiti settecenteschi è superato dal desiderio di intervenire sulla realtà linguistica, senza limitarsi alle dispute letterarie.
> [Zur sensiblen Aufmerksamkeit für die gebildete, literarische, intellektuelle Sprache gesellt sich das Interesse für den populären, primitiven, naiven Gebrauch, sei dieser niedergelegt in den Schriften des 14. Jahrhunderts (nach dem Ideal der Puristen) oder zu finden auf den Lippen der zeitgenössischen Toskaner […]; der abstrakte Charakter vieler Debatten des 18. Jahrhunderts wird von dem Wunsch überwunden, auf die sprachliche Realität Einfluss zu nehmen, ohne sich auf literarische Streitigkeiten zu beschränken.] (Serianni, 1989, 39, meine Übersetzung)

Sicherlich – erinnert De Mauro (^{3}1995 <1963>, 3-4) –, die Romantiker waren nicht die ‚Erfinder' der Idee der Identität von Sprache und Nation, „aber mehr oder weniger qualifizierte Erben einer fernen historischen Tradition". Erben einer Idee, an die sich die Romantiker – die sich darin mehr als Männer der Politik denn als solche des Geistes, *delle lettere*, zeigten – mit bislang unbekannter Intensität und Leidenschaft hängten. Es ist eine Idee, welche die nicht nur romantische europäische Intellektualität durchdrang, ebenso wie die weniger gebildeten sozialen Klassen, da nämlich ab der zweiten Hälfte des 18. Jahrhunderts die These immer mehr Einfluss gewann, dass das Problem der politischen Autonomie der Nationen das viel allgemeinere der menschlichen Freiheit wiederspiegele. Diese Idee ist nicht zuletzt mit einem weiteren Erbe des *Settecento* verbunden, nämlich der „aus der These der Synergie zwischen Denken und Sprache" gewonnenen Überzeugung, mit den Worten Lia Formigaris, dass:

> [l]e lingue sono formazioni storiche in cui si sedimenta, trasformandosi in patrimonio collettivo, il pensare e sentire individuale delle generazioni. A loro volta esse condizionano non solo il pensiero in senso proprio ma l'intera esperienza (la visione del mondo, dirà Humboldt) di chi le parla.
> [[d]ie Sprachen historische Gebilde [sind], in denen sich das individuelle Denken und Fühlen der Generationen niederschlägt, indem es sich in ein kollektives Erbe verwandelt. Ih-

rerseits beeinflussen sie nicht nur das Denken in engerem Sinne, sondern die gesamte Erfahrung dessen, der sie spricht (die Weltansicht, wird Humboldt sagen).] (Formigari, 2001, 185, meine Übersetzung)

In einer Perspektive, aus der Sprache und Nation auf der Basis derartiger historischer Voraussetzungen eine solche Verbindung eingehen, fällt es schwer, die normativen Absichten der Puristen des *Ottocento* als rein von sprachlichen Zielen geleitet zu denken. Ob man aus instrumentalisiertem Patriotismus archaische Modelle des 14. Jahrhunderts propagiert und wild jedes – vor allem französische – Fremdwort bekämpft oder aus wahrer patriotischer Inspiration im Geiste des *risorgimento*, ändert nichts daran, dass das verfolgte Ziel mehr mit Politik zu tun hat als mit Sprache: Italien war unter fremder, auch französischer Herrschaft. Der puristische Krieg gegen die Französismen – gegen die so nahe und bekannte Sprache und die Kultur, aus der paradoxerweise gerade die jakobinischen Ideen kamen, die jetzt die nationalen Bestrebungen auch in Italien nährten (vgl. Serianni, 1989, 19 und 21) – kann also als Krieg um die Unabhängigkeit, die Emanzipation von der französischen Kultur interpretiert werden: Die Sprache wird zum Symbol für das kulturell unterworfene Volk und damit zugleich zu seinem Werkzeug der Befreiung.

So beginnt die Diskussion um das Italienische aufs Neue, dieses Mal jedoch ohne der Stimme der *Accademia della Crusca* zu viel Gewicht zu geben, die ihre Kraft und die Aufmerksamkeit der intellektuellen und herrschenden Klassen im Laufe des 18. Jahrhunderts, der Epoche der Aufklärung, verloren hatte. Die Akademien können jedoch auch in Abwesenheit Einfluss ausüben: Der Geist des *purismo* erhob sich wieder; und es ist vielleicht kein Zufall, dass dies zu einer Zeit geschah, als die *Crusca* praktisch nicht mehr existierte; Großherzog Pietro Leopoldo von Toskana hatte sie 1783 mit der *Accademia Fiorentina* verschmolzen. Es war Cesari in Verona, der das *Vocabolario* (1806-1811) überarbeitete und dabei – salviatischer als Salviati – keinerlei Innovationen zuließ, indem er das *Trecento* als unabhängig von den literarischen Qualitäten seiner einzelnen Autoren, dem Stil und den verwendeten Registern als ‚natürlich rein' zelebrierte. Und um ihn, den extremsten aller Puristen, Autor der 1808 publizierten *Dissertazione sopra lo stato presente della lingua italiana* – sowie um Botta und Angeloni, aber auch um den moderateren Puoti –, entwickelte sich nun gerade diese ganz italienische, puristische linguistische und literarische Bewegung *per antonomasiam*, die wiederum auch von einem Pendant in der Kunst begleitet wird. 1842 wird das offizielle Manifest der künstlerischen Bewegung publiziert: *Del purismo nelle arti*, herausgegeben von Antonio Bianchini und unterschrieben vom Maler Tommaso Minardi, vom römischen Bildhauer Pietro Tenerani und vom Nazarener Johann Friedrich Overbeck, allen Italianisten durch das Bild *Italia e Germania* wohl bekannt. Wie ihre Mitstreiter in der literarischen Bewegung orientieren sie sich an der als rein und ursprünglich verstandenen Originalität der Künstler des *Trecento* und *Quattrocento*.

Und doch findet man selbst in den Werken Cesaris unerwartete Spuren von Toleranz und Innovation (vgl. Cesari, 2002 <1810>, 126). Der Kult des florentinischen *Trecento* wird bei ihm von einer Liebe für die Dialekte begleitet, die sich nicht nur in seiner Aufmerksamkeit auf die diastratisch und diaphasisch markierten Elemente des archaischen Florentinisch äußert, sondern paradoxerweise und für die Epoche überraschend auch in der Idee des Gebrauchs des Dialekts, aller Dialekte, als effizientes Mittel in der Lehre der italienischen Sprache: Reine Theorie – hybride Praxis.

Vielleicht ist es aber auch kein Zufall, dass der Geist der Normierung – der klassizistische und nicht in engerem Sinne puristische, sozusagen salviatianische Geist – gerade in einer Zeit wieder aufflammte, in der die von Napoleon 1811 wieder eingesetzte *Accademia* große Mühe hatte, sich zu erholen. Es war der Klassizist Monti, der zusammen mit Perticari in Mailand die *Proposta di alcune aggiunte e correzioni al vocabolario della Crusca* (1817-1826), den ‚Vorschlag einiger Ergänzungen und Korrekturen zum Wörterbuch der *Crusca*', formulierte und sich den Befürwortern einer Sprache des 14. und 16. Jahrhunderts anschloss, auch wenn er offen die Vertreter der Ideale der *Crusca* lächerlich machte, als extremsten unter diesen insbesondere Cesari. Allerdings war diese Sprache nun von jedem extremen Archaismus und engstirnigen Toskanismus befreit, also ‚rein' in qualitativem Sinne; kurz, sie war das, was das intellektuelle Erbe der Italiener darstellte, der Literaten, der Philosophen und der Wissenschaftler.

Im 19. Jahrhundert stellte sich also in jenem Italien, das sich bald vereinigen würde, erneut die Frage der Sprache, die *questione della lingua*. Die Antworten der Puristen und der Klassizisten, die beide, wenn auch mit den genannten Unterschieden, dem Modell der archaischen florentinischen Schriftsprache verbunden bleiben, bewegten sich entlang ausgetretener Wege. Jenseits jeder theoretischen Distanz – ganz zu schweigen von derjenigen zwischen den einzelnen Protagonisten – ist mit Vitale (1986) daran zu erinnern, dass sich

Klaszizisten und Puristen beide innerhalb eines theoretisch-rhetorischen Horizonts klassischen Ursprungs bewegten, basierend auf Prinzipien der *consuetudo*, der *imitatio* und der *incorrupte loqui*.[11]

3.4 Neue Ziele der Normierung: Alessandro Manzoni

Erst mit Manzoni wird dann ein weiterer entscheidender Schritt getan: Der begonnene Prozess der Normalisierung der italienischen Sprache wird unterbrochen und es wird wieder begonnen, Kriterien für eine ‚neue' Norm zusammenzustellen. Manzoni schlägt sicherlich keine Revolution vor, keinen Umsturz des in der Vergangenheit gewählten Modells; es ist wohl auch nicht korrekt, in diesem Fall von Destandardisierung zu sprechen wie es Mattheier (1997) tut. Aber ohne Zweifel wird mit Manzoni eine Korrektur unternommen, ein Richtungswechsel hin auf andere Pole des medio-konzeptionellen Kontinuums (vgl. Koch / Oesterreicher, 1990), was wir mit Peter Koch (2014) „Restandardisierung des Italienischen" nennen können.

Nach der Neudefinition einiger Kriterien und der Korrektur einiger Resultate der Normierung, also nach der Ausrichtung der Norm durch Manzoni auf den Gebrauch, d.h. von der Domäne der kommunikativen Distanz auf diejenige der Nähe, nimmt der Prozess der Normalisierung des Italienischen erneut den Weg auf; und dies auf der Basis neuer Grundannahmen und mit einem neuen Ziel, eben dem, das Italienische in eine lebendige und wahre Sprache – *una lingua „viva e vera"* – zu transformieren: Von all dem, von dem Petrarca und Boccaccio nicht gesprochen hatten, musste und wollte man auf Italienisch sprechen können.

Manzonis Sprachmodell nähert sich progressiv dem lebendigen Gebrauch der gebildeten Florentiner: Er stützt sich damit einerseits auf eine konkret existierende – diatopisch markierte – sprachliche Realität auch in der Domäne der kommunikativen Nähe, andererseits hält er an der Bindung zur literarischen Tradition durch die diastratische Markierung (der gebildeten Klasse) fest. Wobei er, wie Migliorini ([5]1978, 612) schon anmerkt, seine ‚neue' Auswahl durch die Eliminierung allzu archaisch oder literarisch wahrgenommener Elemente unterstützt.

Konkret schlägt Manzoni seine Lösung durch die progressiven Revisionen seines bekanntesten Romans vor: Der ersten Ausgabe *Fermo e Lucia*

---

[11] Vgl. Vitale (1986, 39-66) für eine präzise und detaillierte Analyse von Verwandtschaft und Unterschieden von Purismus und Klassizismus.

(1823) folgt die sogenannte *Ventisettana* (1827) (*Gli sposi promessi*) und schließlich die stark revidierte *Quarantana* (*I promessi sposi* aus den Jahren 1840-1842). Mit Vitale (²1992) und Serianni (1986) kann man drei Hauptgebiete unterscheiden, in denen die Revisionen Manzonis besonders evident werden:

    a)   Die Elimination der lombardisch-mailändischen Formen,
    b)   die Reduktion von Formen literarischer Herkunft (*decrescimento della letterarietà*),
    c)   die Übernahme besonderer – besonders markierter – florentinischer Formen.

Peter Koch (2014, 95-96) betont diesbezüglich, wie:

> [...] in una prospettiva analitica, 'ristandardizzazione' e 'selezione' siano due processi di natura profondamente differente. Questo si rispecchia anche in due atteggiamenti diversissimi del Manzoni. In quanto agente della ristandardizzazione [...] egli si lamenta del divario tra lingua parlata e lingua scritta [...] e ribadisce che 'l'Uso è l'arbitro, il signore delle lingue, come tutti affermano' [...]. Questo è un atteggiamento indubbiamente antipurista. In quanto agente della selezione sulla base del fiorentino [...], egli si trasforma in purista che difende un 'monofiorentinismo' marcato: '[...] la lingua italiana è in Firenze, come la lingua latina era in Roma, come la francese è in Parigi.' [...].
>
> [[...] aus einer analytischen Perspektive ‚Restandardisierung' und ‚Selektion' zwei Prozesse grundsätzlich unterschiedlicher Natur sind. Dies spiegelt sich auch in zwei grundsätzlich unterschiedlichen Einstellungen Manzonis wieder. Als Akteur der Restandardisierung [...] beklagt er sich über das Auseinanderklaffen von gesprochener Sprache und geschriebener Sprache [...] und betont: ‚der Gebrauch ist, wie alle bestätigen, der Richter, der Herr der Sprachen' [...] Dies ist eine zweifellos antipuristische Haltung. Als Akteur der Selektion auf Basis des Florentinischen [...] verwandelt er sich in einen Puristen, der einen markierten ‚Monofiorentinismus' verteidigt: ‚Die italienische Sprache ist in Florenz, so wie die lateinische Sprache in Rom war, so wie die französische in Paris ist.'] (Koch 2014, 95-96, meine Übersetzung)

Aber reicht dieses Festhalten am Florentinischen nun, um Manzoni als Puristen zu bezeichnen? Sei es auch nur unter diesem einen besonderen Aspekt? Vermutlich waren Manzonis Absichten in erster Linie eher normativ und die Wahl – ähnlich wie schon bei Bembo – deshalb auf das Florentinische gefallen, *weil* er Florenz für die sprachliche Hauptstadt hielt, weil es sich um eine weit verbreitete, illustre Basis handelte, die daher unter den gegebenen Umständen entsprechend effizienter und einfacher durchzusetzen war als andere; es scheint also auch hier wohl eher ein Fall von „reiner Theorie – hybrider Praxis" zu sein.

Manzoni erweiterte – um dieses Bild nun wieder aufzunehmen – das Preziosenkabinett der italienischen Sprache nach den Renovierungen durch seine Vorgänger – nach der Bereicherung der Sammlung durch Geschenke aus späteren Epochen und anderen Ländern – tatsächlich um weitere Räume: Das Kabinett sollte viel mehr Besucher aufnehmen, als es das bislang getan hatte, und auch viele neuerlich im Leben der zeitgenössischen Florentiner Salons gesammelte Exponate zeigen. Zwischen den verschiedenen Räumen baute er jedoch keine verschlossene Türe, keine Schleuse ein; die Besucher konnten die Schwelle bequem überschreiten und bis zur alten Sammlung mit ihren mittelalterlichen Exponaten schlendern: Dies ist wieder ein Beispiel für das, was Trabant das „italienisches Wunder" nennt (2010, 45).

Das Italienische musste man nun den jetzt auch politisch frisch vereinigten Italienern beibringen. Auf der einen Seite kann man sicherlich mit Marazzini (^{3}2000, 176-177) vertreten, dass einer der interessantesten Aspekte der *questione della lingua* (und genauer gesagt hier der Normalisierung des Italienischen, d.h. seiner Implementierung und Extension) die Übertragung der Theorien auf die Methoden und Programme des Schulunterrichts ist. Auf der anderen Seite scheinen die leidenschaftlichen Diskussionen zwischen Manzoni und Ascoli über Themen und Methoden der Verbreitung der italienischen Sprache durch den Schulunterricht jedoch in den ersten Jahren nach der Vereinigung wenige Spuren hinterlassen zu haben.

Diese Diskussionen waren oft gezeichnet von Missverständnissen und übermäßiger Schärfe auf der Seite der Widersacher, aber auch auf der Seite der jeweiligen Nachahmer und Nachfolger von Manzoni selbst. Denn auch wenn diese als traditionelle Antipuristen weit davon entfernt waren, das *secolo d'oro* zu bewundern, verbissen sie sich in eine neue Form ganz und gar antidialektalen Purismus und verkeilten sich in den ideologischen, materiellen und strukturellen Bruchstücken, die die Umsetzung jeglicher didaktischer Maßnahme verhinderten. Auch hier – also auch im antipuristischen Lager – zeigt sich daher die Schwierigkeit, Personen wie Standpunkte als ganz und gar antipuristisch zu bezeichnen: (un)reine Theorie – (un)hybride Praxis.

Man musste lavieren, um das Italienische einem sozial und sprachlich komplizierten Land beizubringen. Und man wählte – zumindest in einem großen Teil der Fälle – den Weg des geringsten Widerstands, den Weg, der der direkteste zu sein schien: Hin zu einem, wenn nicht reinen, so doch zumindest gereinigten Italienisch, in Ablehnung des Dialekts. Die typisch italienische Form des Purismus, die des übermäßigen und archaisierenden Toskanismus, wie auch die des ewig dem geschriebenen Italienisch verhafteten Klassizismus waren unter dem Gewicht der Diskussionen um die Sprache und der neuen Erfordernisse des entstehenden Staates besiegt ausgeschieden. Und damit war auch die Akademie geschwächt, die, auch wenn sie ihre Arbeit an der fünften

Ausgabe des *Vocabolario* wieder aufgenommen hatte, in der Sprachpolitik des neuen Italiens wenig Popularität und noch weniger Erfolg haben würde. Die unüberwindliche Distanz zwischen Absichten, Gesetzen, Schulprogrammen und sprachlicher und soziokultureller Realität des Landes blieb zumindest bis weit in die Nachkriegszeit eine schmerzliche Konstante. Vielleicht auch, weil die Schule, wie Gensini (2005, 17) unterstreicht, „nie eine wahre Priorität in den Programmen der führenden Klasse Italiens wurde".

3.5 Italienisch in den Mündern der Italiener

Es waren schließlich andere Kräfte, die das Land tatsächlich zur sprachlichen Vereinigung brachten: Zum einen die Emigration ins Ausland, die eine Masse von Dialektsprechern abzog, zum anderen die Urbanisierung, die Industrialisierung und die internen Wanderungen, vom Land in die Stadt wie vom Süden in den Norden Italiens, die Einführung einer gemeinsamen nationalen Bürokratie und einer Armee, die zu einem langsamen, aber fortschreitenden Zusammenwachsen der Bevölkerung führten. Dies alles verringerte die oben genannten jahrhundertealten tiefen Brüche von Gebräuchen und Charaktereigenschaften, die die italienische Gesellschaft durchzogen, und führte zur Entwicklung alternativer kultureller Modelle: gemeinsamer kultureller Modelle (vgl. De Mauro, ^{3}1995 <1963>, 127). Und dazu trugen auch die Kräfte einer gewissen italienischen Intellektualität bei: Benedetto Croce übte einen wichtigen antipuristischen Einfluss in der italienischen Sprachgeschichte aus, indem er die Rhetorik der ‚Vorbildsprache' bekämpfte und die Argumente der expressiven Spontaneität gegen einen abergläubischen Purismus verfocht (vgl. De Mauro, ^{3}1995 <1963>, 108).

Heute lebt das Italienische nach über 60 Jahren republikanischen Lebens nicht mehr nur in der Schriftlichkeit. Es lebt auch in einer bunten Mündlichkeit, mit anderen Worten in jeder Ausprägung kommunikativer Distanz und Nähe: Es dient den Bedürfnissen der Kommunikation einer großen Gemeinschaft in verschiedensten Formen und für die unterschiedlichsten Ziele. Und es ist daher unausweichlich – und eigentlich ja auch sehr schön –, dass das Italienische, nicht mehr durch die festen Zügel der Schriftlichkeit im Zaum gehalten, sich auch bei den Eliten, die es mit Sicherheit beherrschen, in Bewegung gesetzt hat:

> [L'italiano] Diventato 'lingua viva e vera', come Foscolo e Manzoni avevano sognato che un giorno potesse diventare, ha cominciato a conoscere mutamenti in via d'essere comunemente accolti.

[[Das Italienische], eine ‚lebendige und wahre Sprache' geworden, wie Foscolo und Manzoni erträumt hatten, dass es dies eines Tages werden würde, hat begonnen Veränderungen zu erfahren, die auf dem Wege sind, allgemein angenommen zu werden.] (De Mauro, 2014, 143, meine Übersetzung)

4. Ein ganz anderes ‚rein' – ein Ausblick

Ist die *questione della lingua* damit Geschichte? Ist damit der *purismo* Geschichte, ist es die *Accademia*? Diese Ausführungen haben den *purismo* – die italienische Form des dem *Trecento* verhafteten *purismo* – als letztendlich besiegt dargestellt und damit auch nahe gelegt, dass auch die *Accademia della Crusca* ihre Funktion eingebüßt habe. Dem ist aber nicht so: Die *Accademia* hat sich neuen Anforderungen gestellt, ihre Rolle hat sich, wie schon so oft in den Jahren, ein weiteres Mal radikal verändert: von einer normierenden und aufbewahrenden bis hin zu einer professionell betreuenden und begleitenden. Denn die *Accademici* sehen seit längerem ihre Aufgabe nicht mehr nur darin, die Spreu – die Kleie – vom Weizen zu trennen; als moderne Linguisten lieben sie die Vielfalt der sprachlichen Varietäten und wissen ihre Rolle in Bezug zum Standard einzuordnen.

Und noch heute verwalten sie das inzwischen an Räumen reiche – vielleicht auch ein wenig unübersichtlich gewordene – Preziosenkabinett der italienischen Sprache; sie disponieren, ordnen und klassifizieren weiter die aus der Ferne immer wieder herbeigetragenen Geschenke, ohne zu stark zu beurteilen, jedoch immer noch mit dem Standard der Sammlung im Auge, welche und wie viele davon angenommen werden sollen. Denn sie wissen mittlerweile, dass das Wichtigste dabei ist, die Exponate am richtigen Ort, im richtigen Raum auszustellen.

Zu den Besuchern des Kabinetts – und das ist ein ganz neuer Zug im Vergleich zu ihren Vorgängern – suchen die *Accademici* immer mehr den näheren Kontakt: Weiß beispielsweise einer nicht, wie er bei sich zu Hause die silberne Statue oder das schlichte Geschirr in der Vitrine arrangieren kann, kann er sie jederzeit anschreiben und um Rat bitten. Und diese immer zahlreicher werdenden Besucher interessieren die *Accademici* sehr, denn sie wissen, wie wunderbar und wie wichtig es ist, dass das italienische Preziosenkabinett nicht mehr nur für den exklusiven Genuss einiger weniger zur Verfügung steht.

Gerade hier könnte die neue – gesellschaftsnahe und gesellschaftlich relevante – Aufgabe für die inzwischen nicht mehr so traditionell puristische *Accademia* – eine *Accademia* der hybriden Praxis – wachsen: Viele fremde

Besucher stehen Schlange vor dem Eingang des Preziosenkabinetts und möchten hinein, weitere werden in den nächsten Jahren kommen; das wird schön und bereichernd für das Kabinett sein, denn viele neue Geschenke – und viel exotischere als bisher – werden diese Besucher in den nächsten Jahren mitbringen; gerade durch die vermehrten Besuche, durch das Verweilen vieler, wird es glänzender und bekannter als je zuvor. Die *Accademia*, die den Besuchern immer näheren *Accademici*, könnten diese Geschenke mit Dankbarkeit und mit Neugierde für das Neue annehmen, und sich zugleich weiter um die Pflege der Strukturen des Kabinetts kümmern, in denen diese dann ausgestellt werden – immer mit einer guten Idee parat für eventuell nötige architektonische Änderungen, die sich gut in den Grundriss einfügen. Sich dem Neuen zu versperren, keine neuen Geschenke anzunehmen, keine neuen Räume für diese einrichten zu wollen, ausschließlich bei der Konservierung der Räume der mythisierten goldenen mittelalterlichen Epoche verweilen zu wollen – wie zu sehen war –, bedeutet Verlassenheit und Staub, bedeutet den Weg zur Schließung des Kabinetts anzutreten. Die *Accademia* könnte also vermehrt mithelfen, das Italienische alten und neuen Bevölkerungsgruppen beizubringen und dabei eine ganz andere Form der *reinen* Sprachpflege entwerfen, eine auf andere Axiome basierte; denn wie die Sprachen, die in den Sprechern leben, sich in Bewegung setzen, müssen auch die Linguisten sich immer wieder in Bewegung setzen.

Rein ist die Theorie in der Sprachkultur – hybrid ist ihre Praxis. Und dem ist so aus einem ganz präzisen Grund: Rein ist klar und ordentlich, rein ist perfekt, aber, wie die italienische Sprachgeschichte zeigt, doch zugleich auch beweglich und anpassungsfähig. Gerade Sprachen sind nämlich nur *dann* rein, wenn sie klar, ordentlich und perfekt in allen ihren *Kontexten* sind und damit die vielfältigen menschlichen kommunikativen und geistigen Bedürfnisse befriedigen können. Diese für uns Sprecher perfekten Sprachen sind daher nur dann, wenn sie *beweglich* sind, *wirklich rein*.

Literaturangaben

Accademia della Crusca 1612
Vocabolario degli Accademici della Crusca. Venedig. Online-Version: <http://vocabolario.sns.it/html/_s_Introduzione.html>, Zugriff am 21.07.2016

Aschenberg, Heidi / Wilhelm, Raymund (Hgg.) 2003
Romanische Sprachgeschichte und Diskurstraditionen. Tübingen.

Beck-Busse, Gabriele 2014
Autarchia linguistica: Contestualozzazione di un termine in 'rispondenza alle necessità del tempo'. In: La lingua Italiana dal Risorgimento a oggi. Unità nazionale e storia linguistica – Das Italienische nach 1861. Nationale Einigung und italienische Sprachgeschichte, hg. v. Elmar Schafroth und Maria Selig. Frankfurt a.M.: 153-164.

Bruni, Francesco 2002
L'italiano letterario nella storia. Bologna.

Cesari, Antonio 2002 <1810>
Dissertazione sullo stato presente della lingua italiana. Testo critico e commento a cura di A. Piva. Padova.

Charlier, Gustave 1935
L'Académie française a-t-elle des origines italiennes? In: La Revue de France 15.3: 231-262.

Coseriu, Eugenio 1952
Sistema, norma y habla. Montevideo.

De Mauro, Tullio ³1995 <1963>
Storia linguistica dell'Italia unita. Roma / Bari.

De Mauro, Tullio 2014
Storia linguistica dell'Italia repubblicana: dal 1946 ai nostri giorni. Roma / Bari.

Dessì Schmid, Sarah / Hafner, Jochen 2014
Normazione e purismo: storia di un matrimonio di convenienza. In: La lingua Italiana dal Risorgimento a oggi. Unità nazionale e storia linguistica – Das Italienische nach 1861. Nationale Einigung und italienische Sprachgeschichte, hg. v. Elmar Schafroth / Maria Selig. Frankfurt a.M.: 57-77.

Dessì Schmid, Sarah / Hafner, Jochen 2016
Die italienischen und französischen Akademien als Zentren frühneuzeitlicher höfischer Sprachdiskussion. In: Höfe als Laboratorien der Volkssprachigkeit (1480-1620) / Les cours: lieux d'élaboration des langues vernaculaires (1480-1620), hg. v. Jean Balsamo und Ann Kathrin Bleuler. Genf: 381-418.

Ellwanger, Hermann 1939
Studien zur Sprache Benito Mussolinis. Firenze.

Foresti, Fabio (Hg.) 2003
Credere, obbedire, combattere. Il regime linguistico nel Ventennio. Bologna.

Formigari, Lia 2001
Il linguaggio. Storia delle teorie. Roma / Bari.

Frank, Barbara 1998
Untersuchungen zum schriftkulturellen Ausbau des Französischen (9.-13. Jahrhundert). Habilitationsschrift, Universität Freiburg.

Frank, Barbara / Haye, Thomas / Tophinke, Doris (Hgg.) 1977
Gattungen mittelalterlicher Schriftlichkeit. Tübingen.

Gensini, Stefano 2005
Breve storia dell'educazione linguistica dall'unità a oggi. Roma.

Hafner, Jochen / Kocher, Ursula 2005
Purismus. In: Historisches Wörterbuch der Rhetorik, Bd. 7, hg. v. Gert Ueding. Tübingen: 485-501.

Hafner, Jochen / Oesterreicher, Wulf 2007
Mit Clio im Gespräch. Romanische Sprachgeschichte und Sprachgeschichtsschreibung. Tübingen.

Haugen, Einar Ingvald 1983
The Implementation of Corpus Planning: Theory and Practice. In: Progress in Language Planning. International Perspectives, hg. v. Juan Cobarrubias. Berlin et al.: 269-289.

Jacob, Daniel / Krefeld, Thomas (Hgg.) 2007
Sprachgeschichte und Geschichte der Sprachwissenschaft. Tübingen.

Kabatek, Johannes 2005
Die Bolognesische Renaissance und der Ausbau romanischer Sprachen. Juristische Diskurstraditionen und Sprachentwicklung in Südfrankreich und Spanien im 12. und 13. Jahrhundert. Tübingen.

Kabatek, Johannes 2007
Las tradiciones discursivas entre conservación e innovación. In: Rivista di Filologia e Letterature Ispaniche 10: 331-345.

Kabatek, Johannes 2011
Diskurstraditionen und Genres. In: Rahmen des Sprechens. Beiträge zu Valenztheorie, Varietätenlinguistik, Kreolistik, Kognitiver und Historischer Semantik. Peter Koch zum 60. Geburtstag, hg. v. Sarah Dessì Schmid et al. Tübingen: 89-100.

Klein, Gabriella 1986
La politica linguistica del fascismo. Bologna.

Kloss, Heinz ²1978
Die Entwicklung neuer germanischer Kultursprachen seit 1800. Düsseldorf.

Koch, Peter 1987 (Ms.)
Distanz in Dictamen. Zur Schriftlichkeit und Pragmatik mittelalterlicher Brief- und Redemodelle in Italien. Habilitationsschrift, Universität Freiburg.

Koch, Peter 1988
Externe Sprachgeschichte I – Storia della lingua I. In: Lexikon der Romanistischen Linguistik. Bd. 4: Italienisch, Korsisch, Sardisch, hg. v. Günter Holtus et al. Tübingen: 343-360.

Koch, Peter 1997
Diskurstraditionen: Zu ihrem sprachtheoretischen Status und ihrer Dynamik. In: Gattungen mittelalterlicher Schriftlichkeit, hg. v. Barbara Frank, Thomas Haye und Doris Tophinke. Tübingen: 43-79.

Koch, Peter 1998
Urkunde, Brief und öffentliche Rede. Eine diskurstraditionelle Filiation im ‚Medienwechsel'. In: Das Mittelalter 3: 13-44.

Koch, Peter 2010
Sprachgeschichte zwischen Nähe und Distanz: Latein – Französisch – Deutsch. In: Nähe und Distanz im Kontext variationslinguistischer Forschung, hg. v. Vilmos Ágel und Mathilde Hennig. Berlin / New York: 155-206.

Koch, Peter 2014
La scelta manzoniana tra selezione e standardizzazione. In: Dall'architettura della lingua italiana all'architettura linguistica dell'Italia. Saggio in omaggio a Heidi Siller-Runggaldier, hg. v. Paul Danler und Christine Konecny. Frankfurt a.M.: 75-102.

Koch, Peter / Oesterreicher, Wulf 1990
Gesprochene Sprache in der Romania – Französisch, Italienisch, Spanisch. Tübingen: Niemeyer.

Kolb, Susanne 1990
Sprachpolitik unter dem italienischen Faschismus. Der Wortschatz des Faschismus und seine Darstellung in den Wörterbüchern des Ventennio (1922-1943). München.

Kolb, Susanne 2014
Dizionari e enciclopedie nel Ventennio fascista. In: La lingua Italiana dal Risorgimento a oggi. Unità nazionale e storia linguistica – Das Italienische nach 1861. Nationale Einigung und italienische Sprachgeschichte, hg. v. Elmar Schafroth und Maria Selig. Frankfurt a.M.: 127-152.

Marazzini, Claudio 1994
La lingua italiana. Profilo storico. Bologna.

Marazzini, Claudio ³2000
Da Dante alla lingua selvaggia. Sette secoli di dibattiti sull'italiano. Roma.

Marazzini, Claudio 2011
Kurze Geschichte der italienischen Sprache. Tübingen.

Mattheier, Klaus J. 1997
Über Destandardisierung, Umstandardisierung und Standardisierung in modernen Europäischen Standardsprachen. In: Standardisierung und Destandardisierung europäischer Nationalsprachen, hg. v. Klaus J. Mattheier und Edgar Radtke. Frankfurt a.M.: 1-9.

Migliorini, Bruno ⁵1978
Storia della lingua italiana. Milano.

Müller, Frank Ernst 2006
Aspekte der Rhetorik von Benito Mussolini – die ‚oratoria di piazza'. In: Retorica: Ordnungen und Brüche, hg. v. Rita Franceschini et al. Tübingen: 71-88.

Muljačić, Žarko 1988
Sprachnormierung und Standardsprache – Norma e standard. In: Lexikon der Romanistischen Linguistik. Bd. 4: Italienisch, Korsisch, Sardisch, hg. v. Günter Holtus et al. Tübingen: 286-305.

Nencioni, Giovanni 1982
L'Accademia della Crusca e la lingua italiana. In: Historiographia Linguistica 9: 321-333.

Neri, Ferdinando 1942
Purista. In: Atti dell'Accademia delle Scienze di Torino, Classe Sc. morali, storiche e filosofiche. Bd. 78: 52-56 [id. (1951): Letteratura e leggende. Torino: 118-122].

Oesterreicher, Wulf 1988
Sprechtätigkeit, Einzelsprache, Diskurs und vier Dimensionen der Sprachvarietät. In: Energeia und Ergon. Sprachliche Variation, Sprachgeschichte, Sprachtypologie. Studia in honorem Eugenio Coseriu zum 65. Geburtstag. Bd. 2, hg. v. Jörn Albrecht, Jens Lüdtke und Harald Thun. Tübingen: 355-386.

Oesterreicher, Wulf 1997
Zur Fundierung von Diskurstraditionen. In: Gattungen mittelalterlicher Schriftlichkeit, hg. v. Barbara Frank, Thomas Haye und Doris Tophinke. Tübingen: 19-41.

Oesterreicher, Wulf 2007
Mit Clio im Gespräch. Zu Anfang, Entwicklung und Stand der romanistischen Sprachgeschichtsschreibung. In: Mit Clio im Gespräch. Romanische Sprachgeschichte und Sprachgeschichtsschreibung, hg. v. Jochen Hafner und Wulf Oesterreicher. Tübingen: 1-35.

Oesterreicher, Wulf 2009
Aliquid stat pro aliquo. Diskurstraditionen und soziale Semiotik. In: Fiktion und Fiktionalität in den Literaturen des Mittelalters, hg. v. Ursula Peters und Rainer Warning. Paderborn: 57-81.

Raffaelli, Alberto 2010
Le parole straniere sostituite dall'Accademia d'Italia (1941-1943). Roma.

Raffaelli, Sergio 1983
Le parole proibite. Purismo di stato e regolamentazione della pubblicità in Italia (1912-1945). Bologna.

Schlieben-Lange, Brigitte 1983
Traditionen des Sprechens. Elemente einer pragmatischen Sprachgeschichtsschreibung. Stuttgart.

Schlieben-Lange, Brigitte 1996
Über die Notwendigkeit des Diskurs-Begriffs in der Sprachwissenschaftsgeschichte. In: A Science in the Making, hg. v. Herbert E. Brekle *et al*. Münster: 233-241.

Serianni, Luca 1986
Le varianti fonomorfologiche dei Promessi sposi 1840 nel quadro dell'italiano ottocentesco. In: Studi Linguistici Italiani, N.S., 12: 1-63.

Serianni, Luca 1989
Storia della lingua italiana. Il primo Ottocento. Bologna.

Simonini, Augusto ^{2}2004 <1978>
Il linguaggio di Mussolini. Milano.

Trabant, Jürgen 2010
Akademie und Nationalsprache. In: Das Europa der Akademien, hg. v. Volker Sellin. Heidelberg: 43-75.

Trifone, Pietro 1993
La lingua e la stampa nel Cinquecento. In: Storia della lingua italiana. 3 Bde., hg. v. Luca Serianni und Pietro Trifone (1993-94). Bd. 1. Torino: 425-446.

Vitale, Maurizio ^{2}1978
La questione della lingua. Palermo.

Vitale, Maurizio 1986
L'oro nella lingua: contributi per la storia del tradizionalismo e del purismo italiani. Milano.

Vitale, Maurizio ²1992
La lingua di Alessandro Manzoni. Giudizi della critica ottocentesca sulla prima e seconda edizione dei 'Promessi sposi' e le tendenze della prassi correttoria manzoniana. Milano.

Maria Selig

Sprachwissenschaft und Sprachtheorie: Zu Philipp Wegener (1848-1916)

Ausgangspunkt der folgenden Überlegungen ist einer der ‚Pioniere' einer pragmatisch fundierten Sprachtheorie, der preußische Gymnasiallehrer und Sprachwissenschaftler Philipp Wegener (1848-1916), der mit seinem Hauptwerk *Untersuchungen über die Grundfragen des Sprachlebens* (1991 <1885>) das kommunikative Handeln in der von Hörer und Sprecher gemeinsam hergestellten Situation als Grundlage jeder sprachlichen Strukturbildung auswies. Ideengeschichtlich zu situieren ist er in die Denktradition der „psychologischen Sprachauffassung" (Knobloch, 1988) bzw. der „pragmatics *avant la lettre*" (Nerlich / Clarke, 1996). Wegener, der bis ins erste Drittel des 20. Jahrhunderts rezipiert wurde, musste deshalb, wie zuvor auch Karl Bühler (Bühler, 1965 <1934>), wiederentdeckt und seine Gedanken revitalisiert werden (Tenchini, 2008; Wegener, 1991 <1885>).

Mir wird es im Folgenden nicht darum gehen, die Sprachtheorie Wegeners in ihrer Gesamtheit nachzuvollziehen.[1] Stattdessen schlage ich einen strukturgeschichtlichen Zugang vor. Es scheint nämlich kein Zufall zu sein, dass die sprachtheoretische Diskussion, in die sich Wegeners Publikation einbettet, sich zwischen Linguisten bzw. Sprachforschern ganz unterschiedlicher Provenienz entwickelt und Schullehrer und Professoren, und noch dazu Professoren der unterschiedlichsten Bereiche, miteinander ins Gespräch bringt.[2] Die Debatte konnte, so scheint mir, nur in dem historischen Moment entstehen, in dem zwar eine der disziplinären Schließungen der Linguistik bereits erfolgt war, nämlich die durch die historisch-vergleichende Methode (Auroux 2000). Die zweite disziplinäre Schließung, nämlich die durch das strukturalistische

---

[1] Vgl. hierzu etwa Albano Leoni (2016); Cloeren (1992); Juchem (1984), (1986); Knobloch (1988, 173-177), (1989), (1991); Nerlich (1986), (1990, 151-191); Nerlich / Clarke (1996, 177-183); Samain (2014); Sornicola (1995); Tenchini (2008).

[2] Gedanken Wegeners nehmen auf: der indogermanische Sprachwissenschaftler Karl Brugmann (1849-1919), der Germanist Hermann Paul (1846-1921), der Philosoph Anton Marty (1847-1914), der Ägyptologe Alan H. Gardiner (1879-1963), der Anthropologe Bronisław Malinowski (1884-1942) und der Psychologe Karl Bühler (1879-1963). Vgl. dazu Knobloch (1991, xxxvii-xlii); Nerlich (1990, 158-164); Nerlich / Clarke (1996, 317-335, 339-341).

Paradigma, ist aber noch nicht vollzogen. Der sich daraus ergebende Freiraum um sprach-handlungstheoretische, zeichentheoretische, grammatische und sprachpsychologische Fragestellungen ist es, ebenso wie die immer noch mögliche Integration der ‚Schulmänner' in die sprachwissenschaftliche Forschung, die die angesprochene Diskussion zwischen den Berufsgruppen und zwischen den verschiedenen Bereichen sprachbezogener Forschung ermöglicht.

1. Professionalisierte akademische Sprachwissenschaft und sprachwissenschaftlich forschende ‚Schulmänner'

Natürlich ist aus unserer heutigen Warte das Auffälligste an der gerade skizzierten wissenschaftlichen Netzstruktur, dass sie einen Gymnasiallehrer einschließen kann, ja von diesem begründet wird (Nerlich, 1990, 157). Allerdings muss dieser Eindruck genauer spezifiziert werden. Wegener ist in der Tat Außenseiter und viele seiner Ideen konnte er wahrscheinlich nur deshalb vertiefen, weil er nicht in die akademischen Professionalisierungsprozesse eingebunden war, die gerade in der zweiten Hälfte des 19. Jahrhunderts nur noch die Wahl zwischen Mittelalterphilologie oder historisch-vergleichender Sprachwissenschaft offen ließen, sobald es um die Positionierung im akademischen Feld neuphilologischer Forschung ging (Schmidt, 1985; Hültenschmid, 2000; Kalkhoff, 2010, 221-261; Kalkhoff / Wolf 2014). In einer anderen Hinsicht ist er aber vollgültiges Mitglied der sprachphilosophischen, sprachpsychologischen, kurz sprachtheoretischen Diskussion, die an der Wende vom 19. zum 20. Jahrhundert in Deutschland, aber auch über die Grenzen Deutschlands hinweg die wissenschaftliche Landschaft prägte.

Zunächst zur Biographie Wegeners: Philipp Wegener, geboren 1848 in Neuhaldensleben in der unmittelbaren Nähe von Magdeburg, studierte ab 1867 an der Universität Marburg Theologie (er stammte aus einer protestantischen Pfarrersfamilie) und ab 1868 an der Philosophischen Fakultät der Universität Berlin, wo er, wie er in seinem der Dissertation beigefügten Lebenslauf schrieb, bei dem Historiker Johann Gustav Droysen, dem Philosophen Friedrich Adolf Trendelenburg, den Germanisten Moritz Haupt, Karl Müllenhoff und Adolf Kirchhoff, bei dem außerordentlichen Professor und allgemeinen Sprachwissenschaftler Heymann Steinthal und bei dem Gräzisten Georg Curtius hörte. 1871 promovierte er in Berlin mit einer Arbeit über lateinische und griechische Kasus (Wegener, 1871), 1872 legte er das Staatsexamen (*fa-*

cultas docendi) für Latein, Griechisch und Deutsch für alle Klassen ab. Er arbeitete dann zunächst als Hilfslehrer in Magdeburg, dann in Treptow an der Rega / Pommern, wo er eine kleine Schrift zum lateinischen Relativsatz veröffentlichte. Dann ging er nach Zeitz im heutigen Sachsen-Anhalt an das dortige Gymnasium, fand aber auch noch die Zeit, die Handschriften der dortigen Stiftsbibliothek zu katalogisieren. Von 1876 bis 1886 wirkte er in Magdeburg (1884 wird er dort zum Oberlehrer ernannt), von 1886 bis 1897 dann in Neuhaldensleben, seinem Geburtsort, als Direktor des dortigen Gymnasiums. 1898 wird er nach Greifswald berufen und übernimmt neben seinen Aufgaben als Gymnasialdirektor 1902 auch die Leitung des dortigen Pädagogischen Seminars für Lehramtskandidaten. 1916 stirbt er in Greifswald.[3]

Die Aufzählung der Karriereetappen von Wegener dürfte zeigen, dass wir es mit einem sehr erfolgreichen ‚Schulmann' und einem arrivierten und gesellschaftlich hoch geachteten Mitglied des Bildungsbürgertums zu tun haben (Führ, 1985). Gleichzeitig klang bereits an, dass Wegener früh zu publizieren beginnt; er wird dies während seiner ganzen Karriere kontinuierlich fortsetzen. Sehr viele seiner Publikationen hängen eng mit seinem Wirken als Lehrer zusammen, etwa seine schulpädagogischen Schriften zum Lateinunterricht, seine Geschichte des Schulunterrichts in Deutschland, Antrittsreden und Ähnliches mehr (Grimm-Vogel, 1998, A1-A14). Nimmt man die Schriften zur Ur- und Frühgeschichte des Magdeburger Landes, die Publikationen zum Niederdeutschen und die uns hier besonders interessierenden sprach- und syntaxtheoretischen Beiträge hinzu, deckt Wegener ein großes thematisches Spektrum ab und ähnelt deshalb sicherlich eher einem „Polyhistor" (Grafton, 1983) und nicht einem modernen Wissenschaftler. Dennoch kann man ihn nicht mehr mit den Polyhistoren des 18. Jahrhunderts gleichsetzen. Die Professionalisierung der Forschung an den deutschen Universitäten und die methodologischen Festschreibungen, die damit einhergehen, gelten auch für ihn. Wegener mag institutionell nicht in die *Academia* eingebunden sein. Von seinem Anspruch her

---

[3] Vgl. Grimm-Vogel (1998). Vgl. auch Knobloch (1991), Nerlich (1990, 157-159), die sich auf den Nekrolog von Albert Leitzmann (Leitzmann, 1916) beziehen, einem ehemaligen Schüler Wegeners und ab 1903 Mitherausgeber der Humboldtschen Werkausgabe an der Preussischen Akademie der Wissenschaften. Zur hier zitierten Dissertation von Irmingard Grimm-Vogel will ich kurz bemerken, dass sie nicht unbedingt den gängigen Vorstellungen von einer Dissertation entspricht, weil die Verfasserin nicht immer die notwendige Distanz zu ihrem Gegenstand wahrt. Allerdings bin ich optimistisch und zitiere aus der Arbeit, weil mir die positivistischen Qualitäten der Arbeit (Genauigkeit und Vollständigkeit) gut zu sein scheinen.

zählt er sich aber zur Gruppe der Wissenschaftler, denn auch für ihn gilt der
„*research imperative*" (Turner, 1981) und die damit verbundene Forderung
nach systematisch kontrollierter Wissensvermehrung.

Die Voraussetzungen der hier postulierten Integration eines ‚Schulmanns'
in die damalige wissenschaftliche Text- und Ideenzirkulation liegen in der besonderen Art der disziplinären Schließung der universitären Sprachwissenschaft an den deutschen Universitäten. Noch die zweite Hälfte des 19. Jahrhunderts ist gekennzeichnet durch das Nebeneinander des philologischen und des historisch-vergleichenden Ansatzes. Die Entwicklung kann hier nicht im Einzelnen nachvollzogen werden, unter anderem auch deswegen, weil sich die einzelnen Universitätsfächer unterschiedlich verhalten. In der Klassischen Philologie beispielsweise hat sich die neue sprachwissenschaftliche Forschung nie etablieren können. Historisch-vergleichende Sprachwissenschaft findet daher außerhalb, an den Lehrstühlen für Indogermanische Sprachwissenschaft statt, gegen deren Forschung die latinistischen und gräzistischen Professoren übrigens heftig opponieren. In den Neusprachlichen Philologien ist die sprachwissenschaftliche Forschung dagegen integriert (und die Lehrstühle entsprechend besetzt), allerdings unter der Maßgabe, dass sie mit den geltenden nationalphilologischen Interessen und deren Konzentration auf mittelalterliche Quellen weitgehend konform geht. Trotz dieser nicht eindeutigen institutionellen Autonomie der Sprachwissenschaft an den deutschen Universitäten kann man aber in der zweiten Hälfte des 19. Jahrhunderts bereits von einer disziplinären Schließung sprechen. Nach dem Abtreten der Gründergeneration, der Franz Bopp (1791-1867), Jacob Grimm (1785-1863), Karl Lachmann (1793-1851), vielleicht auch noch Moriz Haupt (1808-1874) angehörten, ist die wissenschaftliche Ausbildung zukünftiger Universitätslehrer inzwischen eindeutig festgelegt. Wie in den übrigen Fächern auch, ist kein anderer Karriereweg als der über Dissertation, Habilitation, Privatdozentur, außerordentliche Professur und ordentliche Professur mehr möglich. Ideengeschichtlich relevanter dürfte sein, dass auch die Forschungprogramme inzwischen klar definiert sind (Kalkhoff, 2010, 241-251). Die ‚Klassiker' der Sprachwissenschaft (Bopp, Grimm, in der Romanistik Friedrich Diez) sind bestimmt, es gibt Zeitschriften, in denen die methodischen Voraussetzungen der Sprachwissenschaft propagiert werden, vor allem aber sind die Lehrer-Schüler-Netzwerke, die das Vorankommen auf diesem Karriereweg begünstigen, ja erst ermöglichen, bereits fest etabliert (Schmidt, 1985; Hültenschmid, 2000). In diesem Sinne ist die Aussage richtig,

dass die Situation der Sprachwissenschaft dieser Zeit von der „Hegemonie der historisch-vergleichenden Methode" bestimmt ist (Auroux, 2000).

Die Grenzziehung um die Gruppe der professionellen Sprachwissenschaftler an den Universitäten ist aber nur in karrierepolitischer Hinsicht absolut. Gesamtgesellschaftlich gesehen verhält es sich dagegen anders. Die universitäre Wissenschaft sucht geradezu den Kontakt zu der anderen Berufsgruppe, die die neuen kognitiven Ideale im gerade geeinten Deutschen Reich verbreitet: Es ist die Berufsgruppe der ‚Schulmänner', d.h. der Gymnasiallehrer. Beide, Gymnasium und Universität, werden als Orte einer wissenschaftlichen Elitebildung definiert, beide Institutionen nehmen deshalb teil an den bildungs- und wissenspolitischen Diskussionen, in denen die junge Industrienation Deutschland ihren Weg in die Moderne sucht. Es gibt Disziplinen, etwa die Geschichtswissenschaft, die Nationalökonomie, letztendlich auch die Philosophie, für die diese Rückbindung der universitären Wissenschaft an gesamtgesellschaftliche Diskussionen offensichtlicher ist. Aber auch die Sprachwissenschaft, eine hochgradig spezialisierte Disziplin sowohl in stofflicher als auch in methodischer Hinsicht, ist zumindest in diesem Übergang vom 19. zum 20. Jahrhundert in den damaligen gesamtgesellschaftlichen Diskurs eingebunden.[4]

Für Wegeners berufliche und intellektuelle Entwicklung ist diese Kontinuität zwischen Universität und Gymnasium entscheidend. Er publiziert vom Anfang seiner Laufbahn an in Zeitschriften wie *Philologus* oder *Zeitschrift für Deutsche Philologie*, die ganz eindeutig dem neuen wissenschaftlichen Paradigma zuzuordnen sind, aber sowohl von universitären als auch von schulischen Nutzerkreisen gelesen werden.[5] In den späteren Jahren konzentrieren sich seine Publikationen in sogenannten Schulprogrammen, periodischen Publikationen der Gymnasien, in denen Rückblicke auf das vergangene Schuljahr, aber ebenso wissenschaftliche Publikationen der Lehrer der betreffenden Schule zusammengebunden sind. Auch hinsichtlich dieser Gruppe von Zeitschriften gilt, dass sie keineswegs auf eine schulische Leserschaft beschränkt

---

[4] In Bezug auf nationalistische bzw. rassistische Diskurse ist die Sprachwissenschaft teilweise sogar Ideengeber. Vgl. dazu etwa Lenz (2014), Messling / Ette (2013).

[5] Grimm-Vogel, 1998, A1-A14. Vgl. außerdem Grimm-Vogel (1998, 39-40) zum intendierten Publikum der *Zeitschrift für Deutsche Philologie*. Interessant sind auch die Diskussionen um eine Wiederbelebung der Zeitschrift *Die deutschen Mundarten*, in die neben Wegener auch Eduard Sievers, Hermann Paul, Wilhelm Braune und Jost Winteler eingebunden waren (Grimm-Vogel, 1998, 37-38).

waren, sondern eine wichtige Schnittstelle zwischen Universität und Schule darstellten (Grimm-Vogel, 1998, 13; Knobloch, 1988, 19).

Erhellend für die Kontinuität zwischen Universität und Schule sind auch die Initiativen Wegeners für die Erstellung von Dialektgrammatiken. Wegener stellte diesen Antrag 1878 in der germanistisch-romanistischen Sektion der 33. *Versammlung der Philologen und Schulmänner* in Gera, als er das erste Mal an einer dieser in der Regel jährlich stattfindenden Lehrerversammlungen teilnahm. Bei dieser Veranstaltung trug Hermann Osthoff (1847-1909) vor und sein Vortrag „Über das physiologische und das psychologische Moment in der Formenbildung und ihr gegenseitiges Verhältnis" wurde später in der von Rudolf Virchow herausgegebenen Reihe *Sammlung gemeinverständlicher wissenschaftlicher Vorträge* (Osthoff, 1879) veröffentlicht. William D. Whitney (1827-1894) war unter den Teilnehmern der Versammlung, Hermann Paul steuerte in der germanistisch-romanistischen Sektion einen Beitrag über den germanischen Vokalismus bei, Wegener war unter dem Vorsitz von Eduard Sievers (1850-1932) einer der Schriftführer der Versammlung und schrieb später das Protokoll (Grimm-Vogel, 1998, 32-39). Davon abgesehen, dass wohl auf dieser Versammlung die Zusammenarbeit (vielleicht auch Freundschaft) zwischen Wegener und Hermann Paul begann, zeigen das Programm und die Teilnehmerliste der Veranstaltung mit aller Klarheit, dass die Diffusion der neuen wissenschaftlichen Ideale und die sprachwissenschaftliche Ideenbildung nicht auf die Universität beschränkt blieben.

Der Initiative Wegeners, die er sicher als Vollendung des junggrammatischen Forschungsprogramms und deren Forderung nach Hinwendung zu den gesprochenen Sprachen gesehen hat, war übrigens kein Erfolg beschieden. Wegener wird, abgesehen von einem programmatischen Text, in dem er dieses Vorhaben auf der *Versammlung* des nächsten Jahres in Trier begründet (Grimm-Vogel, 1998, 38-39), einen längeren Aufsatz in der *Zeitschrift für deutsche Philologie* und eine Reihe kleinerer Beiträge in den *Geschichtsblättern für Stadt und Land Magdeburg* sowie drei Einzelhefte mit von ihm gesammelten dialektalen Texten veröffentlichen (Grimm-Vogel, 1998, 38-59). Hermann Paul wird Wegener in den Neunziger Jahren dann zu einem Beitrag in dem von ihm herausgegebenen *Grundriss der germanischen Philologie* (Wegener, 1891) veranlassen, der allgemeine Überlegungen zur „Bearbeitung der lebenden Mundarten" zum Thema hat (Grimm-Vogel, 1998, 133-137; Knobloch, 1991, xiii; Nerlich, 1990, 158). Wegener nützte dieses Forum zu –

man könnte sagen – variationslinguistischen Ausführungen und zur Entwicklung eines Forschungsprogramms der teilnehmenden Beobachtung (Wegener, 1891). Auch als Dialektologe war Wegener also ein eigenständiger und origineller Denker (Arens, 1969, 376).

Obwohl es bereits früh klar gewesen sein dürfte, dass sein Versuch gescheitert war, die Dialektgrammatik in das junggrammatische Forschungsprogramm einzubeziehen, verbleibt Wegener im junggrammatischen Paradigma. Er wird die 1880 erschienenen *Prinzipien der Sprachgeschichte* von Hermann Paul enthusiastisch (aber durchaus auch kritisch) rezensieren (Wegener, 1882).[6] Für den junggrammatischen Kontext spricht weiterhin, dass Wegener seine *Untersuchungen über die Grundfragen des Sprachlebens* 1885 bei Niemeyer in Halle veröffentlicht (Wegener, 1991 <1885>). Die *Grundfragen* gehen auf zwei Vorträge zurück, die Wegener 1883 und 1884 auf Versammlungen sächsischer Gymnasiallehrer gehalten hat (Knobloch, 1991, xiii). Wegener selbst wird diesen Umstand entschuldigend für die seiner Meinung nach ungenügende Durcharbeitung anführen, und in einigen Rezensionen der *Grundfragen* wird Wegener auch vorgehalten, wissenschaftlichen Standards nicht zu entsprechen (Knobloch, 1991, xxxv; Nerlich, 1992, 82; vgl. auch Bühler, 1965 <1934>, 172). Aber nichtsdestotrotz ist die junggrammatische Rezeption von Wegener intensiv.[7] Hermann Paul wird in der zweiten Auflage der *Prinzipien* wesentliche Punkte aus Wegeners *Grundfragen*, aber ebenso aus dessen Rezension der ersten Auflage (Wegener, 1882) einarbeiten (Knobloch, 1988, 297; Nerlich, 1990, 160; 1992, 87). Auch Karl Brugmann liest und verarbeitet ihn und hat wohl auch dafür gesorgt, dass eine weitere wichtige sprachtheoretische

---

[6] Die Rezension erscheint in der *Zeitschrift für das Gymnasial-Wesen* (Wegener 1882). Ein Jahr zuvor veröffentlichte Hermann Ziemer in dieser Zeitschrift einen längeren Artikel, in dem er die junggrammatische Sprachwissenschaft und Hermann Pauls Arbeit als vorbildlich für den „grammatischen Gymnasialunterricht" bezeichnete. Ziemer schrieb: „Überhaupt muss die Erscheinung als eine willkommene freudig begrüßt werden, dass die Universitätsdozenten nicht mehr in der einsamen Warte der Wissenschaft sich von der übrigen Lehrerwelt isolieren, sondern den Lehrern persönlich nahe treten und mit Rat und Belehrung den praktischen Aufgaben derselben ihre förderliche Teilnahme zuwenden" (Ziemer, 1881; zitiert nach Grimm-Vogel, 1998, 60). Man müsste überprüfen, inwieweit der Eindruck stimmt, dass die Generation der Junggrammatiker intensiver im Kontakt mit der Lehrerschaft stand als die vorangegangenen Generationen von Sprachwissenschaftlern. Eine gewisse Rolle mag umgekehrt auch die Professionalisierung der Lehrer gespielt haben, die zu deren Annäherung an die Professorenschaft führte.

[7] Vgl. die bei Grimm-Vogel (1998, B1-B7) angeführte detaillierte Liste zeitgenössischer Reaktionen auf Publikationen von Wegener.

Arbeit von Wegener, sein Aufsatz „Der Wortsatz", posthum in den *Indogermanischen Forschungen* erscheint (Wegener, 1921; vgl. dazu Nerlich, 1990, 160-161).

Und wie auch immer man es beurteilt, dass ab den 90er Jahren Wegener überwiegend schulbezogene Publikationen veröffentlicht (und er ein neues Interesse für Ur- und Frühgeschichte entwickelt): Wegeners Ansätze bleiben in den aktuellen sprachwissenschaftlichen Diskussionen weiterhin präsent. Seine Ausführungen zum Sprachgebrauch, zur Situationsbindung des Sprechens, zu den Entwicklungsstufen syntaktischer Formen und zur notwendig psychologischen Fundierung der Sprachtheorie sind sicherlich nicht ‚Mainstream', dazu sind sie zu eigenständig. Aber sie werden intensiv rezipiert und weiterentwickelt: Anton Marty setzt sich, wenn auch sehr kritisch, mit Wegeners Theorie der aussagenlogischen Struktur der (satzförmigen oder nicht satzförmigen) Äußerung auseinander (Marty, 1897; vgl. dazu Knobloch, 1991, xxxvi) und Bronisław Malinowski entwickelt, angeregt von Wegener, den Begriff des „*context of situation*" (Malinowski, 1923; vgl. dazu Nerlich, 1990, 160). Die intensivsten Reaktionen sind die von Alan H. Gardiner, der sein 1932 erscheinendes Buch *The Theory of Speech and Language* dem Andenken Wegeners widmet (Gardiner, 1932; vgl. dazu Knobloch, 1991, xxxviii-xxxix; Nerlich, 1990, 160), vor allem aber die von Karl Bühler (Albano Leoni, 2016; Knobloch, 1991, xxxix-xlii). Bühler entwickelt in seiner *Sprachtheorie* von 1935 den Versuch Wegeners weiter, den Sprachbegriff von der Sprechhandlung ausgehend zu definieren. Er formuliert ein „Vierfelderschema", das die zwei begrifflichen Oppositionen zwischen dem Individuellen und dem Sozialen und zwischen dem Aktuellen und dem Abstrakten miteinander kreuzt und daraus „Sprechhandlung", „Sprachwerk", „Sprechakt" und „Sprachgebilde" als notwendige Konstituenten eines voll entwickelten Sprachbegriffs entwickelt. Bühler synthetisiert also Traditionen wie die von Wegener, Saussure oder Gardiner in seinem Modell (Bühler, 1965 <1934>, 48-69). Sehr deutlich ist der Einfluss Wegeners auf Bühler auch in Bezug auf den Begriff des „Zeigfelds" (Bühler 1965 <1934>, 81) sowie in Bezug auf die sogenannte Ellipse (Bühler, 1965 <1934>, 167, 172).

2. Der ‚ungezähmte' Rest: Sprachwissenschaft und Sprachtheorie im 19. Jahrhundert

Wissenschaftlich forschende Lehrer sind am Ende des 19. Jahrhunderts vielleicht Ausnahmen, aber sie sind keine Außenseiter, so das Fazit der ersten Annäherung an die Rolle Philipp Wegeners im zeitgenössischen linguistischen Feld. Diese Beobachtung (vgl. auch Knobloch, 1988, 4; Nerlich, 1992, 81) ist wichtig, weil sie auf die historische Dimension wissenschaftlicher Praxis aufmerksam macht. Wer Wissenschaft betreiben darf und wessen Arbeiten in die Wissenszirkulation eingespeist werden, wird im Vollzug der gesellschaftlichen Praxis, die sich Wissenschaft nennt, bestimmt. Der Blick auf Philipp Wegener kann uns deshalb bereits in dieser institutionsgeschichtlichen Hinsicht die Historizität sprachwissenschaftlichen Forschens bewusst machen. Aber auch die theoriegeschichtliche Einordnung von Philipp Wegeners Arbeiten wird das Bild eines in die zeitgenössische Sprachwissenschaft bestens integrierten Wissenschaftlers bestätigen. Auch hier werde ich also gegen den Eindruck argumentieren, Wegener sei Außenseiter gewesen, und ich werde diese Argumentation nützen, um ein komplexeres Bild der Sprachwissenschaftsgeschichte um 1900 vorzuschlagen.

Die im Folgenden entwickelte theoriegeschichtliche Perspektivierung erfordert allerdings eine Vorbemerkung. Ich muss auf die Tendenz der sprachwissenschaftlichen Historiographie aufmerksam machen, teleologisch – oder, genauer gesagt, invertiert teleologisch (Oesterreicher, 2007) – zu argumentieren. Die Tendenz als solche ist zum Teil unvermeidlich. Man kann kein sprachwissenschaftsgeschichtliches Narrativ entwickeln, ohne Ereignisse auszuwählen und in einen gerichteten Zusammenhang miteinander zu bringen. Wenn man das Narrativ aber in Bezug auf kollektive Entwicklungen einsetzt, noch dazu solche, die sich über sehr lange Zeiträume erstrecken, besteht die Gefahr, dass man den historischen Akteuren Handlungsmotive unterstellt, die sich ausschließlich aus der Außensicht des Forschers ergeben. Dieser überblickt die Entwicklung in ihrer Gesamtheit und kennt bereits deren Endpunkt; über Motive des von ihm beschriebenen historischen Handelns nachzudenken, erfordert daher einen radikalen Standpunktwechsel, den nicht alle vollziehen. Neben dieser Tendenz zum Anachronismus – ein Sprachforscher des Mittelalters denkt in anderen Bezugssystemen als ein Sprachwissenschaftshistoriker des 20. Jahrhunderts – gibt es noch eine zweite Gefahr: Man nimmt als Forscher nur das zur Kenntnis, was die Tradition ‚vorwärtsbringt', was also die zur Debatte stehende Entwicklung vorantreibt bzw. nicht behindert. Für die Sprachwissenschaftshistoriographie des 19. Jahrhunderts heißt das, dass die Entwicklung der historischen Sprachwissenschaft eines Bopp oder Schleichers und deren Weiterentwicklung durch die Junggrammatiker den historiographischen Blick monopolisiert. Ich spitze etwas zu, um der Kritik an derartigen Verkürzungen mehr Schärfe zu verleihen, denn selbstverständlich gibt es hervorragende Arbeiten zur Sprachwissenschaft des 19. Jahrhunderts, die die traditionelle, linear und teleologisch-selektiv orientierte Perspektive gar nicht in Frage stellen müssen. Dennoch scheint mir der Hinweis gerade im Falle des 19. Jahrhunderts sehr wichtig.

Die angesprochene historiographische Verengung verkennt nämlich zu häufig, dass bereits für die akademische Sprachwissenschaft des 19. Jahrhunderts die gewählte Perspektive zu eng ist. Denn, wie bereits angedeutet, besteht die Konkurrenz zwischen der traditionellen nationalsprachlichen Mittelalterphilologie und der historisch-vergleichenden Sprachwissenschaft noch mindestens bis zum Ende des Jahrhunderts. Noch unangemessener ist die Verengung in theoriegeschichtlicher Perspektive: Sprachbezogene Theoriebildung und sprachbezogene Forschung sind im 19. Jahrhundert zu einem Großteil auch oder vielleicht gerade in der Philosophie, der Theologie, den Geschichtswissenschaften und der Psychologie beheimatet. Oder genauer gesagt: Auch die Sprachwissenschaftler sind das gesamte 19. Jahrhundert hindurch eingebunden in eine alle Disziplinen und Fächer umfassende gemeinsame Diskussion über theologische, philosophische, anthropologische, ethische und soziale Grundfragen, die durch die Entstehung des modernen Weltbildes und die Herausbildung der modernen Wissenschaften aufgeworfen werden (Oesterreicher / Selig, 2014a). Diese Diskussionen kann man nicht außerhalb der Sprachwissenschaft situieren und sie nur dann zur Kenntnis nehmen, wenn sie direkt in sprachwissenschaftliche Ansätze eingehen, denn der Duktus ist zu grundsätzlich: Es geht um die Frage nach den Voraussetzungen wahrheitsfähiger Erkenntnis oder um die sachliche und begriffliche Bestimmung zentraler Forschungsobjekte wie ‚Seele', ‚Individuum', ‚Gesellschaft', ‚Volksgeist' und eben auch ‚Sprache'. Es geht letztendlich also um die theoretischen und methodischen Fundamente der gerade entstehenden wissenschaftlichen, insbesondere geisteswissenschaftlichen Disziplinen.[8]

In diesem Sinne ist die Sprachwissenschaft in der zweiten Hälfte des 19. Jahrhunderts in Deutschland zwar disziplinär gefestigt und endgültig professionalisiert. Aber die Sprachwissenschaft kann weder hinsichtlich ihres Forschungsgegenstandes noch hinsichtlich ihrer Methoden die Autonomie beanspruchen, die sie später nach der Durchsetzung des strukturalistischen Paradigmas, also der zweiten disziplinären Schließung, haben wird. Selbstverständlich geht es nicht an, die Häufigkeit disziplinärer Schließungen beliebig zu erhöhen und jede institutionelle Veränderung oder jedes neue Forschungsprogramm mit diesem Status zu versehen. Man darf aber nicht übersehen, dass erst der Strukturalismus beanspruchen konnte, dass die Sprachwissenschaft einen nur ihr zustehenden Forschungsgegenstand, nämlich die *langue*, hatte. Die Diskussion darüber, wie Sprache zu denken ist und was folglich der Gegenstand der Sprachwissenschaft sein soll, war im 19. Jahrhundert noch Thema aller Disziplinen. Erst nach der zweiten disziplinären Schließung durch den Strukturalismus beansprucht die Linguistik selbst diese Deutungshoheit und sie wird danach die Diskussion um andere als an der sprachlichen Form orientierte Sprachbegriffe in die sich herausbildenden Subdisziplinen verlagern.[9]

Interessanterweise war übrigens die Autonomie der Sprachwissenschaft am Anfang des 19. Jahrhunderts größer als an dessen Ende. Dies hängt damit zusammen, dass den Forschungsgegenständen der Geisteswissenschaften zu Beginn des Jahrhunderts durchaus noch ontologische Autonomie zugestanden wurde und sich daran der Gedanke einer Autonomie der jeweiligen Disziplin gewissermaßen von selbst anschloss (Selig, 2013). Im Idealismus konnte, als Restbestand eines religiös-transzendentalen Weltbilds, Sprache durchaus autonom, als Emanation eines wie auch immer zu verstehenden, in jedem Falle aber autonomen, Geistes gedacht werden. Auch die spätere naturalistische

---

[8] Vgl. hier auch die Darstellung von drei dieser Grundsatzdiskussionen, allerdings primär aus naturwissenschaftlicher Perspektive, in Bayertz *et al.* 2007a, b, c.

[9] Rudolf Stichweh sieht in der Herausbildung von Subdisziplinen einen wichtigen Schritt in der disziplinären Schließung, weil dadurch das hierarchische Gefüge von Disziplinen, die in der gemeinsamen theoretischen Diskussion, beispielsweise in der Philosophie, eine sie regulierende Praxis suchen, abgelöst wird von dem Modell der Arbeitsteilung, die keiner zusätzlichen Kontrolle bedarf (Stichweh, 1984).

Wendung hin zur Sprache als Organismus hat den Gedanken einer quasi-materiellen Autonomie der Sprache und der sprachlichen Strukturen befördert. Auch wenn gerade diese letztgenannte sprachtheoretische Position von Anfang an sehr umstritten war und schnell ablehnende Reaktionen kamen (Einhauser, 1989; Mopurgo Davies, 1994), wurde der Gedanke der Autonomie der Sprachwissenschaft im naturalistischen Theorierahmen eher gestärkt als vermindert.

Dies ändert sich, als es zur Abwendung sowohl vom Idealismus als auch vom Naturalismus kommt. Beide wissenschaftsgeschichtlichen Entwicklungen gehen nicht in die gleiche Richtung, für die Sprachwissenschaft haben sie beide aber ähnliche Konsequenzen. Die Abwendung vom Idealismus führt unmittelbar zur Reduktion der wissenschaftlichen Forschungsgegenstände auf das materiell Konkrete weiter. Von dieser Entwicklung weg vom Immateriell-Geistigen hin zum Materiellen zeugt in der Sprachwissenschaft beispielsweise die Faszination durch die Phonetik. Eduard Sievers (1850-1932) ist, so könnte man sagen, der Mann der Stunde, wenn er mit seinen Untersuchungen zu Artikulationsvorgängen und seiner „Schallanalyse" Sprache mit naturwissenschaftlichen Experimentalmethoden erforscht. Philipp Wegener wird übrigens auf den ersten Seiten seiner *Grundfragen* auf Erkenntnisse der artikulatorischen Phonetik eingehen, ganz selbstverständlich, weil diese neue Seite sprachwissenschaftlicher Forschung für ihn ein wesentlicher Fortschritt ist und unbedingt integriert werden muss (Wegener, 1991 <1885>, 5-11).

Die in unserem Zusammenhang allerdings weitaus wichtigere Entwicklung ist diejenige, die man als Ablösung des idealistischen oder materialistischen Objektivismus durch subjektivistische Theorien bezeichnen kann und die mit Johann Friedrich Herbart (1776-1841) in Verbindung zu bringen ist. Herbart, ab 1809 Professor auf dem ehemaligen Lehrstuhl Kants in Königsberg, veröffentlichte 1824 und 1825 die äußerst erfolgreiche Monographie *Psychologie als Wissenschaft, neu gegründet auf Erfahrung, Metaphysik und Mathematik* (Herbart, 1824-1825). Der Titel ist bereits deshalb Programm, weil er die empirische Beobachtung der psychischen Prozesse und deren wissenschaftliche Beschreibung einfordert (und sich deshalb explizit von der spekulativen Philosophie absetzt). Gleichzeitig verstärkt Herbart die Tendenz, den handelnden Menschen, das Subjekt, zum Ausgangspunkt des wissenschaftlichen Nachdenkens zu machen, sobald es nicht mehr um den Bereich der Natur, sondern den der Kultur geht. Herbart beruft sich hierbei auf eine pragmatisch-funktionale Anthropologie, die das Handeln des Menschen und die durch dieses Handeln entstehenden Phänomene als intentional und zweckorientiert charakterisiert. Dies entspricht der Anthropologie der Aufklärung, und Herbart sorgt dafür, dass diese, der radikal anti-aufklärerischen Atmosphäre der deutschen Wissenschaft und Philosophie zum Trotz, bis zum Ende des Jahrhunderts einen hohen Stellenwert in der wissenschaftlichen Diskussion beibehält. Eine solche Sichtweise menschlichen Handelns steht in einer deutlichen ‚Frontstellung' zu den idealistischen Ansätzen, die die geistige Tätigkeit, nur dann der philosophischen Betrachtung unterziehen wollen, wenn sie Vollzug interesselosen Erkennens ist. Mit den idealistischen Ansätzen teilt Herbart aber die ‚Frontstellung' zu den naturalistischen Ansätzen, denn auch er betont die Bindung kultureller Phänomene an das Denken und Handeln, allerdings, im Unterschied zu den idealistischen Positionen, nicht an abstrakte Geistbegriffe, die vom Individuum abgelöste Entitäten zum Gegenstand der Wissenschaft machen. Die Herbartsche Position stellt das konkrete, individuelle Subjekt und dessen konkretes Handeln als einzig sicheren Ausgangspunkt an den Anfang jeder theoretischen Analyse kultureller Prozesse. Sie ist, so könnte man sagen, individualpsychologisch orientiert.

Es wäre sicher notwendig, genauer zu überprüfen, inwiefern die Sprachtheorie Wegeners der Herbartschen Psychologie verpflichtet ist (Knobloch, 1988, 161-177; vgl. auch Nerlich / Clarke, 1996, 151-155). In unserem Kontext reicht es darauf zu verweisen, dass Wegener, wie auch Hermann Paul (^{5}1920 <1880>, v), sich explizit auf Herbart beruft und damit seine Hinwendung zu den wissenschaftlichen Methoden der Psychologie auch in der Sprachwissenschaft begründet. Wie zentral Herbart für die sprachwissenschaftliche Diskussion ist, zeigt außerdem, dass Wegener in seiner Rezension der ersten Auflage von Hermann Pauls *Prinzipien der Sprachgeschichte* von 1880 schreibt, dass in dem Buch „dem Sprachforscher die Notwendigkeit den psychischen Mechanismus genau kennen zu lernen überzeugend gezeigt wird" und hinzufügt: „In der psychologischen Analyse fußt Paul auf den Resultaten der empirischen Psychologie, als Gesetzeswissenschaft, wie sie seit Herbart gewonnen sind, besonders auf den trefflichen Arbeiten Steinthals" (Wegener, 1882, 302). Dass Wegener Heymann Steinthal in einem Atemzug mit Herbart nennt, mag damit zusammenhängen, dass es um die Hinwendung zu psychologischen Fragestellungen als solchen geht, um die sich Steinthal in jedem Fall verdient gemacht hat; Wegener sieht also darüber hinweg, dass Steinthal ein Vertreter der idealistischen Idee einer objektiven kollektiven Psyche ist. Später wird er allerdings wie Hermann Paul vehement gegen diese „Völkerpsychologie", sei es von Seiten Steinthals, sei es von Seiten Wilhelm Wundts argumentieren, und wie Paul wird er dies vor allem deswegen tun, weil auch für ihn kollektive psychologische Strukturen undenkbar sind (Wegener, 1902). Dies zeigt noch einmal, wie stark Wegener Psychologie als Fokussierung des einzelnen Individuums verstand; die Hinwendung der Sprachwissenschaft zur Psychologie konnte, ja musste er als Hinwendung zur individuellen Kommunikationshandlung und zu deren genauer wissenschaftlicher Beschreibung auffassen.

Wegeners Interpretation der psychologischen Wende in der Sprachdiskussion ist deshalb radikal, viel radikaler als die von Hermann Paul. Paul ist bekanntlich in seinen *Prinzipien der Sprachgeschichte* bei einem relativ unvermittelten Nebeneinander der kollektiven Strukturen der Einzelsprache und der individuellen Sprechtätigkeit verblieben. Symptomatisch ist auch, dass Paul in seiner Kurzrezension von Wegeners *Grundfragen* schreibt, dieser behandle „die Wirksamkeit aller der Momente, die nicht eigentlich zur Sprache selbst gehören, die aber für das Verstehen des Mitgetheilten von eminenter Bedeutung sind" (Paul, 1885). Die radikale Umorientierung, die Wegener vollzieht, also die Hinwendung zu den Verlaufsstrukturen der Kommunikation, erscheint Paul also als ein Hinausgehen über den eigentlichen Gegenstand der Sprachwissenschaft. Dass Wegener sprachtheoretisch gesehen recht hat und dass es ihm nur so gelingen kann, die Hypothese zu überwinden, Sprechen sei (monologisches) Sichtbarmachen von Gedanken, das kann Paul offensichtlich nicht sehen.

Wegener argumentiert stattdessen dialogisch. Im zweiten Teil seiner *Untersuchungen über Grundfragen des Sprachlebens*, überschrieben mit dem Titel: „Zur Frage: Wie verstehen wir Sprache?", entwickelt er, und zwar sehr stringent, gegen die monologischen Verkürzungen der Sprechtätigkeit im Idealismus, aber auch im Naturalismus, eine radikal dialogische Theorie der Kommunikation, die von der anthropologischen Grundannahme ausgeht, Anlass jeder Kommunikation sei die „Willensbeeinflussung" des Hörers durch den Sprecher (Wegener, 1991 <1885>, 64, 70). Wegener entwickelt diesen Gedanken ontogenetisch, zeigt also auf, dass die „Willensbeeinflussung" in der kindlichen Kommunikation mit der Mutter eine wesentlich konkretere Gestalt hat als in der späteren Kommunikation unter erwachsenen Sprechern. Letztendlich kann aber nur diese konkrete, unmittelbare Relevanz der Kontaktaufnahme den

Prozess des Sprechenlernens erklären, genauso, wie die „Willensbeeinflussung" zwar nicht alle, aber doch einen Großteil der Kommunikationsformen unter Erwachsenen erklären kann. Radikal dialogisch und radikal am unmittelbaren kommunikativen Handeln orientiert ist auch seine Theorie der Situationsverankerung jeden Sprechens und Verstehens, die ihn veranlasst, eine Definition des Satzes zu geben, die nicht an den sprachlichen Strukturen orientiert ist, sondern an der Handlung der Prädikation in der Sprechsituation: Prädizieren bleibt als Handlung des Sprechers immer auf etwas bezogen, ob dieses aus der Situation erschlossen werden muss oder ob der Sprecher es sprachlich ausgedrückt hat. Die einzelsprachliche Subjekt-Prädikat-Struktur ist die Automatisierung dieser grundlegenden kommunikativen Figur, nicht aber deren Voraussetzung. Vielleicht muss man auch noch darauf hinweisen, dass Wegener aus den ontogenetischen Überlegungen und aus den Analysen des situationseingebundenen alltäglichen Sprechens auch eine Theorie der kognitiven Ordnung des Erlebten ableiten kann, die er (wort-)zeichentheoretisch und syntaxtheoretisch äußerst originell weiterentwickelt (Wegener, 1991 <1885>).

Wegener wird seine *Untersuchungen* als „Sprachphilosophie" bezeichnen (Grimm-Vogel, 1998, 111); er ist sich also dessen bewusst, dass er eine Letztbegründung sprachlicher Strukturbildung aus dem Vollzug der kommunikativen Handlung vorschlägt. Nichts deutet aber darauf hin, dass er meinte, sich damit von den gängigen Positionen der Sprachwissenschaft seiner Zeit zu entfernen. Er schlägt aus seinem Interesse für kommunikative Prozesse heraus eine sprachtheoretische Klärung vor, die sich an der Hinwendung der junggrammatischen Sprachwissenschaft zur Psychologie orientiert. Mit dieser Hinwendung ist ein gewisser ‚Realismus' verbunden, weil nunmehr statt idealistischer Spekulationen die Beobachtung konkreter und von allen nachvollziehbarer Kommunikationsvollzüge die Sprachwissenschaftler beschäftigen wird (Knobloch, 1988, 161; Nerlich / Clarke, 1996, 150-176). Wegener nutzt dabei seine Expertise im Latein- und Deutschunterricht, seine Erfahrung als Vater, der den Spracherwerb seiner Kinder beobachtet und seine genaue Beobachtung der Alltagssprache. Zweifellos ein nicht-professioneller Forschungshintergrund, genauso wie seine empirischen Methoden, die heute, im Zeitalter experimental-psychologischer Datenerhebung, nicht mehr durchgehen würden. Übrigens ist auch in methodologischer Hinsicht Wegener kein Einzelfall. Empirie konnte am Ende des 19. Jahrhunderts immer noch mit genauer Beschreibung selbst beobachteter Prozesse gleichgesetzt werden. Der Subjektivismusverdacht wird erst später virulent, so dass die Notwendigkeit experimenteller Kontrolle bzw. die Weiterentwicklung der hermeneutischen Traditionen in der Methode der teilnehmenden Beobachtung noch nicht in Sichtweite sind.

3. Ein kleines Fazit

Der letzte Satz des *Cour de linguistique générale*, „la linguistique a pour unique et véritable objet la langue envisagée en elle-même et pour elle-même" (*CLG*, 317) ist zur Zeit Philipp Wegeners noch nicht geschrieben. Wie er auf die sprachtheoretischen Ausführungen Saussures (oder besser Charles Ballys und Albert Sechehayes) reagiert hätte, wissen wir nicht. Genauso wenig ist klar, was die Ausdifferenzierung der Linguistik in nebeneinander betriebene Subdisziplinen für Wegener bedeutet hätte. Wenn wir aber bedenken, dass noch Karl Bühler eine Monographie schreibt, die *Sprachtheorie* heißt und mit dem Anspruch einer umfassenden Darstellung kommunikationstheoretischer, sprach- und texttheoretischer, aber auch syntaktischer und semantischer Fragen auftritt (Bühler, 1965 <1934>), dann dürfte klar sein, dass der Übergang zu der neuen, vollständig autonomen und subdisziplinär ausdifferenzierten Sprachwissenschaft sicher nicht ohne Irritationen abgelaufen ist. Für uns bedeutet es umgekehrt, dass der Blick auf Philipp Wegener die Bereitschaft zu einer umfassenden, sprachwissenschaftliches und sprachtheoretisches Forschen und Argumentieren gemeinsam in den Blick nehmenden Perspektive voraussetzt. Der historiographische Blick auf die Sprachwissenschaft um 1900 wird dadurch komplizierter, weil auch Kompetenzen in anderen Bereichen der Wissenschaftsgeschichte notwendig werden. Ich denke, es ist klar geworden, dass der Ertrag für unser Verständnis sprachwissenschaftlicher Forschung so groß ist, dass man es trotzdem wagen sollte.

Literaturangaben

Albano Leoni, Federico 2016
Da Philipp Wegener a Karl Bühler. Una linea interrotta e ripresa. In: Gesprächsanalyse zwischen Syntax und Pragmatik, hg. von Maria Selig, Elda Morlicchio und Norbert Dittmar. Tübingen: 297-310.

Arens, Hans [2]1969 <1955>
Sprachwissenschaft. Der Gang ihrer Entwicklung von der Antike bis zur Gegenwart. Um die letzten 30 Jahre der linguistischen Forschung fortgeführte 2. Auflage. Freiburg / München.

Auroux, Sylvain (Hg.) 2000
Histoire des idées linguistiques. Bd. 3: L'Hégémonie du comparatisme. Sprimont.

Bayertz, Kurt / Gerhard, Myriam / Jaeschke, Walter (Hgg.) 2007a
Weltanschauung, Philosophie und Naturwissenschaft im 19. Jahrhundert. Bd. 1: Der Materialismusstreit. Hamburg.

Bayertz, Kurt / Gerhard, Myriam / Jaeschke, Walter (Hgg.) 2007b
Weltanschauung, Philosophie und Naturwissenschaft im 19. Jahrhundert. Bd. 2: Der Darwinismusstreit. Hamburg.

Bayertz, Kurt / Gerhard, Myriam / Jaeschke, Walter (Hgg.) 2007c
Weltanschauung, Philosophie und Naturwissenschaft im 19. Jahrhundert. Bd. 3: Der Ignorabimusstreit. Hamburg.

Bühler, Karl 1965 <1934>
Sprachtheorie. Die Darstellungsfunktion der Sprache. Stuttgart / New York.

Cloeren, Hermann J. 1992
Historisch orientierte Sprachphilosophie im 19. Jahrhundert. In: Sprachphilosophie. Philosophy of Language. La philosophie du langage. Ein internationales Handbuch zeitgenössischer Forschung. An International Handbook of Contemporary Research. Manuel international des recherches contemporaines. 1. Halbband/Volume 1/Tome 1, hg. von Marcelo Dascal, Dietfried Gararudus, Kuno Lorenz und Georg Meggle. Berlin / New York: 144-161.

CLG
Ferdinand de Saussure: Cours de linguistique générale. Publié par Charles Bally et Albert Sechehaye. Édition préparé par Tullio de Mauro. Paris: 1987.

Einhauser, Evelyn 1989
Die Junggrammatiker. Ein Problem für die Sprachwissenschaftsgeschichtsschreibung. Trier.

Führ, Christoph 1985
Gelehrter Schulmann – Oberlehrer – Studienrat. Zum sozialen Aufstieg der Philologen. In: Bildungsbürgertum im 19. Jahrhundert. Bd. 1: Bildungssystem und Professionalisierung, hg. von Werner Conze und Jürgen Kocka. Stuttgart: 417-157.

Gardiner, Alan H. 1932
The Theory of Speech and Language. London.

Grafton, Anthony 1983
Polyhistor into Philolog: Notes on the Transformation of German Classical Scholarship, 1780-1850. In: History of the Universities 3: 159-192.

Grimm-Vogel, Irmingard Hildburg 1998
Philipp Wegener (1848-1916). Wesen – Wirken – Wege. Bonn.

Herbart, Johann Friedrich 1824-1825
Psychologie als Wissenschaft, neu gegründet auf Erfahrung, Metaphysik und Mathematik. Bd. 1: Synthetischer Theil, Bd. 2: Analytischer Teil. Königsberg.

Hültenschmidt, Erika 2000
La Professionalisation de la recherche allemande. In: Histoire des idées linguistiques, hg. von Sylvain Auroux. Bd. 3: L'Hégémonie du comparatisme. Sprimont: 79-96.

Juchem, Johann 1984
Die Konstruktion des Sprechens: Kommunikationssemantische Überlegungen zu Philipp Wegener. In: Zeitschrift für Sprachwissenschaft 3: 3-18.

Juchem, Johann 1986
Wegener und Wundt. In: Kodikas / Code 9: 155-166.

Kalkhoff, Alexander 2010
Romanische Philologie im 19. und frühen 20. Jahrhundert. Institutionsgeschichtliche Perspektiven. München.

Kalkhoff, Alexander / Wolff, Johanna 2014
Kontingenz: Zufall oder Kalkül. Zur Fachgeschichte der Romanischen Philologie. In: Geschichtlichkeit von Sprache und Text. Philologien – Disziplingenese – Wissenschaftshistoriographie, hg. von Wulf Oesterreicher und Maria Selig. Paderborn: 131-152.

Knobloch, Clemens 1988
Geschichte der psychologischen Sprachauffassung in Deutschland von 1850 bis 1920. Tübingen.

Knobloch, Clemens 1989
Philipp Wegener (1848-1916) und die sprachtheoretische Diskussion um 1900. In: Zeitschrift für Phonetik und Kommunikationsforschung 42: 232-239.

Knobloch, Clemens 1991
Introduction. In: Wegener: Untersuchungen über die Grundfragen des Sprachlebens. Reprint from the 1885 Edition, hg. von Clemens Knobloch. Amsterdam / Philadelphia: xi-li.

Leitzmann, Albert 1916
Philipp Wegener. In: Indogermanisches Jahrbuch 4: 246-249.

Lenz, Markus Alexander 2014
Genie und Blut. Rassedenken in der italienischen Philologie des neunzehnten Jahrhunderts. Paderborn.

Malinowski, Bronisław 1923
The Problem of Meaning in Primitive Languages. In: The Meaning of Meaning, hg. von C.K. Ogden und I.A. Richards. London: 296-336.

Marty, Anton 1897
Über die Scheidung von grammatischem, logischem und psychologischem Subjekt resp. Prädikat. In: Archiv für systematische Philosophie 3: 294-333.

Messling, Markus / Ette, Ottmar (Hgg.) 2013
Wort Macht Stamm. Rassismus und Determinismus in der Philologie (18./19. Jh.). Paderborn.

Morpurgo Davies, Anna 1994
La linguistica dell'Ottocento. In: Storia della linguistica, hg. von Giulio Lepschy. Bologna: 11-399.

Nerlich, Brigitte 1986
La Linguistique de Philipp Wegener – une théorie du dialogue. In: DRLAV. Revue de linguistique 34/35: 301-315.

Nerlich, Brigitte 1990
Change in Language. Whithney, Bréal, and Wegener. London / New York.

Nerlich, Brigitte 1992
Semantic Theories in Europe, 1830-1930. Amsterdam / Philadephia.

Nerlich, Brigitte 2000
Les Phénomènes pragmatiques. In: Histoire des idées linguistiques, hg. von Sylvain Auroux. Bd. 3: L'Hégémonie du comparatisme. Sprimont: 219-238.

Nerlich, Brigitte / Clarke, David D. 1996
Language, Action, and Context: The early history of pragmatics in Europe and America, 1780-1930. Amsterdam / Philadelphia.

Oesterreicher, Wulf 2007
Mit Clio im Gespräch. Zu Anfang, Entwicklung und Stand der romanistischen Sprachgeschichtsschreibung. In: Mit Clio im Gespräch. Romanische Sprachgeschichten und Sprachgeschichtsschreibung, hg. von Jochen Hafner und Wulf Oesterreicher. Tübingen: 1-35.

Oesterreicher, Wulf / Selig, Maria (Hgg.) 2014
Geschichtlichkeit von Sprache und Text. Philologien – Disziplingenese – Wissenschaftshistoriographie. Paderborn.

Oesterreicher, Wulf / Selig, Maria 2014a
Einleitung: Geschichtlichkeit von Sprache und Text. In: Geschichtlichkeit von Sprache und Text. Philologien – Disziplingenese – Wissenschaftshistoriographie, hg. von Wulf Oesterreicher und Maria Selig. Paderborn: 7-29.

Osthoff, Hermann 1879
Das physiologische und psychologische Moment in der sprachlichen Formenbildung. Berlin: Habel.

Paul, Hermann ^{5}1920 <1880>
Prinzipien der Sprachgeschichte. Halle.

Samain, Didier 2014
Wegener, Gardiner, Bühler: Une problématique ou deux modes d'empiricité. In: Anton Marty & Karl Bühler: Between Mind and Language – Zwischen Denken und Sprachen – Entre pensée et langue, hg. von Laurent Cesalli und Janette Friedrich. Basel: 237-265.

Schmidt, Hartmut 1985
Aspekte der Institutionalisierung. Zur Durchsetzung der neuen Denkmuster. In: Sprachwissenschaftliche Germanistik. Ihre Herausbildung und Begründung, hg. von Werner Bahner und Werner Neumann. Berlin: 151-248.

Selig, Maria 2013
Sprachtypologie und Rassismus? Zur typologisch-genealogischen Sprachbetrachtung bei August Wilhelm Schlegel. In: Wort Macht Stamm. Rassismus und Determinismus in der Philologie (18./19. Jh.), hg. von Markus Messling und Ottmar Ette. Paderborn: 271-300.

Sornicola, Rosanna 1995
Mathesius, Wegener e le fasi dello storicismo. In: Lingua e Stile 30: 159-174.

Stichweh, Rudolf 1984
Zur Entstehung des modernen Systems wissenschaftlicher Disziplinen. Physik in Deutschland 1780-1890. Frankfurt a. M..

Tenchini, Maria Paolo 2008
Aspetti funzionali e pragmatici nel pensiero linguistico di Philipp Wegener, con la traduzione antologica di Philipp Wegener, Untersuchungen über die Grundfragen des Sprachlebens. Brescia.

Turner, R. Steven 1981
The Prussian Professoriate and the Research Imperative 1790-1830. In: Epistemological and Social Problems of the Science in the Early Nineteenth Century, hg. von Hans Niels Jahnke und Michael Otte. Dordrecht: 109-121.

Wegener, Paul 1871
De casuum nonnullorum Graecorum Latinorumque historia. Phil. Diss. Berlin.

Wegener, Paul 1882
Rezension von Hermann Paul, Principien der Sprachgeschichte, Halle 1880. In: Zeitschrift für das Gymnasialwesen 36: 301-314.

Wegener, Paul 1891
Die Bearbeitung der lebenden Mundarten. I. Allgemeines. In: Grundriss der germanischen Philologie, Bd. 1, hg. von Hermann Paul. Strassburg: 931-944.

Wegener, Paul 1902
Rezension von Berthold Delbrück, Grundfragen der Sprachforschung. Mit Rücksicht auf W. Wundts Sprachpsychologie erörtert, Strassburg 1901. In: Literarisches Zentralblatt für Deutschland 53: 401-410.

Wegener, Paul 1921
Der Wortsatz. In: Indogermanische Forschungen 39: 1-26.

Wegener, Philipp 1991 <1885>
Untersuchungen über die Grundfragen des Sprachlebens. Reprint from the 1885 Edition, hg. von Clemens Knobloch. Amsterdam / Philadelphia.

Rudolf Windisch

Alexandru Philippide, *Originea Romînilor* I/II, Iași, 1923-1927 – ein Monument der rumänischen Sprachgeschichtsschreibung

Es scheint ein gängiger Topos zu sein, wissenschaftlich herausragende Arbeiten mit dem Etikett ‚Monument' zu schmücken. Verweist etwa das Bismarck-Denkmal vor dem Universitätsgebäude in Rostock nicht auf vergangene staatsmännische Größe, oder zeugt das 1973 vor der Universität Cluj-Napoca / Klausenburg errichtete Denkmal zu Ehren der Begründer der *Școala adeleneană* / der Siebenbürgischen Schule, Samuil Micu-Klein (1745-1806), Gheorghe Șincai (1754-1816) und Petru Maior (1754-1821), nicht von der kulturgeschichtlichen Bedeutung dieser Theologen, Philosophen, Historiker und Philologen für Rumänien? Nun wurde noch kein linguistisches Opus als Monument bezeichnet – oder gar auf einen Sockel gestellt, seinem Autor vielleicht eine Gedenktafel gewidmet oder die Erinnerung an ihn durch die Übertragung seines Namens auf sein früheres Institut in Ehren gehalten, wie im Falle des *Institutul de Filologie Română „A. Philippide"* an der Universität Iași, Rumänien. Mit Blick auf Philippides Publikationsliste (vgl. Literaturangaben), vor allem auf seine im Titel genannte monumentale rumänische Sprachgeschichte *Originea Romînilor*, wird man diese Metapher als respektvolle Anerkennung akzeptieren – als „piatră de temelie a Școlii lingvistice de la Iași" [Eckstein der Sprachwissenschaftlichen Schule Iași] ist Philippide allerdings bereits belegt (vgl. Gafton, 2009, 51).

1. Zur Vita von Alexandru Philippide, geb. 1859 in Bârlad (Rumänien), gest. 1933 in Iași / Jassy

Wir folgen der Beschreibung von Iordan (1969): Aus Philippides Leben sei wenig bekannt, da er in seiner Heimatstadt Iași nicht am öffentlichen Leben teilgenommen habe, er sei kein Politiker gewesen. Philippide erfuhr eine klassische Ausbildung in den Fächern Griechisch, Latein, zusätzlich in Französisch, Deutsch und Italienisch an seinem Geburtsort Bârlad, bei Gymnasialprofessoren, die aus Siebenbürgen gekommen seien. In Iași gab es zu seiner

Zeit noch keine rumänische Philologie, aber Unterricht in Griechisch und Romanistik. Nach dem Abitur 1877 schrieb sich Philippide als Student an der *Facultate de Litere* der Universität Iași ein. Er studierte 1888-1890 in Halle bei Eduard Sievers (Germanistik, Phonetik), Hermann Suchier (Romanistik) und Heinrich Keil (Klassische Philologie), hatte Kontakt mit Eduard Wechssler, dessen Hauptwerk *Giebt es Lautgesetze?* (1900) die spätere lauthistorisch-lautphysiologische Sprachtheorie Philippides mitbestimmen sollte. 1890 kehrte Philippide nach Iași zurück, dort wurde er 1893 Professor am Lehrstuhl für *Filologie română* (vgl. Iordan, 1969, 42ff.). Philippide habe sich – so Iordan – in seinen *Principii de istoria limbii* (vgl. Philippide, 1984 <1894>), die als eine Art Einführung in die *Lingvistica generală* zu verstehen seien, an den Prinzipien der Junggrammatiker orientiert – er hatte sie ja bei seinem Studium in Halle kennengelernt. Zur Umsetzung junggrammatischer Theoreme seien seiner Ansicht nach – vor allem beim Verfassen einer Sprachgeschichte – die Kenntnisse der Allgemeinen Phonetik Voraussetzung (um erfolgreich die ‚lautgesetzliche' Entwicklung beschreiben zu können?). Um Philippides Anlehnung an jene Thesen, vielleicht sogar ihre Übernahme, rankt sich ein kontroverses Kapitel zu seinen sprachtheoretischen Aussagen: Es seien vor allem die Arbeiten von Hermann Osthoff und Karl Brugmann (1878) und die *Principien der Sprachgeschichte* (1. Auflage Halle 1880; 10. Auflage *Prinzipien...*, Tübingen 1995) von Hermann Paul gewesen, die er für seine *Principii de istoria limbii* – mit zahlreichen Ergänzungen, auch in eigenen Beiträgen – ausgewertet habe. Allerdings habe Philippide, so Iordan (1969, 73ff.), sowohl die Ähnlichkeiten als auch die wesentlichen Unterschiede zu Pauls *Prinzipien* ausdrücklich unterstrichen; in dieser Hinsicht habe Philippide auch bei Wilhelm Meyer-Lübke Unterstützung gefunden, der ihm bescheinigt, dass er nicht nur die deutschen Beispiele durch rumänische ersetzt habe, sondern auch eine originelle Umsetzung von Pauls Ideen biete. Iordan (1969, 74-83) liefert dann weitere Beispiele für signifikante Unterschiede der beiden „Prinzipien der Sprachgeschichte", d.h. Paul *versus* Philippide. Damit dürfte der – *post mortem* – gerade in rumänischen Fachkreisen bemühte Plagiatsvorwurf ausgeräumt sein. Den Schlusspunkt in dieser Diskussion setzt Gheorghe Ivănescu (1912-1987) zugunsten seines Jassyer Vorbildes in den Vorbemerkungen zur definitiven Ausgabe von Philippides *Principii* aus dessen Lehrtätigkeit in Iași (vgl. Philippide, 2011 <1894>).

Aus Iordans Rückblick (1969, 35) lässt sich die Lehrer-Schüler-Biografie nach Philippides Übernahme des Rumänisch-Lehrstuhls in Iași 1884 verfolgen: „[...] am fost student, apoi doctorand, în sfîrșit coleg la Facultate de Litere din Iași, și pot adăuga, cu toată modestie, prieten al lui" [ich war Student, dann Doktorand, schließlich Kollege an der *Facultate de Litere* und kann, in aller Bescheidenheit anfügen, sein Freund]. Unter den weiteren rumänischen Schülern Philippides neben Iordan (dieser hatte 1919 bei Philippide im Fach „Moderne Philologie" promoviert), wären noch zu nennen: Ovidiu Densusianu (1873-1938), Theodor Capidan (1879-1953), Vasile Bogrea[1] (1881-1926) und Constantin Lacea (1875-1950) (vgl. Windisch, 2008, 163-165).

Nicht ohne Interesse für die rumänisch-romanistische Wissenschaftsgeschichte wäre der Rückblick auf die Philippides Schülern nachfolgende Generation, so z.B. Ivănescu, der bei Iordan Assistent war und bei ihm promoviert hatte; laut Iordan (1969, 63) ähnelte Ivănescus Konzept sowie seine linguistische Methode in mancher Hinsicht den Theorien aus Philippides *Istoria limbii române* (2011 <1894>), „womit er der Getreueste (*cel mai credincios*) unter den Schülern unseres Professors war". Nicht zu vergessen ist Eugenio Coseriu (*1921 Mihăileni / Rîșcani (Basarabia), Republik Moldau, †2002 Tübingen); 1938/1939 studierte er in Iași u.a. bei Iordan, bei dem er auch sein Examen ablegte und eine erste Publikation vorlegte (vgl. Coseriu, 1940). Mit einem Stipendium gelangte er noch rechtzeitig, vor dem Kriegsausbruch, nach Italien. Von dort aus kam er – über Südamerika – 1962/1963 zu Lehrstuhlvertretungen nach Deutschland, um dann ab Sommer 1963 in Tübingen eine Professur für Romanistik zu übernehmen. Eine zwischen Ivănescu und Coseriu noch geplante Zusammenarbeit in Iași zerschlug sich damit (persönliche Mitteilung von Prof. Ivănescu). Umso mehr drängt sich die Frage auf, wieweit die Ideen der Jassyer Schule über die Linie Iordan – Coseriu Einfluss auf die deutsche Romanistik gewinnen konnten?

Mit Blick auf die (nicht nur in Iași) verfolgte sprachgeschichtliche Orientierung unterstreicht Iordan (1969, 63) seine eigene Abkehr von der historischen Linguistik und sein Interesse für die Beschreibung der gesprochenen Sprache (vgl. Iordan / Robu, 1978). Iordans Bemerkung (1969, 64), Philippide sei stets Junggrammatiker gewesen, auch wenn er weniger Wert auf deren wesentliches Prinzip der „Lautgesetze" gelegt habe, zielt auf das Übergewicht der

---

[1] Zu Capidan und Bogrea vgl. Windisch (2011, 79-92).

diachronen Forschung der Leipziger Schule in der Ausblendung synchroner Sprachzustände. Philippide habe aber Pauls Sicht vom psychischen Faktor der Sprache berücksichtigt (obwohl dieser ja ‚Junggrammatiker' gewesen sei), die gerade nur mit ihren Sprechern lebe (Iordan, 1969, 64). Diese These fließt in die Konzeption Philippides einer *bază fizică* bzw. *bază de articulație* [Artikulationsbasis] und einer *bază psihică* [psychischen Basis] der Spracherzeugung bzw. des Sprachwandels ein (*infra*).

2. Ein Rückblick auf Alexandru Philippide und Gustav Weigand, 2009 in Iași

Philippide pflegte nicht nur mit jenen Junggrammatikern, sondern auch mit dem Leipziger Gustav Weigand (1860-1930) wissenschaftlichen Umgang im kollegialen Schriftstreit. Anlässlich einer Feier zum 150. Geburtstag von Alexandru Philippide (*1859) und zum 100. Erscheinungsjahr von Weigands rumänischem Sprachatlas (WLAD) (Weigand, 1898, 1909; vgl. Kramer, 1980) veranstaltete die Universität Iași 2009 eine Gedenkfeier, die in einem Sammelband über Leben und Wirken der beiden Wissenschaftler ihren Niederschlag fand.[2] Wir gehen auf den Beitrag in diesem Sammelband von Stelian Dumistrăcel und die von ihm evozierten „Hypostasen" ein (Dumistrăcel, 2009, 27ff.). Worin bestehen, mit Blick auf die beiden großen Rumänisten und Balkanphilologen ihrer Zeit, diese Hypostasen? Laut Dumistrăcel (2009, 28) handelt es sich um eine bei Philippide während seiner grundlegenden Forschung zu den *Principii de istoria limbii* gegenüber dem Leipziger Weigand angestaute „*animozitate*". Weigand war Begründer des Instituts für Rumänische Sprache / Rumänisches Seminar zu Leipzig (1893), Herausgeber der *Jahresberichte des Instituts für rumänische Sprache* (ab 1894, 15 Bde. bis 1910) und Verfasser des WLAD, der kurz vor dem *Atlas Linguistique de la France* (ALF) von Jules Gilliéron / Edmond Edmont (1902-1910) erschienen war. Philippide (1910) kritisiert Weigands Arbeiten zum Rumänischen in polemischer Form: *Un specialist român la Lipsca* [Ein rumänischer Spezialist zu Leipzig], *nota bene*: Weigand war Deutscher; so ist für Philippide Weigands *Praktische Grammatik der rumänischen Sprache* (Leipzig, 1903) eine *gramatica romînească „poreclită'* [‚Scherz von einer rumänischen Grammatik', zitiert

---

[2] Vgl. Philologia Perennis Alexandru Philippide – 150 de ani de la naștere. In: Philologica Jassyensia, Anul V. Nr. 1 (9). Iași. 2009 (<http://www.philologica-jassiensia.ro/arhiva.php>, abgerufen 2. Januar 2016).

nach Dumistracel, 2009, 28-29]. Außer kritischen Bemerkungen zur Lautgeschichte, Bildung der Morphosyntax und Semantik bei der Entwicklung des Rumänischen aus dem Lateinischen (verlangt eine „praktische Grammatik" des Rumänischen derartige diachrone Bezüge?), schmerzt Philippide vor allem, dass Weigand „auf unserer Sprache herumreitet (*ne stâlceşte limba*) und unseren Volksnamen verändern und uns statt *Romîni* als *Rumîni* taufen möchte" (Philippide, 1910, 38) – eine längst überholte Diskussion um die Variante *u* im deutschen Ethnonym ,rumänisch', hier noch zu einer politischen Diskriminierung stilisiert. Dumistrăcel nennt diese Polemik Philippides zu Recht eine „Hypostase" im Sinne einer unberechtigten Verdinglichung linguistischer Details, denen mit Blick auf die komplexe Sprachgeschichte des Rumänischen keinerlei Relevanz zukommt. Möglicherweise entzündete sich Philippides Animosität auch an Weigands Kritik an Giorge Pascu, einem seiner Schüler. In einer Retourkutsche bezweifelt Philippide Weigands Rumänisch-Kenntnisse:

> Da musste noch ein Deutscher aus Leipzig kommen, der Rumänisch kauderwelscht [*baraguinează româneşte*] und mutwillig die Sprache unseres Creangă verändert, das wäre der Gipfel des Mutwillens. (vgl. Dumistrăcel, 2009, 29)

Gleichsam im Rundumschlag bestreitet der Jassyer Professor auch den Wert der von Weigand herausgegebenen 15 *Jahresberichte*, und global – die wissenschaftliche Qualifikation von 29 [*sic*] bei Weigand angefertigten Dissertationen; allerdings ist Philippide auch zu positiver Bewertung bereit, so im Fall der Arbeit von Weigands Schüler Arthur Byhan (1872-1942) über „Die Entwicklung von e vor Nasalen in den lateinischen Elementen des Rumänischen" (vgl. Dumistrăcel, 2009, 29) – oder gab hier die zeitgemäße historische Lautlehre, exemplifiziert an einem Einzelphänomen, gar an einem rumänischen, den Ausschlag für Philippides positive Bewertung? Dies hieße, dem Kritiker patriotische Voreingenommenheit zu unterstellen. Davor schien der große Linguist Philippide aber gefeit, denn seine Kritik in Richtung Leipziger Rumänisten machte auch nicht vor dem rumänischen Studenten Sextil Puşcariu und dessen etymologischen Untersuchungen über die lateinischen Elemente im *Dictionnaire d'étymologie daco-romane* (1870, 1879) von Alexandru Cihac (1825-1887) halt. Die spätere Rolle Puşcarius – dem zweifellos bedeutendsten Schüler Weigands – bei der Ausarbeitung einer neuen, methodisch stringenten und über Philippides *Originea* hinausgehenden rumänischen Sprachgeschichte, der *Limba română* I: *Privire Generală* (1976 <1940>) sowie sein

Etymologisches Wörterbuch der rumänischen Sprache I: *Lateinisches Element* (1975 <1905>), die Gründung des *Muzeul Limbii Române* in Cluj sowie die Herausgabe der Zeitschrift *Dacoromania* (1920-1948, Bucureşti; neu hrsg. 1994/1995ff., Cluj-Napoca), muss hier nicht nachgezeichnet werden.

Eine weitere *ipostaze* sieht Dumistrăcel (2009, 33-34) in der Verwendung von Weigands rumänischem Dialektmaterial, das Philippide (in Auswahl) für seine *Originea* II wiederholt übernommen hatte; waren denn Weigands Dialektaufnahmen im WLAD nicht „*răsuflate*" [etwa: ‚hingehaucht'], wie Philippide sie selbst ‚bewertet' hatte (vgl. Dumistrăcel, 2009, 34)? Weshalb also konnte er sie trotzdem gebrauchen? Bei der nach 1945 beginnenden Ausarbeitung des *Noul Atlas lingvstic român, pe regiuni* (NALR), als Fortsetzer des *Atlas lingvistic român* (ALR I/II), 1938/1942) zeigt sich, dass Philippides negative Beurteilung unmotiviert war: Bei den späteren (rumänischen) Dialekt-Neuaufnahmen, die teilweise auch an den von Weigand ausgewählten Aufnahmepunkten durchgeführt wurden, erwiesen sich dessen phonetische Notierungen weitgehend als (heute noch) zutreffend.

Zunächst noch ein Blick auf den Rumänisten, Albanologen und Slavisten Weigand und seinen WLAD, dem auf politischem Parkett ein vom Autor zweifellos nicht eingeplanter Erfolg zuteil wurde: Die auf den 67 Sprachkarten (mit 752 Ortspunkten) gezeichnete großräumliche Gliederung des rumänischen Sprachgebietes des WLAD wurde – worauf Dumistrăcel (2009, 36-37) verweist – zur Festlegung der politischen Grenzen Rumäniens im Nordwesten-Westen (zu Ungarn hin) im Vertrag von Trianon (4. Juni 1920) benutzt und das überwiegend ungarisch-sprachige Banat fiel an Jugoslawien und Rumänien, Siebenbürgen (ung. *Erdély*, mit einer größeren ungarischen Minderheit, rum. *Ardeal*) an Rumänien. Ungarn verlor zusätzlich Westungarn, das Burgenland, an Österreich. Diese politisch festgelegte Westgrenze Rumäniens stimmte weitgehend mit Weigands Abgrenzung des rumänischen Dialektgebiets überein, das im Osten das weite Gebiet Bessarabiens mit Kischinef (Chişinău, die heutige Hauptstadt der Republik Moldau) einschloss.[3]

---

[3] Vgl. Weigands Karte Nr. 67 „Völkerkarte des rumänischen Sprachgebietes", in: Swiggers, 2010, 279-281. Zur heutigen ethno-linguistischen Situation jenseits des Pruth, der östlichen EU-Außengrenze, vgl. Kahl / Lozovanu (2009), dazu Rez. Windisch (2012).

3. Der *Atlasul Lingvistic Român* (ALR I/II) nach 1945 und seine Einbindung in die Politik

Unter Anleitung von Pușcariu, der ab 1919 an der neu gegründeten Universität Cluj / Kolozsvár / Klausenburg (heute: Universitatea Babeș-Bolyai) tätig war, bereiteten die beiden Dialektologen Emil Petrovici und Sever Pop einen aktuellen rumänischen Sprachatlas vor, den (bereits erwähnten) *Atlasul Lingvistic Român* (ALR I/II, 1938/1942). Auf den Karten des ALR findet sich jene Westgrenze des rumänischen Sprachraums wieder, in Deckung mit der politischen Grenze Rumäniens, topographisch skizziert im nordwestlichen-westlichen-südwestlichen Raum mit den Zentren (rumän.) Satu Mare, Oradea, Arad und Timișoara.

Im Osten des (vor 1945 überwiegend) rumänischen Sprachraums umfasst die auf den Karten abgesteckte Topografie den Bereich zwischen den Flüssen Pruth und Nistru / ukr. Dnister – mit den Städten rum. Cernăuți / dt. Tschernowitz / ukr. Černivci, weiter Hotin / ukr. Chotyn, / rum. Soroca, am Pruth, sowie Bălți, Orheiul Vechi, Chișinău, Tighina am Nistru, dann, Tighina gegenüber auf der östlichen Seite des Nistru, die Stadt Tiraspol (Transnistria), Abaclia, Cahul, südwestlich, nahe dem Pruth, dann Cetatea Albă / ukr. Bolhrad (vgl. serb. Belgrad), Izmajil (Südukraine, Bereich Odessa [Odesʻka Oblastʻ]), um nur die größeren Städte zu nennen. Nach 1945 gerät die Dialektgeografie erneut in das Visier der Weltpolitik: Das hier abgesteckte Gebiet mit der Bukowina / Buchenland, Basarabia, Moldau (die heutige Republica Moldova) gehörten nach Ende des Zweiten Weltkriegs 1945 nicht mehr zu Rumänien, sondern zu der von Moskau neugegründeten *Republica Sovietică Socialistă Moldovenească* (R.S.S.M.). Auf diese Neuerung hatte auch die Dialektgeografie Rücksicht zu nehmen. In Pușcarius noch vor 1945 zur Publikation geplantem Band II *Rostirea* [Aussprache] seiner *Limba română* waren die Sprachgrenzen des ALR I von 1938 verzeichnet. Das war nun, mit Blick auf die freundschaftlichen Beziehungen der jungen R.S.S.M. zur großen Sowjetunion, nicht mehr *politically correct*. Pușcarius *Rostirea* durfte daher erst 1959 in einer öffentlich nicht zugänglichen Auflage von 500 Exemplaren (nummeriert; 538 Seiten, 35 Karten) gedruckt werden, mit dem Aufkleber auf dem Buchdeckel „*Pentru uz intern*" [Für den internen Gebrauch], einsehbar nur auf Anfrage in einem ‚Fondul special'.

Dabei sollte es bleiben, bis der Band dann erst 1994 in Bukarest, mit einer von Magdalena Vulpe und Andrei Avram besorgten Einführung als *Limba română* II: *Rostirea* veröffentlicht werden konnte.[4] Auch unter anderen Aspekten hatte sich das Objekt der Sprachforscher verändert, nicht nur die Grenzen ihres Untersuchungsraumes, sondern auch die Sprache selbst: 1945 hatte sich im ehemaligen Bessarabien-Moldawien unter dem Einfluss der von Russland geprägten kulturellen und sozialpolitischen Errungenschaften doch eine ‚neue romanische Sprache' entwickelt, die *limba moldovenească*, das Moldawische! Wir dürfen hier von einem Polit-Theorem der sowjetrussischen Linguistik sprechen, das sprachtheoretisch gesehen schon längst obsolet geworden war. Von wem wurde diese ‚Sprache' denn gesprochen, etwa von der Mehrheit der ethnisch-rumänischen Bevölkerung oder gar von der nationalrussischen Minderheit? Es war eine in den offiziellen Schriftorganen in *Kyrillica* – in der auch rumänische Literaturzeitschriften und Texte erschienen – gedruckte rumänisch-russische Mixtur, die niemand ‚sprach', der aber sogar linguistische Traktate und ein Wörterbuch gewidmet wurden (vgl. Heitmann, 1989).[5]

1976 erschien eine Ausgabe von Puşcarius *Limba Română* I: *Privire Generală* auf Grundlage eines vom Autor selbst noch korrigierten Exemplars, mit einem Vorwort von Gavril Istrate aus Iaşi (der 1976, auf die nach 1945 längst eingeleitete politische ‚Wende', offensichtlich keine besondere Rücksicht zu nehmen hatte – eine Wende hin zu einer seriösen, wenn auch ‚nationalen' Wissenschaft?). Eingefügt im Text sind die 35 Karten des ALR I (1938), allerdings in ‚gereinigter Form', d.h. ohne Ortsnamen oder Aufnahmepunkte, ohne politische Grenze(n): so zeigt etwa die Karte Nr. 7 *GÎT* [Hals] (Puşcariu, 1976, 187), im Bereich der sowjetischen R.S.S.R. zwischen Pruth und Nistru lediglich eine großflächige Schraffierung (nach Verbreitung der Wörter, entsprechend Puşcariu, *Limba română* I, 1976 <1940>). Diese Schraffierung reicht, schwach erkennbar, über den Nistru hinaus in das Gebiet der Ukraine hinüber. Beide Flüsse, im Westen der Pruth, im Osten der Nistru / Dnister, sind nur als

---

[4] Gleichsam als Vorarbeit zu Puşcarius *Limba română* II ist die kaum überschaubare phonetisch-dialektale Gliederung des Rumänischen in Philippides *Originea* II, §§235-275, 3-407 zu werten, unter Einschluss der „grammatikalischen Formen" und „Wörter": §§275-301, 407-553. Philippide hätte aufgrund der Masse des von ihm aufgelisteten Materials die dialektgeographische Aufnahmetechnik der Sprachkarten, trotz des Vorbildes von Weigands WLAD bzw. des französischen ALF, auch gar nicht umsetzen können.

[5] Siehe dazu auch Coseriu (vgl. Coseriu, 1999, 212): „Eine wie auch immer vom Rumänischen unterschiedene moldauische Sprache zu fördern, ist unter streng linguistischem Gesichtspunkt entweder ein naiver Fehler, oder eine wissenschaftliche Unterschlagung; in historischer und praktischer Hinsicht ist es eine Absurdität und Utopie, aus politischer Sicht ein Auslöschen der ethnischen und kulturellen Identität eines Volkes und von daher ein ethnisch-kultureller Genozid." Zuletzt zu dieser Problematik: Bojoga (2013).

Linie, ohne Namen eingezeichnet. Die von Sever Pop im MALR (*Micul Atlas linguistic Român* I, Partea I, Vol. I, 1938 und Vol. II, 1942) jenseits des Nistru (heute Ukraine) erfassten vier Aufnahmepunkte verschwinden unter der Schraffur: Punkt 454 Stroieşti (Kam[en]ka, im Norden), 458 Jura (Balta), 464 Butur (Tiraspol) und 476 Nezavertailovca (Dnestrovsc) – ein geographisch enger, nordwestlich-südöstlich jenseits des Nistru verlaufender Streifen mit der Stadt Tiraspol als Zentrum des international nicht als Staatsgebiet anerkannten Transnistrien (Puşcariu selbst hatte diese Punkte nicht verzeichnet). Als Beispiel für die älteren kartographischen Darstellungen von Puşcariu und Pop / Petrovici vor 1940 sei auf die Karte Nr. 278 *FEMEIE* (< lat. *familia*) des MALR verwiesen, die Pop in seiner Gesamtschau zur Geschichte der Dialektgeografie, *La Dialectologie* (1950), wiedergibt (vgl. Pop, 1950, *Planche LII*, hinter S. 732).[6] Die Zeiten haben sich geändert – diesmal zum Besseren: Den Wandel einer nicht mehr politikbasierten Dialektgeografie belegt die kompetente Beschreibung der heutigen rumänischen (Regional-) Atlanten von Winkelmann / Lausberg (2001, 1015-1016, hier der *Atlasul I, Basarabia,* 1993), etwa mit der Symbol-Karte *JIGNĂ,* [Schmiedeesse], mit weiteren Synonymen wie rum. *vatră / vatri* [Feuerherd / Heimstätte] oder gagausisch *ateşlík'* (Winkelmann / Lausberg, 2001, 1016, Abb. 2).[7] Diese Symbol-Karte (= Karte 3 des *Atlasul I*) zeigt das Gebiet zwischen Pruth und Nistru, mit der Hauptstadt der Republik Moldau, Chişinău, und weiteren (auch grenznahen und grenzübergreifenden) Ortsnamen. Die kartographische Gestaltung spiegelt, wie aus der Karte abzulesen ist, den Fortschritt der romanistischen Dialektgeografie, hier am Beispiel der neuen rumänischen Regionalatlanten, die den ganzen rumänischen Sprachraum erfassen.

4. ‚Was sagt' die *Originea* zur Herkunft der Rumänen und ihrer Sprache?
Ausgangspunkt von Philippides *Originea Romînilor*, die Beschreibung der Herkunft der Rumänen und der sprachgeschichtlichen Bildung des Rumänischen, war zunächst – in großen Zügen gefasst – eine historische Übersicht über die Gebiete Südosteuropas mit ihrer Bevölkerung, auf die die Römer bei der Eroberung dieses Raumes stießen. Philippide geht den folgenden Fragen

---

[6] Die Aufnahmepunkte / Nummern zwischen Pruth und jenseits des Nistru sind entsprechend dem Beispiel des *Questionnaire* farbig umrandet.

[7] Zu den Gagausen im Süden Moldawiens vgl. Kahl / Lozovanu (2009, 20f.); Kahl / Lozovanu *et al.* (Hgg.) (2014).

nach: Welche Völkerstämme hatten sich dort niedergelassen? Wie überlebten sie dort nach der römischen Eroberung? Ließen sich daraus Schlüsse über die Bildung des rumänischen Volkes und seiner Sprache ziehen? Philippide nennt diese Aufgabe in seiner über 900 Seiten umfassenden *Originea* I (Philippide, 1923, §§41-53), „das Gebiet zu beschreiben, wo die Wurzeln des rumänischen Volkes zu suchen sind"; dazu gibt er Hinweise und Deutungen aufgrund der wichtigsten (griechischen und römischen) Quellen, z.B. bei Herodot, Polybios, Appian (von Alexandria), Strabo, Ptolemaeus XIII., Cassius Dio, Flavius Vopiscus, Eutropius – um nur an die wichtigsten antiken Historiker zu erinnern; es folgt die Aufzählung der von den Römern unterworfenen (teils indogermanischen) Völker und Stämme, die mit der römischen Herrschaft bei dem militärisch-administrativen Aufbau der römischen *Ulpia Traian Augusta Dacica Sarmizegetusa* in endlose, verlustreiche Kämpfe verwickelt waren (Philippide 1923, §§56-72); weiter wird die Immigration anderer fremder Völker wie Markomannen, Jazygen, Vandalen, Langobarden, Castaboc / Kostoboken und Slaven beschrieben (Philippide, 1923, §82) sowie deren Kämpfe mit dem Imperium unter Kaiser Mark Aurel (166-180 n. Chr). Mit dem wohl wichtigsten Instrumentarium zur Chronologie der römischen Balkan-Eroberungen kann Philippide auf (teilweise datierbare) lateinische Inschriften zurückgreifen, die er für die Provinzen Dalmatia, Moesia Superior / Inferior, für die Pannonia Inferior und die Dacia vorfindet (Philippide, 1923, §86). Bemerkenswert bleibt, wie ein einzelner Forscher unter den damaligen Arbeitsbedingungen Zugriff auf diese antiken Objekte erlangte, um sie historisch-sprachgeschichtlich auswerten zu können. Offen bleibt, wieweit das von Theodor Mommsen 1865ff. angelegte *Corpus Inscriptionum Latinarum* (CIL) dem Jassyer Historiker und Philologen zugänglich war? Der mühseligen Aufgabe einer Sichtung und sprachgeschichtlichen Auswertung der sich ständig vermehrenden Inschriftensammlung nahm sich einer seiner Schüler an, Haralambie Mihăescu (1907-1985) (vgl. Mihăescu, 1969). Der sprachlichen Auswertung lateinischer Inschriften, d.h. nicht nur der Festlegung historischer Daten, sondern auch der Klassifizierung möglicher vulgärlateinisch-volkssprachlicher Züge, hatte Philippide auf der Grundlage des ihm zugänglichen Materials bereits eine detaillierte Durchsicht gewidmet (Philippide, 1923, §86, §109); diese ergänzte in methodisch-faktischer Hinsicht, was beispielsweise Hugo Schuchardt mit seinem *Vokalismus des Vulgärlateins* (1866-1868) bereits vorweggenommen hatte und für die spätere romanistische Vulgärlatein-Darstellungen zum Modell wurde (so etwa bei Herman 1996 oder Coseriu 2008). Speziell mit der Auswertung jüngerer Inschriften- oder Wachstafelfunde (z.B. *diplomata militaria*) der von Russu edierten und kommentierten *Inscriptiones Daciae* (Russu / Pippidi 1975; Rez. Windisch 2015) findet diese vulgärlateinische Forschung, zusätzlich zur Auswertung (neuer, bisher unbekannter) historischer Daten und Fakten, gerade für den Bereich der antiken *Dacia Trajana*, ihre ertragreiche Fortsetzung.

Erste Hinweise auf die Vorfahren der Rumänen, die sog. *vlachi ac pastores romanorum*, zitiert Philippide nach den Berichten byzantinischer Chronisten wie Kedrenos (11./12. Jh.), Kinnamos (12. Jh.), Kekaumenos (11.-12. Jh.); aus der russischen *Nestor-Chronik* (*Povest' vremennych let'* [Erzählung der vergangenen Jahre], Anfang 12. Jh.) sowie aus der *Gesta Hungarorum* des sog. Anonymus, Schreibers des ungarischen Königs Béla IV.[?], um 1200. Weiter bezieht sich Philippide auf die frühen Arbeiten rumänischer Historiker, Philosophen und Philologen wie etwa auf Dimitrie Cantemir (1673-1728), ab 1714 Mitglied der *Societas Scientiarum Brandenburgensis* oder auf die bereits genannten Mitglieder der *Școala Ardeleană*, weiter auf Mihail Kogălniceanu (1817-1891), Bogdan Petriceicu Hasdeu (1838-1907) oder Nicolae Iorga (1871-1940).

Von den nicht-rumänischen Autoren bespricht Philippide u.a. Johann Thunmann (1746-1778), Franz-Joseph Sulzer (1727-1791) (vgl. Sulzer, 1781-1782, 151-269), Bartolomäus (Jernej) Kopitar (1780-1844), Franz Miklosich (1813-1891) oder Wilhelm Tomaschek (1841-1901), die bedeutende Beiträge zur Historie des Balkanraumes im Kontext seiner ethno-politischen Sprachgeschichte verfasst hatten (vgl. Philippide, 1923, §§175-234). Seine Kritik gilt vor allem Robert Roesler (1836-1874, österreichischer Geograph und Historiker in Graz), dessen *Romänische Studien* (vgl. Roesler, 1871) Philippide vehement ablehnt. Roesler hatte die süddanubische Herkunft der Rumänen vertreten – die sog. Immigrationsthese, die ihn im Nachkriegsrumänien zum *enfant terrible* der polit-orientierten Linguistik abstempelte (vgl. Windisch, 1981). Roesler hatte auf der Linie von Sulzer eine anhaltende Diskussion zur Herkunft des Rumänischen ausgelöst. Der Blick nach Süden, auf den Raum der beiden Moesia Superior und Inferior, am mittleren / unteren Lauf südlich der Donau, spielte für Philippide bei der Frage der Lokalisierung eines (möglichen) rumänisch-albanischen Sprachkontaktes eine zentrale Rolle. Bereits Philippide

(1927, §328) hatte mehr als 120 gemeinsame rumänisch-albanische Wörter (nicht-lateinischer) illyrisch-thrakischer Herkunft aufgelistet, z.B. rum. *căciulă* / alb. *kăsuhlë* [Pelzmütze] etc. Diese lexikalischen Parallelen ließen sich aber nicht aus einem unmittelbaren Sprachkontakt beider Sprachen herleiten. Für eine frühere unmittelbare Nachbarschaft des Rumänischen mit dem Albanischen finden sich keine historischen Belege. Philippide legte, wie auch Ivănescu, die (vermutete) Ausdehnung des heutigen Albanien gegen jede historische Evidenz weiter nach Norden, südlich der (beiden) Pannonia, in das Gebiet des früheren Jugoslawiens und in das Dinarische Gebirge, um von einem unmittelbaren rumänisch-albanischen Sprachkontakt ausgehen zu können. Man wird sich aber mit der (geläufigen älteren) These eines den beiden Sprachen gemeinsamen illyrisch-thrakischen Substrats vertraut machen müssen, einer These, die erst von Russu (1981) erneut vehement verteidigt wurde. Diese albanisch-rumänische Koinzidenz gewinnt bei Philippide – wie schon der Untertitel der *Originea* II belegt – eine besondere Bedeutung für Herkunft und Geschichte der Rumänen und ihrer Sprache.

5. Eine griechisch-lateinische Sprachgrenze auf dem Balkan

Im Kontext dieser Herkunftsfrage geht Philippide (1923, 70-71) zunächst auch auf die nach Konstantin Jireček benannte Grenzlinie, die sog. „Jireček-Linie' südlich der Donau ein (vgl. Jireček, 1902, 13-14), die den lateinischen vom griechischen Sprachraum trennt. Diese (fiktive) Linie verlässt das Mare Adreaticum bei Lissus (alb. Laçi / Lezhë, ital. Alessio), folgt der Grenze zwischen der Dalmatia (der späteren Praevalitana) im Norden und der Macedonia (später Epirus Nova) im Süden; die (antiken) Städte auf dieser Sprachgrenze: Ulpiana (Lipljan, heute im Kosovopolje), Scupi (Skopje) am Fluss Axios (Vardar), Stobi (im Süden von Köprülü); weiter verläuft die Grenzlinie südlich von Remesiana (serb. Bela Palanka; antike Stadt in der Moesia Superior, an der Via militaris gelegen) in östlicher Richtung über Nicopolis ad Haemum (Nikopol, Bulgarien) in Richtung Odessus (bulg. Warna) zum Schwarzen Meer, in nördlicher Richtung bis nach Histria (Istria, Rumänien). Der Raum nordwestlich Naissus (Niš) und Remesiana gehört laut Jireček zum *lateinischen* Sprachraum, der Bereich südlich mit Pautalia (Pirot) und östlich Serdica (Sofia) zum *griechischen* Sprachbereich. Philippide kritisiert Jirečeks Festlegung dieser Linie und fordert eine detaillierte Lesung der Inschriften, aus der sich ein zweisprachig lateinisch-griechischer Zwischenbereich abzeichne: Der Bereich um

Remesiana und Pirot sei lateinisch gewesen, während Serdica und Pautalia, ganz allgemein der nordwestliche Teil der Provinz Thrakien, nicht vollständig gräzisiert worden sei (wie Jireček dies annimmt), also zweisprachig, Griechisch *und* Lateinisch (Philippide, 1923, §40).

.... Ethnische Grenze zwischen den Südslawen (Slowenen, Kroaten, Serben, Bulgaren) und den übrigen Völkern
gepunktet: Gebiete ethnischer Mischung

-.-.-.- Aktuelle politische Grenzen [von 1968]

– – – Griechisch-lateinische Sprachgrenze, die sog. „Jireček-Linie"

Rosetti, Alexandru, 1986, kartographische Beilage

6. Zwei für die Erklärung des Sprachwandels wesentliche Begriffe Philippides: die *bază de articulație* und die *bază psihologică*

In der *Originea* 1927(§248, 245-309) kommt im Rahmen einer historischen Phonetik Philippides diesen beiden *baze* [rum. fem. Pl.], d.h. einer eigenen Artikulationsbasis und einer psychologischen, d.h. psychisch bestimmten Basis, eine besondere Bedeutung bei der Erklärung des Sprachwandels zu: „eine Sprache verändert sich, weil sich die Artikulationsorgane ändern" – „eine Sprache ändert sich, weil sich das Psychische ändert" (Philippide, 1927, 245). Was ist der Anstoß für diese Änderungen? Das Verständnis für die Wirksamkeit beider Prinzipien auf den Sprachwandel zählt zu einer der wichtigsten, aber nur schwer nachvollziehbaren Thesen Philippides, die von Ivănescu (2000 <1980>) teilweise übernommen wurden: Wirkt eine solche ‚Artikulationsbasis' nicht gleichsam *vor*-sprachlich, bis sie dann – bedingt durch interne, etwa psychologische, oder externe Faktoren, z.B. Sprache der Eroberer – ihre individuell ausgeprägte Artikulation festigte? Könnten beide, die Artikulationsbasis, wie auch die psychologische Basis, zur Verdeutlichung von Philippides Konzeption, nicht in den für die Genese der romanischen Sprachen entscheidenden Einfluss von Sub- und Superstratsprache einbezogen werden? Beispielsweise ließe sich folgende ‚Regel' formulieren:

> Thrako-dakisches Substrat ‚erklärt' die (lautphysiologisch analoge) Entwicklung von
> lat. *-ct-* > rum. *-pt-* / alb. *-ft-*: lat. *lucta, octō* > rum. *luptă, opt* / alb. *luftë*;
> lat. *-x-* [*-cs-*] > rum. *-ps-* / alb. *-fsh-*: lat. *coxa* > rum. *coapsă* / alb. *kofshë*.

Nicht überprüfbar ist, wieweit dieses Substrat phonetisch differenziert war, wenn (vermutete) Substratelemente wie rum. *viezure, mugure* u.a. – im Unterschied zu alb. *vjedhullë, mugull* – den intervokalischen Rotazismus *-l-* > *-r-* zeigen, der ‚lautgesetzlich' gerade auch im *lateinischen* Erbwortschatz des Rumänischen erfolgte, vgl. lat. *mola* > rum. *moară, paludem* (> *padule*) > *pădure* [Wald] (dagegen alb. *pyll* < *palude*, aber identische Bedeutung) usw. Fazit: Der aus den Substratelementen übernommene Phonetismus rum. *-r-* / alb. *-ll-* (rum. *viezure* / alb. *vjedhullë*), wie auch die Wiedergabe des Nexus *-ct-* und *-x-* in den von beiden Sprachen übernommenen lat. Elementen, zeigt nicht dasselbe Ergebnis. Wäre demnach eine unterschiedlich wirksame *bază de articulație* für beide Sprachen anzusetzen, die dasselbe Substratelement einmal als rum. *viezure*, einmal als alb. *vjedhullë* entlehnten – oder war der Rotazismus *-l-* = *-r-*, lat. *mola* > *moară, mugure* / *mugull* (zwei sog. Lateral-

Laute, daher phonematisch nicht signifikant?) lediglich eine Variante im Entlehnungsprozess? Wie lautete nun das (zugrundeliegende) Substratwort?

Für Ivănescu (1980/²2000, 10ff.) verschleiert der Begriff „Substrat" die Wirkung der *bază de articulație* bzw. die der *bază psihologică*, da die Substratwirkung selbst nicht ausreichend erforscht sei (*sic*). Ivănescu plädiert im Abschnitt über die Prinzipien der Sprachentwicklung für die Einbeziehung auch externer Faktoren zur Berücksichtigung des Wandels, so etwa der sozialen Ordnung oder der kulturellen Tradition eines Volkes, und – ganz im Sinne Philippides – der spezifischen physiologischen Struktur des Artikulationsapparates. Zu Philippides *bază psihologică* bemerkt Ivănescu, darunter habe dieser die Anpassung des Lateins an das Psychische der von den Römern eroberten Völker verstanden, die sich von einem Volk zum anderen unterscheidende psychische Struktur, aber nicht das Psychische im eigentlichen Sinn, mit Blick etwa auf die kulturellen Elemente, eine *bază spirituală*. Auch habe Philippide nicht die Wirkung des Temperaments in die Psychologie eines Volkes einbezogen, worin sich die Völker unterscheiden würden, etwa die Italiener mit ihren Augmentativen und Diminutiven oder Superlativen (also sprachliche Elemente als Ausdruck einer ‚ethnisch-spirituellen Grundlage'?). Ist das von Philippide nicht berücksichtigte ‚Temperament' ein so wesentlicher (psychischer) Faktor, der nicht auch auf der (ethnisch geformten?) *bază spirituală* einer jeden Sprache zum Ausdruck kommen könnte? Hatte Philippide nicht bereits – wie Ivănescu vermerkt – auf die von Volk zu Volk unterschiedliche Weltsicht angespielt? Philippide hatte sich mit seinem Blick auf Humboldt – laut Munteanu (2009, 65f.) – als Kenner der aktuellen sprachphilosophischen Strömungen erwiesen. Allerdings habe er, moniert Ivănescu, nicht genügend Argumente angeführt, um die Unterschiede dieser Weltsicht nachzuweisen. Daher sei es Philippide nicht gelungen, bestimmte sprachliche Elemente als Reflex dieser unterschiedlichen Weltsicht, speziell des rumänischen Volkes, nachzuweisen, obwohl er dafür gerade die Syntax als Beleg angesehen habe (Ivănescu, 1980/²2000, 10f.). Frage: Wären hier bestimmte Formen von (rumänischer) Parataxe-Hypotaxe etwa aussagekräftig gewesen?

Es geht an dieser Stelle um Humboldts viel diskutierte „innere Sprachform" und um die damit verbundene Frage von der einer Einzelsprache zugrunde liegenden spezifischen Weltsicht – im Blick auf ihre äußere, materielle Gestaltung. Diese These hatte bereits Mauthner (1901, 61ff.) in Frage gestellt:

Humboldt hat niemals klar ausgesprochen, ob „die auf die Sprache Bezug habenden Ideen" eine einzige innere Sprachform besitzen oder ob es so viel innere Sprachformen gibt als Völker.[1]

Eugen Munteanu (2009, 65ff.) geht der Frage nach, in wieweit sich Philippide in Humboldts Weltsicht eingebracht habe: Laut Munteanu folgte er Humboldt nur indirekt über Gabelentz („Die innere Sprachform", in: Gabelentz 1972 <[2]1901>, 327-345), Wechssler (*infra*) und Vossler (*Sprache als Schöpfung und Entwicklung*, Heidelberg1905), wobei er konkret auf Humboldts Schrift *Über die Verschiedenheit des menschlichen Sprachbaues* [...] (1836) eingeht und ihn neben Jacob Grimm und Franz Bopp als Begründer des Vergleichenden Sprachstudiums setzt. Voll des Lobes bescheinigt er Humboldt unter Verweis auf die vielen von ihm untersuchten Sprachen ein weites Arbeitsfeld (vgl. Philippide, 1984, 244). Als einen weiteren Berührungspunkt mit Humboldt, über Wechsslers *Lautgesetze*, nennt er die Diskussion um die Entstehung der „grammatikalischen Formen" (*scil*. Morpheme), die sich aus lexikalischen Wurzeln entwickelt haben – ein Problem, dem Humboldt eine eigene Untersuchung gewidmet hatte: *Über die Entstehung der grammatischen Formen* [...] (1822). Ein weiterer Rückgriff Philippides auf Humboldt gilt laut Munteanu (2009, 66) dessen „Organismus"-Sicht der Sprache mit den beiden Entwicklungen: erstens als eine vom Willen des Menschen unabhängige Entstehungsphase und zweitens mit einer durch den Willen des Menschen geprägten Phase der Kultivierung / „Ausbildung" der Sprache.

In diesem Kontext sei beispielsweise auch an Coseriu erinnert, der auf Humboldts Konzept der „Sprachform" eingeht, der er drei unterschiedliche Bedeutungen zuordnet (vgl. Coseriu, 1970, 213ff.):

1. „Form" mit Blick auf Sprache (*langage*), ihr Verhältnis zur außersprachlichen Wirklichkeit; allgemein: die Form der Erfassung der Wirklichkeit, der Weltanschauung; sie ist das, was die menschliche Erfahrung der Welt überhaupt erst gestaltet;
2. „Form" in Bezug auf eine historische Einzelsprache (*langage*) und ihr Verhältnis zur außersprachlichen Wirklichkeit: so hat *jede* Sprache (*langue*) *eine* Form, in verschiedenen Sprachen und verschiedene Formen;
3. „Form" in Bezug auf „das innersprachliche Verhältnis zwischen einzelnen Erscheinungen einer jeden Sprache und den ihnen zugrundeliegenden Prinzipien. In dieser Hinsicht ist die Sprachform das Gestaltungsprinzip [...] einer jeden Sprache (*langue*), jede Sprache *hat* eine bestimmte Form, d.h. sie enthält die Prinzipien ihrer eigenen Erzeugung und Weiterzeugung". Humboldts „innere Form" bedeute demnach die spezifische

---

[1] Vgl. dazu Coseriu, „Wilhelm von Humboldt (1767-1835)", in: Coseriu (2015, 351-456), hier 423-425: „Steinthals Humboldt-Interpretation", der Humboldt „Mysticismus" unterstellt.

inhaltliche Gestaltung der Einzelsprache, die Gestaltung der einzelsprachlichen Bedeutungen, sowohl die der grammatischen als auch der lexikalischen.

Generell lässt sich sagen, dass Philippide Humboldts Sicht von der dynamischen Entwicklung der Sprache nicht übernimmt, vielmehr der von den Junggrammatikern verfolgten Erklärung der artikulatorisch-lautlich bedingten Gründe des Sprachwandels nachgeht unter der (notwendigen) Einbeziehung des psychologischen Elements, auf der *bază psihologica*. Damit kommt Philippide – so Munteanu (2009, 67, mit Verweis auf Philippide, 1984, xvii) – doch auf den wesentlichen Aspekt in seiner Einstellung zu Humboldt:

> Die Tatsache, dass Philippide eine Reihe sprachlicher Veränderungen mit der beständigen Entwicklung des Denkens erklärt, unter Annahme, dass die Sprache sich dem Fortschritt der Erkenntnisse und des Denkens anpasst, bringt ihn W. von Humboldt und H. Steinthal nahe [...]. Philippide ist nicht unter direktem Einfluss von W. von Humboldt und von H. Steinthal zu dieser Auffassung gelangt, sondern indirekt, über G. von Gabelentz. (meine Übersetzung)

Weiter folgt Munteanu der Sicht von Ivănescu / Pamfil (in Philippide, 1984, xix-xx), wonach Philippide eine originelle Synthese der beiden gängigen Thesen seiner Zeit gelungen ist, nämlich die der „ethno-psychologischen Linguistik Humboldts und Steinthals" in Verbindung mit der „assoziativen [*scil.* analogischen] Linguistik H. Pauls und K. Brugmanns". Es geht dabei um eine Verbindung zwischen der zentralen Vorstellung Humboldts über die Sprache als Ausdruck der Individualität eines Volkes und jener der Junggrammatiker bei der Formulierung einer universell gültigen Erklärung des Sprachwandels. Schließlich ergebe sich auch eine Verbindung zwischen Philippides Konzept der *bază psihologică* und der Humboldtschen Vorstellung der beständigen Entwicklung des Geistes als der „fundamentalen Ursache des Wandels der Sprache und ihrer Umgestaltung" (Munteanu, 2009, 67).

Philippides Konstrukt der *bază de articulaţie* und *bază psihologică* bestimmt laut Pamfil (2013, 290/291) die Existenz, das Wesen und Werden der Sprache; diese Wirklichkeit befindet sich aber außerhalb der Sprache, im Menschen, und gehört nicht eigentlich der Sprache (*limbaj / langage*) an: Das Sprechen (*limbaj*) existiere nur, da es einen psychischen / intellektuellen Inhalt (frz. *contenu*) gebe, den man den Mitgliedern seiner Sprachgemeinschaft mitteile, so über die *bază psihologică* mit der Affektivität, dem Temperament, dem Denken und der Kultur; dieser Inhalt sei seinerseits kein Element der Sprache (*langage*), die sich ausschließlich durch materielle Elemente konstituiere, die den Inhalt zum Ausdruck bringen. Diese materiellen Elemente bestünden aus den durch bestimmte Bewegungen der Artikulationsorgane erzeugten und von den andern Mitgliedern der Sprachgemeinschaft wahrnehmbaren Luftströme / Vibrationen; diese würden die andere Basis, die *bază de articulație*, voraussetzen. Beide bestünden aus der Gesamtheit der angeborenen artikulatorischen Gewohnheiten (*l'ensemble des habitudes articulatoires innées*), größtenteils über die Anpassung (*conformation* / rum. *conformație*) der Artikulationsorgane (die aber überall, von einem Dialekt zum anderen, von einem Volk zum anderen, variieren, d.h. nicht dieselben sind).

Die Tatsache, dass die sprachliche Wirklichkeit (*realitatea lingvistică*) eine *bază de articulație* und eine *bază psihologică* aufweise, sei das Ergebnis der Manifestation jener beiden konstitutiven Teile des Menschen, die die Sprache erzeugen, der Körperorgane und des geistigen Atems; diese Begrifflichkeit finde sich – so Pamfil – im Kontext der allgemeinen Philippide / Ivănescu-Konzeption, die sowohl auf die Sprachen als Produkte der Artikulationsorgane sowie der menschlichen Psyche ziele, als auch auf die Sprecher, als Spracherzeuger durch das Wirken der Artikulationsorgane und ihrer Psyche. Folglich sei zu unterscheiden zwischen einer *bază de articulație* der *rumänischen* (oder *lateinischen, albanischen* usw.) *Sprache* bzw. einer *bază psihologică* der *Rumänen* (*Lateiner, Albaner* usw.). Beide *baze* entstünden und entwickelten sich gesetzmäßig, die *bază articulatorie* nach physischen, d.h. Naturgesetzen, die *bază psihologică* nach psychischen Gesetzen. In der Sprache manifestierten sie sich als ein Ganzes von kohärent strukturierten Elementen, die von Regeln geleitet werden, gemäß einer Entwicklung, die die Linguisten erklären und sogar voraussagen könnten.

Ohne die Artikulationsorgane, ohne das Psychische, sei weder die Herausbildung, noch die Entwicklung der Sprachen erklärbar. Beide *baze* bilden damit die Ursachen für den Wandel der Sprache (Pamfil, 2013, 291) – eine mit der traditionellen Sprachgeschichtsschreibung sowie mit den gängigen Sprachwandel-Theorien wohl nur schwer vereinbare Sicht.

7. Die sprachlichen Beziehungen der beiden ‚Balkansprachen' Rumänisch – Albanisch nach Philippides *Originea* II

Eine wichtige Rolle spielt in diesem Kontext der den beiden Sprachen (bereits erwähnte) gemeinsame thrako-dakische Substratwortschatz. Über dieses Substrat ist außer einigen Orts- und Eigennamen oder Pflanzennamen griechischlateinischer Herkunft, die möglicherweise Rückschlüsse auf die Substratherkunft erlauben (so z.b. bei Pedanius Dioscorides, 1. Jh.), kaum etwas bekannt. Philippide hatte diesen Wortschatz (vgl. Detschew, 1957, v-vi und Wiesner 1963) in seiner *Originea* II entsprechend dem damaligen Forschungsstand zum Indogermanisch-Illyrischen, speziell im Vergleich Rumänisch *vs.* Albanisch, dargestellt und insgesamt 211 den beiden Sprachen gemeinsame, *nicht*-lateinische Wörter aufgelistet (Philippide, 1927, §§319-335); hier einige der von Russu (1981, 245-426) auf 161 Wörter reduzierten Liste der *cuvinte autohtone albaneze / românești*, von denen Philippide einige bereits aufgezählt hatte:

rumänisch:	albanisch:
abure [Dampf]	*avull*
balaur [Monster]	*bollë*
baltă [Sumpf]	*baltë*
barză [Storch]	*barth* [weiß] (vgl. Russu, 1981, 261)
brad [Fichte]	*bredh*
căpușă [Zecke]	*këpushë*
copac [Baum]	*kopatsh*
copil [Kind]	*kopil'*
grumaz [Nacken]	*grumas*
mal [Ufer, Küste]	*mal'* [Gebirge]
mare (?) [groß]	*math, madhi*
mazăre [Erbse]	*modhullë*
mugure [Knospe]	*mugull*
viezure [Dachs]	*vjedhullë*
(a) zgîria [kratzen]	*shk'er* [ausschneiden, jäten]

In der älteren Literatur war hier von rumänischen „Entlehnungen aus dem Albanischen"[2] die Rede, was Russu entschieden zurückweist: Diese Elemente entstammten einer gemeinsamen (vorrömisch-)karpato-balkanischen Quelle, die beide Sprachen nach je eigenen Lautgesetzen weiterentwickelt hätten (Russu 1981, 105-108), so z. B. die Phoneme rum. -*z*- (stimmh. -*s*-) / alb. -*dh*- (stimmh. apikal-interdent. Engelaut) in *viezure* / *vjedhullë*. Wurde hier eine bereits im Substrat angelegte *bază de articulație* wirksam, die den rumänisch-albanischen Phonetismus (genauer: das Nachsprechen) der übernommenen Elemente prägte? Zudem sprechen jene rund 100 rumänischen Substratwörter

---

[2] Vgl. Sandfeld (1930, 68-75), „Les emprunts roumains faits à l'albanais", z.B. *mazăre* [Erbse] / *modhullë*; ebenso Reichenkron (1966, 142), z.B. rum. *mazăre, viezure* aus dem Alb.; alb. *vjedhullë*, eigentlich ‚der Fresser', seinerseits < idg. *u̯e+ĕd+tōr; gegen die Entlehnungs-These, von Poghirc (1982) begründet (a) mit der historisch nicht nachweisbaren Nachbarschaft (Sprachkontakt) beider Völker und (b) mit der nicht nachvollziehbaren Übernahme alb. Wörter in die uralte rum. Hirten-Schafkultur mit ihren eigenen Termini.

wie *băiat, mistreţ, stîncă*, die das Albanische *nicht* kennt, für eine vom Albanischen unabhängige Übernahme des Rumänischen aus dem autochthonen Wortschatz – vergleichbar der differenzierten Entlehnung lateinischer Elemente durch beide Sprachen (*infra*).

Philippide hatte mit seiner systematischen Auflistung des autochthonen wie auch des lateinischen Wortschatzes die Grundlage für eine vergleichende Beschreibung dieser Balkan-Spracheinheit gelegt. Nur fehlte ihm noch der erst von Sandfeld (1930) eingeführte Begriff einer „*Linguistique balkanique*", in die er das Bulgarisch-Mazedonische als weitere Balkansprache(n) einbezogen hatte: Über die genannten Wortparallelen hinaus wurden dann u.a. morphologisch-syntaktische Affinitäten wie der postponierte Artikel (Typ rum. *om-ul* < *homō ille*, alb. *mik – miku* [der Freund]) oder die Ersetzung des Infinitivs durch eine mittels einer Konjunktion eingeleitete Paraphrase (Typ **je veux que je chante*, rum. *vreau să cânt*) einbezogen. Philippide hatte diese Formen paradigmatisch aufgestellt (vgl. Philippide, 1927, §315: „*Asămănări morfologice şi sintactice*"), aber die – heute immer noch diskutierte – Genese der materiell-funktionalen Spezifika in keinen genetisch-historischen Zusammenhang gestellt. In den bekannten rumänischen Sprachgeschichten von Ovidiu Densusianu (1901, 1938),[3] Alexandru Rosetti (1986) oder Gheorge Ivănescu (1980/²2000) wurden diese Balkanismen, sowie die Versuche, ihre Genese im Detail zu verfolgen, in teils kontroversen Thesen abgehandelt (die hier nicht weiter verfolgt werden).

Neben dem mit dem Albanischen gemeinsamen Wortschatz verzeichnet das Rumänische rund 100 autochthone Elemente, die das Albanische *nicht* kennt, z.B. rum. *amurg* [Dämmerung], (*a*) *băga* (Infintiv) [hineinstecken], *băiat* [Junge], *bordei* [(primitive) Hütte], *căciulă* [(Pelz-)Mütze], *gorun* [Steineiche], *lepăda* [Schwan], *mistreţ* [Wildschwein], *stîncă* [Fels], *strugure* [Traube], (*a*) *vătăma* [schaden] usw., darunter Begriffe aus der Hirtenterminologie wie *brânză* [Käse], *stînă* [Sennhütte], *urdă* [Käse] usw., die mit einiger Sicherheit einem thrako-dakischen Substrat zugerechnet werden können (Russu, 1981).

Im weiteren Verlauf der Forschung gewinnen die in den beiden Balkansprachen Rumänisch / Albanisch überlieferten (vulgär-)lateinischen Wortschatzelemente ein besonderes Interesse, auf deren Ähnlichkeit bereits 1829

---

[3] Zur Definition des „Balkansprachbundes" vgl. Schaller (1975); Solta (1980); Rosetti (1986).

Bartolomäus Kopitar hingewiesen hatte (Beispiele Philippide 1927, §319): lat. *cōnsocer* > *cuscru* / alb. *krushk*; *horrēre* > *a urî* (1. Pers. Sg. *urăsc* / alb. *urrenj* / *urreï*); *imperātor* > *împărat* / alb. *mbret* usw. Sie lassen sich entsprechend ihrem Vorkommen in beiden Sprachen in vier Gruppen einteilen[4]:

1. Rund 270 lateinische Wörter mit weiter Verbreitung, d.h. westromanisch, rumänisch, albanisch, z.B. *admissārius, āēr, aestimāre, arcus, arēna, argumentum, aurum* usw., deren (vulgär-)lateinische Herleitung Philippide (1927, §321) für 353 Beispiele, von insgesamt 376, als „gesichert" ansieht
2. 150 lateinisch-westromanische Elemente, auch im Albanischen, aber *nicht* im Rumänischen: lat. *adorāre, amīcus, armāta, benedīcere, bēstia, candēla* usw. (vgl. Philippide, 1927, §323)
3. 39 lateinische Elemente nur rumänisch und albanisch, nicht in den (west-)romanischen Sprachen, z.B. lat. *canticum, capitina, cōnsocer, galbulus, Hōrae, imperātor, manicare, mīrarī, pervigilāre* usw. (vgl. Philippide, 1927, §324; Russu, 1981, 104-105)
4. nur albanisch (85 Elemente), nicht rumänisch: lat. *apparamentum, bubulcus, furcata, māchina, sarcinarius* (vgl. Philippide, 1927, §323: 272 Elemente), z.B. lat. *amīcus* > alb. *mik*; *gallus* > *dźel*; *centum* > *tśint*; *diabolus* > *dïalʿ*; *tractāre* > *traitóī*, *tructa* > *trófta̧* (alb. Grafie nach Philippide) usw. Aus Philippides Aufzählung jener 272 exklusiv albanischen Elemente lateinischer Herkunft fehlen 106 in den westromanischen Sprachen, z.B. *abiēgnus, binarius, cadūcus, spīrāre, vescĕre / vescī* usw. Lässt sich daraus ein Hinweis auf die Bedeutung des Albanischen, zumindest in lexikalischer Hinsicht, als einer ‚teil-romanisierten', eher konservatorischen Randromania ableiten?[5]

Die unterschiedliche Anzahl der dem Substratwortschatz bzw. dem lateinischen Wortschatz zugeordneten Beispiele im Verlaufe der weiteren Forschung nach Philippide, etwa über Rosetti, Russu oder Ivănescu, spricht für die Unsicherheit der jeweiligen etymologischen Herleitung, wie sich exemplarisch an Beispielen wie rum. *mare* [groß] / alb. *math, madhi*; (vgl. Russu, 1981, 344-345) oder von altrum. *fsat*, rum. *sat* [Dorf] / alb. *fšat* < lat. *fossatum* (Philippide, 1927, § 319) belegen lässt.

8. Die Balkanismen der „*Linguistique balkanique*"

Im Folgenden die vier wesentlichen Elemente dieser „*Linguistique balkanique*" (Sandfeld, 1930; vgl. auch Coseriu, 1982; Hinrichs, 1999):

1. Ein morphologischer Balkanismus: der postponierte (enklitische) Artikel (Sandfeld, 1930, 171; Philippide, 1927, §315; Solta 1980, 184ff.):

---

[4] Vgl. Philippide, 1927, §§319-335: „*Asămănări și deosebiri lexice*" [Lexikalische Ähnlichkeiten und Unterschiede]; vgl. auch Russu (1981, 104-105).
[5] Haarmann (1972) zählt 655 Elemente – also eine ‚halbromanische' Sprache? Pușcariu (1975 <1905>) kann für das ‚romanische Rumänisch' – im Vergleich – „nur" 1947 Elemente lateinischer Herkunft anführen (vgl. Mihăescu, 1993, 24-88).

rum. *om, om-ul* [Mann, der Mann,]; *fată, fata* [Mädchen, das Mädchen]
alb. *mik, miku* [Freund, der Freund]; *vajzë, vajza* [Mädchen, das Mädchen]
bulg. *trup, trup-bt* [Körper, der Körper]; *voda, vodata* [Wasser, das Wasser]

Der nachgestellte rumänische Artikel lässt sich aus der Topik Substantiv + deiktisches Demonstrativum *ille* + Adjektiv erklären (Sandfeld 1930, 170, Anm. 1; Russu 1967, 189-195): Statt *homo ille-bonus* bindet sich das Demonstrativpronomen an das Substantiv *homo-ille bonus* > rum. *om-ul bun*, bei Betonung des meist ‚qualifizierenden' Adjektivs mit Demonstrativ-Artikel: *omul cel bun* (mask. / fem. Sg. *cel / cea*, Pl. *cei / cele*; analog dazu das deklinierte Adjektiv *bun / bună*, Pl. *buni / bune*). Die Festigung dieser umfunktionierten Topik im balkanischen Volkslatein wäre dann – mit Blick auf die Entwicklung im Rumänischen – auch ein Faktor der Statistik, wenn diese Umstellung bereits in spätlateinischer Zeit erscheint (vgl. Sandfelds Belege): In der *Peregrinatio Aetheriae*, pars prima III, 7: *speluncam illam, ubi fuit sanctus Moyses*; V, 3: *ubi factus est uitulus ille* usw.[6]

Es stellt sich die Frage: Wie konnte das Albanische, das sprachgeschichtlich mit dem Rumänischen nie im direkten Kontakt stand (auf Basis des postponierten Artikels) die vulgärlateinisch-frühromanische Konstruktion *Substantiv + postponierter Artikel + Adjektiv* übernehmen bzw. parallel entwickeln?

rum. *om bun* [guter Mann], *omul bun / omul cel bun* [der gute Mann] (Demonstrativ-Artikel
rum. *cel* < *ecce ille*, Betonung des Adjektivs)
alb. *njeri i mirë* [guter Mann], *njeriu i mirë* [der gute Mann]
bulg. *dobbrb čovek, dobrijat čovek* = rum. *bunul om*

Laut Solta (1980, 184ff.) stimmen Rumänisch und Albanisch formal untereinander enger überein als jeweils eine der beiden Sprachen mit dem bulgarischen postponierten Artikel des Substantivs: *čovekbt* [der Mensch], beim Adjektiv *dobri-jat čovek* [der gute Mensch], aber nie *čovekbt* für *omul cel bun*; laut Russu (1967) wäre der bulgarische Artikel als eine gemeinslavische, z.T.

---

[6] Schmitt (1987, 95) erwähnt, ebenfalls aus der *Peregrinatio Aetheriae*, „115 Belege des adjektivisch zur Determination und Markierung eines Substantivs verwendeten *ille* […]", darunter 49 Beispiele des Typs *ille* + Subst., *ille locus* / Subst. + *ille*, *montes illi*, *inter quos*; er hätte für seinen globalen Hinweis: „Position des Artikels – hier hat die Postposition im Rumänischen noch keine befriedigende Lösung gefunden", die von ihm selbst nachgewiesenen vlat. Belege des Typs Subst. + nachgestelltes *ille* als vlat.-romanische Grundlage für den rumänischen Artikel in Betracht ziehen können; ohne Verweis auf den albanischen Artikel (auf den Schmitt nicht eingeht) wäre in der Tat aber keine „befriedigende Lösung" für die Erklärung des balkanisch-postponierten Artikels zu finden (vgl. Abel, 1970).

auch serbische Entwicklung zu sehen. Da das ältere Bulgarisch den postponierten Artikel noch nicht kannte, scheidet eine Substraterklärung ohnehin aus. Damit kann die Nachstellung in diesen drei Balkansprachen laut Russu keinem gemeinsamen Ursprung zugeschrieben werden. Das Griechische scheidet – mangels postponiertem Artikel – als balkanischer Vermittler aus.

2. Ein zweiter, syntaktischer Balkanismus (Solta, 1980, 210-215): Der Verlust bzw. der Ersatz des Infinitivs im Albanischen (regional), Bulgarisch-Mazedonischen, Neugriechischen und – mit normativ-stilistischer Konnotation – im Rumänischen. Der Ersatz erfolgt gewöhnlich entsprechend dem Typ *volō cantem* (Konjunktiv, vgl. **je veux que je chante*) und dem Typ des durch eine Konjunktion (rum. *să* < lat. *si*, alb. *të*, bulg. *da*, neugr. *να*) eingeleiteten (finalen) Nebensatzes mit Verb im Konjunktiv (das sich rumänisch nur in der 3. Pers. Sg. / Pl. formal vom Indikativ unterscheidet):

> rum. *eu* [ich] *voi să cânt* [ich werde singen], *el* [er] *va să cânte* [er wird singen] (aber *el / ea cântă* Indik. Präs. Sg. [er / sie singt])
> alb. (*unë*) *dua të shkruaj* [ich will schreiben], *ai* [er] *do të shkruajë* [er wird schreiben], *ai shkruan* [er schreibt]
> bulg. *šta da piša* [ich werde schreiben]
> griech. *θέλω να γράφω* usw.

Laut Philippide (1927, §315), der diese „Balkanismen" längst beschrieben hatte, wie auch später Rosetti (1986, 225-259) unter der Formel einer „*uniunea lingvistică balcanică*", ist die rumänische Futur-Bildung in Zusammenhang mit der Bildung des Optativ und / oder des Konditionals (mit formal-funktionaler Basis *vŏlébam cantare*) zu sehen:

Optativ *o să cânte* (3. Pers. Sg. / Pl. im Konjunktiv) [er / sie will / wollen, möge / mögen singen] oder exhortativ *noi* [wir] *o să cântăm* [lasst uns singen!]; Konditional *aş cânta dacă aş avea timp* (die Konjunktion *aş* [wenn] erscheint sowohl in der Protasis als auch in der Apodosis des rumänischen Konditionalgefüges) [wenn ich Zeit hätte, würde ich singen]; schließt dieser Konditional eine offene modal-temporale Grundbedeutung ein, so zeichnet sich der Optativ formal aus durch die Reduktion der 3. Pers. Indik. Präs. von *velle*: *vult* (auch *volō*?) zu invariablem *o* (für alle 3 Pers. Sg. / Pl.) + Konj. Präs. des Verbs: (*eu*) *o să cânt* [ich möge / soll / sollte singen], (*tu*) *o să cânţi*, (*el*) *o să cânte*; zusätzlich wird (bevorzugt umgangssprachlich) das mit den Auxiliarformen von *a avea* (Infinitiv) [haben] + finite Verbformen (Konjunktiv, formal nur bei 3. Pers. Sg. / Pl.) gebildete Futur (*eu*) *am să plec la ora cinci* [ich werde um fünf

Uhr weggehen], (*el*) *are să plece* [er wird...] (Indikativ: *el pleacă*); die temporal-modale Funktion [ich werde / sollte / muss] ist – je nach kommunikativem Kontext – nicht eindeutig zu bestimmen (analog zur westromanischen Konstruktion *cantare habeo* und *habeo ad cantare* mit ursprünglich modaler – statt späterer temporaler – Funktion); ein dritter Futur-Typ, gebildet aus den Auxiliarformen des Verbs *a vrea* (Infinitiv, zu **vŏlére* für *velle*) [wollen / verlangen / fordern], zeigt eine ähnliche Modus-Tempus-Indifferenz: (*eu*) *vreau* (**vŏleo*) *să plec la ora cinci* [ich will / beabsichtige um 5 Uhr wegzugehen].[7]

Die beiden Futur-Typen <u>*o să*</u> *cânt* und <u>*am să*</u> *plec* können als die rumänischen Vertreter für den Ersatz des Infinitivs bzw. für die daraus resultierende (Neu-)Gestaltung der ‚balkanischen' Futur-Formen – verstärkt durch den Typ *vreau să cânt* – genannt werden.

Nachfrage: Warum sollte das Rumänische den spätlateinisch ererbten-analytischen Infinitiv (*cantare habeo*) ‚verloren' haben? Hat es nicht vielmehr – analog zu westromanisch *je vais chanter* – ein analytisches Futur erhalten, gebildet aus den Auxiliarformen von *velle*: *volō / voles / vult* + Infinitiv, Typ *voi cânta* [ich werde singen], das gleichsam kanonische *velle*-Futur? Als Einzelfall ist die Setzung des ‚reinen Infinitivs' nach dem Verb *a putea* [können] erwähnenswert: (*eu*) *pot plecạ mâine la ora cinci* [ich kann morgen um fünf Uhr wegfahren]. Diese Infinitiv-Umschreibung / -Ersetzung ist aber nicht nur für die Balkansprachen nachweisbar, sondern über ihre Grenzen hinaus auch in Süditalien, das seit der Antike von griechischen Kolonisten besiedelt wurde. Dort wurde der Infinitiv zwar nicht ganz ersetzt, scheint aber weniger populär zu sein. Als Ersatz dient auch hier die persönliche Konstruktion: Nebensatz im Konjunktiv, eingeleitet durch eine Konjunktion wie *mu, ma, pemmu* (< *per modo*, neugr. διά, ἵνα), Beispiel *vulia mu sácciu* (**vŏlēvo / *vŏleo sapēre*), neugr. ἤθελα να ξέρω usw. Die Verbreitung dieser Konstruktion spricht für den griechischen Einfluss auf dem naheliegenden Balkanraum, auf das Rumänische, das (Süd-)Albanisch-Toskische und Bulgarisch-Mazedonische. Auf eine Herleitung dieses Modus-Tempus-Modells aufgrund einer (großzügig bemessenen) räumlichen Abdeckung des antiken Substratbereichs mit dem heutigen

---

[7] Vgl. zum *velle*-Futur die Gesamtschau von Kahl / Metzeltin (2015, 157-174): „Volitive Konstruktionen in den Balkansprachen und in den Romanischen Sprachen, Satzbaupläne für das Verb *wollen*", z.B. Neugriechisch, Rumänisch, Albanisch u.a., entsprechend der Konstruktion dt. *Johann will <u>kommen</u>*: griech. *Ο Γιόννης θέλει <u>να έρθει</u>*, rum. *Ion vrea <u>să vină</u>*, alb. *Gjoni do (që) <u>të vijë</u>* usw.

Balkan-Sprachraum sollte man verzichten, denn welche sprachlichen Details, außer einer Reihe von Toponymen und Personennamen, sowie die erwähnten Wortschatzregister, erlauben den Nachweis des genetischen Zusammenhangs einer derart komplexen morpho-syntaktischen Bildung wie *o să cânt / am să cânt / vreau să cânt* als ‚Ersatz' für *volō cantare*?

Bleibt noch eine psychologisch motivierte Deutung der sprachgeschichtlichen Problematik: Möglicherweise ließe sich die Neubildung des Futurs, mit Philippides eigenen Worten, auf die von ihm der *bază psihologică* zugeschriebenen Wirksamkeit erklären: „Eigentlich haben wir es bei der Bildung des Futurs mit mehr als einer nur balkanischen Affinität, sondern mit einer menschlichen Affinität zu tun" (Philippide, 1927, §315; meine Übersetzung; Hinweis Solta 1980, 251, Anm. 177).

3. Dritter Balkanismus: das Zweikasus-System, d.h. Zusammenfall Nominativ – Akkusativ / Genitiv – Dativ:

> rum.: Nom.-Akk. und Gen.-Dat.: mask. Sg. mit best. Artikel: *omul, omului / omului, omul* [der, des / dem, den Mann]; fem. Sg. mit unbest. Artikel: *o casă, unei case / unei case, o casă* [ein Haus, eines / einem, ein Haus];
> alb.: mask. Sg. ohne Artikel: Nom.-Akk.-Vok.: *mbret* (< imperātor) [König] / Gen.-Dat.-Ablativ: *mbreti*; fem. Sg. ohne Art.: Nom.-Akk. *shtëpi* (< lat. hospitium) [Haus] / Gen.-Dat. *shtëpije*;

Sandfeld (1930, 185-216) sieht die spätlateinisch-frühromanische Konstruktion *filius regi* für klass.-lat. *filius regis*, altfrz. *le filz le rei*, d.h. Dativ für Genitiv als Vorbild für die Balkansprachen. Aus chronologischer Perspektive scheint es problematisch, den durch lautgesetzliches Verstummen von -*s* bedingten Zusammenfall (altfrz. Sg. Nom.-Akk. *murs-mur* > *le mur*), bzw. den Ersatz des Akkusativ für klass.-lat. Genitiv: *li serf son pedre* [die Diener seines Vaters], Akkusativ für klass.-lat. Dativ: *la nes [...] estoit le roi de Cartage* [das Schiff [...] gehörte dem König von Karthago], auf die längst schon vom Zentrum isolierte Ostromania und auf das Albanische übertragen zu wollen (es sei denn, die in der lat. *a*-Deklination bereits auf nur eine Endung reduzierte Genitiv-Dativ-Form, z.B. *mensae*, könnte sich als generelle Kasusreduktion auf dem Balkan noch durchgesetzt haben). Die Entstehung des balkanischen Zwei-Kasussystems liegt im Dunkeln, es unterscheidet sich *formaliter* von jenem frühromanischen (hier altfrz.) System, das die Kasusfunktionen schon bald durch präpositionale Konstruktionen sicherte.

4. Ein vierter Balkanismus: die Zahlen von 11-19, Muster ‚eins auf zehn':

rum.: 11 *unsprezece* (< *unus super decem*), 12 *doisprezece* / fem. *douăsprezece*, 19 *nouăsprezece*
alb.: 11 *njëmbëdhjetë*, 19 *nëntëmbëdhjetë* (Verbindungspartikel -*mbë*- : 1 *një*, 10 *dhjetë*, 9 *nëntë*).

Auch hier bleibt die Frage nach der Bildung dieses Musters offen, dem Verweis auf dieselbe Zählweise in anderen, räumlich und genetisch nicht miteinander verwandten Sprachen, z.B. im Armenischen, kommt keine explanatorische Relevanz zu. So bleibt die Zuordnung dieser Formen zu einem Glottotop, das sich linguistisch als *uniunea lingvistică balcanică* etabliert hat und auf dem Balkan verortet ist.

Unter diesem Aspekt und unter Einbeziehung der genannten lexikalischen Parallelen (*infra*), sowie der Punkte 1.-4. wäre das Konzept einer albanisch-rumänischen ‚Kernzone' der Balkan-Sprachen vermittelbar, neben den anderen Sprachen *auf* dem Balkan, wie Griechisch oder Türkisch. Es sind aber nicht nur die genannten Balkanismen, sondern auch eine Reihe idiomatischer albanisch-rumänischer sprichwörtlicher Wendungen / Konstruktionen, die entweder als Übernahme aus einem gemeinsamen Substrat oder (wie moniert) als Entlehnungen (gewöhnlich des Rumänischen) gedeutet werden; besteht über die formale Identität des postponierten Artikels oder des Kasus-Zusammenfalls kein Zweifel, so gilt dies nicht unbeschränkt für jene „parallelen rum.-alb.-bulg.-neugr. Wendungen", wie Coseriu (1982, 37-43) an einigen Beispielen verdeutlicht;[8] hier nur die rum. Konstruktion: *toţi cîţi* [frz. *tous ceux qui*] werde mit alb. *gjithë sa* als inhaltlich [vollkommen identisch] verglichen; *gjithë* werde zwar wie rum. *toţi* Subst. / Plural [alle] gebraucht, *sa* aber als unveränderliches Adverbiale, so dass *gjithë sa* wörtlich bedeute: *omnes quot*. Dagegen werden beide Teile von rum. *toţi cîţi* mask. Pl., als der fem. Pl. dekliniert: *toate cîte* [alle [*scil.*] Frauen, die]. Die rumänische Bildung stimme daher nicht mit dem Albanischen überein (und wäre daher auch nicht als Entlehnung zu betrachten), sondern – so Coseriu – mit anderen romanischen Sprachen, z.B. altkatal. *tot quant, tots quant, totes quantes*, portug. *tudo quanto, todos quantos, todas quantas*. Zweifellos lässt sich die Mehrzahl der albanisch-rumänischen Wendungen, überhaupt die auf mehrere Sprachen des Balkans verteilten

---

[8] Vgl. Beispiele in Philippide, 1927, §327, rum. *soare apune* [Sonnenuntergang], rum. *apus* [Westen] (Part. Perf. *a apune* [untergehen, versinken]), alb. *dielli perëndon* [die Sonne geht unter]; Puşcariu / Kuen (1943, 197) verweisen auf gleichartige kulturelle Einflüsse unter geographisch-historischen Bedingungen als Grundlage für Wendungen wie rum. *aşa i-a fost scris* [so ist ihm geschrieben worden], [so ist es ihm vom Schicksal bestimmt] / alb. *ashtu ish shkruar* (< lat. *scribĕre*), bulg. *taka mu bilo*, neugr. ἦταν γραφτό του usw.

sprachlich-kulturellen Übereinstimmungen, auf eine (idealisierte, nicht bestimmbare) uralte gemeinsame historisch-soziale Entwicklung zurückführen. Beim Versuch einer sprachgeschichtlichen Herleitung der erwähnten Balkanismen darf man auf Coserius Statement (1982, 43) verweisen,

> [...] daß das Lateinisch-Romanische ein wichtiges Ingrediens des Balkansprachbundes gewesen ist, d.h. daß zahlreiche „Balkanismen" historisch gesehen Latinismen sind, oder vielleicht besser „Romanismen": Innovationen nicht des Balkanromanischen oder des Rumänischen allein [...], sondern einfach romanische Innovationen „vulgärlateinischen" Alters.

Beruht nun der albanische Artikel – ganz wie rumän. *porcul* < porcus-ille – auf Übernahme / Entlehnung einer „vulgärlateinischen Innovation"?

9. Ein letztes Kapitel der *Originea*

Bekanntlich wird das Rumänische in vier Dialekte unterteilt,[9] in

1. das normativ-literarische Dakorumänische (*dacoromân*) nördlich der Donau, Rumänien (Nationalsprache)
2. das süddanubische Aromunische (*aromână*), auch Mazedorumänisch (*macedoromân*) genannt
3. das Meglenorumänische (*meglenoromân*, auch *vlachomeglen*, Selbstbezeichnung: *vlași*)
4. das in wenigen Dörfern Istriens noch gesprochene Istrorumänisch (*istroromân*).

Diese Nord-Südverteilung ist der Ausgangspunkt für die beiden kontroversen Thesen zur Urheimat der Rumänen und ihrer Sprache (vgl. Ivănescu, 1980/²2000, 47-77):

1. Die Entstehung sowohl im Norden der Donau (Bereich der ehemaligen römischen Dacia Trajana) wie auch südlich der mittleren und unteren Donau, vertreten von der Mehrzahl der rumänischen Gelehrten, außer von Eudoxiu Hurmuzachi und Alexandru Philippide; diese These wurde zuerst von Johann Thunmann (1976 <1774>, 169-366) aufgestellt und von den rumänischen Philologen und Historikern wie Bogdan Petriceicu Hasdeu, Alexandru Dimitrie Xenopol, Dimitrie Onciul, Nicolae Iorga, Vasile Pârvan, Ovidiu Densusianu oder Theodor Capidan aufgegriffen.
2. Die exklusiv süddanubische Genese wurde von deutschen Forschern, auch von Ungarn vertreten: Nach Auflassung der Dacia Traiana (275 n. Chr.) wurde nördlich der Donau kein Latein mehr gesprochen, das im Süden weiterlebte („*teoria originii balcanice*'). Diese These geht auf Franz Joseph Sulzer (1781-1782) zurück und wurde von Robert Roesler (1871, Rez. Windisch 1981), dann von Pál Hunfalvy (vgl. Hunfalvy, 1895) und Gustav Weigand neu untermauert; Eudoxiu Hurmuzaki (vgl. Hurmuzaki, 1878-1886) und Philippide schlossen sich dieser Sicht an, allerdings legen Philippide, Franz Miklosich oder Konstantin Jireček, abweichend von Roesler, die Migration der Rumänen

---

[9] Vgl. Rumänisch: Areallinguistik I-IV. In: LRL 3, 1989: I. Dakorumänisch. Matilda Caragiu Marioțeanu, 405-423; II. Aromunisch. Johannes Kramer, 423-435; III. Meglenorumänisch. Wolfgang Dahmen, 436-447; IV. Istrorumänisch. Wolfgang Dahmen, 448-460.

aus dem süddanubischen Gebiet nach Norden nicht erst in das 9.-13. Jh., sondern bereits an den Beginn des 6. Jhs. Beide Thesen, also dakisch-latein-rumänische ‚Kontinuität' im Norden, ‚Migration' aus dem Süden, werden auch heute noch gelegentlich diskutiert (vgl. Frâncu, 1995, 10ff.). Vor 1989 galt in Rumänien nur das patriotisch gefärbte Theorem einer Kontinuität im Norden der Donau aus den Tagen des Daker-Fürsten Burebista, dessen 2050-jähriges Gedenken, mit Blick auf den vermeintlichen Nachweis einer geschichtlich legitimierten Nachfolge der damaligen Staatsführung, in den 1970er Jahren zeremoniös begangen wurde (vgl. Kramer, 1999/2000).

Wie im Titel programmatisch angekündigt, endet Philippides *Opus magnum* mit dem Versuch einer ethno-linguistischen Identifizierung der Albaner: „Die Albaner [*Albanejiĭ*] besetzen ein Gebiet, auf dem die *Illyrĭ* gelebt haben, sie wären also *Illyrĭ* und ihre Sprache wäre das Illyrische" (Philippide, 1927, § 342, § 351; meine Übersetzung). Philippides Versuch einer Identifikation der Illyrier blieb – was auch auf die weitere Forschung zutrifft – mangels historischer Belege ohne schlüssige Antwort. Dieses Problem verdeutlicht Anton Mayer (1957, 13-15)[10] mit seiner Kritik der älteren These, das Albanische als Abkömmling des Illyrischen erklären zu wollen. Weiter ist in diesem Kontext Hans Krahe (1955, 3-8) mit seiner grundlegenden Arbeit zum Illyrischen zu nennen. Beide Forscher verdeutlichen, dass aus den (wenigen) sog. illyrischen Inschriften oder aus den (vermutlich) illyrischen (und messapischen) Ortsnamen weder eine genaue typologische Klassifikation des Illyrischen zu gewinnen ist, noch eine Gruppierung jener (indogermanischen?) Stämme, die bisher unter dem Ethnonym ‚Illyrier' (unbekannter Herkunft) zusammengefasst wurden. So beruht Philippides Versuch, albanische Wörter mit illyrisch-thrakischen Substrat-Elementen in einen sprachgeschichtlichen Zusammenhang zu bringen (Philippide 1927, §344), eher auf Vermutungen. Mangels typologisch-genetisch eindeutig bestimmbarer Formen bleibt die Suche nach diesem Substrat unter dem Blickwinkel der früh-balkanischen Sprachgeschichte weiterhin offen. Zumindest aber hat Philippide seine Nachfolger wie Puşcariu (1976 <1940>), Russu (1981), Rosetti (1986) oder Ivănescu (2000 <1980>) zur weiteren Nachforschung inspiriert.

10. Ein Ausblick: Was bleibt von Philippides *Originea*?

Als eine enzyklopädische Materialsammlung, eingebunden in teilweise nur schwer nachvollziehbare sprachtheoretische Reflexionen, ist die *Originea* selbst Geschichte geworden, ein *Opus magnum* der rumänischen Sprachgeschichtsschreibung. Sie ist – wie Gafton (2009, 52-53) urteilt, – „eine massive

---

[10] Vgl. auch Russu (1969).

Arbeit mit einer unheimlichen Menge von Daten, die einer Logik folgt, die sich nicht beim ersten Lesen enthüllt". Dieser schwierige Zugang gilt auch für Ivănescus *Istoria limbii române*, der das von Philippide angelegte Datenmaterial unter Berücksichtigung weiterer rumänischer Sprachgeschichten (wie Puşcariu, Rosetti oder die *Istoria Limbii Române* I/II, 1965 / 1969) ergänzt und einige der Thesen Philippides kritisch überprüft hat. Eine Würdigung von Philippides *Originea Romînilor* verlangt den Vergleich mit den großen Monumenten der Westromania, etwa mit den *Orígenes del español* oder der *Histoire de la langue française des origines à 1900*. Mit Blick auf Philippides hier erfassten Nachfolger lässt sich zugleich auch der Fortschritt der rumänischen Sprachgeschichtsschreibung ablesen.

Literaturangaben

Abel, Fritz 1970
Die Ausbildung des bestimmten Artikels und der deiktischen Systeme der romanischen Sprachen, untersucht an der Sprache der lateinischen Bibel. In: Glotta 48: 229-259.

Bojoga, Eugenia 2013
Limba română – „între paranteze"? Chişinău.

Cihac, Alexandru 1870/1879
Dictionnaire d'étymologie daco-romane. 2 Bde. Frankfurt / Berlin / Bucureşti.

Coseriu, Eugenio 1940
Limbă şi folklor din Basarabia. In: Revista critică (Iaşi) 14.2-3: 159-173.

Coseriu, Eugenio 1970
Sprache: Strukturen und Funktionen. 12 Aufsätze zur allgemeinen und romanischen Sprachwissenschaft. Tübingen.

Coseriu, Eugenio 1982
Balkanismen oder Romanismen? Methodisches zum sog. „Balkansprachbund". In: Fakten und Theorien. Beiträge zur romanischen und allgemeinen Sprachwissenschaft. Festschrift für Helmut Stimm, hg. v. Sieglinde Heinz und Ulrich Wandruszka. Tübingen: 37-43.

Coseriu, Eugenio 1999
Die östliche Latinität. In: Horst Förster / Horst Fassel (Hgg.), Kulturdialog und akzeptierte Vielfalt? Rumänien und rumänische Sprachgebiete nach 1918. Stuttgart: 197-214, hier 212 [Zitat rumänisch nach *sintagmele*, Revistă a Universităţii de Stat „Alecu Russo" din Bălţi, Anul II, nr. 7-10, 2011: 24; meine Übersetzung].

Coseriu, Eugenio 2008
Lateinisch-Romanisch. Vorlesungen und Abhandlungen zum sogenannten Vulgärlatein und zur Entstehung der romanischen Sprachen, hg. v. Hansbert Bertsch. Tübingen.

Coseriu, Eugenio 2015
Geschichte der Sprachphilosophie. Bd. 2: Von Herder bis Humboldt, hg. v. Jörn Albrecht. Tübingen.

Densusianu, Ovidiu 1901/1938
Historie de la langue roumaine. 2 Bde. I: Les origines (1901), II: Le seizième siècle (1938). Paris.

Detschew, Dimiter1957
Die thrakischen Sprachreste, hg. v. Dimiter Detschew. Österreichische Akademie der Wissenschaften, Philosophische Klasse, Schriften der Balkankommission, Linguistische Abteilung XIV (hier: Einleitung, V-VI). Wien.

Dumistrăcel, Stelian 2009
Alexandru Philippide – Gustav Weigand: *Ipostaze*. In: Philologica Jassyensia 5.1 (9): 27-42.

Frâncu, Constantin 1995
Rumänisch. In: Lexikon der Romanistischen Linguistik, Bd. 2.2, hg. v. Günter Holtus / Michael Metzeltin / Christian Schmitt. Tübingen: 1-32.

Gabelentz, Georg von der 1972 <^{2}1901>
Die Sprachwissenschaft. TBL I. Tübingen.

Gafton, Alexandru 2009
Originea românilor – piatră de temelie a Școlii lingvistice de la Iași. In: Philologica Jassyensia 5.1 (9): 51-55.

Gilliéron, Jules / Edmont, Edmond 1902-1910
Atlas Linguistique de la France (ALF). Paris.

Haarmann, Harald 1972
Der lateinische Lehnwortschatz im Albanischen. Hamburg.

Heitmann, Klaus 1989
Moldauisch / Moldave. In: Lexikon der Romanistischen Linguistik, Bd. 3, hg. v. Günter Holtus / Michael Metzeltin / Christian Schmitt. Tübingen: 508-521.

Herman, Josef 1996
Varietäten des Lateins. In: Lexikon der Romanistischen Linguistik, Bd. 2.1, hg. v. Günter Holtus / Michael Metzeltin / Christian Schmitt. Tübingen: 44-61.

Hinrichs, Uwe 1999
Die sogenannten ‚Balkanismen' als Problem der Südosteuropa-Linguistik und der Allgemeinen Sprachwissenschaft. In: Handbuch der Südosteuropa-Linguistik, hg. v. Uwe Hinrichs. Wiesbaden: 429-462.

Humboldt, Wilhelm von 1822
Über die Entstehung der grammatischen Formen und ihren Einfluss auf die Ideenentwicklung. Berlin.

Humboldt, Wilhelm von 1836
Über die Verschiedenheit des menschlichen Sprachbaues und ihren Einfluß auf die geistige Entwicklung des Menschengeschlechts. Berlin.

Hunfalvy, Pál 1895
Az oláhok története [Geschichte der Rumänen], 2 Bde. Budapesti.

Hurmuzaki, Eudoxiu 1878-1886
Fragmente zur Geschichte der Rumänen. 5 Bde. Bukarest.

Istoria Limbii Române, vol. I : Limba Latină. București, Academia R. P. R., 1965, vol. II : A. Latina Dunăreneană, B. Româna Comună, C. Influența Autohtonă, 1969.

Iordan, Iorgu 1969
Alexandru I. Philippide. București.

Iordan, Iorgu / Robu, Vladimir 1978
Limba română contemporană. București.

Ivănescu, Gheorghe 1980/²2000
Istoria limbii române. Iași. (2. Aufl. hg. v. Mihaela Paraschiv)

Jireček, Konstantin 1902
Die Romanen in den Städten Dalmatiens während des Mittelalters. Denkschriften der Wiener Akademie. Wien.

Kahl, Thede / Lozovanu, Dorin et al. 2009
Ethnisches Bewußtsein in der Republik Moldau im Jahr 2004. Wien.

Kahl, Thede / Lozovanu, Dorin et al. (Hgg.) 2014
Atlas of Atu Gagauzia (Gagauz Yeri). Chișinău.

Kahl, Thede / Metzeltin, Michael 2015
Sprachtypologie. Ein Methoden- und Arbeitsbuch für Balkanologen, Romanisten und allgemeine Sprachwissenschaftler, Wiesbaden.

Krahe, Hans 1955
Die Sprache der Illyrier. I: Die Quellen. Wiesbaden.

Kramer, Johannes 1980
Gustav Weigand und sein „Linguistischer Atlas des dacorumänischen Sprachgebietes". In: Balkan-Archiv N. F.: 65-75.

Kramer, Johannes 1999 / 2000
Sprachwissenschaft und Politik. Die Theorie der Kontinuität des Rumänischen und der balkanische Ethno-Nationalismus im 20. Jahrhundert. In: Balkan-Archiv 24/25: 103-163.

Mauthner, Fritz 1901
Beiträge zu einer Kritik der Sprache, Zweiter Band, Zur Sprachwissenschaft. Stuttgart.

Mayer, Anton 1957
Die Sprache der alten Illyrier. I: Wörterbuch der illyrischen Sprachreste. Wien.

Mihăescu, Haralambie 1969
Limba latină în provinciile dunărene ale Imperiului roman [Die lateinische Sprache in den Donauprovinzen des Römischen Imperiums]. București.

Mihăescu, Haralambie 1993
La Romanité dans le sud-est de l'Europe. București.

Mommsen, Theodor 1865ff.
Corpus Inscriptionum Latinarum (CIL). Berlin.

Munteanu, Eugen 2009
Câteva reflecții asupra receptării ideilor humboldtiene în opera lui Alexandru Philippide. In: Philologica Jassyensia 5.1 (9): 63-68.

Osthoff, Hermann / Brugmann, Karl 1878
Morphologische Untersuchungen auf dem Gebiete der indogermanischen Sprachen, Bd. 1. Leipzig.

Pamfil, Carmen-Gabriela 2008
Alexandru Philippide. In: Philologica Jassyensia 4.1: 211-232.

Pamfil, Carmen-Gabriela 2013
Concepția lingvistică a lui G. Ivănescu. In: ALIL [Anuar de Lingvistică și Istorie Literară] LIII: 285-298. București.

Paul, Hermann 1880
Principien der Sprachgeschichte. Halle (Prinzipien der Sprachgeschichte, [10]1995, Tübingen).

Philippide, Alexandru 1910
Un specialist român la Lipsca. Iași.

Philippide, Alexandru 1923 / 1927
Originea Romînilor. I: Ce spun izvoarele istorice (1923), II: Ce spun limbile romînă și albaneză (1927). Iași (Neuauflage hg. V. Roxana Vieru, Vorwort Carmen-Gabriela Pamfil, Nachwort Alexandru Gafton, Iași 2014/2015).

Philippide, Alexandru 1984 <1894>
Principii de Istoria limbii. In: Philippide, Opere alese. Teoria limbii, hg. v. Gheorge Ivănescu / Carmen-Gabriela Pamfil [Einführung und Kommentare von G. Ivănescu]. Iași : 3-336.

Philippide, Alexandru 2011 <1894>
Istoria limbii române, Ediție critică de Gheorghe Ivănescu, Carmen-Gabriela Pamfil, Luminița Botoșineanu, 2 Bde. Iași.[11]

Poghirc, Cicerone 1982
Considérations sur les éléments autochtones de la langue roumaine. In: Substrate und Superstrate in den Romanischen Sprachen, hg. v. Reinhold Kontzi. Darmstadt: 274-301.

Pop, Sever / Petrovici, Emil 1938-1942
Atlasul lingvistic român (ALR I/II). Cluj / Sibiu / Leipzig / București.

Pop, Sever / Petrovici, Emil 1938-1942
Micul atlas lingvistic român (MALR). Vol. I, Cluj, Vol. II, Sibiu / Leipzig.

Pop, Sever 1950
La Dialectologie. Aperçu historique et méthodes d'enquêtes linguistiques. I: Dialectologie Romane. Louvain.

Pușcariu, Sextil 1975 <1905>
Etymologisches Wörterbuch der rumänischen Sprache. I: Lateinisches Element mit Berücksichtigung aller romanischen Sprachen. Heidelberg.

Pușcariu, Sextil 1976 <1940>
Limba română I: Privire generală, hg. v. Gavril Istrate. București.

Pușcariu, Sextil / Kuen, Heinrich 1943
Die Rumänische Sprache. Ihr Wesen und ihre volkliche Prägung [= Limba română. I: Privire generală, übers. u. hg. v. Heinrich Kuen]. Leipzig.

---

[11] Eine Synthese aus *Originea* I/II; die Ausgabe geht auf eine 12-jährige, von Ivănescu und Pamfil eingeleitete Arbeit zurück, und erfasst die von Philippide zwischen 1893 und 1933 gehaltenen Vorlesungen nach Aufzeichnungen seiner Schüler.

Puşcariu, Sextil 1994 <1959> [nicht öffentlich zugänglich]
Limba română. II: Rostirea, hg. v. Magdalena Vulpe und Andrei Avram. Bucureşti.

Reichenkron, Günter 1966
Das Dakische (rekonstruiert aus dem Rumänischen). Heidelberg.

Roesler, Robert 1871
Romänische Studien. Untersuchungen zur älteren Geschichte Romäniens. Leipzig.

Rosetti, Alexandru 1986
Istoria Limbii Române. I. De la origini pînă în secolul al XVII-lea. Ediţie definitivă, Bucureşti.

Russu, Ioan Iosif 1967
Limba Traco-Dacilor. Bucureşti.

Russu, Ioan Iosif 1969
Ilirii. Istoria – Limba şi Onomastica – Romanizarea. Bucureşti.

Russu, Ioan Iosif / Pippidi, D. M. 1975
Inscriptiones Daciae et Scythiae Minoris Antiqvae, Series Prior: Inscriptiones Daciae Romanae. I: Introducere istorică şi epigrafică. Diplomele militare. Tăbliţe cerate [Wachstäfelchen], Bucureşti.

Russu, Ioan Iosif 1981
Etnogeneza Românilor. Fondul Autohton Traco-Dacic şi Componenta Latino-Românică. Bucureşti.

Sandfeld, Kristian 1930
Linguistique Balkanique. Problèmes et résultats. Paris.

Schaller, Helmut 1975
Die Balkansprachen. Eine Einführung in die Balkanphilologie. Heidelberg.

Schmitt, Christian 1987
Die Ausbildung des Artikels in der Romania. In: Latein und Romanisch, Romanisches Kolloquium 1, hg. v. Wolfgang Dahmen *et al.* Tübingen: 94-125.

Schuchardt, Hugo Ernst Mario 1866-1868
Der Vokalismus des Vulgärlateins. 3 Bde. Leipzig.

Solta, Georg Renatus 1980
Einführung in die Balkanlinguistik mit besonderer Berücksichtigung des Substrats und des Balkanlateinischen. Darmstadt.

Sulzer, Franz Josef 1781-1782
Geschichte des transalpinischen Daciens, das ist: der Walachei, Moldau und Bessarabiens, im Zusammenhange mit der Geschichte des übrigen Daciens, als ein Versuch einer allgemeinen dacischen Geschichte mit kritischer Freiheit entworfen, 3 Bde. II: Grammatikalische Abhandlung von der walachischen Sprache. Wien.

Swiggers, Pierre 2010
Mapping the Romance languages of Europe. In: An International Handbook of Linguistic Variation (HSK) 30, Part I, Vol. 2: Language Mapping, hg. v. Alfred Lameli, Roland Kehrein und Stefan Ratanus. Berlin / New York: 269-310.

Thunmann, Johann 1976 <1774>
Über die Geschichte und Sprache der Albaner und der Vlachen. Untersuchungen über die Geschichte der östlichen europäischen Völker. Leipzig 1774. [Zweite Abteilung] Über die Geschichte und Sprachen der Albaner und der Vlachen [hrsg. v. Harald Haarman]. Hamburg 1976: 169-366.

Vossler, Karl 1905
Sprache als Schöpfung und Entwicklung. Eine theoretische Untersuchung mit praktischen Beispielen. Heidelberg.

Wechssler, Eduard 1900
Giebt es Lautgesetze? Halle / Saale.

Weigand, Gustav (Hg.) 1894-1910
Jahresberichte des Instituts für rumänische Sprache. 15 Bde. Leipzig.

Weigand, Gustav 1898, 1909
Linguistischer Atlas des dacorumänischen Sprachgebietes (WLAD), 2 Bde. Leipzig.

Weigand, Gustav 1903
Praktische Grammatik der rumänischen Sprache. Leipzig.

Wiesner, Joseph 1963
Die Thraker. Studien zu einem versunkenen Volk des Balkanraumes. Stuttgart.

Windisch, Rudolf 1981
Teza lui Robert Roesler - O sută de ani mai tîrziu. In: Logos Semantikos: Studia Linguistica in Honorem Eugenio Coseriu 1921-1981, Bd. 1, hg. v. Horst Geckeler *et al.* Tübingen: 405-415.

Windisch, Rudolf 2008
Ein Beitrag zur Geschichte der Romanistik - Die Şcoala Lingvistică din Cluj. Von der Şcoala Ardeleană bis Constantin Lacea. In: Studii Universitatis Babeş-Bolyai. Philologica, LIII / 2: 157-167.

Windisch, Rudolf 2011
Ein Beitrag zur Geschichte der Romanistik – die *Şcoala lingvistică din Cluj-Napoca*. In: Studii de ştiinţă şi cultură (Arad), vol. VII / 2: 79-92.

Windisch, Rudolf 2012
Rezension Kahl / Lozovanu (Hgg.) Ethnisches Bewußtsein in der Republik Moldau im Jahr 2004. In: Zeitschrift für Balkanologie 48.1: 136-144.

Windisch, Rudolf 2015
Vulgärlateinische Spuren in den Inscriptiones Daciae et Scythiae Minoris Antiquae? In: Romanica et Balcanica (Wolfgang Dahmen zum 65. Geburtstag), hg. v. Thede Kahl, Johannes Kramer und Elton Prifti. München: 47-65.

Winkelmann, Otto / Lausberg, Uta 2001
Romanische Sprachatlanten. In: Lexikon der Romanistischen Linguistik, Bd. I, 2, hg. v. Günter Holtus / Michael Metzeltin / Christian Schmitt. Tübingen: 1004-1068, Regionalatlanten des rumänischen Sprachgebiets, hier 1015-1016: Bessarabien, Nordbukowina und Transnistrien (Atlasul lingvistic pe regiuni. Basarabia, Nordul Bucovinei, Transnistria I: Basarabia, 1993).

Arno Gimber

Emilia Pardo Bazán und die Professur für neolateinische Literatur an der Madrider *Universidad Central*

Emilia Pardo Bazán (1851-1921) ist über Spanien hinaus als Romanschriftstellerin bekannt. *Los pasos de Ulloa* (1886), ins Deutsche erstmals 1946 als *Das Gut Ulloa* übersetzt, gehört zu den kanonisierten Romanen des europäischen Realismus, und ihren literaturhistorischen Essays, allen voran *La cuestión palpitante* (1883) über den französischen Naturalismus, wird bis heute in der Literaturwissenschaft Beachtung geschenkt. Außerdem hat sie sich als Übersetzerin vornehmlich aus dem Französischen einen Namen gemacht. Ihre Stellung als Mittlerin zwischen der spanischen und französischen Literatur ist unumstritten, und über ihr Interesse an Frankreich machte sie sogar Heinrich Heine in Spanien populär, auch wenn sie ihn missverständlich als Nachtigall von Düsseldorf, „*ruiseñor de Düsseldorf*", bezeichnete (Pardo Bazán, 1886, 482).

Weniger bekannt ist allerdings, dass Emilia Pardo Bazán 1916 in Spanien als erste Frau eine Universitätsprofessur, die *Cátedra de Literatura Contemporánea de las Lenguas Neo-latinas*, innehatte. Selbst ihre Biographen, Carmen Bravo-Villasante (1973) und Pilar Faus (2003), gehen schnell über diesen nicht ganz unproblematischen Punkt ihrer Vita hinweg, und nur die Studie von Ángeles Quesada Novás (2005) behandelt das Thema detailliert. Ziel dieses Beitrags soll es nun sein, darüber hinaus und ähnlich wie dies Gabriele Beck-Busse auf ihrer Webseite über deutsche Romanistinnen schon vor Jahren in Angriff nahm, Emilia Pardo Bazán als erste Romanistin Spaniens zu würdigen und die Umstände ihrer Berufung auf den genannten Lehrstuhl näher zu beleuchten.

Emilia Pardo Bazán wurde wie die deutsch-portugiesische Romanistin Carolina Michaëlis de Vasconcellos 1851 geboren, und beide Frauen engagierten sich schon früh für die Erziehung von Mädchen und Frauen in den Ländern der Iberischen Halbinsel.[1] Auch deshalb gehört Pardo Bazán nach Shirley Mangini (Mangini, 2001, 43-47) zu den Vorreitern der spanischen Frauenbewegung.

1892 nahm sie in Madrid an dem ersten und von der Reformbewegung der *Institución Libre de Enseñanza* organisierten *Congreso pedagógico hispano-portugués-americano* teil, leitete eine Sektion und sprach über „La educación del hombre y la de la mujer". Dort stellte sie ihr Erziehungspro-gramm wie folgt vor:

> Aspiro, señores, a que reconozcáis que la mujer tiene destino propio; que sus primeros deberes naturales son para consigo misma [...] que su felicidad y dignidad personal tienen que ser el fin esencial de su cultura, y que por consecuencia de este modo de ser de la mujer, está investida del mismo derecho a la educación que el hombre, entendiéndose la palabra *educación* en el sentido más amplio de cuantos puedan atribuírsele. (Ezama Gil, 2012, 419)

Nicht unerwähnt soll in diesem Zusammenhang außerdem ihr Interesse an John Stuart Mills Studie *The Subjection of Women* bleiben. Sie nahm das Buch in der spanischen Übersetzung *La esclavitud femenina* 1882 als zweiten Band in die von ihr herausgegebenen *Biblioteca de la mujer* auf und schrieb dazu ein ausführliches Vorwort.

Auch mit literaturwissenschaftlichen Fragen beschäftigte sich Emilia Pardo Bazán schon in frühen Veröffentlichungen.[2] Die liberalen Regierungen in Madrid förderten sie als Aushängeschild eines modernen Spanien, und sie pflegte eine enge Freundschaft zu dem progressiven Ministerpräsidenten José Canalejas. Ihre von ihm angeregte Kandidatur für die Mitgliedschaft in der *Real Academia Española* wurde 1891 abgewiesen, denn zu diesem Zeitpunkt war Frauen der Zugang zu dieser Institution noch verwehrt.[3] Pardo Bazán war aber schon im *Ateneo de Madrid*, dem renommiertesten Gelehrtenzirkel des Landes, aktiv tätig, und zwar in der *Escuela de Estudios Superiores del Ateneo*,

---

[1] Sie lernte Carolina Michaëlis de Vasconcellos persönlich im Jahr 1913 kennen, als sie auf Einladung der portugiesischen Regierung Vorträge an der *Facultad de Letras* der Universität in Lissabon hielt (Pardo Bazán, 1999, 1110). Für den Zeitraum, der uns hier beschäftigt, die Jahre von 1916 bis zum Tod Pardo Bazáns 1921, ist über weitere Kontakte zwischen den beiden Frauen nichts mehr bekannt.

[2] So z.B. die Abhandlung *La Revolución y la novela en Rusia* (Madrid, 1887) und verschiedene Aufsätze in der Zeitschrift *Nuevo Teatro Crítico*.

[3] Eine Ausnahme wäre die 1784 auf Druck des Königs Carlos III. zum Ehrenmitglied der Akademie ernannte Adlige María Isidra de Guzmán y de la Cerda. Erst 1978 wurde jedoch mit der Schriftstellerin Carmen Conde die erste Frau ordentliches Mitglied der *Real Academia Española*.

in der sie seit 1896 als erste Frau die *Cátedra de Literatura Con-temporánea de Europa y América* innerhalb der Abteilung *Literatura y Ciencias Históricas* innehatte und beispielsweise 1896/1897 Vorlesungen über „Literatura contemporánea en Europa y América" hielt. Sie begann die Reihe damit, in die Nationalliteraturen Frankreichs, Italiens, Portugals und Rumäniens einzuführen und beendete den Zyklus vom 18. Januar bis zum 26. April 1897 mit Ausführungen über die zeitgenössische französische Literatur. 825 Studenten hatten sich in den Kurs eingeschrieben. Bis zur Schließung der *Escuela de Estudios Superiores del Ateneo* 1906 gehörte Pardo Bazán ihrem Lehrkörper an, ab 1906 wurde sie Vorsitzende einer neuen Literatursektion im *Ateneo* und bekleidete dann erneut einen außeruniversitären Lehrstuhl, die *Cátedra de literatura extranjera*.

Vier Jahre später wurde sie wegen ihrer Verdienste und dank ihrer Kontakte zur Regierung zur *Consejera de Instrucción Pública* ernannt, ein Amt als Beraterin des Erziehungsministers. In dem Zusammenhang sprach sich dieser erstmals für die Besetzung einer ordentlichen Professorenstelle für Pardo Bazán aus, denn schon länger beabsichtigte die liberale Regierung, die galicische Schriftstellerin für ihr Engagement in der Bildungsarbeit mit akademischen Würden zu belohnen. Ernannt wurde Emilia Pardo Bazán dann am 17. März 1916 nach einem Kabinettsbeschluss im staatlichen Gesetzesblatt.

Es lohnt sich nun, die Umstände dieser Ernennung genauer zu betrachten. Zunächst sei erwähnt, dass an der Madrider *Universidad Central* das Fach romanische Literaturen zu Beginn des 20. Jahrhundert noch nicht durch eine Professur vertreten war. Schon lange existierte die *Cátedra de Historia de la literatura española*, die zunächst José Amador de los Ríos und ab 1878 Marcelino Menéndez Pelayo besetzten (um nur die beiden bekanntesten Namen zu erwähnen). Die restlichen philologischen Lehrstühle waren eher klassisch ausgerichtet, schon im 19. Jahrhundert existierten sie für Griechisch, Latein, Hebräisch und Arabisch. Ramón Menéndez Pidal wurde 1899 auf das Ordinariat für *Filología comparada del latín y del castellano* berufen, was de facto einem Lehrstuhl für romanische Philologie gleichkam. Bis in die 1930er Jahre war dies der einzige ordentliche Lehrstuhl für romanische Philologie, 1934 kam dann die *Cátedra de Lengua y Literatura Galaico-Portuguesa* dazu. Eine Spezialisierung auf romanische Literaturstudien des 19. Jahrhunderts, wie diese der zuständige Minister Julio Burell für Pardo Bazáns 1916 neu geschaffene Stelle vorschlug, muss als radikale Neuerung angesehen werden und passte eigentlich nicht in das Spektrum der philologischen Studien der Madrider Universität.

Emilia Pardo Bazán selber äußerte sich zu ihrer Ernennung in zwei Artikeln in der argentinischen Zeitung *La Nación*, wo sie in unregelmäßigen Abständen als Kolumnenschreiberin tätig war. Am 27. April 1916 (Pardo Bazán, 1999, 1110-1112) erinnert sie sich dort an ihre drei Jahre zurück liegende Vortragsreise nach Lissabon und die Begegnung mit Carolina Michaëlis de Vasconcellos. Sie kommt dann sehr selbstbewusst auf ihre Berufung zu sprechen:

> Permíte esta cátedra gran amplitud a las enseñanzas que en ella se den. Al ceñirse a lo contemporáneo, llena un vacío, porque la literatura contemporánea no se explica, que yo sepa, en aula alguna. (Pardo Bazán, 1999, 1111)

Damit positionierte sie sich als Vertreterin eines modernen Spanien, für das auch die *krausistas* um Francisco Giner de los Ríos in der pädagogischen Reformanstalt der *Institución Libre de Enseñanza* eintraten.[4] Sie distanzierte sich außerdem von Marcelino Menéndez Pelayo, der sich in den Abhandlungen *Historia de las ideas estéticas en España* (1883) und *Estudios de crítica literaria* (1884-1908) gegen eine Beschäftigung mit zeitgenössischer Literatur aussprach. Seine literaturwissenschaftlichen Studien gingen über Texte aus dem 16. Jahrhundert nicht hinaus.

Die *neolateinischen* Sprachen, so Pardo Bazón weiter, mit deren Literaturen sie sich beschäftigen wolle, seien „la castellana, francesa, italiana, portuguesa, rumana; y, sin subordinación, la catalana, lemosina, gallega, provenzal, y hasta la de los países hispano-americanos" (Pardo Bazán, 1999, 1111). Sie sei zwar nicht in all diesen Sprachen bewandert, wolle sich aber auch in die ihr weniger geläufigen einarbeiten. Die Liste wird in dem zweiten Artikel vom 2. Juli 1916 in *La Nación* noch einmal erweitert: „bable, extremeña, [...] o sea todas las pequeñas literaturas dialectales, [...] con el movimiento felibrista; portuguesa, belga, suiza [...]" (Pardo Bazán, 1999, 1126).

Im ersten erwähnten Artikel bettet Pardo Bazón die Schaffung des Lehrstuhls schon in einen politischen Kontext ein, wenn sie behautet: „La Guerra, en realidad, hace actual mi cátedra" (Pardo Bazán, 1999, 1111). Damit bezieht

---

[4] Francisco Giner de los Ríos äußerte sich in verschiedenen Artikeln zu Fragen der zeitgenössischen Literatur, z.B. in „Algunas consideraciones sobre la literatura moderna", erschienen 1862 in der Zeitschrift *Meridional*. Und Emilia Pardo Bazán verwies in mehreren Aufzeichnungen darauf, wie bedeutsam die Ideen der *Institución Libre de Enseñanza* für ihre eigenen erzieherischen Projekte waren. Vgl dazu Chiavo (1975).

sie sich auf den Umstand, dass sich die spanische Regierung im Ersten Weltkrieg neutral verhielt und darauf, dass sich innerhalb des Landes zwei miteinander streitende Fraktionen herausbildeten, das Lager der *germanófilos* und das der *ailadófilos* oder *francófilos*. Die spanischen Intellektuellen stritten sich in diesem Konflikt mit großem Engagement, trugen den Ersten Weltkrieg sozusagen in ihren Debatten aus, und man könnte hier ähnlich wie bei der Dreyfus-Affäre vom Beginn des modernen spanischen Intellektualismus sprechen. Die liberale Regierung des Grafen von Romanones tendierte zum frankophilen Lager, und dieser Lehrstuhl für romanische Literaturen, muss, versteht man Pardo Bazáns Bemerkung richtig, in diesem Zusammenhang als bekennende Geste zu Frankreich interpretiert werden, denn die *latinisierten* Länder, die Gegenstand ihrer Lehrtätigkeit werden sollten,

> [...] son [...] representantes de una cultura, con ideales propios, que están amenazados de sufrir una desviación, por lo menos si toma determinado sesgo la actual terrible lucha. [...] Es la civilización peculiar mediterránea la que está en peligro, y al hablar de literatura, mi pensamiento estará fijo en las contingencias y resultados de esta feroz epopeya. (Pardo Bazán, 1999,1111)

Hier scheint die Befürchtung durch, dass, falls Deutschland den Ersten Weltkrieg gewinnen sollte, die mediterrane Kultur durch den Pangermanismus vom Untergang bedroht sei. Die Schaffung des Lehrstuhls für *Literatura Contemporánea de las Lenguas Neo-latinas* ist demnach ein akademischer Beitrag aus dem Lager der *francófilos*, um die romanische Hochschulausbildung gegenüber der germanischen – solche Polarisierungen waren im damaligen Kontext gang und gäbe – zu stärken.

Ganz ähnlich reagierte man übrigens an den deutschen Universitäten nach der Niederlage von 1918 auf den politischen Rahmen: In der frühen Weimarer Republik wurden romanistische Lehrstühle plötzlich rein hispanistisch ausgerichtet, weil die Sprache und Literatur des Erzfeindes Frankreich in der Lehre und Forschung nicht mehr vertreten werden sollte. Große Romanisten wie Karl Vossler oder Werner Krauss arbeiteten in der Zwischenkriegszeit verstärkt auf dem Gebiet der spanischen Literatur (Bräutigam, 1997).

An der Madrider Universität selber stimmte der Fakultätsrat mit acht zu zwölf Stimmen gegen die Ernennung Pardo Bazáns, wobei die Abstimmung nur einen konsultativen Charakter hatte und den Regierungsbeschluss nicht zurücknehmen konnte.[5] Zwar ist das Protokoll jener Sitzung verschollen, aber die Gründe für die Zurückweisung können aus mehreren Texten, insbesondere aus Presseberichten und Briefen verschiedener Fakultätsmitglieder, rekonstruiert werden. Es ging den Professoren weniger um die Person Pardo Bazáns, die von allen als herausragende Schriftstellerin und Essayistin geschätzt wurde, sondern beanstandet wurde das Verfahren der Ernennung. Auch war dabei weniger wichtig, dass die Kandidatin nicht promoviert war, oder dass ihr angeblich die notwendigen linguistischen und philologischen Vorkenntnisse für die Bekleidung des Amtes fehlten (Quesada Novas, 2005, 45), sondern allein die Art, wie das Erziehungsministerium an der Fakultät vorbei über Lehrstühle verfügte. Ausnahmeverfahren waren zwar laut Gesetz möglich[6], die Empörung über den Minister, der Professoren nach seinem Gutdünken und ohne wissenschaftliche Kriterien ernannte, war im Fakultätsrat jedoch sehr groß.[7] Der Historiker Antonio Ballesteros sprach sogar von einem „*analfabetismo ministerial*" und beschwert sich

> de la candorosa creencia de que un señor sin más títulos que una labor periodística de párrafos rotundos y sonoros, con un caudal de liviano y poco costosa erudición, sin base científica de ninguna rama del humano saber, puede disponer a su antojo de las enseñanzas del primer centro docente de España. (Quesada Novas, 2005, 64)

In der Tat war Burell vor seiner Ernennung zum Minister als Journalist und Autor von Bestseller-Romanen bekannt, zwei Tätigkeitsbereiche, die den Professoren der Fakultät eher suspekt waren.

Selbst der Philosoph José Ortega y Gasset mischte sich als Fakultätsangehöriger in die Diskussion ein. Auch er sprach sich nicht gegen die Person, wohl aber gegen die Art des Lehrstuhls aus. Er behauptete: „no hay una filología de lo contemporáneo" (Quesada Novas, 2005, 63). Und es gäbe einen solchen Lehrstuhl nicht einmal für die zeitgenössische spanische Literatur, warum also für die romanische?

---

[5] Auch die *Real Academia Española* musste in solchen Fällen konsultiert werden. Diese Institution stimmte ebenfalls gegen Pardo Bazáns Ernennung, und wie im Fall der Fakultät wurde ihre Entscheidung vom Ministerium ignoriert.

[6] Die 1916 noch gültige *Ley Moyano* von 1857 sah die außergewöhnliche Ernennung von Professoren durch die Regierung unter bestimmten Umständen vor.

[7] Dies geht aus mehreren Beiträgen in der Zeitschrift *España* vom 27. April 1916 (n. 66, S. 4) hervor (vgl. Quesada Nova, 2005, 63).

Emilia Pardo Bazán ging in den oben genannten Artikeln in der *Nación* selber auf diesen Umstand ein, als sie feststellte, dass nach der gängigen Meinung „las literaturas contemporáneas son cosa tan corriente y fácil, que nadie las ignora, y no hay, por lo tanto, necesidad de enseñarlas" (Pardo Bazán, 1999, 1126). Sie behauptete dagegen, dass das Wissen von den Literaturen des 19. Jahrhunderts ungeordnet und unstrukturiert vorliege und plädierte deswegen für die Notwendigkeit dieses Lehrstuhls:

> Hay en la actualidad un anhelo profundo de conocer lo presente, de seguir la marcha de lo actual: los nuevos inventos, las nuevas corrientes de la mentalidad; y lo único indigno de estudio y enseñanza, por lo visto, será la literatura reciente, la que ostenta todavía, viva y fresca, la huella del espíritu que la creó. (Pardo Bazán, 1999, 1127)

Diese Argumentation, die sich gegen die noch traditionelle Auffassung von Geisteswissenschaft selbst eines Ortega y Gasset richtete, erwies sich auf Dauer als die fortschrittlichere Sicht. Emilia Pardo Bazán verteidigte hier eine Moderne, wie sie in Frankreich oder Deutschland schon längst angekommen war. Auch deshalb verstand sie ihre Ernennung als eine „ruptura de muchas vallas y desaparición de muchos prejuicios" (Pardo Bazán, 1999, 1111).

Und natürlich war in dieser Debatte nicht unwesentlich, dass Emilia Pardo Bazán als Frau die Professur erhielt. Allerdings benötigte sie dazu, so sie selber, die Hilfe von mehreren Männern:

> [...] el ministro de Instrucción Pública [Julio Burell], el jefe de gobierno [Graf von Romanones], y los que en el Consejo de Instrucción Pública [...] aprobaron unánimes mi designación. (Pardo Bazán, 1999, 1111)

In den Diskussionen um die Berufung wurde das geschlechtsspezifische Argument auch von anderen ins Spiel gebracht.[8] Im Schriftverkehr des Dekans der betroffenen Fakultät, dem Kunsthistoriker Elías Tormo y Mozón, wird, ist von der Professorin die Rede, ausschließlich die männliche Form *catedrático* benutzt.[9] Pardo Bazán selber verweist auf diesen Widerspruch, wenn sie in der *Nación* schreibt: „Soy, pues, catedrático (o catedrática, hay discusión) de literaturas contemporáneas de las lenguas neolatinas en la Universidad de Madrid" (Pardo Bazán, 1999, 1125-6). Der Journalist Pedro Mata, der genau diesen Wi-

---

[8] Im *Diario Español* vom 20. April 1916. Vgl. Quesada Nova, 2005, 61: „El claustro de la Facultad de Filosofía y Letras [...] no está en ánimos de admitir por compañero a quien es mujer, y literata y condesa, por añadidura".

[9] So spricht er beispielsweise von „del hoy nuevo Catedrático" (vgl. Quesada Nova, 2005, 45).

derspruch erkannte, brachte das Problem in folgender Äußerung in der Zeitschrift *Blanco y Negro* auf den Punkt: „hay el horror al feminismo, manifestado en primer término por la propia interesada, que abjura de su sexo al aceptar una denominación masculina" (Quesada Novas, 2005, 72).

Schon 1891 veröffentlichte der Schriftsteller Juan Valera unter dem Pseudonym Eleuterio Filogyno den Artikel *Las mujeres y las Academias. Cuestión social inocente*, in dem er sich gegen die oben erwähnte Kandidatur Pardo Bazáns als Mitglied der *Real Academia Española* aussprach (Valera, 1891). In ironischem Ton behauptet er, persönlich nichts gegen die Präsenz von Frauen in diesen und anderen Institutionen einwenden zu wollen, jedoch sei die Zeit dafür noch nicht reif. Die Zusammenarbeit von Männern und Frauen in der Akademie würde wegen der gegensätzlichen Natur beider Geschlechter nur Probleme bereiten und eine reibungslose Arbeit in der Institution behindern. Er fragt sich, warum es plötzlich so viel Eile habe, Stellen, die seit jeher den Männern vorbehalten waren, durch Frauen zu besetzen. Man solle in diesem Punkt doch abwarten und Deutschland, Frankreich oder England den Vortritt lassen, denn „no podríamos nosotros tener ministras, diputadas o académicas, sin gravísimo peligro de caer en ridículo y de atraernos las burlas más crueles" (Valera, 1891, 7). Und wenn man schon „corporaciones bisexuales" einrichten müsse, dann möge bitte nicht die Akademie dafür herhalten, sondern man sollte in den „Ayuntamientos, Diputaciones provinciales, Sociedades Económicas de Amigos del País, Consejos y Cuerpos colegisladores" (Valera, 1891, 45) damit beginnen. In die *Real Academia Española* könnten Emilia Pardo Bazán und andere Frauen noch nicht eintreten, denn dies wäre „la más inaudita y descomunal de todas las *curserías* o el más taimado y malicioso de los planes para atribular a los pobres académicos y para ver si las Academias se hunden" (Valera, 1891, 40-41).

Weil das Ergebnis der Abstimmung der Fakultät von der übergeordneten Instanz des Ministeriums nicht respektiert wurde, boykottierten die Professoren und Studenten den Unterricht der neuen Professorin Pardo Bazán. Es ist dokumentiert, dass sie zwischen 1916 und 1921 40 Vorlesungen anbot, dabei aber kaum Zuhörer hatte. So heißt es zum Beispiel in einer anonymen Schrift, die im Pardo Bazán-Archiv der *Real Academia Gallega* aufbewahrt wird, dass

> El Sr. Mataix manifestó que piensa ocuparse de la vida docente, sueldo de los profesores, de cátedras sin alumnos, recordando a D.ª Emilia Pardo Bazán, que sólo tiene una alumna, que es su hija. (Ezama Gil, 2012, 425)

oder dass

> la condesa de Pardo Bazán, con su nombre, su autoridad, y su reconocida competencia en los asuntos propios de su cátedra de la Central, apenas tiene alumnos. Van a oírla tres o cuatro personas. (Ezama Gil, 2012, 425)

Ihre Kurse und Vorlesungen im *Ateneo* und anderen Madrider Kulturinstitutionen hingegen waren sehr gut besucht. 1916 bot sie in der *Escuela de Estudios Superiores del Magisterio* eine Vortragsreihe über „Un ave de paso: Maeterlinck"[10] an, an der etwa 800 Zuhörer teilnahmen. Der fehlende Zulauf in ihren Seminaren an der Universität kann deshalb nur mit dem Boykott der Professoren und der Studentenschaft erklärt werden.

Pardo Bazán blieb bis zu ihrem Tod im Jahr 1921 Inhaberin des Lehrstuhls. 1922 wurde er per Gesetz für eine Professur für Frühgeschichte neu dotiert. Zur Begründung wurde angeführt, dass an der *Universidad Central* ein Grundstudium in modernen Sprachen und den Studenten somit die Voraussetzungen fehlten, Vorlesungen über *Literatura Contemporánea de las Lenguas Neo-latinas* zu folgen (Holtus / Sánchez Miret, 2008, 53). Erst in der Zweiten Republik und Dank der Anstrengungen der Professoren Manuel García Morente und Américo Castro konnte ein solches Studium an der Madrider Hochschule eingeführt werden (López-Ríos, 2015, 63-65). Jetzt war übrigens auch die Beschäftigung mit der zeitgenössischen Literatur keine Frage mehr.

In den 1920er Jahren begann in Spanien ein als *Edad de Plata* bezeichneter kultureller Höhepunkt, und bis zum Beginn des Bürgerkriegs 1936 gelang es immer mehr Frauen, auch in akademischen Berufen Fuß zu fassen. Davon zeugen u.a. auch die Stipendiatinnen, die über die *Junta para Ampliación de Estudios* ins Ausland, u.a. nach Deutschland gingen, um ihre universitäre Ausbildung zu erweitern. Gabriele Beck-Busse hat auch darüber gearbeitet. Nach dem Sieg Francos im Bürgerkrieg wurde diese Tendenz jedoch rückläufig und Frauen, gingen sie nicht ins Exil, wurden aus dem akademischen Leben, so wollte es das diktatorische Regime, erneut ausgeschlossen.

---

[10] Pardo Bazán versteht Maeterlinck als einen Repräsentanten der französischen Literatur, der gegen die Strömung des Naturalismus und gegen den Materialismus schreibt und ordnet ihn einer neuen mystischen Strömung zu. In den Vorträgen stellt sie den Einfluss von E. A. Poe und W. Shakespeare auf seine Texte heraus. Insbesondere geht sie auf Maeterlinck als Theaterautor ein und bespricht seine Einakter (*La intrusa, Interior* und *Los ciegos*). Sie interpretiert diese Stücke als lyrische Dramen und meint, dass „la inmortalidad de Maeterlinck está en sus obras dramáticas del primer periodo, que sugieren mucho más de lo que dicen" (cf. Ezama Gil, 2012, 432). Zuletzt erwähnt sie die philosophischen Schriften des Autors, die sie eher enttäuscht haben.

Natürlich haben sich 1975 nach Francos Tod und mit der Rückkehr Spaniens in die Demokratie die Verhältnisse normalisiert. Emilia Pardo Bazán war bestimmt eine Vorreiterin dieser Entwicklung, auch wenn die Geschichte des Lehrstuhls für Romanistik nicht zu den erfolgreichsten Kapiteln ihres Lebens gehörte. Aber als Frauenrechtlerin und als Intellektuelle, die die Situation der spanischen Frau schon Endes des 19. Jahrhunderts denunzierte und zu verbessern trachtete, war sie eine der Wegbereiterinnen des modernen Spanien. Als solche bezeichnet sie Susan Kirkpatrick in ihrer wichtigen Studie *Las románticas: escritoras y subjetividad en España, 1835-1850*, nämlich als

> [...] activa propagandista en defensa de una perspectiva feminista burguesa, como la primera profesora universitaria española y como modelo vivo de una mujer intimidada, [que] desempeñó un papel central en el establecimiento del andamio sobre el cual el feminismo español del siglo XX podría construirse. (Kirkpatrick, 1991, 274)

Literaturangaben

Monographische Arbeiten Pardo Bazáns zur Romanistik (Auswahl)

1883
La cuestión palpitante. Madrid.

1892
Polémicas y estudios literarios. Madrid.

1894
Los poetas épicos cristianos. Madrid.

1908
Retratos y apuntes literarios (Primera serie). Madrid.

1910
La literatura francesa moderna, I. El Romanticismo. Madrid.

1911
La literatura francesa moderna, II. La transición. Madrid.

1914
La literatura francesa moderna, III. El Naturalismo. Madrid.

1926
El lirismo en la poesía francesa. Madrid.

Sekundärliteratur

Beck-Busse, Gabriele / Gimber, Arno / López-Ríos, Santiago 2014
Señoritas en Berlin – Fräulein in Madrid (1918-1939). El papel de la mujer en los intercambios culturales hispanoalemanes de entreguerras. Die Rolle der Frau im deutsch-spanischen Kulturaustausch zwischen den beiden Weltkriegen. Berlin.

Bräutigam, Thomas 1997
Hispanistik im Dritten Reich. Eine wissenschaftliche Studie. Frankfurt / Main.

Bravo-Villasante, Carmen 1973
Vida y obra de Emilia Pardo Bazán. Madrid.

Chiavo, Leda 1975
Emilia Pardo Bazán y Francisco Giner de los Ríos. In: Ínsula, 30.346: 1 und 14.

Ezama Gil, Ángeles 2012
La vocación pedagógica de Emilia Pardo Bazán. In: Moenia 18: 417-437.

Faus, Pilar 2003
Emilia Pardo Bazán: Su época, su vida, su obra. A Coruña.

Holtus, Günter / Sánchez Miret, Fernando 2008
„Romanitas", Filología Románica, Romanística. Tübingen.

Kirkpatrick, Susan 1989
Las Románticas: Women Writers and Subjectivity in Spain, 1835-1850. Berkely, Los Angeles, London.

Kirkpatrick, Susan 1991
Las románticas: Escritoras y subjetividad en España, 1835-1850. Übersetzt v. Amaia Bárcena. València.

López-Ríos, Santiago 2015
Hacia la mejor España. Los escritos de Américo Castro sobre educación y universidad. Barcelona.

Mangini, Shirley 2001
Las modernas de Madrid. Las grandes intelectuales españolas de la vanguardia. Barcelona.

Menéndez Pelayo, Marcelino 1883
Historia de las ideas estéticas en España. Madrid.

Menéndez Pelayo, Marcelino 1943
Estudios y discursos de crítica histórica y literaria. Madrid.

Quesada Novás, Ángeles 2005
La cátedra de Emilia Pardo Bazán. In: Cahiers Galiciens. Cadernos Galegos. Keiroú Galizek nº monográfico Homenaxe a Emilia Pardo Bazán: 35-73.

Pardo Bazán, Emilia 1886
Fortuna española de Heine. In: Revista de España, 3: 481-496.

Pardo Bazán, Emilia 1999
La obra periodística completa en *La Nación* de Buenos Aires (1879-1921), hg. v. Juliana Sinovas Maté. 2 Bde. A Coruña.

Valera, Juan [Eleuterio Filogyno] 1891
Las mujeres y las Academias. Cuestión social inocente. Madrid.

Daniel Y. Sachs / Benjamin D. Sachs

Out of Germany:
The Exodus of Leonie Feiler Sachs and Her Family[1]

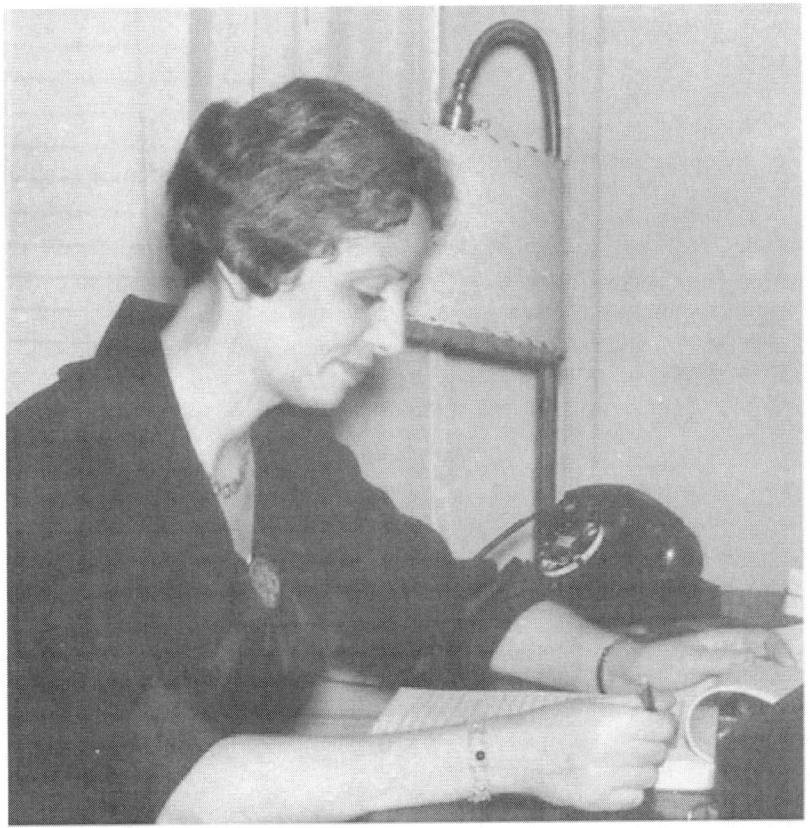

Leonie Feiler Sachs at her desk, 1955. © Daniel Sachs & Benjamin Sachs

---

[1] Portions of this chapter have been adapted from Sachs (2014).

In her contribution to *Fräulein in Madrid*, Gabriele Beck-Busse wrote about the early life of Leonie Feiler Sachs. She concluded her chapter with these words (Beck-Busse, 2014, 198):

> Pero esto ya otra historia, y estamos al final de nuestro paseo por el Berlin de Leonie Feiler [...]. [En 1933] Leonie abandona Alemania rumbo a Madrid, y, en 1937, deja Europa para un mundo Nuevo. [But this is another story, and we are at the end of our walk through Leonie Feiler's Berlin [...]. [In 1933] Leonie leaves Germany for Madrid, and in 1937, leaves Europe for a New World.]

Thus, Beck-Busse was unable to include the short but dramatic story of Leonie's life in Madrid and Paris, with eventual settlement in New York. We, her sons, are grateful for this opportunity to tell this part of her story here.[2]

Berlin

When Leonie was six years old, her father, Hermann Feiler, then already 37, left home to serve in the Kaiser's army in World War I. His family saw little of him during those war years. Shortly before the Armistice, he was discharged and returned to his wife, Elisabet, and their three children. He also resumed work at the family fur business, Gebrüder Feiler, on Berlin's Leipzigerstrasse.

Four months later, Hermann suffered a massive heart attack at his desk and died instantly. He was 41 years old. Leonie, just 10 years old, was left fatherless. Her brother, Helmut, was seven; the youngest child, Stefanie, was but two years old.

Hermann's death had a devastating impact on his widow, left alone now to raise three small children. She took out her anger and frustrations on her oldest child, who saw her mother becoming increasingly neurotic, anxious and obsessive.

As Leonie entered her adolescent years, her confrontations with her mother over her studies, over the young men she was seeing and other normal elements of a teenage girl's life became more frequent and more violent. At 16, Leonie could endure no more of her mother's tantrums and suspicions. She applied for and received a judicial declaration that she was an "emancipated minor," moved out of the house and took a furnished room elsewhere in the

---

[2] Much of this story is known from letters that our father, Georg Sachs, wrote to his mother, who saved them and bequeathed them to us. For that reason Georg is more central to this narrative than might be expected in a chapter about Leonie.

neighborhood. Living independently, Leonie completed her predoctoral studies in Berlin and Heidelberg and enrolled in the philology doctoral program at Berlin University (now Humboldt University).

In 1931, Leonie met Georg Sachs, a fellow doctoral student in philology at Berlin University. They were fluent in Spanish and familiar with Hispanic culture without ever having been in Spain. Georg's linguistic ability had enabled him to secure a position as secretary to the staff at the Spanish Embassy, and Leonie tutored the staff in German. Georg had frequent contact with the ambassador, Dr. Amérigo Castro, who had been a professor at the *Universidad de Madrid* (now the *Complutense Universidad de Madrid*) before taking up his diplomatic post. Impressed with Georg's erudition, fluency in Spanish, and familiarity with conditions in Spain, and aware also of the limited professional opportunities open to Georg as a Jew in Germany, the ambassador offered him a dual appointment in Madrid: as an instructor in German at the Universidad and as a research fellow at the university's *Centro de Studios Históricos*. Georg accepted the offer, seeing it as an escape from what he too saw as a bleak and increasingly dangerous future in Germany.

Madrid

Leonie obtained her Ph.D. degree from Berlin University in 1931; Georg would earn his doctorate in June the following year. She and Georg married in October 1932 and took a lengthy honeymoon in Greece. Directly after they returned to Berlin, Georg left for Madrid to take up his responsibilities there, leaving Leonie in Berlin until he could arrange for her to join him. He soon found a small apartment near the university at Calle de Gaztambide 17, with a balcony overlooking a pleasant courtyard, and in January 1933 Leonie joined him there. Soon she too had a position at the *Centro* as a research assistant investigating Spanish lexicography and bibliography.

Life was good as they enjoyed their work, their colleagues, and their social life, including frequent gatherings with colleagues and some of the many other German Jewish émigrés in Madrid. In March 1934, their first child, Daniel, was born; two years later, to the day, Leonie gave birth to their second son, Benjamin. Four months later, their idyllic life ended when Franco's Nationalist armies invaded mainland Spain and the Civil War began.

Georg and Leonie, now with their two-year-old son and a newborn infant, were at ground zero as the University campus and its surroundings became the target for regular bombings by Franco's warplanes. The family and other residents spent many hours in the basement bomb shelter of their apartment complex.

As non-Spaniards fled the country "in teeming droves," to use Georg's expression, the German Embassy offered to send German nationals, at the Embassy's expense, to Alicante, a port on Spain's Mediterranean coast. From there, they would be taken by ship and train back to Germany. To Georg and Leonie, that was not an attractive offer. The Nazi regime had terminated the university positions of all Jews, including that of Georg's father, Curt Sachs, who had been at Berlin University. Curt had left Germany and accepted a position in Paris at the Sorbonne. His wife, Irene, was well advanced in planning to also leave Berlin with her two youngest children. With Georg's family gone or about to leave, Leonie and Georg understood the perilous situation of the Jews in Germany. It was clear to them that it would be folly to accept the German Embassy's offer.

Under the constant threat of air raids and with gloomy forebodings of still worse times ahead, the *Centro* faculty was completely demoralized. Georg wrote that the few faculty members who still came in to work did nothing but stand around in the corridors and spread rumors. To stay busy, Georg tried to create work for himself but, like his colleagues, he had lost his zeal for research and writing.

Life was difficult at home as well. To make ends meet, Leonie and Georg had taken in a boarder. He had the bedroom to himself, while the parents and their two small children crowded into the living room. The boarder tried to stay out of the way, but it was a real psychological burden for the family. Georg wrote that

> [...] it would be really nice if I could get back into our own room, if he didn't sit for hours just stirring his coffee, if he removed his shaving brush and his hair from the lavatory sink, and so on.

The war caused severe food shortages. Farmers put their lives at risk if they entered the fields to harvest their crops. As a result, the crops rotted where they fell. Carrying food from farm to market was equally risky. Leonie and hundreds of other women spent their mornings queuing up for milk, bread and potatoes.

The family held out in Madrid for another month as the military situation worsened and living conditions in the city continued to deteriorate. Finally, in early September 1936, they escaped by train to Alicante. This city of some 200,000 on Spain's Mediterranean coast was supposedly in a neutral zone and therefore, at least in theory, safe from attack by Franco's nationalists.

The family rented a pleasant apartment with a balcony, where they remained during their two-month stay in Alicante. Leonie and Georg lived an outwardly languid life as they awaited the treasured visas to their final destinations. They spent afternoons with their children at the sidewalk tables of one of the cafés on the Calle Mayor, nursing a single cup of coffee so as not to dissipate their meager savings. They often shared a table with some of the numerous German-Jewish friends who had also escaped from Madrid and found themselves similarly stranded in this unlikely place.

Despite the seeming tranquility, Leonie and Georg were understandably under considerable stress. They were refugees, having no idea of how long they could remain in Alicante and where else they could go. How and where would they earn a living? They were certain that they would leave Spain, but which country would open its doors to them? They had only to look out to sea to be reminded that they were in a war zone. Anchored in the bay, within sight of the beach, were warships of many nations. Georg wrote, "You can take your pick of Portuguese, Argentinian, British, German, Italian and French naval vessels."

Georg was not one to lie in front of the steamroller and wait for it to flatten him and his family. Within a month after his arrival in Alicante, he reported that he was preparing himself for his future life by taking lessons in both English and Hebrew. A month later, he was making excellent progress in English and was reading a novel a day. He also enjoyed conversing in English, playing with the idioms he was learning.

In late October, Georg learned that his last professional ties with Spain had been severed. A mailed notice informed him of his termination from the *Centro*. It was nothing personal: He was one of hundreds to receive that notice as the entire university shut down for the duration of the military emergency.

The assumption that Alicante would be a safe haven proved to be incorrect. The Anarchists had forced Georg and Leonie to surrender their passports, making them truly stateless persons. Now, as the Nationalist rebels gained the upper hand in the conflict, the war had come to Alicante, formerly off-limits to bombers. Their bombs were falling ever closer to the apartment where Leonie and her family were staying.

Moreover, since the attacking planes were German and they were German nationals, Georg worried that hotheaded anarchists might single them out for revenge.

Having decided that there would be no more safety or rest for them in Alicante, Georg and Leonie placed themselves in the hands of the British consul there. That "delightful chap" asked only two questions: "Are you German?" and then "Are you Jewish?" When they answered "yes" to both questions, he told them that "of course" they could leave on a British ship. The next morning, the family and dozens of other refugees appeared, bags packed, on the wharf. Leonie and Georg were much moved to see that the consul and his wife had come down to the quay to see to it that the refugees passed smoothly through customs and to wish them Godspeed. Ironically, a launch from a German cruiser, the *Deutschland*, lifted them from Spanish soil and dropped them off at the H.M.S. *Woolwich* on its way back to the mother ship with the other refugees. So began what Georg called the family's exile from Spain.

On the *Woolwich*, the Sachs family quickly moved from life-threatening stress to previously unimaginable comfort. The officers and men of the *Woolwich* went out of their way to make life easy for them. They were given the use of an officer's stateroom with its own private bath, and an entire deck to themselves. Georg commented that they were treated as if they were traveling first class rather than *gratis* at the cost of His Majesty's Government. "We hope," he concluded in his November 5, 1936 letter to his mother,

> that the destroyer that is supposed to take us to Marseilles won't come for a long time, that the Revolution [the Civil War] continues indefinitely and that a British ship will always be there to rescue us.

For more than three days, the *Woolwich* rode at anchor in the harbor by day, moving offshore at night to avoid attacks by rebel aircraft. That was a real threat, because there had been air attacks on a Russian warship and an Argentinian liner. Ships of the great European powers, both friendly and hostile, were standing offshore, prepared to deal with any crisis.

Events took another dramatic turn on Wednesday, November 11. The family was taken by launch back to the pier at Alicante, where they were joined by thirty other refugees also desperate to be taken to safety. Soon another launch took the whole group out to H.M.S. *Greyhound,* the British destroyer that was to bring them to safety in Marseilles.

From Alicante, the ship traveled first to Valencia and then to Barcelona shortly after midnight, picking up additional refugees in both cities.

At 2:00 p.m. on the afternoon of November 12, 1936, the little band of refugees landed safely in Marseilles. Within an hour, the Sachs family – Leonie, Georg and their two small sons – had cleared French customs, with the help of a few banknotes pressed into the right palms. They boarded the express train to Paris, and at 19:30 arrived at the Gare de Lyon in Paris and were met there by Georg's father, Curt Sachs. They had escaped from one increasingly dangerous threat; another chapter in their flight to safety was now to begin.

Paris

Their home for the next five months was to be the Hotel St. Romain, where Curt was staying. The hotel was at No. 5 Rue St. Roch, a block-long street running north-south between the Rue de Rivoli and the Champs-Elysées. Curt's lodgings at the hotel, barely adequate for him, a man then in his mid-50's, now had to accommodate Georg and Leonie and their two small sons as well. Leonie slept in one twin bed with Benjamin, Curt in the other. Daniel slept in the bathtub. Georg shared the bathroom with him, his mattress on the tiled bathroom floor, his head dangerously near the trap of the lavatory. Needless to say, the overcrowding was unpleasant for the entire family. Everyone was stressed. Curt could no longer use the one small table in the room as his desk because it was needed for eating. Leonie washed clothes for the whole family in the bathroom sink and hung them to dry on lines strung across the room. The adults yelled at the children and barked at each other. The weather – cold and drizzly – forced Leonie to stay cooped up in the hotel room with her two sons and cast a pall over everyone.

Despite the many problems while the family lived together at the Hotel St. Romain, Georg had many "out-of-the-mouths-of-babes" stories to pass on to the family in Berlin. He recounted that one night, while Daniel was looking up intently at the starlit sky, there was a moment of silence and then he said, summing up, "Siete." Georg explained that Daniel had been trying to count the stars and that "siete" was as high as he could count at the time. And in those early years, Daniel spoke German sometimes, Spanish at other times, and sometimes a confusion of both. When Leonie lowered his head backwards into the tub to wet his hair before shampooing it, he resisted mightily, crying out "Agua rauf kopf no!"

Outweighing the financial woes and the daily living difficulties was the overriding problem of the family's future – its very survival. Georg and Leonie knew that they would not find safety anywhere in Europe. Two years earlier, Hitler, expressly annulling Germany's treaty obligations, had occupied the Rhineland without opposition from the other European powers. It was clear that he would not be deterred from further conquest and that France, despite its seemingly impregnable Maginot Line, would fall quickly to the German armies.

The search for a new home, which had preoccupied Georg and Leonie since their days in Alicante, had narrowed down to Palestine and the United States. The key to legal entry into Palestine was the *Certificat*, akin to a visa. In issuing that precious document, the Mandate authorities assigned a priority to Jews who had left Germany after April 1, 1933. Having left Germany six months before that, in October 1932, Georg did not have that priority. The other possibility was the United States. Until they could find out whether the gates to one or the other of these countries was open, they had to pursue both avenues and try to overcome the obstacles that each country was throwing into the path of would-be immigrants. Even if they were successful in their efforts to emigrate to Palestine, they were not sure that they could survive there. For one thing, how would Georg earn a living? "Living off the land [i.e., farming] is out of the question," he wrote. The life of the *halutzim* (young pioneers) in Palestine, sleeping in tents and standing guard round-the-clock against Arab intruders, was not the life that Georg envisioned for himself and his family. Nor were the cities there an attractive prospect. German Jewish intellectuals such as Walter Benjamin were rejecting opportunities to emigrate to Palestine, even when faculty appointments to the Hebrew University in Jerusalem were open to them.

These factors caused them to turn their gaze westward, to America. A compelling reason for the renewed interest in America as the final destination was the likelihood that Georg's parents would also find refuge there. The New York Public Library was eager to have Curt join the staff of its Music Division. Its director, Carleton Sprague Smith, had written to Curt that,

> Your friends in this country have learned with real pleasure of the prospect of having you among them [...] Our heartiest good wishes and our assurance of the warm welcome awaiting you on your arrival [...] You will see whether you like us as much as I know we shall like you.

In late December 1936, Georg read of an increase in the quota for immigration to America, and urgently asked his mother to find out immediately what one had to do for one of the precious slots. The following month, he heard that the *Certificats* for entry into Palestine were to be given out on very short notice. The *Certificat* came with strings attached: the recipient would have to decide to leave for Palestine immediately or pass up the opportunity. Georg and Leonie would have preferred to have both visas in hand, the one from the United States, the other from Palestine, and be able to choose between them, rather than be forced to act on the first visa issued.

A key condition to the issuance of immigration documents from either country was the affidavit of support, a guarantee that if the applicant, once admitted, failed to become self-supporting, the signer of the affidavit would pay for the applicant's support and maintenance out of his own readily available funds. The affiant had to attach to the affidavit a letter from a bank or other financial institution, attesting that the affiant had sufficient funds on deposit to make good on his pledge of support. In that search for a friend or a relative prepared to put his own resources at risk to help his fellow-man, a man whose very life could be at stake often found out who his real friends were, whom he could rely on in this moment of dire need. Often, what were thought to be life-long friendships turned out in this process to have been built on a foundation of sand.

In an action that saved the family's life, Georg's cousin Frank Wolff, who had emigrated to the United States in 1928 with his parents and his brother, agreed to provide the necessary affidavit, with a supporting letter from a leading New York bank.

In January 1937, friends in Paris advised Georg that the United States was "the only possible destination" and they urged him to go there first on a visit to "get the feel of the place." Acting on that advice, he obtained a tourist visa and embarked from Le Havre on the S.S. *Champlain* on February 1, 1937.

Georg would remain in New York for the next three months, until early May 1937, lodging at a rooming house on New York's Upper West Side. He was preoccupied with three matters that would be all-important to the family's well-being and success in the New World: to find a place to live for himself, his wife and their two sons, and another place for his parents; to lay the groundwork for his father's success as a lecturer at the New York Public Library; and finally (although this was strictly forbidden under the terms of his tourist visa) to line up a job for himself on his return.

On May 13, 1937, Georg returned from his visit to America. In June, the family came together for a brief reunion at Scheveningen, Holland, a North Sea beach resort. Great-grandmother Clara Lewin, grandmother Irene and Georg's sister Gabriele came from Berlin; cousin Fritz Jaffe, visiting from Palestine, was also there. What pleasure it must have given the adults in the family to walk the beach there, watching the children playing with their pails and shovels, and how painful the parting of those who would be leaving from those who were to stay behind, knowing they might not see each other again.

During that brief stay in Scheveningen, Georg finally obtained the life-saving family immigration visa at the U.S. Consulate in Rotterdam. With that in hand, Georg, Leonie, Benjamin and Daniel returned to Paris and from there took the boat train to Le Havre, the main port of embarkation for ships of the French Line. On July 23, 1937, just short of six months after his first trip to the United States, they set sail for New York on the French Line's S.S. *DeGrasse*. On the ship's manifest, they were listed as passengers of German nationality and of the "Hebrew race or people."

On the morning on July 31, 1937, the *DeGrasse* dropped anchor at the Quarantine Station in Lower New York Bay. The family was examined by government physicians, received their health clearance, and passed through Customs, all without having yet set foot on American soil. Unlike so many other refugees, they were not diverted to Ellis Island and quarantined there.

As the early morning mists cleared on the following day, the *DeGrasse* steamed through the Narrows and entered Upper New York Bay. As the ship proceeded upriver, the family, along with the other passengers, crowded against the rail, gazing in awe at the looming Manhattan skyline. Tugboats nudged, pushed and pulled the *DeGrasse* into her berth next to other ocean liners. Waiting to debark with the other passengers were Leonie, then 29, Georg, 28, Benjamin, 17 months old, and Daniel, 3 years old.

As the passengers waited to alight from the ship, one refugee said, with passion, "*Alles ist vergessen. Nazis und Austreibung. Es ist der Anfang der Wiedermenschwerdung.*"

The family's safe arrival in America meant survival, to be sure, but, more than that, it opened up the possibility of living once again the normal life that they had known as newlyweds in Spain. On November 19, 1936, two weeks after her arrival in Paris, Leonie had written plaintively:

> I have to admit that I cannot endure our fate as well as I thought I would. I am absolutely not indifferent that, for the time being and for the indefinite future, we must travel from pillar to post around the world with the children [...] I have to confess as well that, at this time of all times, I have very worldly desires, wanting to dress nicely and be among people, go to concerts and museums, to be young and not pregnant.

Arrival in America put an end to the family's wanderings, but it did not follow that Leonie's "worldly desires" were now to be gratified. With the family safe in America, Fortune's wheel was at its zenith. Soon the wheel would once again begin its downward turn. Only in the last decades of her life would Leonie again have the means to live the financially comfortable life that she craved.

New York
Now in New York, George[3] found it harder than he had expected to reestablish the academic career for which he was so highly qualified. There was no doubt of his ability to master the English language and no question of his scholarly achievements in his field. But perhaps that was exactly the point; those who were entrenched in their departments vigorously protected their positions and sought to exclude any newcomer who might threaten their place in the academic heaven. George, though, had his "pull" and did not hesitate to use it. Dr. Ramón Menéndez Pidal, George's mentor at the University of Madrid, had escaped before Madrid fell to the Franco forces and had secured an appointment at Columbia University's Department of Romance Languages. While a tenure track appointment continued to elude George, Menéndez Pidal interceded to secure for George a research fellowship at a stipend of $1,500. That sum, together with meager earnings from translating documents and correspondence for various refugee agencies, still did not add up to an income much above poverty level, even in those post-Depression years.

Finally, in January 1938, George was notified that he had been appointed an Associate Professor at Columbia University's Department of Romance Languages, effective February 1. In a letter to his cousins in Palestine, he remarked dryly on the months of struggle and maneuvering that were necessary before he could achieve this long-sought goal:

---

[3] Georg changed the spelling of his name after immigrating.

> Yesterday I was appointed as associate professor at Columbia for one year, starting February 1. I've been fighting for it for almost a year. Actually, I have been sure of the appointment since last February, but the money hasn't been there to pay me, and only now, after endless difficulties, has funding been secured through some Jewish source. Financially it's no improvement for us, because it means I have to drop all our other income-producing activities [i.e. the translation of documents], but it is of course a big prestige-gainer for me, and now I have for the first time in this country a real base of operations. You can imagine how happy we all are. This year, until the summer anyway, I have no teaching duties and I'm pleased about that. I'll be tied up in the meantime primarily with overseeing a new edition of *Revista Sefárdica*, an activity that I've worked on previously [in Spain] and that has given me great pleasure. Other than that, no firm plans. Eventually, I'll be advising doctoral candidates on their dissertations and conduct some bibliographical research as well.

At the same time, the family moved from the single room on the Upper West Side, where George had stayed during his earlier visit, to an apartment in Inwood, at the northern end of Manhattan, only four blocks from the apartment that George had rented for his parents. The new lodgings offered more abundant sunlight and fresh air than the narrow streets of Manhattan's West Side and were but a block from the walkways and playgrounds of Inwood Hill Park and Fort Tryon Park, where The Cloisters was then under construction. That neighborhood, Inwood, attracted so many German Jews fleeing from Hitler that it became known, affectionately, as "Frankfurt-on-the Hudson."

Early the following spring, George experienced recurrent pains in his abdomen, pains that were diagnosed as peritonitis only after his hospitalization and exploratory surgery. In those years, before the use of penicillin, the chance of recovery from an abdominal infection was slim. George did not recover; he died on July 21, 1939. Leonie was 31 years old, Daniel was 5, and Benjamin was 3.

Looking back, it appears that George's effort to save his loved ones and himself had exhausted his physical strength, which was not great to begin with. Like Moses, he had led his family to the Promised Land. He was, like Moses, the deliverer of his people, his family. They owed their very lives to his perseverance. George, unlike Moses, had crossed over, but then died, much too soon, before he could see his family adjust and succeed in America.

Since the family's arrival in America, Leonie had not worked, or even looked for work. George had the customary view of that time that it was his role, as the husband-father, to earn a living to support the family; Leonie's role was to remain at home and take care of their two small boys. But since her adolescence, Leonie had trained for independence. She had struggled against substantial obstacles to gain her Ph.D., and had begun her academic career in Madrid. She was highly qualified on her merits to help to support the family financially, and, in the pinched circumstances in which they found themselves in those early months in New York, that second income would have been very helpful. And it was not only a question of money: In her new and unfamiliar surroundings, she felt keenly the isolation that many émigrés felt on their arrival in the new land. But George would not hear of it. So she had remained unemployed for the first two years after their arrival in America.

All that changed dramatically when Leonie became a widow. There were no savings to fall back on, no 'safety net' except for gifts from sympathetic relatives and friends. Within a year after George's death, she secured a position on the staff of the International Auxiliary Language Association (IALA), an organization founded in 1924 that sought to develop an international language that could be learned and used by diplomats and businessmen, thereby fostering international harmony. After publishing a dictionary for the new language, IALA passed out of existence in 1954. Well before then, Leonie was also employed as an adjunct professor at Hunter College, in its Evening Division. She taught two evenings a week, including courses on Cervantes and modern Spanish poets like Garcia Lorca. In 1948, as her sons were entering high school, she also started teaching German at the Walden School in midtown Manhattan, enabling her sons to attend the school at a much reduced cost. For the next 34 years, Leonie worked, and worked hard, usually at two jobs, always at substandard salaries.

Seeking restitution from the West German government in the early 1960's, she reported to the Swiss attorney representing her in that claim, the poverty-level salaries that she had received all those years. In an August 22, 1963 letter to him, Leonie commented, in German,

> I think the Germans [the Restitution Office] can see from this documentation that, by American standards, our income in those years was inadequate to support a three-person family.[4]

Adding to the intense financial pressures that she worked under was the sheer physical effort required to earn a living in those years. Instead of coming home when her daytime job at Walden had ended, she had to stay downtown on Tuesdays and Thursdays to fulfill her commitment at Hunter College. That

---

[4]   Restitution payments were awarded and helped support Leonie for the rest of her life.

meant taking a bus across town and transferring to another bus downtown, then, on arriving at Hunter College, snatching a quick supper at the faculty cafeteria, teaching for three hours, until 9:00 at night, then taking the two buses back to the West Side and two subways back to her stop, 200th Street. Somehow, she found time to prepare lessons, correct both high school and college papers, act as mentor and advisor to her students and, after all that, run a household and be a mother to her two sons. She endured this grueling schedule even though standing and walking were difficult for her because of her chronic phlebitis, an inflammation of the veins in her legs. She also had gastro-intestinal problems that sometimes forced her to dismiss a class before it was over so that she could rush to the women's toilet. Such a schedule, in the face of these disabilities, would have daunted a much younger and healthier woman, but she was never heard to complain about the hand that life had dealt her.

In 1955, she moved from her teaching position at Walden to Sarah Lawrence College in Bronxville, New York, where she taught German until 1961, all the while continuing her part-time teaching at Hunter College. However, her commute in those years put even more stress on her: from upper Manhattan to Bronxville, from Bronxville twice weekly to midtown Manhattan and then home to upper Manhattan again, all via public transportation. She was teaching a full course load and grading dozens of papers at both colleges. That she carried out these arduous responsibilities conscientiously and not cavalierly is attested to by the tributes she received from the students whom she taught at the two institutions and from fellow faculty members.

Leonie's life began to improve in 1961 when she was finally appointed to the fulltime faculty at Hunter College, enabling her to resign her position at Sarah Lawrence College. She started as an assistant professor at $7,300, then was promoted to associate professor in 1968.

She would have enjoyed the respite from teaching that summertime school vacations would otherwise allow, but aside from a week or two at a farm, summer gave her no such relief. She could not pass up the few hundred dollars that she might earn teaching a summer session course or serving as a counselor on a camp staff. There was also the need to polish her professional credentials so that she could achieve her goal of moving into the academic mainstream and up the professorial ladder. One summer, her former IALA colleague, Kurt Bergel, who had moved on to a faculty position at Chapman College in southern California, arranged for Leonie to teach summer session courses there. Other summers were spent at the Colby-Swarthmore Summer School of Languages and at the University of California at Berkeley, the last of these on a research grant from the American Philosophical Society.

In her early years of college teaching, Leonie did not have the time to produce books, articles and other writings, as her colleagues did. She explained in a grant application that "due to our heavy schedule and outside responsibilities for so many years, I have not been able to do as much research and writing as I would have liked to."

Later, when she was teaching fulltime at Hunter College and the financial pressures had eased a bit, she had both the time and the motivation to do more writing. It fell into three discrete areas: Spanish literature, especially the novels and drama of the *Siglo del Oro*, Spain's Golden Age; the pedagogy of foreign-language teaching; and, more and more as she grew older, Jewish subjects, in particular those related to rabbinical mysticism and Sephardic Jewry. As the years passed, Leonie became increasingly absorbed in mysticism and in the spiritual elements of her life, and she spent much of her time in a continuing quest for faith, spiritual awareness and self-understanding.

When Leonie turned 65 in 1973, she retired from her teaching at Hunter College. Her colleagues organized a retirement dinner for her, held in the private dining room of the faculty eating area at Hunter. Leonie invited her sons and their wives to attend. Fellow faculty and former students stretching across her three decades of teaching were present to show their respect for her. After the luncheon, one speaker after another stood and testified that Leonie had instilled in them affection for the Spanish language and for Spanish literature. From the praise they heaped on her, it was clear that Leonie had been a dedicated teacher, one who took pride in her profession and took pleasure in imparting her knowledge to her students. Her family had expected that. What came as a surprise were the words of praise from students who spoke glowingly of Leonie as a mentor and advisor. Many of them said that she had helped them to surmount crises in their own lives. It was evident that Leonie had skills in interpersonal relations that she had put to use over the years in helping students and colleagues.

In 1963, Leonie had moved into one of the first apartments completed at Lincoln Towers, a large middle-income housing development in midtown Manhattan. This move gave her ready access to the concerts and other cultural diversions at Lincoln Center, to doctors' offices and other destinations. Leonie remained in that beautiful light-filled apartment at Lincoln Towers as long as her health permitted. When she could no longer perform such routine chores as housekeeping, shopping and cooking, volunteers from *Dorot* (Hebrew: Generations), an upper West Side charitable organization serving the isolated elderly in that area, came regularly to provide assistance. The young women who helped her in those roles spoke of Leonie with the same reverence and affection that her students had.

Leonie's younger son, Benjamin, and his wife, Jacqueline, had for many years been on the faculty of the University of Connecticut, in Storrs, a town some 230 km from New York City. When Leonie's health declined, and she could no longer live independently, it became necessary for her to give up her apartment. Benjamin and Jacqueline arranged for her to move into recently built housing for the elderly in Storrs, a five-minute drive from their house. For Leonie, this represented a great change in her life. She had always lived in a major city, first Berlin, then Madrid and Paris, and for over 50 years in New York. Now she found herself living in a quiet rural village. It had its advantages: Ben and Jacqueline lived nearby, her neighbors were solicitous of her welfare, her patio adjoined a pretty wooded area, and she discovered the joy of watching the many birds at her patio feeder. Still, leaving behind her close circle of lifelong friends and the city's cultural offerings required a major adjustment. But Leonie had readjusted nearly all her life as she dealt with staggering human loss, tremendous emotional stress, utter loneliness and severe financial pressure.

Looking back on her life, Leonie could be at peace with herself, and she seemed to be so. She had made a powerful difference in the lives of many people, including raising her two sons successfully. Her lifelong thirst for knowledge and her love of books provided a strong role model for her children, leading them to a similar love of reading and what may be found at any age between the covers of a book. She also passed on to her sons the love of words and their etymologies, and of word play, including word games and puzzles that enabled her to use to advantage her extensive vocabulary. In short, Leonie had attained self-understanding and tranquility. How many of us will be able to say as much as we approach our end-of-life?

After a brief illness, Leonie died peacefully on December 8, 1991. Her sons and their wives were at her bedside.

From all over the country, friends, former students and colleagues sent condolences, speaking of Leonie with awe and reverence in phrases echoing those spoken at her retirement dinner years earlier:

- "There are few people that come into my life that have left a lifelong impression; your mother was such a gift to me."
- "Despite the adversity she encountered, widowhood with two small children in a new country and no financial resources, she went on to professional and maternal success. You and your brother are proof of the latter."
- "Our talks ran the full gamut of Judaism, philosophy, politics and people. We discussed everything from Kabbalah to current events."

Leonie's life had been changed by her few pre-war years in Spain as one of the *"Fräulein in Madrid,"* so aptly depicted by Prof. Beck-Busse and her colleagues. Safely out of Germany, safely in Spain with a growing family, Leonie had been nourished intellectually, culturally and socially. Without doubt, this experience helped build the strength and resourcefulness she would need to withstand future losses and pressures. In the end, she had survived; she had endured; she had overcome.

References

Beck-Busse, Gabriele 2014
A la busqueda de Leonie Feiler: Un paseo por Berlin entre 1907 y 1933. In: Señoritas en Berlín. Fräulein in Madrid (1918-1939), hg. v. Gabriele Beck-Busse, Arno Gimber, and Santiago López-Ríos. Berlin: 184-200.

Sachs, Daniel Y. 2014 <2004>
Through Turmoil to Tranquility, Bethesda, MD, USA.

Rolf Kemmler / Sónia Coelho / Susana Fontes

Os primeiros 150 anos de gramática feminina em Portugal

1. Introdução

Como é sabido, a tradição metalinguística portuguesa teve os seus inícios com a publicação da *Grammatica da lingoagem portuguesa* (1536) do frade-aventureiro Fernão de Oliveira (1507-ca. 1581). Desde então, até à segunda metade do século XVIII, as gramáticas de língua portuguesa que foram sendo publicadas dedicaram-se exclusivamente ao ensino masculino, mesmo que esta orientação nem sempre tenha sido evidente, como acontece na obra de Lobato (1770).

A publicação do *Breve Compendio da Grammatica Portugueza para uso das Meninas que se educaõ no Mosteiro da Vizitaçaõ de Lisboa* (1786), da autoria de Francisca de Chantal Álvares, marca o início da gramaticografia feminina, numa época em que a maioria das mulheres não tinha acesso formal à educação. Volvido pouco mais de um século, em 1917, Berta Valente de Almeida publicou a *Gramática prática da língua portuguesa*, que faz parte de um conjunto de obras produzido durante a sua docência no liceu feminino de Lisboa.

No presente artigo, pretendemos dar a conhecer estas duas autoras, enquadrando-as na sua época, e analisar os paratextos que precedem o *Breve Compendio da Grammatica Portugueza* (1786) e a *Gramática prática da língua portuguesa* (1917).

2. Francisca de Chantal Álvares e o *Breve Compendio da Grammatica Portugueza* (1786)[1]

No âmbito da gramaticografia portuguesa setecentista, cremos que o opúsculo *Breve Compendio da Grammatica Portugueza* da visitandina Francisca de Chantal Álvares (1742- post 1800) é merecedor de atenção especial. Dentro da

---

[1] O presente capítulo baseia-se nos contributos de Rolf Kemmler para os artigos Kemmler / Assunção / Fernandes (2010), Kemmler (2012) e Kemmler / Schäfer-Prieß (2012), oferecendo, no entanto, uma leitura nova do assunto que se deve a investigações mais recentes.

totalidade das sete gramáticas propriamente ditas publicadas no século XVIII (Argote 1721, Lobato 1770, Bacelar 1783, Álvares 1786, Casimiro 1792, Figueiredo 1799 e Fonseca 1799), a obra de Álvares é a quarta gramática setecentista. Entre as referidas obras do género, a obra semianónima de Álvares merece destaque, por um lado, por ter sido largamente ignorada pela investigação especializada na área devido à sua raridade (veja-se, entre outros, Moura 2012, tendo alguns aspetos da obra sido estudados pela primeira vez no estudo de Schäfer-Prieß 2000); por outro lado, pelo facto de se tratar da única gramática de língua portuguesa setecentista que pode ser seguramente atribuída a uma autora do sexo feminino.

2.1 Francisca de Chantal Álvares: a autora e o seu tempo

No que respeita à autoria, o *Breve Compendio* deve ser encarado como sendo uma obra semianónima, dado que o rosto da obra somente identifica a autora através das palavras «*Por huma Religioza do mesmo Mosteiro*» (Álvares, 1786, [I]). Para além disso, a única informação explícita que a obra oferece da identidade da autora é a abreviatura do nome «F. C.» no fim do segundo paratexto intitulado «*A's Meninas Educandas*» (Álvares, 1786, [V-VI]; cf. subcapítulo 2.3).

Tendo em conta a panorâmica das gramáticas setecentistas, podemos verificar que a aparente modéstia da religiosa visitandina vai ao encontro da praxe de um número considerável dos gramáticos (e mesmo de muitos dos tratadistas) do século, já que somente Lobato (1770), Bacelar (1783) e Casimiro (1792) se identificaram sempre ao longo de todas as edições das suas gramáticas como autores das suas obras, ao passo que os restantes optaram pelo anonimato (Argote 1721, Fonseca 1799) ou semianonimato (Figueiredo 1799) ao omitirem a verdadeira autoria das folhas de rosto de uma ou de várias das edições das suas obras.

Assim sendo, e considerando que a autora concluiu a essência dos seus estudos em 1994, não admira que Schäfer-Prieß (2000, 28) não tenha conseguido encontrar qualquer elemento para uma identificação da autora visitandina, uma vez que não dispunha das informações que somente viriam a ser disponibilizadas graças às investigações de Zulmira Santos (2007). É através da transcrição do manuscrito «Historia da Fundação do Mosteiro da Vizitação em Lisboa: No anno de 1784», atribuído ao oratoriano Teodoro de Almeida (1722-1804), que a investigadora portuense nos faculta a seguinte informação que nos permite estabelecer a autoria:

> Seguio-se a quarta Noviça que hé a Irmãa <u>Francisca de Chantal Alvares</u> que no seculo se chamára <u>Anna Ignacia do Coração de Jesus</u>, de quem já falámos no principio desta Historia; porque Deos muitos annos antes a tinha preparado para a Vizitação, como então vimos. Esta Religioza destinada a ensinar Meninas educandas, álem de todas as obras de mãos, que pertencem a huma educação perfeita, como hé o bordar de branco, de oiro, e de matizes; renda e todas as mais curiosidades, lhes fez huma Gramatica Portugueza para lhes ensinar a lingua materna com perfeição, e lhes ensina o Francez, o Italiano, e o Latim. A guerra que o Demonio fez a esta Noviça foi na escuridade interior, e na saude fraquissima. Em 1800 foi eleita superiora. [...]
> Já a este tempo estava estabelecido o seminario de Educação a que chamão <u>pensionado</u>: como este tinha sido hum dos motivos mais fortes que moverão a soberana a conceder a faculdade para a Fundação, cuidárão logo as nossas Fundadoras em pôr em execução este projecto; e no dia 26 de Julho do mesmo anno de 84 em que começára a Fundação, se principiou com a educação das Meninas que lhe dérão principio: a Primeira foi <u>D. Maria do Carmo de Souza Gama e Aguiar</u>, que depois de trez annos e meio de educação se fez Religioza com extraordinaria victoria e desprezo do mundo, como abaixo diremos: a segunda foi <u>Madamoisella Du Fourg</u>: as outras forão as tres Irmans Silveiras: e com estas sinco começou a Irmã Jozefa Victoria Valet a trabalhar na educação das Meninas em Portugal, ajudando a a Irmã Francisca de Chantal Alvares, ainda Noviça, e algumas criadas, por quanto não havendo ainda Irmans Conversas, foi precizo admitir criadas que servissem á Comunidade, e as Meninas. (*HFMVL*, 2007, 558, destacados no original)

Este breve trecho confirma claramente que a autora semianónima identificada como F.C. é a Irmã Francisca de Chantal Álvares,[2] que na vida secular se chamava Ana Inácia do Coração de Jesus. Neste contexto, é especialmente digno de nota que Francisca de Chantal Álvares não só elaborou a gramática, mas também chegou a dedicar-se ao ensino linguístico das pensionistas enquanto ainda era noviça. Impõe-se, portanto, a questão: onde é que Ana Inácia do Coração de Jesus terá adquirido os amplos conhecimentos linguísticos que lhe são atribuídos enquanto religiosa?

Filha do mercador Francisco Alves Chamorro e da sua esposa Joana Maria, Ana Inácia do Coração de Jesus nasceu em Vila Nova de Gaia, a 13 de agosto de 1742 (Kemmler / Schäfer-Prieß, 2012, 106). Continuou a residir na casa paterna na Rua Direita da freguesia gaiense de Santa Marinha (hoje Rua Cândido dos Reis) mesmo após a morte do pai, em 1745 (Kemmler / Schäfer-Prieß, 2012, 107), e provavelmente até entrar no noviciado, em 1784. Foi precisamente por ser a irmã mais nova do oratoriano e filósofo Manuel Álvares de Queirós (1739-1777)[3], e através dele, que Ana Inácia teve acesso a uma boa

---

[2] Assim, o próprio nome religioso ‹Francisca de Chantal› adotado pela visitandina parece ser uma homenagem à fundadora da ordem, Jeanne-Françoise Frémyot de Chantal (1572-1641).
[3] Consta que Manuel Álvares de Queirós terá abandonado a congregação posteriormente a 1760 por motivos de saúde.

educação em francês, em italiano e mesmo em latim, passando também a ter como diretor espiritual o já referido Teodoro de Almeida.

Ora, no século em que a língua portuguesa deu os primeiros passos para emancipar-se do latim por ocasião da proibição dos manuais jesuíticos de ensino linguístico em 1759 e graças à introdução da obrigatoriedade do ensino da gramática e da ortografia portuguesas pelos respetivos alvarás de 1770 e 1772, a rede pública do ensino básico e secundário estabelecida sob o governo do Marquês de Pombal não incluía instituições para uma educação feminina.

Deixando de lado os mosteiros e conventos femininos que numa escala maior ou menor podiam estar interessados em fornecer uma educação específica às meninas (merecendo destaque o convento das Ursulinas, que desde 1753 estava instalado em Vila de Pereira, perto de Coimbra, para aí dedicar-se à educação feminina básica; cf. Adão, 1997, 186-192), durante a juventude de Ana Inácia não existia uma forma de ensino regular para mulheres de qualquer estrato social. Perante esta falta generalizada de uma educação feminina, o acesso a conhecimentos linguísticos (relacionados com a língua materna, o latim ou mesmo com línguas estrangeiras modernas) somente podia ser garantido através do ensino doméstico. Parece, no entanto, evidente que a ação de precetores particulares deverá ter sido circunscrita às filhas pertencentes à nobreza[4] e à burguesia abastada. Todavia, nem todas as famílias ricas do país optaram por dotar as suas filhas de uma educação que lhes desse a proficiência necessária nas línguas. Assim, depois de destacar como ‹aplicadas› algumas das descendentes das principais famílias do reino, como as filhas do Marquês de Penalva, a Condessa do Vimieiro e a Infanta D. Maria Dorotea (1739-1771), a Marquesa de Alorna tece o seguinte comentário sobre as demais mulheres da sociedade lisboeta:

> Além de tôdas estas, não deixa de ser o comum a cousa mais insípida que é possível. Eu conheço muitas que não sabem, por seus pecados, nem ler nem escrever; outras que, sendo

---

[4] Entre as mulheres portuguesas pertencentes à nobreza, é de destacar a Marquesa de Alorna, Leonor de Almeida Portugal Lorena e Lencastre Alorna (1750-1839). Mesmo que não se saiba ao certo em que moldes a sua formação intelectual terá sido levada a cabo, parece evidente que as suas leituras ávidas realizadas aquando da sua prisão (junto com a mãe e a irmã) no convento lisboeta de São Félix das Cónegas Regrantes de Santo Agostinho, em Chelas, de 1758 a 1777, terão contribuído fortemente para a sua elevada cultura geral e os seus notáveis conhecimentos linguísticos em especial. Assim, a própria poetisa e árcade constata na sua autobiografia que «[...] lut avidement toutes les Poétiques connues, tous les poètes latins, françois, italiens, et entreprit de connoître aussi ceux des autres nations par l'étude et la facilité qu'elle eut d'apprendre différentes langues» (Alorna, 1941, 202).

muito estimáveis e de qualidades pessoais excelentes, são uma miséria, porque se aplicam muito mal, destampam-se com um *ingrês* muito sem sabor, dizem *ameitade* e *sastisfação* e outras parvoíces dêste género. (Alorna, 1941, 6)

Ainda durante a infância e juventude da nossa autora, esta falta de uma educação feminina e a resultante ignorância das potenciais mães de família levaram os reformadores Luís António de Verney (1713-1792) e António Nunes Ribeiro Sanches (1699-1783) a formularem as suas ideias sobre a educação feminina, tendo por base as ideias modernas de tratadistas franceses, como François de Salignac de La Mothe-Fénelon (1651-1715) e Charles Rollin (1661-1741).

No seu volumoso *Verdadeiro metodo de estudar: para ser util à Republica, e à Igreja* (1746), o estrangeirado Verney (1746, II, 29) oferece um breve apêndice dedicado ao «ESTUDO DAS-MOLHERES» no final da última das suas 16 cartas. Os trabalhos de Bello Vázquez (2005, 248-251) e Kemmler / Schäfer-Prieß (2012, 108-109) permitem concluir que a formação linguística em português e latim constituiu a base das ideias do autor sobre uma educação feminina, de resto concentrada noutras áreas do ‹saber caseiro›.

Sem oferecer qualquer referência à obra anterior do Barbadinho, também o médico Ribeiro Sanches chega a manifestar-se em favor da educação feminina, quer nas suas *Cartas sobre a Educação da Mocidade* de 1760 (Sanches, 1922, 192), quer mais especificamente na cópia da sua carta manuscrita «Educaçaõ de huã Minina ate a idade de tomar Estado, no Reyno de Portugal» (1754), que escrevera ao seu amigo João Mendes Sachetti Barbosa (1714-1773/4?) em Elvas e que foi publicada pela primeira vez no âmbito do artigo de Pina (1966, 41-46). Ao contrário da exigência mais ampla de Verney, Sanches considera dispensável para as meninas o ensino linguístico (e outras áreas do saber): «Accuzarme ha vm^{ce} que naõ destino aprender a lingoa latina, a Philosophia, e as Mathematicas a huã Minina ainda que seja nacida da huã alta esfera [...]» (Sanches, 1754, fol. 258 r).

Na realidade, tanto as observações de Verney como as ideias de Sanches sobre a educação feminina não tiveram qualquer efeito no século dos autores. Assim sendo, pouco admira que o primeiro forte impulso para uma escolarização feminina tenha vindo do estrangeiro, através do estabelecimento das Ordens Religiosas das Ursulinas e da Visitação em Portugal.

No caso particular da Ordem da Visitação, o seu grande impulsionador em Portugal foi Teodoro de Almeida, que durante o seu desterro no Porto entre

1760 e 1768 conviveu com os irmãos Álvares, tendo-se refugiado em França de 1768 a 1778 (Santos, 2004, 989), onde conheceu a *Ordre de la Visitation de Sainte-Marie* e a sua casa-mãe em Annecy (Santos, 2004, 990). Adepto da espiritualidade salesiana, o oratoriano passou os anos seguintes a obrar para trazer para Portugal um mosteiro desta congregação religiosa, fundada em 1610 pelo Bispo de Genebra, François de Sales (1567-1622), e Jeanne-Françoise Frémyot de Chantal (1572-1641). Assim, a dependência portuguesa foi fundada em 1783, tendo as primeiras noviças começado a entrar no Mosteiro da Visitação de Santa Maria em Lisboa a partir de 1784 (Santos, 2004, 989).

Devido à veneração pelas ordens salesianas que o documento histórico da «Historia da Fundação do Mosteiro da Vizitação em Lisboa» lhe atribui, parece coerente que Ana Inácia do Coração de Jesus tenha entrado de imediato como a quarta noviça do mosteiro das visitandinas na Ajuda, renunciando à vida e ao nome seculares e optando por chamar-se Francisca de Chantal Álvares.

Graças à regularidade da atividade pedagógica que o novo mosteiro desenvolveu desde o dia 26 de julho de 1784, não será descabido afirmar com Zulmira Santos (2002, 76) que o Mosteiro da Visitação terá sido o «[...] primeiro estabelecimento que em Portugal se dedicou expressamente à educação de meninas nobres [...]», expondo «[...] o primeiro programa completo de educação feminina, em termos de organização e aplicação práticas, de que parece haver notícia em ambiente conventual em Portugal» (Santos / Queiroz, 2012, 62). Como vimos na citação atrás oferecida, as dirigentes do mosteiro fizeram questão de aproveitar de imediato os conhecimentos linguísticos da nossa autora gaiense para o ensino das línguas portuguesa, latina, francesa e italiana, ambiente este a que certamente devemos a elaboração e publicação do *Breve Compendio da Grammatica Portugueza*.

2.2 Conteúdo e estrutura do *Breve Compendio*

Publicado efetivamente no verão de 1787, conforme testemunha o anúncio publicitário na *Gazeta de Lisboa* de Sábado, 28 de Julho de 1787 (veja-se Kemmler / Schäfer-Prieß, 2012, 100), o *Breve Compendio da Grammatica Portugueza* data de 1786 e constitui um opúsculo metalinguístico de [VI], 51, [III] páginas, tendo sido impresso numa edição única pelo tipógrafo lisboeta António Rodrigues Galhardo. Apesar da sua pouca envergadura, não há dúvida de que se trata de uma ‹gramática propriamente dita› no sentido de Kemmler (2007, 378), já que o breve estudo de Loureiro (2012) permite concluir que se verifica a presença de «[...] uma descrição completa e sistemática das partes da oração».

Tendo a estrutura interna da obra já sido exposta por Schäfer-Prieß (2000, 28) e, mais pormenorizadamente, por Loureiro (2012, 343-344), optámos por oferecer um quadro sinótico atualizado e corrigido dos conteúdos do *Breve Compendio*:

	Páginas
[Rosto]	[I]
[página em branco]	[II]
PREFACÇAÕ *A's Religiozas encarregadas da educaçaõ das Meninas*	[III-IV]
A's Meninas Educandas	[V-VI]
CAPITULO I. *Da Natureza e Partes da Grammatica Portuguesa em geral.*	1-34
CAPITULO II. *Da Sintaxe.*	34-44
CAPITULO III. *Da Sillaba, e Acentos.*	45-48
CAPITULO IV. *Da Ortografia.*	48-51
BREVE ADVERTENCIA Para as primeiras liçoens das Meninas, que principiaõ a lêr o Francês.	[I-III]

O próprio facto de ser uma obra de pouca dimensão que traz no título as expressões ‹Breve› e ‹Compendio› permite desde logo constatar que a gramática de Francisca de Chantal Álvares oferece uma abordagem mais resumida da matéria linguística, o que não lhe reduz, no entanto, o seu valor como importante documento da historiografia linguística portuguesa.

Ao abrir mão da sequência ‹clássica› da gramaticografia latina (ortografia → prosódia → etimologia → sintaxe), a gramática da visitandina movimenta-se nitidamente dentro da tradição gramatical portuguesa e latino-portuguesa, que dava preferência à morfologia e à sintaxe, relegando para segundo plano a prosódia e a ortografia (ou prescindindo de todo delas).

2.3 Paratextos

Como vimos atrás, o *Breve Compendio* vem acompanhado por dois paratextos, dos quais o primeiro é um prefácio geral em que a autora se dirige às confreiras que se dedicam ao ensino básico das meninas:

PREFACÇAÕ
A's Religiozas encarregadas da educaçaõ das Meninas.

ESTA occupaçaõ (minhas amadas Irmãs) em que vos tem posto a obediencia, he bem verdade que vista com os olhos do Amor proprio he das mais injucundas, e talvez trabalhoza; porém consideradas com os olhos do Amor de Deos, he das mais agradaveis; porque della rezulta ao Senhor muita gloria, ás vossas discipulas grande felicidade, e ao publico huma utilidade importantissima. Da vossa boa educaçaõ rezulta que a Republica tem admiraveis

Mãis de familias; e daqui vem a principal perfeiçaõ dos Cidadãos e o Bem do Estado. O Publico, he boa testemunha dos frutos que a França tem tirado da Educaçaõ que nos vossos Mosteiro [sic!] dais, e a Alemanha, a Saboia, a Italia, e ultimamente a Hespanha, e naõ vos pode negar a justa razaõ que tendes, para esperar que neste nosso terreno naõ seja infructifera a vossa cultura.

Para facilitar a intelligencia na Lingua Franceza, que quereis ensinar por principios, e na Italiana, e na Latina, mostra a experiencia que o methodo mais facil, suave, e util, he começar pela Gramatica da Lingua materna; na qual he facillimo advertir na Organizaçaõ das partes da Oraçaõ, que compoem a boa Linguagem que nenhum ignora; conhecida pois esta Organizaçaõ das partes da Oraçaõ, he facillimo depois applicar as regras geraes e transcendentes a qualquer outra Lingua estranha. Deste modo me mostra a experiencia que os passos saõ suavissimos, e que o adiantamento he grande. Para esse fim compilei dos bons Grammaticos que há, hum brevissimo rezumo, para as vossas discipulas, que espero que seja mui util, ao menos naõ vos será desagradavel o dezejo que tenho em facilitar a instrucçaõ das que a vem buscar no nosso Mosteiro, para utilidade sua, e gloria de Deos, que he e deve ser o fim das nossas acçoens.

D.S.B.[5] (Álvares, 1786: [III-IV]).

Neste primeiro paratexto, dirigido, como vimos, às outras religiosas do mosteiro que se dedicavam ao ensino linguístico, a autora realça que o fim da educação feminina é o da formação de boas mães de família que contribuam para o bem comum através dos conhecimentos adquiridos na escola da Visitação. Sendo evidente que não podemos esperar da autora uma pretensão emancipatória no sentido moderno dos movimentos feministas dos séculos XIX e XX, os esforços educativos das visitandinas lisboetas destinavam-se a melhorar as vidas das educandas tanto do ponto de vista espiritual como secular, numa época em que a educação feminina continuava a ser um assunto crítico que nem sequer fazia parte da discussão pública em Portugal.

No que respeita às línguas, fica evidente que a nossa autora está convencida de que um ensino linguístico eficaz se deve basear em sólidos conhecimentos da língua materna, passando depois ao estudo das outras línguas, nomeadamente do francês, do italiano e do latim. Neste contexto, Schäfer-Prieß (2000, 86) constata de forma pertinente que, no opúsculo de Francisca de Chantal Álvares, o latim (que até então pertencia ao domínio exclusivo da educação masculina) deixou de ser o alvo e o ponto de referência dos esforços do ensino linguístico, já que o ensino da língua clássica perdeu primazia em detrimento das línguas modernas, nomeadamente o francês e o italiano.

As intenções da autora condizem na essência com as que Lobato tinha referido na «INTRODUCCÇÃO A PRESENTE GRAMMATICA»:

---

[5] Julgamos que se trata da fórmula ‹Deus Seja Bendito›.

> Por duas razões se faz indispensavelmente precisa a noticia da Grammatica da lingua materna: primeira, para se fallar sem erros: segunda, para se saberem os fundamentos da lingua, que se falla usualmente. (Lobato, 1770, [VII])

Parece evidente que os ‹fundamentos› mencionados pelo gramático são destinados ulteriormente a facilitarem a aquisição de conhecimentos de línguas não maternas. No entanto, convém reparar que o gramático considera a aprendizagem da gramática da língua materna como ‹indispensavelmente precisa› para o seu público (masculino, entenda-se), ao passo que a mesma oferta para o público do sexo feminino somente poderia ser encarada como uma ‹oferta vantajosa›.

Por outro lado, deve-se constatar que não encontramos no *Breve Compendio* (Álvares, 1786) qualquer reflexo de uma discussão que visasse negar às educandas femininas as capacidades genéricas de compreensão ou disputar a inteligência das mulheres, como a vemos documentada, para o espaço de língua alemã, na discussão da *Querelle des Femmes*, mencionada por Dobnig-Jülch / Staudinger (1994, 164). A ausência de uma discussão desta natureza da obra de Álvares (ao contrário do que Bolufer Peruga [1998, 117-159] pôde observar para a Espanha vizinha) parece condizer com a situação da sociedade portuguesa do Antigo Regime: não consta que tenha havido qualquer discussão pública sobre o assunto no Portugal da época.

Ao passo que, em princípio, a educação masculina com a sua longa tradição não precisava de justificação, havendo somente disputas sobre a questão da escolha das disciplinas e dos métodos de ensino, a escolarização das meninas constituía uma novidade que carecia de explicação. Esta é formulada no prefácio dedicado às alunas visitandinas:

> *A's Meninas Educandas.*
> O Vosso principal cuidado (minhas queridas filhas) deve ser semear na terra fertil dos vossos poucos annos, os principios da vossa felicidade solida; felicidade que vos satisfaça neste mundo, e que vos prepare para a do outro: ora esta felicidade consiste em cultivar bem o vosso animo com as maximas da Christandade, e com a applicação as Artes e Linguas que vos podem procurar ao mesmo tempo neste mundo a estimação, e evitar a ruina que a ociozidade, e ignorancia, e má cultura costumão cauzar em ordem ao outro. Esta Grammatica vos fará conhecer milhor a vossa Lingua nacional, e escrever com acerto, falar propriedade [sic!];[6] e tambem vos dispoem para saberdes por principios a Lingua Franceza,

---

[6] Na dedicatória ao Marquês de Pombal com que Lobato (1770, [III]) prefacia a sua *Arte*, encontramos o seguinte trecho: «[…] pois todos conhecem, que V. EXCELLENCIA tem a mais perfeita Sciencia dos principios da lingua Portugueza *pela fallar* com toda a pureza, e *propriedade* de termos […]» [destacados nossos]. Será que Lobato pode ser considerado como a fonte para a construção agramatical ‹falar propriedade› de Álvares?

Italiana, e Latina, se disso fizerdes gosto: daqui se segue o tomares gosto á liçaõ dos bons Livros, e receber delles a utilidade que tiraõ as pessoas bem instruidas. Nisso dareis gloria a vossos Pais, consolaçaõ a vossas Mestras, e satisfaçaõ á vossa alma por toda a vida, na qual naõ cessareis de louvar a Deos, por vos dar a boa educaçaõ que aqui tendes. Isto vos dezeja quem vos ama, e por tudo seja Deos Bemdito.

Desta que muito vos ama em J. C.
F.C. (Álvares, 1786, [V-VI])

Para além da religiosidade, a ocupação com as ‹Artes e Linguas› visa contribuir para a felicidade pessoal das jovens educandas, evitando assim a ociosidade, a ignorância e a falta de cultura, que, na convicção da autora, impedem o caminho para a verdadeira felicidade. Desta forma, a educação é considerada como um caminho para uma vida mortal satisfatória. O aspeto da ‹felicidade solida; felicidade que vos satisfaça neste mundo› (Álvares, 1786, [V]), que é encarado como o principal objetivo da educação das meninas, é mais um aspeto pelo qual o *Breve Compendio* merece destaque. É que, nas demais gramáticas da língua portuguesa, todas elas elaboradas para o ensino masculino, a ‹felicidade› não faz parte dos aspetos contemplados pelos respetivos autores.

3. Vida e obras linguísticas de Berta Valente de Almeida (1886-1982)

Pouco menos de século e meio depois da obra de Francisca de Chantal Álvares, é digna de destaque a produção gramatical de Berta Valente de Almeida, que durante mais de quatro décadas exerceu o magistério no liceu feminino de Lisboa.

3.1 Berta Valente de Almeida: a autora e o seu tempo

Filha de João Valente de Almeida e Eulália Gomes de Almeida, Berta Valente de Almeida nasceu em 1886, em Gondarém, Vila Nova de Paiva, e faleceu em Lisboa, em 1982. A sua infância e juventude decorreram no período final da monarquia, altura em que começavam a surgir ideias republicanas, assentes na valorização da educação em geral e, particularmente, da educação feminina: «Instruir e educar a mulher foi um dos desígnios do movimento iluminista e liberal, do ideário republicano e mação e dos diversos movimentos feministas» (Silva, 2003, 486). No entanto, apesar deste ideário, na prática, o que se verificava é que grande parte da população continuava a não ser escolarizada e a mulher permanecia afastada da esfera pública, cabendo-lhe apenas atividades do foro doméstico, que passavam pelo cuidado dos filhos, da casa e do marido.

Na verdade, durante o século XIX e as primeiras décadas do século XX, a educação da mulher estava direcionada para o casamento e para a maternidade, estando inclusive os programas escolares ajustados para esse fim. Foi precisamente nesta época em que mais de 80% das mulheres portuguesas eram analfabetas que Berta Valente de Almeida fez um percurso escolar notável, tendo frequentado com grande distinção as secções de Filologia Clássica e Filologia Românica, no Curso Superior de Letras, na Universidade de Lisboa. É digno de nota o facto de Almeida ter sido, juntamente com Virgínia Quaresma[7] (1882-1973), uma das primeiras mulheres a licenciar-se em Letras em Portugal.

No que concerne ao seu percurso profissional, Berta começou a lecionar no ensino particular, num período em que ainda não se tinha iniciado o processo de feminização profissional da docência. Em 1907 ingressou, como professora de Português e Latim, no Liceu D. Maria Pia[8], mais tarde designado de Liceu Garrett e depois de Escola Maria Amália Vaz de Carvalho[9]. As mulheres que frequentavam este liceu, por volta da década de 20, eram maioritariamente pertencentes a grupos privilegiados, sendo que Berta Valente de Almeida fez parte do reduzido número de professoras responsáveis pela formação de jovens provenientes de uma elite cultural.

Outro marco digno de destaque na sua carreira prende-se com o facto de ter sido nomeada, em 1918, para a regência de Metodologia Especial da secção de Filologia Clássica da Escola Normal Superior da Universidade de Lisboa, tendo desempenhado este cargo até à altura em foi remodelada a organização das Escolas Normais.

---

[7] Virgínia Quaresma foi a primeira jornalista repórter portuguesa, «Escreveu, opinou, polemizou em nome da causa feminista e pela igualdade de direitos; o voto, o direito ao trabalho, o acesso às mesmas profissões que os homens, à administração dos bens, ao divórcio, foram tema dominante dos seus artigos e das páginas dos jornais onde colaborou [...]» (Seixas, 2010).

[8] Esta escola foi «[...] fundada pelo Município de Lisboa, em 1885, como estabelecimento de educação geral e profissional destinado a raparigas de origem modesta, passando para a administração do Estado em 1892. [...] com o novo decreto [de 1906], passava a Escola a Liceu, com a designação de Liceu Maria Pia, e iria servir de modelo aos futuros Liceus Femininos» (Carvalho, 1986, 646).

[9] Maria Amália Vaz de Carvalho (1847-1921) foi escritora e poetisa, debruçando-se sobre a condição feminina. Destaca-se, ainda, o facto de ter ingressado na Academia das Ciências de Lisboa, em 1912, juntamente com Carolina Michaëlis de Vasconcelos, tornando-se assim as duas primeiras mulheres portuguesas a fazerem parte desta distinta Academia.

No liceu, para além da sua atividade docente, atingiu ainda o posto máximo, exercendo o cargo de reitora, de 1920 a 1922, data em que foi exonerada a seu pedido, tendo sido muito louvada na portaria que se refere à sua demissão:

> Manda o Govêrno da República Portuguesa, pelo Ministro da Instrução Pública, louvar a professora do Liceu Central de Garrett, em Lisboa, D. Berta Gomes Valente de Almeida, pelo acendrado patriotismo, inexcedível dedicação e interesse pelo ensino que revelou no desempenho do cargo de reitora do mesmo liceu, de que a seu pedido acaba de ser exonerada. (*DG*, 1922, 2377)

A sua aposentação ocorreu em 1952, depois de um longo percurso no Liceu feminino D. Maria Pia, pautado pela excelência e empenho na atividade docente. A corroborar a sua dedicação a esta causa nobre permanecem para memória futura as várias homenagens oficiais de que foi alvo. Apresentamos, de seguida, um exemplo retirado de um jornal da época, onde se pode ler que:

> Um grupo de antigas alunas da Sr.ª D.ª Berta Valente de Almeida, que foi professora do Liceu Maria Amália Vaz de Carvalho, com motivo da passagem do primeiro aniversário da sua aposentação, foi a sua casa entregar-lhe uma mensagem em que se enaltecem as suas qualidades pedagógicas tão raras e tão pessoais que fizeram escola dentro do magistério.
> Apesar de não se ter dado publicidade ao propósito da homenagem, muitas senhoras lhe prestaram a sua adesão, acompanharam o grupo e aproveitaram o ensejo para agradecer os ensinamentos recebidos que muito úteis lhes têm sido na vida (*O Século* 1953).

O seu notável percurso profissional foi ainda reconhecido através de uma outra importante homenagem que lhe foi conferida, tendo sido atribuído o seu nome ao Museu de Vila Flor, uma pequena vila no norte de Portugal e terra natal do seu marido[10], Eduardo Dário da Costa Cabral (1880-1953), um ilustre professor de História e Geografia no Liceu Camões e membro da Sociedade de Geografia de Lisboa.

Berta Valente de Almeida foi uma mulher culta, profissional, detentora de conhecimentos vastos, que legou à posteridade um conjunto considerável de obras, de entre as quais gostaríamos aqui de destacar a *Gramática prática da língua portuguesa* (1917) com a qual a autora iniciou o seu percurso editorial.

---

[10] Note-se que este foi sempre um marido muito orgulhoso do percurso profissional da sua esposa, considerando-a digna desta grande homenagem, que dispensava para si próprio.

3.2 Conteúdo e estrutura da *Gramática prática da língua portuguesa*

Contrariamente ao que era normal na época, Berta Valente de Almeida conseguiu afirmar-se num mundo editorial tradicionalmente masculino. Publicou várias obras, todas elas sob a chancela da Papelaria, Livraria e Tipografia Fernandes, que fez um «[...] grande investimento na autora, reconhecida publicamente pelos meios ligados ao governo [...]» (Tormenta, 1999, 23-24). As suas obras têm como objeto de estudo o Português e o Latim, disciplinas que lecionava no liceu, e repartem-se entre gramáticas, livros de leitura, manuais de redação e obras didáticas no âmbito dos estudos literários, destinando-se ao ensino primário e ao ensino secundário.

A *Gramática prática da língua portuguesa* (1917) foi redigida com o intuito de servir de guia para o ensino liceal, tendo por base o programa oficial. Nesta época, em Portugal, embora predomine a corrente histórico-comparativa, os gramáticos consideravam existir diferentes tipos de gramáticas, tendo em conta o objetivo a que se propunham. Francisco Adolfo Coelho (1847-1919),[11] por exemplo, distinguia ‹grammatica expositiva, descriptiva ou pratica› que «[...] se limita a expor as normas observadas no emprego d'uma lingua numa dada epocha, abstrahindo do estudo das suas transformações [...]» (Coelho, 1881, 4) de ‹grammatica historica ou comparativa› que «estuda essas normas em differentes epochas d'uma lingua on [sic!] em differentes linguas investigando que leis presidem ás suas alterações» (Coelho, 1881, 4). No caso da gramática de Almeida, verifica-se que a autora procura descrever a língua portuguesa num determinado período, não adotando uma perspetiva diacrónica para a explicação dos factos, nem estabelecendo quaisquer comparações com outras línguas. A opção da autora é facilmente compreensível se tivermos em conta o seu objetivo e público-alvo, uma vez que, como referimos, era uma gramática vocacionada para o ensino.

Quanto à sua estrutura interna, a *Gramática prática da língua portuguesa*, que ocupa um total de XVI, 248, XI páginas, encontra-se organizada da seguinte forma:

---

[11] Adolfo Coelho é considerado o introdutor da linguística histórico-comparativa em Portugal, com a sua obra *A Lingua Portugueza. Phonologia, Etymologia, Morphologia e Syntaxe*, publicada em 1868.

	Páginas
Folha de rosto	[I]
Assinatura da autora	[II]
Frontispício	[III]
Prefácio de José Joaquim Nunes	[V-VI]
Prefácio da autora	[VII]
Índice	IX-XVI
Introdução	1
34 lições de gramática	1-248
Regras gerais de ortografia	I-X
Erratas	[XI]

Como se pode observar pela tabela, a gramática propriamente dita encontra-se estruturada em 34 lições, distribuídas por três partes, a saber:

> Fonologia ou Fonética - que estuda os sons.
> Morfologia - que estuda as formas das palavras.
> Sintaxe – que estuda a combinação dessas formas. (Almeida, 1917, 219)

No que diz respeito à metodologia adotada, a autora começa por apresentar os exemplos, que são todos da sua autoria, e só depois de os analisar é que apresenta a definição do conceito em causa. O recurso a este método de cariz indutivo exige do aluno um maior envolvimento e um papel mais ativo, obrigando-o a refletir e a tirar conclusões através de um percurso de descoberta. Esta estruturação invertida não era habitual nas gramáticas portuguesas da época, sendo mais comum os gramáticos começarem por definir o conceito e só depois apresentarem os exemplos.

Outro aspeto digno de destaque na obra é o facto de a autora terminar cada uma das lições com exercícios práticos. Ainda que a inserção de exercícios não constituísse uma total novidade, uma vez que já se encontrava na *Grammatica Nacional* ([1]1874, [11]1885) de Francisco Júlio Caldas Aulete (1823-1878) e nas *Noções elementares de grammatica portugueza* (1891) de Francisco Adolfo Coelho, é um elemento que gostaríamos de destacar por não ser uma prática frequente. Sem datação, a *Gramática Prática da Língua Portuguesa* voltou a ser publicada subsequentemente, atingindo uma terceira edição que data aproximadamente de inícios dos anos 1930.

3.3 Os paratextos

Como veremos, a obra vem acompanhada por dois paratextos interessantes que reproduziremos a seguir. O primeiro prefácio é da autoria do filólogo José Joaquim Nunes (1859-1932) e o segundo da lavra da própria autora.

3.3.1 O Prefácio de José Joaquim Nunes

Num mundo em que a produção editorial era dominada por homens, parece-nos que o facto de a autora ter convidado esta personalidade masculina para prefaciar a sua obra se constituía como uma estratégia para legitimar a sua gramática, conferindo-lhe uma maior credibilidade. A escolha de José Joaquim Nunes[12] não terá sido aleatória, uma vez que já se conheciam desde que Almeida frequentara o curso Superior de Letras, onde foi seu professor, e também por o autor se destacar no panorama da produção metalinguística nacional, o que seguramente constituiria uma mais-valia para a autora e para a sua obra. Atentemos, então, nas palavras que José Joaquim Nunes lhe dirige:

> Abundam entre nós as gramáticas destinadas ao ensino da língua materna, mais extensas e difusas umas, resumidas e abreviadas outras, conforme o escopo dos seus autores, em todas elas, porém, domina mais ou menos o tom dogmático, que aliás não se pode excluir dum livro da sua natureza, mas que por isso mesmo contribui para o fastio e aborrecimento que a breve trecho se apodera dos espíritos infantis logo após as primeiras lições; o principal, pois, para quem se ocupa do assunto, está, a meu ver, em fazer desaparecer o máximo possível dessa aridez que lhe anda inerente ou antes em disfarçá-la por modo tão perfeito que não cheguem a senti-la aqueles que em tenros anos teem de dar-se ao seu estudo. É o que se me afigura ter realizado a autora. Conjugando com a sua qualidade de mulher o papel de educadora, expõe a doutrina que pretende transmitir aos tenros cérebros por forma ao mesmo tempo simples e afectuosa, que certamente deve atrair-lhe os pequenos discípulos, fazendo que êstes, sem grande esfôrço intelectual, vão recebendo a pouco e pouco as suas lições; como se foram contos com que entretivesse a sua imaginação, qual mãe que ao filho sentado no regaço inicia no conhecimento do que a sua avidez de saber deseja conhecer, em linguagem similhante aponta à criança as normas de bem falar, partindo dos exemplos, que são sempre a maneira mais profícua de ensinar. Mas êste modo de dizer no qual o espirito de quem fala precisa de abaixar-se até nivelar-se com o de quem ouve não é isento de dificuldades, especialmente tratando-se de doutrina que por vezes tem o seu tanto ou quanto de emmaranhada; dessas dificuldades soube todavia desembaraçar-se a autora graças à sua perspicácia e inteligência, aliadas à prática e estudo constantes e ao desejo ardente de obter o máximo resultado dos seus esforços. (Nunes, 1917, V-VI)

José Joaquim Nunes começa por dar conta da existência de diferentes tipos de gramáticas, concluindo que em todas elas domina, em maior ou menor grau, um tom dogmático que, na verdade, é uma característica própria deste tipo de manuais. Neste sentido, é importante que os seus autores sejam capazes de disfarçar essa dificuldade inerente à aprendizagem dos conteúdos gramaticais.

---

[12] José Joaquim Nunes destacou-se pelos trabalhos que desenvolveu no âmbito da lexicografia dialetal e histórica, tendo parte da sua bibliografia sido publicada na *Revista Lusitana* e no *Boletim da Academia das Ciências de Lisboa*. De entre as suas monografias, destaca-se o *Compêndio de Gramática Histórica portuguesa*, publicado em 1919, ou seja, dois anos após a publicação da gramática de Berta Valente de Almeida.

No entender de Nunes, Berta Valente de Almeida conseguiu alcançar estas qualidades na sua obra por usar uma metodologia clara e objetiva, baseada na apresentação de exemplos, que se constituem como a forma mais eficaz de transmitir estes ensinamentos. Além disso, o facto de reunir em si o papel de mulher e educadora permitiu-lhe conferir à sua obra uma abordagem diferente, expondo os conteúdos de uma forma ‹simples e afectuosa›, facilitando, assim, a aprendizagem.

Para além de reconhecer as suas qualidades enquanto pedagoga, as palavras de Nunes não deixam de nos remeter para o papel da mulher na sociedade da época, um papel associado à sua função de educadora e de mãe, estabelecendo uma analogia entre a gramaticógrafa que expõe a sua doutrina e uma mulher que narra um conto ao seu filho.

Na sua opinião, nota-se, por parte da autora, uma facilidade em conseguir nivelar o seu discurso tendo em conta os seus destinatários, de modo a torná-lo perceptível, o que nem sempre seria fácil, tendo em conta a complexidade associada aos conteúdos abordados. Nunes conclui que Berta Valente de Almeida conseguiu ultrapassar estes obstáculos graças ao seu trabalho, dedicação e inteligência.

3.3.2 O Prefácio da autora

> Todos os que se consagram à arte de ensinar hão de ter observado de quanta dificuldade é a aquisição correcta do conhecimento da língua materna. Defeituosos, em geral, os processos por que se deram os primeiros passos nesse conhecimento, aos primeiros elementos de instrução, essa dificuldade cresce de ponto quando necessário se torna fazer consciente o funcionamento dessa maravilhosa engrenagem por que mutuamente transmitimos os nossos pensamentos.
> Longa e acurada experiência tem procurado, no exercício do nosso mister de há dez anos, o caminho que, sem a tradicional relutância, seja aberto ao estudo da Gramática, e com extremada atenção verificámos nos últimos anos que a aplicação do método reduzido a escrito no presente trabalho conduz aos mais profícuos resultados.
> Só a prática guiou, pois, a sua composição, o agrupamento das noções que compõem cada uma das lições em que se divide, ao mesmo tempo que concretiza a letra do programa das classes a que se destina. (Almeida, 1917, VII)

A autora inicia o seu prefácio confirmando a dificuldade que está geralmente associada à aprendizagem correta da língua materna, acrescentando ainda que o problema começa desde logo quando as crianças iniciam a instrução primária, uma vez que esta formação inicial nem sempre é a mais adequada e rigorosa.

À medida que a idade avança e aumenta o grau de complexidade dos conteúdos gramaticais, sendo necessário uma maior capacidade de reflexão e abstração, torna-se ainda mais difícil a compreensão das regras que estão subjacentes ao funcionamento da língua.

Tendo em conta a sua experiência de dez anos na docência e a observação atenta que foi fazendo das diferentes metodologias aplicadas no estudo da gramática, procurou elaborar uma gramática que conduzisse os alunos a uma aprendizagem eficaz, através do método indutivo e respondendo aos objetivos do programa dos anos a que se destinava.

4. Conclusão

No espaço temporal de cerca de 150 anos, o *Breve Compendio da Grammatica Portugueza para uso das Meninas que se educaõ no Mosteiro da Vizitaçaõ de Lisboa* de Francisca de Chantal Álvares, de 1786, e a *Gramatica Prática da Língua Portuguesa*, de 1917, bem como as outras obras metalinguísticas subsequentemente publicadas pela filóloga duriense Berta Valente de Almeida constituem textos de charneira que merecem um lugar de destaque na historiografia linguística portuguesa. Parece evidente que as autoras e as suas obras não podem ser analisadas e devidamente compreendidas fora do contexto cultural, pedagógico e científico em que foram redigidas, já que elaboraram as suas obras como instrumentos pedagógico-didáticos que se destinavam a um público escolar concreto.

Após uma tradição gramaticográfica vernacular, iniciada em 1536, que se dirigira exclusivamente a um público masculino, foi através do *Breve Compendio* da visitandina gaiense que surgiu pela primeira vez uma *grammaire des dames* (no sentido literal do conceito) em Portugal. Tendo em conta a inexistência de um ensino feminino regular no Portugal pós-pombalino, o opúsculo metalinguístico surge como fruto de trabalho de uma autora do sexo feminino, que exercia o cargo de professora do Mosteiro da Visitação de Lisboa. Se a gramática visitandina pode inicialmente parecer merecedora de menos atenção por causa da lição metalinguística propriamente dita, a caraterística de ser declaradamente destinada para ser utilizada por um público do sexo feminino torna-a um monumento metalinguístico único em Portugal, já que esta tradição epistemológica não teve seguimento durante a monarquia portuguesa.

A tradição das *grammaires des dames* portuguesas somente teve continuidade no período republicano, graças à atividade autoral de Berta Valente de

Almeida, que lecionou no Liceu D. Maria Pia, em Lisboa, as línguas portuguesa e latina de 1907 a 1952.

Se a gramática visitandina já durante o século XIX terá sido votada ao esquecimento, o mesmo não se verificou com as obras metalinguísticas e didáticas de Berta Valente de Almeida, cuja adoção não ficou restrita ao liceu onde ela era professora, dado que as edições subsequentes da gramática e outras obras foram ‹aprovadas oficialmente› pelo governo para uso oficial em todo o sistema educativo português.

Referências bibliográficas

Adão, Áurea 1997
Estado Absoluto e ensino das primeiras letras: As escolas régias (1772-1794). Lisboa.

Adão, Áurea 2014
A Necessidade de um Ensino Público para as Meninas, no Início de Oitocentos: das Decisões Políticas à Instalação das primeiras Escolas. In: Interacções 8: 55-67.

Almeida, Berta Valente de [1]1917
Gramática prática da Língua Portuguesa: Constituindo com «Exercícios de redacção e composição», da mesma autora, um tratado elementar, mas completo, da língua, Curso Geral dos Liceus, 1.ª, 2.ª, 3.ª classes e Escolas congéneres. Prefaciada pelo Dr. José Joaquim Nunes. Lisboa.

Almeida, Berta Valente de [2]s. d.
Gramática Prática da Língua Portuguesa: Curso Geral dos Liceus, 1.ª, 2.ª, 3.ª, 4.ª, e 5.ª Classe, Aprovada oficialmente. Lisboa.

Almeida, Berta Valente de [3]s. d.
Gramática Prática da Língua Portuguesa: Curso Geral dos Liceus, 1.ª, 2.ª, 3.ª, 4.ª, e 5.ª Classe, Aprovada oficialmente. Lisboa.

Alorna, [Leonor de Almeida Portugal Lorena e Lencastre] Marquesa de 1941
Inéditos: Cartas e outros escritos. Selecção, prefácio e notas do Prof. Hernani Cidade. Lisboa.

[Álvares], F[rancisca] de [C]hantal 1786
Viva † Jesus / BREVE COMPENDIO / DE / GRAMATICA PORTUGUEZA / PARA O USO / Das Meninas que se educaõ no Mosteiro / da Vizitaçaõ de Lisboa. / Por huma Religioza do mesmo Mosteiro. // LISBOA / Na Officina de Antonio Rodrigues Galhardo, / Impressor da Real Meza Censoria. / Anno M DCC LXXXVI. / Com licença da mesma Real Meza. [on-line: <http://resolver.iai.spk-berlin.de/IAI00005FF200000000>]

[Argote, Jerónimo Contador de] [pseudónimo Gama, Caetano Maldonado da] [1]1721
REGRAS / DA LINGUA / PORTUGUEZA, / Espelho da lingua Latina, / OU / DISPOSIC,AM / Para facilitar o ensino da lingua Latina pelas / regras da Portugueza, / COMPOSTO PELO PADRE / CAETANO MALDONADO / DA GAMA. // LISBOA OCCIDENTAL: / Na Officina de Mathias Pereyra da Sylva, / & João Antunes Pedrozo. / M. DCC. XXI. / Com as licenças necessarias. [2.a edição sob o verdadeiro nome do autor, LISBOA OCCIDENTAL, / NA OFFICINA DA MUSICA]

Aulete, F[rancisco] Júlio Caldas [11]1885
Grammatica Nacional: Curso Pratico de Grammatica Portugueza, Adoptada pelo Conselho de Instrucção Publica. Lisboa.

Bacelar, Bernardo de Lima e Melo [2]1996
Gramática Filosófica da Língua Portuguesa de Bernardo de Lima e Melo Bacelar, Reprodução facsimilada da edição de 1783, com introdução e notas pelo Académico Correspondente Amadeu Torres (Subsídios para a História Portuguesa; 27). Lisboa.

Bello Vázquez, Raquel 2005
Uma certa ambiçaõ de gloria Trajectória, redes e estratégias de Teresa de Mello Breyner nos campos intelectual e do poder em Portugal (1770-1798). Tese de doutoramento. Santiago de Compostela.

Bolufer Peruga, Mónica 1998
Mujeres e ilustración: La construcción de la feminidad en la España del siglo XVIII. València.

Carvalho, Rómulo de 1986
História do Ensino em Portugal: Desde a fundação da Nacionalidade até o fim do regime de Salazar Caetano. Lisboa.

Casimiro, João Joaquim [1]1792
METHODO / GRAMMATICAL / RESUMIDO / DA LINGUA PORTUGUEZA, / COMPOSTO / POR / JOAÕ JOAQUIM / CASIMIRO, / PROFESSOR DE GRAMMATICA. // PORTO: / NA OFFIC. DE ANTONIO ALVAREZ RIBEIRO. / ANNO DE M. DCC. XCII. / Com Licença da Real Meza da Commissão Ge- / ral sobre o Exame, e Censura dos Livros. / Vende-se na mesma Officina na rua de S. Miguel, nas / Casas N. 260; e na rua das Flores na loja da esquina, aci- / ma da Companhia Geral do Alto Douro.

Coelho, F[rancisco] Adolfo 1891
Noções Elementares de Grammatica Portugueza: Obra que contém as materias dos exames d'ensino primario elementar e de admissão aos lyceus. Porto.

Coelho, Francisco Adolfo 1868
A Lingua Portugueza: Phonologia, Etymologia, Morphologia e Syntaxe. Coimbra.

Coelho, Francisco Adolfo 1881
Curso de literatura nacional. I – A lingua portuguesa, noções de glotologia geral e especial portugueza. Porto.

DG (1922) = «1.ª Repartição». In: Diário do Governo 155 (II série, 7 de Julho de 1922): 2377.

Dobnig-Jülch, Edeltraud / Staudinger, Susanne 1994
Frauen + (viel) Grammatik = (viel) Frauengrammatik? Zur Verbreitung und Typologie spezieller Grammatiken im 18. Jahrhundert. In: Histoire Épistemologie Langage 16.II: 143-168.

[Figueiredo, Pedro José de] [1]1799
ARTE / DA / GRAMMATICA PORTUGUEZA, / ORDENADA / EM METHODO BREVE, FACIL, E CLARO, / OFFERERECIDA / A / SUA ALTEZA REAL / O SERENISSIMO SENHOR / DOM ANTONIO, / PRINCIPE DA BEIRA. // LISBOA, / NA REGIA OFFICINA TYPOGRAPHICA. / ANNO M. DCC. XCIX. / Com licença da Mêsa do Desembargo do Paço.

[Fonseca, Pedro José da] ¹1799
RUDIMENTOS / DA / GRAMMATICA / PORTUGUEZA, / Cómmodos á instrucção da Mocidade, e / confirmados com selectos exemplos de / bons Autores. / Do que se antigamente mais prezárão / Todos os que escrevêrão / A propria lingoa, e nisso trabalhárão / O DOUTOR ANTONIO FERREIRA. / Poem. Lusit. liv. I cart. 3. // LISBOA. M. DCC. LXXXXIX. / NA OFF. DE SIMÃO THADDEO FERREIRA. / Com Licença da Meza do Desembargo do Paço. / Vende-se na loja de José Antonio da Silva, / Livreiro na Praça da Figueira.

HFMVL (2007)
Historia da Fundação do Mosteiro da Vizitação em Lisboa: No anno de 1784. In: Santos (2007: 465-629).

Kemmler, Rolf 2007
A Academia Orthográfica Portugueza na Lisboa do Século das Luzes: Vida, obras e actividades de João Pinheiro Freire da Cunha (1738-1811) (Beihefte zu *Lusorama*; 1. Reihe, 12. Band). Frankfurt am Main.

Kemmler, Rolf 2012
Le rôle du français dans la grammaire visitandine de Francisca de Chantal Álvares (Lisbonne, 1786). In: Vers une Histoire Générale de la Grammaire Française: Matériaux et perspectives, Actes du colloque international de Paris (HTL/SHESL, 27-29 janvier 2011), ed. par Bernard Colombat, Jean-Marie Fournier et Valérie Raby. Paris: 445-466.

Kemmler, Rolf / Assunção, Carlos / Fernandes, Gonçalo 2010
A primeira gramática portuguesa para o ensino feminino (Lisboa, 1786). In: *Diacrítica: Série ciências de linguagem* 24.1 (2010): 373-393.

Kemmler, Rolf / Schäfer-Prieß, Barbara 2012
Eine Salesianernonne als Grammatikerin: Die Frauengrammatik *Breve Compendio da Gramatica Portugueza para uso das Meninas que se educaõ no Mosteiro da Vizitaçaõ de Lisboa* (1786). In: Lusofone SprachWissenschaftsgeschichte I, hrsg. von Rolf Kemmler, Barbara Schäfer-Prieß und Roger Schöntag. Tübingen: 99-124.

Lobato, António José dos Reis ¹1770
ARTE / DA GRAMMATICA / DA LINGUA / PORTUGUEZA. / COMPOSTA, E OFFERECIDA / AO ILL.ᴹᴼ E EXC.ᴹᴼ SENHOR / SEBASTIÃO JOSÉ / DE CARVALHO E MELLO, / Ministro, e Secretario de Estado da Sua Magestade Fidelissima da / Repartição dos Negocios do Reino, Alcáide Mór da Cidade de / Lamego, e Senhor Donatario das Villas de Oeyras, Pombal, / Carvalho, e Cercosa, e dos Reguengos, e Direitos Reaes da / de Oeyras, e de Apar de Oeyras, Commendador das Com- / mendas de Santa Marinha de Mata de Lobos, e de S. / Miguel das tres Minas na Ordem de Christo, &c. / PELO BACHAREL / ANTONIO JOSE' DOS REIS / LOBATO. // LISBOA. / Na REGIA OFFICINA TYPOGRAFICA / Anno MDCCLXX. / Com licença da Real Meza Censoria.

Loureiro, Marlene 2012
A descrição das partes da oração na primeira gramática portuguesa para o ensino feminino. In: XXVII Encontro Nacional da Associação Portuguesa de Linguística: Textos Selecionados, Lisboa 27, 28 e 29 de Outubro de 2011, org. por [Maria] Armanda Costa, Cristina Flores e Nélia Alexandre. Lisboa: Associação Portuguesa de Linguística, CD-ROM (ISBN 978-989-97440-1-1): 340-359.

Moura, Teresa Maria Teixeira de 2012
As ideias linguísticas portuguesas do século XVIII. Vila Real.

O Século (1953)
Homenagens: À professora Sr.ª D. Berta Valente de Almeida. In: *O Século* 1 de março de 1953.

Penim, Lígia 2008
A alma e o engenho do currículo: História das disciplinas de Português e Desenho no ensino secundário do último quartel do século XIX a meados do século XX. Tese de Doutoramento. Lisboa.

Pina, Luís de 1966
Plano para a educação de uma menina portuguesa no século XVIII: (no II centenário da publicação do Método de Ribeiro Sanches). In: Cale: Revista da Faculdade de Letras do Porto 1: 9-50.

Sanches, António Nunes Ribeiro 1754
Educaçaõ de huã Minina ate a idade de tomar Estado, no Reyno de Portugal. Escrita a meu Am.º o D.ʳ Barboza a Elvas. pello anno 1754: Nos Banhos de Bourbon Lancy. In: Miscellanea medica por António Nunes Ribeiro Sanches. Manuscrito, Biblioteca Nacional de España, MSS 18370, volume 1, coluna direita de fols. 256 r-261 v.

Sanches, António Nunes Ribeiro ²1922
Cartas sôbre a Educação da Mocidade, Nova edição revista e prefaciada pelo Dr. Maximiano de Lemos. Coimbra.

Santos, Maria Helena Pessoa 2010
As *Ideias linguísticas Portuguesas na Centúria de Oitocentos*. Lisboa.

Santos, Zulmira C[oelho dos] 2002
Percursos e formas de leitura ‹feminina› na segunda metade do século XVIII, In: Revista da Faculdade de Letras: Línguas e Literaturas 19: 71-110.

Santos, Zulmira C[oelho dos] 2004
Para a história da educação feminina em Portugal no século XVIII, a fundação e os programas pedagógicos das visitandinas. In: Estudos em homenagem a Luís António de Oliveira Ramos, ed. por Jorge Martins Ribeiro, Francisco Ribeiro da Silva, Helena Osswald e Maria Antonieta Cruz. Porto: Faculdade de Letras da Universidade do Porto, vol. 3: 985-1001.

Santos, Zulmira C[oelho dos] / Queirós, Helena 2012
Letras e Gestos: Programas de Educação Feminina em Portugal nos séculos XVIII-XIX. In: Via Spiritus: Revista de História da Espiritualidade e do Sentimento Religioso 19 (2012): 59-122.

Santos, Zulmira da C[onceição] T[rigo] G[omes] M[arques] C[oelho dos] 2007
Literatura e Espiritualidade na Obra de Teodoro de Almeida (1722-1804). Lisboa.

Schäfer-Prieß, Barbara 2000
Die portugiesische Grammatikschreibung von 1540 bis 1822: Entstehungsbedingungen und Kategorisierungsverfahren vor dem Hintergrund der lateinischen, spanischen und französischen Tradition. Tübingen.

Seixas, Maria Augusta 2010
Virgínia Quaresma (1882-1973): o século de Virgínia Quaresma. In: Centro de Documentação e Arquivo Feminista Elina Guimarães. [<http://www.cdocfeminista.org/index.php/pt/ biografias-de-feministas/45-virginia-quaresma> (última consulta: 8 de novembro de 2016)].

Silva, Amaro Carvalho da 2003
Liceu Maria Amália Vaz de Carvalho. In: Liceus de Portugal: Histórias, arquivos, memórias, ed. por António Nóvoa e Ana Teresa Santa-Clara. Porto.

Tormenta, José Rafael Brito (1999)
Os professores e os manuais escolares: Um estudo centrado no uso dos manuais de Língua Portuguesa. Dissertação de mestrado. Porto.

[Verney, Luís António] ²1746, II
VERDADEIRO / METODO / DE ESTUDAR, / PARA / Ser util à Republica, e à Igreja: / PROPORCIONADO / Ao estilo, e necesidade de Portugal, / EXPOSTO / Em varias cartas, escritas polo R. P. ••• Barbadinho / da Congregasam de Italia, ao R. P. ••• / Doutor na Universidade de Coimbra, / TOMO SEGUNDO. / VALENSA / NA OFICINA DE ANTONIO BALLE. / ANO MDCCXLVI. / Com todas as licensas necesarias, &c. [= Nápoles: Gennaro e Vicenzo Muzio, s.d.

Helena Sanson

La "Vraie méthode" di Nicolas Adam e le sue grammatiche '*à l'usage des dames*'[*]

1. Premessa

La produzione di opere grammaticali "*pour les dames / for the ladies / per le dame / für die Frauenzimmer*", pubblicate in vari paesi europei tra la fine del 1600 e il 1800, è un caso interessante, nella storia del libro e della cultura, di un gruppo specializzato di testi che cerca di rispondere ai gusti e alle esigenze di un certo pubblico in una certa epoca.[1]

Permeate da un elemento di '*sociabilité*' e definite da criteri di "simplicité, clarté et précision",[2] le grammatiche '*à l'usage des dames*' adottavano uno stile piacevole, avulso da qualsiasi forma di pedanteria. Erano sì destinate ad un pubblico femminile di '*dames et demoiselles*', ma erano anche rappresentative, più in generale, di un pubblico di principianti, di '*commençans*', desideroso di imparare la grammatica e le lingue, senza pena, senza noia e in poco tempo. Sono anche testi in cui la conoscenza della grammatica della lingua materna precede cronologicamente, e pragmaticamente, lo studio della grammatica del latino, tradizionalmente ritenuto necessario all'apprendimento grammaticale; studio che, anzi, non solo non è più ritenuto necessario, ma è talora addirittura considerato controproducente. La formula '*à l'usage des dames*' è, inoltre, dotata di per sé di una certa fluidità e flessibilità che permette agli autori di estenderla per rivolgersi ai '*jeunes étudiants*', di entrambi i sessi, o di limitarla per riferirsi nello specifico allo studio della sola ortografia.[3]

Autori e stampatori si richiamavano così alle '*dames*' nel titolo delle loro opere per segnalare che si trattava di grammatiche 'elementari', concepite, o

---

[*] La ricerca per questo saggio è stata inizialmente possibile grazie al generoso sostegno del Leverhulme Trust, a cui desidero esprimere la mia gratitudine.
[1] Cfr., per esempio, Beck-Busse, 2012 e 2014. Per altri studi sulle grammatiche 'pour les dames / per le dame', si rinvia ai saggi in Ayres-Bennett, 1994; e a Reuillon-Blanquet, 1994 e 1995; Holtus, 1997; Minerva, 2000; Pellandra, 2000; Fernández Fraile, 2012; Sanson, 2016.
[2] Su questo punto, si veda Sanson, 2014.
[3] Cfr., per esempio, De Prunay, 1777.

almeno questa era l'intenzione, per essere accessibili a chiunque, lettori e lettrici di qualsiasi classe sociale: "au cours du XVIIIe siècle 'Grammaire des Dames' devient générique' e la parola '*dames*' nel titolo diventa una sorta di '*mot de passe*'" (Beck-Busse, 2011-2012, 16, 20), rinviante a tutta una serie di connotazioni e sfumature che dovevano essere chiare al lettore del tempo, al punto da non richiedere spiegazioni dettagliate.

2. Una 'Vraie manière' per le dame (ma non solo)

Fra le varie grammatiche '*à l'usage des dames*' pubblicate in Francia nel 1700, troviamo sia grammatiche del francese sia grammatiche delle lingue straniere; fra queste alcune si distinguono per il fatto che la formula del titolo è da interpretare nel contesto di un vero e proprio metodo di apprendimento linguistico nel senso più strutturato e programmatico del termine. Nel 1779 esce, infatti, a Parigi, con Benoît Morin, l'anonima *La vraie manière d'apprendre une langue quelconque, vivante ou morte, par le moyen de la langue françoise; ouvrage divisé en plusieurs parties. 1 Grammaire françoise à l'usage des dames, servant de base à toutes les autres Langues. 2 Grammaire italienne. 3 Grammaire latine. 4 Grammaire angloise. 5 Grammaire allemande. 6 Grammaire, &c. &c &c. Ière partie.* Nonostante il titolo altisonante, l'opera consiste solo di una grammatica del francese. Gli altri testi annunciati nel frontespizio uscirono negli anni a seguire, seppur non nell'ordine indicato: un anno dopo, nel 1780, venne pubblicata, infatti, una grammatica latina, seguita poi nel 1783 da una italiana, e nel 1786 da una grammatica dell'inglese e dalla seconda edizione di quella latina; nel 1787, è la volta del tedesco, mentre il sesto testo anticipato nel frontespizio, ma poi non pubblicato, doveva essere dedicato al greco (Beck-Busse, 2014, 265). Alla *princeps* della *Grammaire françoise* del 1779 fecero seguito altre riedizioni, almeno a far fede al titolo dell'edizione del 1790 che recita: *La vraie manière d'apprendre une Langue quelconque, vivante et morte, par le moyen de la Langue Françoise, servant de base à toutes les autres. Grammaire Nationale. Cinquième édition.*[4] Si tratta, come indica Gabriele Beck-Busse, di una versione quasi identica a quella del 1779, anche se,

---

[4] L'anonimo recensore dell'opera nel periodico *Mercure de Paris* (1791, V, p. 116) commentava che era superfluo fare l'elogio di un libro elementare arrivato ormai alla 5a edizione, premurandosi comunque di fare presente che era scritto con grande precisione e chiarezza. Va comunque tenuto presente che, a parte quella del 1779, non ci resta alcuna traccia delle edizioni precedenti. Non si può escludere, tenuto conto della forte concorrenza nella produzione di tipo grammaticale, che un autore potesse 'gonfiare' il numero effettivo delle edizioni per

essendo nel pieno della Rivoluzione francese, l'autore, ancora anonimo, preferisce sostituire l'aggettivo '*nationale*', più patriottico, alla formula '*à l'usage des dames*' che troppo ricordava, forse, le classi altolocate demonizzate dai recenti eventi.

Per supportare e integrare le grammatiche della "*vraie manière*", l'autore proponeva anche alcuni testi da studiare servendosi dell'analisi logica e della traduzione, testi che già venivano annunciati nelle ultime pagine della grammatica del 1779 come "Livres élémentaires [...] pour servir à la nouvelle Méthode d'Enseignement":[5] per il latino *Les Quatre Chapitres* (2 voll., con traduzioni a "quatre faces" e anche con il solo testo francese), *Les Fables latines de Phèdre* (2 voll., con le traduzioni a "quatre faces") *Les Oeuvres d'Horace* (2 voll., con traduzione letterale), *L'Andrienne de Térence* (con traduzione letterale). La grammatica italiana era accompagnata da *Le Favole di Fedro*, ovvero *Les Fables de Phèdre, traduites en vers blancs italiens*, e per l'inglese venivano approntati l'*Histoire de Rasselas, Prince d'Abyssinie par Johnson. Traduction littérale* (2 voll.), a cui, leggiamo, avrebbero fatto seguito, l'anno successivo, *Caton, tragédie par Addisson, Essai sur l'homme de M. Pope, Lettre d'Héloïse à Abelard de M. Pope, Première nuit de M. Young, Traduction littéral de ces pièces anglaises*.

Il prolifico autore di questi scritti, e 'ideatore' della "*vraie manière*", è il parigino Nicolas Adam (1717-1792),[6] che fu allievo di Louis Le Beau e insegnò grammatica e poi retorica al *Collège de Lisieux*. Adam conosceva il latino, l'inglese, il tedesco e, appunto, l'italiano. Quando nel 1760 il conte François de Baschi (comte de Baschi-Saint-Estève) fu nominato ambasciatore a Venezia, Adam lo seguì, nel ruolo, pare, di precettore dei figli del conte,[7] di cui fu anche segretario fra il 1760 e il 1767. Dopo la partenza di Baschi, svolse le funzioni di '*chargé d'affaires*', fino all'arrivo del nuovo ambasciatore, il marchese Antoine de Paulmy (Recueil, 1958, 249, 253, 256).[8] Secondo alcune

---

suscitare maggiore interesse nel pubblico e aumentare le vendite.

[5] La grafia delle citazioni dalle fonti primarie in francese è conservata come nell'originale.

[6] Secondo alcune fonti, la data di nascita sarebbe il 1716. Si veda *Biographie universelle*, 1811, 185. Per l'attribuzione, si veda Barbier, 1806, 749.

[7] Il conte Baschi, ambasciatore di Francia a Lisbona dal 1752 al 1756, aveva sposato nel 1740 Charlotte-Victoire Le Normant dalla quale ebbe 5 figli, François de Baschi (nato nel 1745), Anne-Charlotte-Victoire (nata nel 1741), Elizabeth-Guillelmine Françoise (nata nel 1741), Henriette-Louise-Madeline (nata nel 1744) e Jeanne-Marie-Louise (nata nel 1750). Cfr. La Chesnaye-Desbois, 1771, 37; Mézin, 1998, 97, n. 2.

[8] Su Adam, si vedano anche Hoefer, 1854, 229; Campbell 1907-1912, I, 134; *Dictionnaire de biographie française*, 1933, I, 466-467.

fonti, Adam restò a Venezia per 12 anni, per poi dedicarsi, al rientro a Parigi, a diffondere le sue idee attraverso grammatiche, manuali di traduzione e alcuni saggi di pedagogia e didattica linguistica.[9]

Nel 1787 uscì, anche in questo caso anonimamente, la *Vraie manière d'apprendre une langue quelconque, vivante ou morte, par le moyen de la Langue Françoise; ou démonstration et pratique de la Nouvelle méthode d'enseignement*, che illustra in modo teorico-pratico il programma linguistico di Adam. Tale volume comprende vari testi: il primo è la *Dissertation curieuse et intéressante, pour faire connaître davantage en France, &, pour la premiere fois, dans le reste de l'Europe, une Nouvelle Méthode d'apprendre & d'enseigner les Langues, conforme à la nature, & pour prouver invinciblement qu'elle seule, exclusivement à toute autre, doit être employée dans les études de la jeunesse. Par l'auteur de la Grammaire Françoise, à l'usage des Dames* (Adam, 1787a, 1-60).[10] Il titolo stesso è già un programma e sintetizza, come si vedrà, l'essenza dell'approccio di Adam. Segue una *Seule et unique leçon de langue allemande, sous la forme d'une scêne de comédie*,[11] e un *Essai en forme de mémoire sur l'éducation de la jeunesse, pour servir de réponse à deux Questions générales, qui renferment toutes celles que l'on peut faire sur cette matiere*,[12] in cui Adam si interroga sui vizi e sui difetti del sistema educativo francese, proponendone uno nuovo, rivolto ad entrambi i sessi. Due anni dopo, nel 1789, uscì a stampa la *Mémoire sur l'éducation de la jeunesse, par une méthode d'enseignement tout-à-fait nouvelle, & tout-à-fait opposée à la routine actuelle*, che originariamente Adam aveva presentato, nello stesso anno, come discorso davanti all'*Assemblée generale*, nel tentativo di promuovere il proprio metodo pedagogico e didattico, e farlo adottare in tutte le scuole pubbliche.[13]

---

[9] Sua anche una orazione latina composta per celebrare la pace di Aix-la-Chapelle del 17 ottobre 1748 (*De pace oratio gratulatoria habta Universitatis nomine in majoribus Sorbonae scholis*), pubblicata insieme alla sua ode *In pacem, cum in pacis reditum gratulatoriam orationem universitatis nomine et jussu haberet Carolus Le Beau* e a vari altri versi di professori della Sorbona (Paris, 1749).

[10] La *Dissertation* include a sua volta una 'Scêne de latin' in cui una *jeune demoiselle* dà mostra delle capacità linguistiche acquisite grazie al metodo di Adam.

[11] Si tratta di una lezione, "sous la forme d'une Scêne de Comédie" (Adam, 1787a, 61-89), fra una dama tedesca, sposata con un francese, e la figlia di 8 anni.

[12] Nell'edizione da me consultata (Cambridge University Library, XV.13.85), le tre operette sono rilegate in un unico tomo, e l'*Essai* presenta frontespizio e paginazione propria.

[13] Due anni prima, Adam aveva presentato ai ministri e all'assemblea del clero, in forma manoscritta, il testo del suo *Essai* con la sua *Demonstration pratique*, "mais infructueusement" (Adam, 1789, 16).

Ci troviamo di fronte ad un programma complesso e articolato, attentamente strutturato, la cui analisi consente di aggiungere un ulteriore tassello all'interpretazione della fortunata formula 'à l'usage des dames', e di vedere come grammatici e pedagoghi del tempo adattassero e rielaborassero, riappropriandosene tacitamente, idee e metodi dei loro predecessori.[14]

3. Le grammatiche di Adam
3.1 La grammatica del francese

Come si è visto, *La vraie manière d'apprendre une langue quelconque, vivante ou morte, par le moyen de la langue françoise* del 1779 consiste essenzialmente della *Grammaire françoise à l'usage des dames, servant de base à toutes les autres Langues*. Ma la *Grammaire françoise*, all'interno del testo, si arricchisce di un'ulteriore definizione e diventa più precisamente *Grammaire françoise universelle à l'usage des dames*, in cui l'aggettivo "universelle" enfatizza il ruolo chiave della grammatica del francese nel dare accesso allo studio di altre lingue, e sottolinea la ripetibilità, e la serialità, del metodo.

Secondo Adam, è proprio partendo da una solida conoscenza della lingua materna che si può procedere più facilmente nello studio delle altre lingue, incluse quelle classiche. Adam deplora, infatti, la fatica e il tempo dedicati dai giovani dell'uno e dell'altro sesso all'apprendimento delle lingue, studiate meccanicamente per anni "avec un dégoût infini" (Adam, 1779, i). I ragazzi perdono il loro tempo ad imparare un po' di latino nei *Collèges*, e allo stesso modo ci vuole "une quantité prodigieuse de mois qu'il faut payer à un Maître pour donner aux Demoiselles une teinture de l'Italien ou de l'Anglois" (Adam, 1779, i). Secondo Adam, invece, sarebbero necessari soltanto uno o due anni per i ragazzi per apprendere il latino, e 8 o 9 mesi per le giovinette per imparare l'italiano e l'inglese. La noia e il disgusto vengono dal fatto che "pour les instruire, on leur parle un langage inintelligible" (Adam, 1779, ii). Nella *Dissertation* e nell'*Essai* Adam sottolinea con enfasi proprio questo punto, criticando fortemente il sistema educativo in uso in Francia, che metteva il latino prima del francese: far studiare la grammatica del latino, senza conoscere bene quella del francese, lingua materna, è assurdo. L'assurdità consiste nel fare "marcher

---

[14] La *Vraie manière* di Adam ha già attirato l'interesse di alcuni studiosi che hanno messo in evidenza alcuni debiti e legami con grammatici e teorici precedenti. Si vedano Reuillon-Blanquet, 1994, in particolare 65-71; Caravolas, 2000, 96-98; Suso Lopez, 2012; Beck-Busse, 2014, passim. Il presente studio si propone di offrire un'analisi a più ampio raggio.

à tâtons dans l'obscurité" gli allievi, e farli passare così "brusquement de l'*inconnu* à l'*inconnu*" (Adam, 1787a [*Dissertation*], 2): il vizio di base è dato proprio da "l'ignorance de la Langue française par principes" (Adam, 1787a [*Essai*], 5). Ecco perché, secondo Adam, bisogna adottare un metodo diametralmente opposto a quello in uso, vale a dire partire dallo studio delle regole del francese per poi passare a quelle del latino e delle altre lingue. Questo modo di procedere permette di imparare "constamment, sûrement, & même agréablement, en vous faisant toujours passer insensiblement du *connu* à l'*inconnu*" (Adam, 1787a [*Essai*], 4), espressione che ricorre frequentemente negli scritti di Adam, e sulla quale torneremo.

Adam rassicura i suoi lettori della validità del suo metodo con una serie di esempi tratti dall'esperienza personale: molte '*Dames et Demoiselles*' che conosce si sono stupite di aver potuto apprendere così in fretta una nuova lingua. Una giovane di 20 anni, alla quale aveva dato solo una sessantina di lezioni di latino, era stata in grado di capire e spiegare l'*Eneide* di Virgilio come fosse un allievo della seconda classe di un *Collège*. Un'altra aveva imparato Orazio in brevissimo tempo e dopo poco più di due mesi di lezioni con Adam stesso aveva imparato a scrivere e parlare bene in italiano. Una bambina di 7 anni, per quanto non fosse inizialmente apparsa particolarmente portata per gli studi, aveva imparato a leggere e scrivere, nello spazio di meno di tre mesi, latino, italiano e "beaucoup d'allemand" (Adam, 1779, v). Il segreto del suo metodo consiste nello studiare "la petite Grammaire [...] que je leur présente", grazie alla quale

> elles sauront leur langue & l'orthographe, tout autant qu'il en faut pour étudier ensuite avec fruit, & apprendre en fort peu de temps une Langue étrangere quelconque; car il est certain che c'est uniquement parce qu'on ne sait pas bien sa propre Langue par regles, que l'on a tant de peine à en apprendre une autre (Adam, 1779, vi).

Esiste invece una "Grammaire générale commune à toutes les Langues", data dalle "dix parties du discours" (Adam, 1779, vii), di ognuna delle quali viene data una definizione breve ma chiara. I numerosi esempi proposti hanno lo scopo di far emergere a poco a poco delle regole che si possono applicare a tutte le altre lingue. Gli stessi esempi, d'altronde, sono poi ripresi, in forma tradotta, nelle grammatiche successive, e, come si vedrà, messi in relazione fra loro con un sistema articolato di numeri e lettere che crea precisi rinvii fra una grammatica e l'altra. Quanto alla terminologia grammaticale (e.g. nominativo, genitivo, indicativo, congiuntivo, ecc.), spesso considerato un cruccio dei meno colti, Adam se ne servirà "sobrement", e con l'intento di eliminare "la moindre obscurité [...] la moindre équivoque" (Adam, 1779, viii). La grammatica si conclude con delle regole di composizione (Author, Year, 48-57), un testo sul quale esercitarsi nell'analisi logica ("Faire les parties") e uno schematico "Tableau" delle coniugazioni e declinazioni del francese da confrontare con quelli inclusi nelle grammatiche delle altre lingue.

Nonostante il riferimento alle '*Dames et Demoiselles*', quella di Adam si rivela una "nouvelle méthode d'enseignement" (Adam, 1789, 21) che interessa soprattutto gli allievi molto giovani. Non a caso il suo sistema, ancora prima dell'apprendimento della lingua materna "par principes", prevede l'adozione di un nuovo metodo per imparare a leggere. Nelle pagine di apertura della *Grammaire françoise* troviamo, infatti, una "Nouvelle manière d'apprendre à lire aux enfans, sans leur parler de Lettres & de Syllabes" (Adam, 1779, i-x), che ricorda molto da vicino quello che viene oggi definito come il metodo "globale" di apprendimento della lettura.[15] Partendo dalla necessità di adottare un sistema che permetta di passare dal "*connu* à l'*inconnu*", associando parole e suoni – anziché insegnare ai bambini a riconoscere e ricordare lettere, sillabe e suoni senza alcuna connessione concreta con oggetti a loro familiari – Adam propone di mettere davanti ai loro occhi gli oggetti di cui devono imparare a leggere le parole corrispondenti: "voilà comme les enfans apprennent à parler auprès de leurs nourrices & de leurs gouvernantes: pourquoi ne pas faire la même chose pour leur apprendre à lire?" (Adam, 1779, p. ii)[16]

Muovendo da un principio di apprendimento sensualista che unisce i sensi e le cose, si scrivono dunque parole intere su dei pezzi di carta da conservarsi in una scatola che presto diventerà strumento di gioco; quando i bambini avranno imparato a leggere senza esitazione, bisognerà allora insegnar loro a distinguere sillabe e lettere, seguendo così l'ordine naturale delle cose e preparandoli alla tappa successiva, cioè ad imparare a scrivere.

Il recensore anonimo della *Grammaire françoise universelle à l'usage des dames* nel periodico *L'Esprit des journaux, françois et étrangers* del 1780 apprezzava in particolare l'ordine e la chiarezza con cui la materia era presentata,

---

[15] Il 'metodo globale', anche detto 'metodo analitico' ('*méthode des mots entiers*/'*whole-word method*'/'*whole language approach*'), si oppone a quello sillabico. Cfr. Fischer, 2003, 269; Manguel, 2009, 79. Sulle pratiche di lettura nel 1700, si veda Wittman, 1999.

[16] Il metodo viene poi ripresentato nella sua *Mémoire* del 1789 (Adam, 1789, 9-14).

i numerosi esempi e l'assenza di "toute métaphysique de la langue": l'autore aveva prodotto, scrive,

> plutôt [...] un abrégé de grammaire, qu'une grammaire vèritable, mais [...] un ouvrage vèritablement utile aux commençans [...] à la portée de ceux qu'il veut instruire, en ne les supposant pas instruits de ce qu'ils ignorent. (*Esprit* 1780, 97-98)

La grammatica del francese '*à l'usage des Dames*' di Adam voleva proprio essere questo: una piccola grammatica "purement élémentaire", come la definisce nella sua *Dissertation* (Adam, 1787a, 6), breve, chiara e adatta a ragionare sui principi della propria lingua. La sua *Grammaire françoise universelle à l'usage des Dames* doveva servire da modello per produrre le grammatiche delle lingue di altri paesi, senza che gli equivalenti venissero in qualche modo modificati in lunghezza o contenuto, e assicurandosi che non venisse incluso "absolument rien de scientifique" (Adam, 1787a [*Dissertation*], 7). Appresa bene la grammatica del francese, che significa, di fatto, apprendere bene la grammatica *tout court*, ovvero la grammatica 'universale', si può dunque passare con facilità ad una grammatica della lingua latina (Adam, 1787a [*Dissertation*], 7-8), purché modellata su quella del francese.

3.2 La grammatica del latino

Al latino si può applicare la conoscenza ragionata della propria lingua materna in modo efficace, purché nelle due grammatiche si applichi la stessa struttura e ci si serva degli stessi esempi che evidenzino così differenze e similarità fra le due lingue. Nella grammatica latina del 1780, *La vraie manière d'apprendre une langue quelconque, vivante ou morte, par le moyen de la Langue Françoise, ou démonstration et pratique de la nouvelle méthode d'enseignement. Grammaire latine*, Adam adotta lo stesso schema della grammatica francese: le due opere sembrano, infatti, formare una singola entità, illuminandosi e integrandosi a vicenda.

Va subito fatto notare che Adam promuove lo studio del latino anche per il sesso femminile. L'accesso delle donne alla lingua classica restava, ancora nel Settecento (e ben oltre), un punto controverso, in quanto il latino era solitamente considerato inadatto o inutile alle giovani, oltre che, secondo alcuni, al di là delle loro capacità di apprendimento e concentrazione.[17] Verso l'inizio

---

[17] Le donne sono solitamente associate nei secoli con gli *illitterati*, cioè coloro che non possiedono le *litterae*, ovvero non sanno il latino. Su questo punto, si veda Beck-Busse, 1994. Sulle donne e lo studio del latino, cfr. Plaza Picón, 2012. In particolare sulle donne e il latino nel

del secolo, nel 1716, leggiamo nella *Bibliothèque des Dames* che la conoscenza del latino poteva, però, aiutare le donne a meglio comprendere la lingua francese:

> Si une Dame savoit un peu de latin, elle trouveroit que cette Langue, qu'il n'est pourtant pas nécessaire d'apprendre à fond, lui serviroit beaucoup à se perfectionner dans la sienne. Le principal est de mettre de bons Livres entre les mains des femmes, afin qu'elles y puissent trouver de quoi se dédommager de la perte de temps, qui autrement devroit être employé à l'étude de leur propre Langue aussi bien que des autres (*Bibliothèque des Dames*, 1716, 22-23).

Tuttavia, anche un autore come Charles Rollin (1661-1741), che nel suo *Traité des études* (1726) sosteneva l'importanza dell'educazione delle bambine, non riteneva appropriato che queste apprendessero il latino.[18] I due sessi avevano, a suo dire, ruoli e compiti diversi. Gli uomini avevano incarichi o obblighi che richiedevano, per essere assolti, più ampie conoscenze, conoscenze a cui il greco e il latino davano accesso; le donne invece non avevano nessun ruolo pubblico e dovevano occuparsi solo dell'ambito domestico, più consono alla loro natura: "l'étude de la langue latine, généralement parlant, ne convient point aux personnes du sexe" (Rollin, 1863 <1726>, I, 76).[19] Nell'*Avertissement* in apertura della grammatica latina Adam sostiene invece che la sua opera sarà utile alla "jeunesse" e agli "enfans" che volessero apprendere la lingua con un maestro, o "de soi-même", ma anche alla "quantité de Dames religieuses dans les Couvents" desiderose di capire bene le preghiere che recitavano (Adam, 1780a, ix).[20]

Quanto al metodo, nell'avviso ai lettori e nella prefazione, Adam sottolinea di nuovo la necessità di procurarsi la sua grammatica del francese come

---

Settecento italiano, si veda Sanson, 2015.

[18] Della stessa opinione sono anche l'Abbé Fleury, nel *Traité du choix et de la conduite des études* (1687) e Fénélon nel *Traité de l'éducation des filles* (1687), partendo sempre dal presupposto che l'educazione impartita alle giovani debba adattarsi al loro ruolo in società e alle loro naturali predisposizioni e, dunque, debba differenziarsi da quella maschile, dei *collèges* o delle scuole gesuite, in cui invece il latino aveva un ruolo centrale.

[19] Rollin fa eccezione solo per alcune categorie di donne. Fra queste, vi sono le giovani destinate ad una vita in convento, che devono cantare e recitare "l'office de l'eglise en latin" e per le quali è utile capire bene il Breviario le Sacre Scritture, e forse anche i Padri della Chiesa. Dovranno adottare un metodo di studio diverso e semplificato che comporti solo la spiegazione della lingua ("les principes sont absolument nécessaires. Ils sont comme les fondements de cette connaissance" (Rollin, 1863 <1726>, I, 76-77). Possono imparare il latino anche le giovani cristiane di buona famiglia e buona condotta, le vedove e le terziarie.

[20] D'altronde, nel suo *Essai en forme de mémoire*, già citato, in cui Adam propone un nuovo sistema scolastico e un nuovo piano di studi per le scuole francesi, sono previsti dei Collèges femminili nei quali si studia anche la lingua latina.

base di partenza, e istruisce i suoi lettori sul modo di procedere concretamente: bisogna tenere aperte, una vicina all'altra, le due grammatiche, leggendo prima quanto scritto in quella del francese, e poi in quella latina, senza mai procedere oltre in quest'ultima, se non si è sicuri di aver ben compreso quanto letto, in entrambe, fino a quel momento. La corrispondenza fra regole ed esempi nei due testi è assicurata da un sistema di numeri e lettere:

> [5 A] La lumière du soleil cause un grand plaisir aux hommes, & à la nature entiere. (Adam, 1779, 4)
>
> [5 A] Solis lumen homines, totamque naturam magna voluptate afficit. Du soleil la lumière les hommes, toute & la nature de grand plaisir affecte. (Adam, 1780a, 5)
>
> [7 A] J'estime l'Aminta *du* Tasse, plus que le Pastor Fido *de* Guarini. [...] J'ai lu les Comédies *de* Moliere. (Adam, 1779, 7)
>
> [7 A] Multo pluris *Tassi* Amintam, quam Pastorum Fidum *Guarini* facio. Beaucoup plus *du Tasse* l'Aminte que le Pastor Fido (berger fidele) *de Guarini* j'estime. [...] Lēgi Moliēri Comaedias. J'ai lu de Moliere les Comédies. (Adam, 1780a, 19)

I numerosi esempi, volutamente brevi, vanno letti 2 o 3 volte e resi in latino dopo averli decifrati letteralmente, e poi di nuovo adeguatamente risistemati secondo la traduzione data nella grammatica del francese, facendo quindi un esercizio di versione e retroversione, che ha un ruolo centrale nella *Vraie manière*. In un mese di studio, assicura l'autore, si possono conoscere bene gli elementi base del latino. Se si è appresa bene la "Grammaire françoise" non resta da fare altro che imparare "imperturbablement par coeur & par raison le Tableau de la déclinaison & conjugaison latine" e "connaître des petites différences qui peuvent se rencontrer entre la Langue Latine et la nôtre" (Adam, 1780a, vii). Nelle due grammatiche, Adam non manca, infatti, di richiamare esplicitamente l'attenzione dei suoi lettori sulle differenze fra le due lingue:

> Cette observation n'a pas lieu en latin. Ce sont les terminaisons des noms qui déterminent les nombres, comme vous verrez bientôt. (Adam, 1780a, 5)
>
> Le numéro 12 de la Grammaire Françoise est omis ici, parce qu'il ne regarde pas la Langue Latine. (Adam, 1780a, 24)

Il metodo di Adam prevede anche che lo studio della grammatica vada rafforzato con un esame dettagliato delle costruzioni e delle frasi latine da operare sui testi di autore (possibilmente di contenuto morale, perché possano così adempiere ad un doppio ruolo di perfezionamento linguistico e di "coeur"), ovvero le sue "suites" presentate secondo il metodo della "traduction sous quatre faces", quali i *Quatre Chapitres* a "quatre faces", usciti nello stesso anno, e le *Fables de Phèdre, sous Quatre Faces*, usciti nel 1786 (dopo la seconda edizione della grammatica latina). In un primo momento, bisogna dare agli allievi il testo latino e quello tradotto propriamente in francese, le prime due "faces". In un secondo momento, bisogna presentare il testo latino con costruzione francese e il testo francese con costruzione latina, la terza e la quarta "faces":

> Premiere face. I Volume
>
> Ad rivum eumdem lupus & agnus venerant, siti compulsi: superior stabat lupus. Longeque inferior agnus
>
> Seconde face. I Volume
>
> Un Loup & un Agneau, pressés par la soif, étoient venus à un même ruisseau; le Loup étoit au-dessus, & l'Agneau beaucoup plus bas (Adam, 1786c, I, 2-4)
>
> Troisieme face. II Volume
>
> Lupus & Agnus compulsi siti, venerant ad eumdem rivum. Lupus stabat superior, & Agnus longe inferior.
>
> Quatrieme face. II Volume
>
> A un ruisseau même un Loup & un Agneau étoient venus par soif pressés. Au-dessus se tenoit le Loup, loin & au-dessous l'Agneau. (1786c, II, 6-7)

Questa quarta "face" in cui il francese segue una costruzione latina non è più propriamente francese: raramente, commenta Bernard Colombat (1993, 338), "un auteur a poussé aussi loin notre langue dans l'agrammaticalité". Se l'allievo non capisce la prima, terza o quarta "face",, capisce però la seconda e, confrontando la seconda e la quarta, può iniziare ad apprendere il significato delle parole latine. Sempre facendo uso della seconda può rimettere nel giusto ordine la costruzione della quarta "face", perché conosce bene la grammatica del francese, e con l'aiuto di questa quarta "face' può comprendere la costruzione della terza, perché conosce bene la grammatica del latino. A questo punto, da questa terza "face", che il discente può ormai comprendere bene come la seconda, deve solo passare alla prima. È appunto un modo di procedere che permette di passare "dal noto all'ignoto", ed è un esercizio che deve essere ripetuto assiduamente tutti i giorni, per due o tre ore. Dopo tre mesi, gli allievi saranno in grado di tradurre subito in francese, "autant par jugement que par mémoire" (Adam, 1789, 20) tutto il latino di un Fedro a quattro "faces".

La fase successiva consiste infine nel dare agli allievi delle traduzioni letterali, ben fatte, dal latino al francese, come quelle che Adam appronta per i due volumi della *Suite des Grammaires Françoise et Latine, ou Traduction littérale des oeuvres d'Horace* del 1787.[21] Con l'ausilio di questo tipo di opere, servono in totale solo 6 mesi per apprendere il latino: le difficoltà non sono infatti nella lingua, bensì nella "manière longue & pénible dont on l'enseigne dans les Colleges & ailleurs" (Adam, 1780a, vi).

3.3. La grammatica dell'italiano

Tre anni dopo, la *Vraie méthode* prosegue con la *Grammaire italienne, à l'usage des dames, ou la vraie manière d'apprendre aisément, et le plus promptement qu'il est possible, la langue italienne, par le moyen de la Grammaire Françoise universelle, à l'usage des dames*. Anche in questo caso, il testo si apre con un "Avertissement" ai lettori nel quale Adam presenta la sua "nouvelle espece de Grammaire Italienne". Purché "l'on possède parfaitement la Petite Grammaire Françoise Universelle, à l'usage des Dames", non serviranno che "six mois pour composer dans une Langue étrangere, & même la parler correctement" (Adam, 1783a, iii). Imparare l'italiano "promptement & surement", secondo Adam, sarà cosa semplice, perché si conoscono già le regole di base comuni a tutte le lingue e, come si è già visto per il latino, non resta altro da fare se non apprendere "imperturbablement par coeur le Tableau de la Déclinaison & conjugaison italienne", e studiare le piccole differenze che esistono fra le due lingue (Adam, 1783a, iv). Il metodo più sicuro e veloce è fornire una traduzione fedele e semplice di tutti gli esempi già riportati nella *Grammaire françoise universelle*, aggiungendovi qualche piccola osservazione, e chiedendo al lettore sufficiente forza di volontà e memoria per apprendere un certo numero di parole ogni giorno: si tengono le due grammatiche del francese e dell'italiano davanti a sé, aperte allo stesso numero, e si procede in modo graduale.[22] Dopo una brevissima parte dedicata alla pronuncia dell'italiano (Adam, 1783a, vi-viii),[23] Adam illustra più in dettaglio la sua "Maniere

---

[21] Viene talora attribuita ad Adam anche *Les chef-d'oeuvres* [sic] *d'Horace, nouvellement traduits en françois, avec le latin à côté, & des notes pour l'intelligence du texte; précédés de la vie d'Horace extraite de l'italien d'Algarotti*. Par MM. *** (Lione, 1787), anche se nulla nella prefazione rinvia alla *Vraie méthode* e ai suoi principi fondanti.

[22] Adam ripete la sua raccomandazione in chiusura della parte grammaticale vera e propria: "Il ne faut pas faire relier cette Grammaire avec la Françoise, mais l'avoir séparément, afin de pouvoir, sans feuilleter, appercevoir d'un coup-d'oeuil la ressemblance ou la différence des deux Langues, & comparer ensemble les Tableaux" (Adam, 1783a, 71).

[23] Negli esempi in lingua italiana dati nel testo della grammatica, i numerini stampati sopra alcune parole rinviano proprio alle regole di pronuncia indicate in queste pagine per singole lettere o gruppi consonantici, "qui serviront à former l'oreille des commençans" (Adam, 1783a, vi). Vale la pena far presente, anche se non ci si soffermerà su tale questione in questa sede, che Adam offre un tentativo di trascrizione fonetica delle parole italiane presentate, e

infaillible de s'assurer si l'on est en état d'étudier la Grammaire Italienne, après avoir vu la Grammaire Françoise à l'usage des Dames" (Adam, 1783a, 1-16), che consiste nel saper rispondere "sur le champ & avec précision à toutes les questions qui vont suivre" (Adam, 1783a, 1). Seguono 47 domande di natura generale sulla grammatica del francese (le cui risposte erano già state trattate nella *Grammaire françoise* stessa), divise in 10 gruppi (Adam, 1783a, 3-8). Troviamo, per esempio:

> Questions sur la Grammaire.
> 1. Combien y-a-t-il de parties de l'oraison?
>   Quelles sont-elles?
> 2. Qu'est-ce que l'article?
>   Combien y-a-t-il d'articles? A B [...]
> 6. Qu'entendez-vous par nominatif?
> 7. par génitif?
> 8. par datif?
> 9. par accusatif?
> 10. par vocatif?
> 11. par ablatif? [...]
> 13. Qu'est-ce que le nom?
>   Combien y a-t-il de sortes de noms?
>   Qu'est-ce qu'un nom substantif? A.

E alle 47 domande di nozioni grammaticali fanno seguito altre 20 specificamente dedicate alle "règles" del francese (Adam, 1783a, 8-10), quali per esempio:

> 48. Comment l'adjectif doit s'accorder avec son substantif?
> 49. Quand l'adjectif se trouve après u verbe d'existence, suit-il aussi cette regle? [...]
> 62. Quelle différence y a-t-il entre *qui* & *que*?

Ma l'interrogatorio grammaticale, per così dire, di Adam non si esaurisce qui e riprende con altre 66 domande (Adam, 1783a, 11-16; di cui di nuovo 47 di grammatica generale e 18 di "règles"), riferite questa volta all'italiano. Fin qui il metodo di Adam, per quanto da lui stesso definito come "nouvelle espece", richiede invece una conoscenza piuttosto tradizionale e solida dei fondamenti

---

segna gli accenti principali e secondari, servendosi degli accenti latini lunghi e brevi. Interessante anche il fatto che la pronuncia da imparare, secondo Adam, sia quella romana e non toscana: "avec ces seules petites remarques [...] vous pouvez parvenir en très-peu de temps à prononcer de maniere à vous faire entendre des Italiens, & à les entendre eux-mêmes, pourvu qu'ils parlent le vrai Romain, & non pas le jargon de la populace de Rome, ou des différens patois d'Italie" (Adam, 1783a, viii).

della grammatica. Le domande sulla grammatica dell'italiano spaziano dagli articoli in uso per il singolare e il plurale, ai comparativi e superlativi, oppure alla differenza fra un nominativo e un accusativo, cosa sia un pronome, un verbo, un verbo passivo, un tempo presente, passato o futuro, un participio, una declinazione e una coniugazione, ecc.:

> Questions sur la Grammaire Italienne:
> 1. Quelles sont les dix parties d'Oraison Italienne?
> 2. Quels sont les articles Italiens?
> 3. Quels sont les articles masculins?
>   Quels sont les articles féminins? A
>   Devant quoi se met l'article *Il*? V
>   Où place-t-on l'article *Lo*? X
> 4. Comments les Italiens appellent-ils les deux nombres? [...]
>
> 20. Quels sont les pronomes personnels?
> 21. Donnez-en des exemples.
>   Quels sont les pronoms possessifs? A
>   N'y-a-t-il pas ici une singularité en italien? V
>   Donnez-en des exemples.
>   Quels sont les pronoms démonstratifs? B

La consultazione della grammatica non si rivela sempre facile, a dire il vero, proprio per il sistema di rimandi ideato da Adam stesso. I numeri a margine rinviano a quelli che si trovano nella grammatica francese universale, mentre le lettere indicano (di solito, ma non sempre) vari gruppi di esempi dati per illustrare le nozioni grammaticali. Le lettere dalla U alla Z rinviano, invece, a punti trattati solo nella grammatica dell'italiano. Se il metodo funzionava, i lettori dovevano tuttavia impegnarsi parecchio per districarsi fra lettere e numeri. Per i più tenaci e determinati, le successive 29 pagine della *Grammaire italienne* rinviano in continuazione alla grammatica del francese, accentuando, appunto, similarità e differenze.

Non troviamo nessun esempio d'autore nella *Grammaire italienne*, e nessun riferimento alla natura letteraria della lingua italiana. Gli esempi sono (quasi) gli stessi della *Grammaire* del 1779 e di quella latina del 1780:

> [5 A] La luce del sole cagiona un gran piacere agli uomini, e alla natura intera. (Adam, 1783a, 3)

> [7 A] Stimo l'Aminta del Tasso più che il Pastor Fido del Guarini. [...] Ho letto le Comedie del Molier Italiano (C'est-à-dire de Goldoni). (Adam, 1783a, 5)[24]

---

[24] Non si trascrivono qui le lunghe e le brevi e i numerini in apice che rinviano alle regole di pronuncia dell'italiano.

Alla grammatica vera e propria fanno poi seguito "Alcune regole per la composizione" (Adam, 1783a, 30-33), un "Texte dont il faut faire les Parties" (Adam, 1783a, 34-45), ovvero un testo in prosa (lo stesso delle due grammatiche precedenti) di cui viene data l'analisi logica, seguito da alcune ottave (4-14) dal Canto III del poema eroicomico *Ricciardetto* del pistoiese Niccolò Forteguerri (1674-1735). A complemento di questa parte più strettamente grammaticale, Adam unisce nello stesso tomo un'altra "suite", *Le Favole di Fedro*, ovvero *Les Fables de Phèdre*, [...] *traduites en vers blancs italiens*,[25] che seguono il principio delle traduzioni a "quatre faces" di cui sopra, e che includono un "Dictionnaire", con note grammaticali a piè di pagina, per poter tradurre in francese, senza maestro (Adam, 1783a, v). Nell'"Avertissement", vediamo di nuovo come il pubblico di lettori sia identificato come "la jeunesse' (Adam, 1783a, iii), e le "jeunes Demoiselles qui s'appliquent à l'Italien [...] sans maître" e i "Commençans" (Adam, 1783a, iv). La *Grammaire italienne, à l'usage des dames* si rivela essere dunque una grammatica per le "jeunes demoiselles" e, più genericamente, per "la jeunesse", cioè un pubblico di principianti.

4. Originalità e tradizione del metodo di Adam

Nel primo volume delle sue traduzioni letterali di Orazio, Adam spiega, d'altronde, che la sua *Vraie manière* vuole essere una "nouvelle route pour les études de la jeunesse" (Adam, 1787d, I, 16). Dai paratesti delle sue opere si vede bene come, nonostante gli occasionali riferimenti alle "Dames" e "Demoiselles" che hanno fruito dei benefici del suo metodo, Adam si rivolge solitamente ad un pubblico di "jeunes étudians", "enfans", "ceux qui, ayant mal fait leurs études [...], seroient bien aises de revenir sur ce qu'il n'entendent pas", "amateurs adultes" (Adam, 1787d, I, 7), lettori definiti genericamente come "commençans" (Adam, 1779, 57; 1780: 4). Nella *Mémoire sur l'éducation de la jeunesse* citata in precedenza, in cui troviamo riflesso il trasporto delle prime fasi della Rivoluzione francese (e, forse, per un Adam ex precettore dei figli di nobili e *protégé* di un aristocratico, anche un tentativo di allinearsi con il nuovo status quo politico), Adam dichiara esplicitamente che il suo metodo pedagogico vuole creare una nuova generazione di "enfans régénérés" (Adam, 1789, 16). Il sistema da lui elaborato sembra inoltre essere intrinsecamente animato da una spinta in qualche modo utopistica che lo spinge al di là

---

[25] Le *Favole* hanno frontespizio e paginazione propria.

dei confini nazionali per formare "un ensemble harmonieux de textes cohérents qui s'articulent autour d'un project ambitieux: vaincre la barrière des langues", per il mezzo di "une connaissance respective par tous les peuples des langues européennes" (Colombat, 1993, 337). Rivolgendosi ai membri dell'Assemblea costituente, Adam dichiarava di aver voluto, molto umilmente, "ouvrir un premier sentier inconnu jusqu'ici dans lequel j'ai essayé de faire quelque pas" (Adam, 1789, 21).

Il sentiero mostrato da Adam non è però, a dire il vero, propriamente "inconnu". I principi che lo sottendono possono, infatti, essere ritrovati negli scritti e nelle proposte di autori che lo hanno preceduto. L'importanza data allo studio della grammatica del francese, per esempio, richiama Rollin nel *Traité des études*, che sottolinea l'importanza di conoscere la propria lingua, appunto, "par principes", e non limitarsi solo all'uso pratico: bisogna studiare la grammatica della lingua materna, e dedicarsi dalla lettura di libri francesi, alla traduzione e alla composizione (Rollin, 1863 <1726>, I, 109). Tale linea di pensiero può essere rintracciata indietro nel tempo. Il francese era insegnato nelle Pétites Écoles di Port-Royal e il giansenista Pierre Coustel (1621-1704) fu tra i primi pedagoghi francesi a raccomandare nelle *Règles de l'éducation des enfants* (1687) che i bambini imparassero a leggere sulla loro lingua materna e che in seguito studiassero le regole del francese e leggessero testi d'autore non troppo difficili (fra i quali proprio Fedro), esercitandosi nella traduzione. Ancora prima, però, si erano espressi a favore dello studio della lingua materna anche l'umanista spagnolo Juan Luis Vives (1492-1540) e l'educatore tedesco Wolfgang Ratke (Radichius) (1571-1635).

Il metodo di Adam, inoltre, si rifà chiaramente, in modo più generale, alla *Grammaire générale et raisonnée* di Port-Royal di Arnault e Lancelot, del 1660, e alla teoria degli universali che la sottende, persuaso che i primi elementi del discorso siano comuni, fino ad un certo punto, a tutte le lingue. Adam si richiama, poi, anche nella struttura articolata del suo 'metodo' che produce grammatiche di varie lingue, alla *Nouvelle méthode pour apprendre facilement et en peu de temps la langue latine* di Claude Lancelot, composta per le Petites Écoles di Port-Royal, e uscita a Parigi nel 1644, e a cui fecero seguito una grammatica del greco (1655), dello spagnolo (1660) e dell'italiano (1660).[26]

---

[26] Lancelot pubblicò poi, nel 1663, a complemento dei suoi metodi delle lingue, quattro trattati di poesia (latina, francese, italiana e spagnola), secondo un modello ripreso, come si è visto, da Adam.

Soprattutto, però, i testi di Adam, per quanto concerne le osservazioni presentate nei paratesti delle grammatiche e delle sue 'suites', così come nei saggi pedagogici e didattici, rivelano un chiaro debito verso gli scritti del linguista e pedagogo cèco Jan Amos Komenský (latinizzato Comenius) (1592-1670).[27] In Francia, sin da quando, nel 1631, Jean Anchoran lo rese noto al pubblico internazionale traducendone in inglese e francese la *Janua Linguarum Reserata*, Comenius aveva riscosso grande successo e apprezzamento. Dopo la sua morte, però, venne criticato e ridicolizzato, per esempio da Bayle nel *Dictionnaire historique et critique* (1697), e, anche a causa delle trasformazioni della società nell'Europa dei Lumi, poi progressivamente dimenticato. Nessuna delle sue opere venne pubblicata in Francia durante il 1700. Alcuni rinomati pedagoghi, quali, di nuovo, Rollin, ma anche Noël Antoine Pluche, César Du Marsais, e Charles François Lhomond, continuarono tuttavia ad essere influenzati e ispirati da Comenius, anche quando non lo menzionano esplicitamente nelle proprie opere (Caravolas, 2016, 239).

È chiaramente anche il caso di Adam. Se è vero che molte idee del pensatore ceco erano state progressivamente assorbite nella cultura e didattica dell'epoca, nel caso di Adam si può vedere come formule e principi usati da Comenius siano ampiamente ripresi e presentati come fossero creazioni originali, senza nessuna menzione della loro fonte. Il procedimento, va detto a difesa di Adam, non era per nulla inusuale nell'ambito della produzione grammaticale e linguistica coeva, molto vivace, prolifica e competitiva, e sempre alla ricerca di nuovi mezzi per attirare l'attenzione del pubblico e degli editori.

Da una lettura della *Didactica Magna*, scritta prima in ceco e uscita in latino nel 1657, ma ancora di più del *Novissima linguarum methodus*, il debito di Adam risulta subito evidente.[28] Nell'opera, composta fra il 1643 e il 1646, Comenius illustrava in dettaglio un approccio didattico che sottolineava l'importanza di avvalersi, per iniziare, di testi più semplici e facili nell'apprendimento delle lingue.[29] La difficoltà, secondo Comenius, non stava nella natura

---

[27] La bibliografia su Comenius è molto ampia, in vari ambiti linguistici. Utili e informativi sono, per esempio, Caravolas, 1984 e 2016; Murphy, 1995.
[28] Le edizioni di riferimento sono Comenius, 1907 e Comenius, 2005.
[29] Dopo il suo *Janua Linguarum Reserata* del 1631, Comenius preparò il *Vestibulum*, testo preliminare per l'uso della *Janua*, e due antologie di letture latine di autori di vari periodi, l'*Atrium* e il *Thesaurus*. Si dedicò poi alla creazione di un testo di base per principianti che desse uguale attenzione al latino e al volgare e che risultò, vari anni dopo, nell'*Orbis sensualium pictus*, completato solo nel 1658.

del latino di per sé, quanto nel metodo usato per insegnarlo. Un buon metodo di insegnamento, con delle regole precise, poteva essere esteso poi all'apprendimento di altre lingue, perché l'apprendimento è un processo naturale e come tale sottomesso a leggi precise. Questo, come si è visto, il principio che muove Adam con la sua *Vraie méthode* e che consente di passare dal francese, al latino, all'italiano, all'inglese e al tedesco.

Pur auspicando l'esistenza di una lingua unica con cui poter comunicare, Comenius sottolineava l'importanza di imparare varie lingue (accordando, però, nel suo caso, un prestigio particolare al latino: Comenius, 2005, Cap. VI).[30] Era però essenziale conoscere bene la propria lingua volgare, come fondamento di ogni conoscenza e, nello specifico, per l'acquisizione di altre lingue. Al contrario, iniziare ad imparare il latino nei primi anni di scuola era cosa assurda. Solo partendo dall'apprendimento della lingua materna si poteva, e si doveva, procedere alle lingue non volgari, come, appunto, il latino, procedendo però, anche questo punto essenziale, per tappe, ovvero una lingua alla volta, e non insieme, per evitare confusione. Nella scuola elementare l'istruzione andava dunque impartita attraverso il volgare, e il latino andava studiato solo verso gli undici anni, dopo che i bambini avevano preso confidenza con la propria lingua materna (e altre lingue volgari).

Se apprendere il latino adottando soltanto il metodo dell'uso non era possibile – esso non era più lingua parlata, ma piuttosto lingua che "ne subsiste que dans les livres" (Comenius, 2005, Cap. VII, 120) – il sistema adottato nelle scuole per insegnare la lingua classica era tuttavia fallimentare: veniva data agli allievi una grammatica del latino scritta in latino, che non capivano, mentre si doveva insegnare il latino non solo facendo uso della lingua volgare, ma anche facendo studiare prima la grammatica del volgare stesso, per mezzo del quale potevano prendere familiarità con i diversi concetti e categorie grammaticali. Secondo Comenius, ed è questo uno dei suoi assiomi, per apprendere qualcosa bisogna, infatti, procedere dal "*connu* à l'*inconnu*" (Comenius, 2005, Cap. X, 160-162) (secondo un principio espresso già dallo stesso Ratke nel suo *Memoriale* del 1612). Come abbiamo visto, Adam insiste ripetutamente sul fatto che il suo è l'unico metodo che consente di passare proprio "du *connu* à l'*inconnu*", e dunque l'unico ammissibile e l'unico ragionevole.

---

[30] Le lingue hanno infatti un ruolo centrale per l'educazione e la conoscenza, dato che la confusione fra esse agisce da ostacolo per la formazione di una *pansophia*, ovvero di una conoscenza unitaria di tutte le cose.

Per Comenius, la conoscenza della lingua latina prosegue con la lettura e lo studio dei grandi autori; tuttavia, dopo aver appena iniziato a studiare la grammatica della lingua, nelle scuole si passa subito allo studio di autori come Cicerone e Virgilio, autori non adatti alle giovani menti che stanno facendo i primi passi con la lingua latina. L'insegnamento dovrebbe invece ispirarsi a quello delle balie che, in modo ordinato e graduale, instillano nei piccoli la conoscenza della lingua volgare (Comenius, 2005, Cap. VI, 128).[31] Fra i principi di base del metodo di Comenius vi è che l'insegnamento deve essere "rapide, agréable, solide" (Comenius, 2005, Cap. X, 235) – che in Adam diventano, appunto, gli avverbi "constamment, sûrement [...] agréablement" – servendosi di esempi, regole ed esercizi continui. Ciò comporta l'apprendere una sola cosa alla volta, tenendo però anche presente che "les choses qui ont des liens entre elles doivent être traitées simultanément" (Comenius, 2005, Cap. X, 236). Le lingue, per Comenius, vanno apprese una alla volta (Comenius, 2005, Cap. XXI, 382). Per Adam, si è visto, bisogna procedere in modo graduale e non passare oltre se non si è ben capito quanto precede.

Comenius identifica gli strumenti utili per l'apprendimento nel "texte", nel "lexique" e nella "grammaire": il testo (ovvero i testi degli autori) che dia gli esempi, un lessico che illustri l'uso, ed una grammatica che dia le regole, perché non è possibile fare uno studio approfondito di una lingua senza studiarne, appunto, le regole. "N'importe quelle méthode – spiega Comenius – doit avoit d'abord un texte, ensuite un lexique et finalement une grammaire", perché la comprensione della realtà deve precedere lo studio razionale delle lingue e, quindi, procedendo in modo graduale, il testo deve precedere, nell'ordine, il lessico e la grammatica (Comenius, 2005, Cap. XII, 278; Cap. XIII, 286). Il lessico aiuta a comprendere la relazione fra la realtà e le parole; la spiegazione può essere fatta dal maestro di persona oppure, in sua assenza, parole e passaggi del testo devono essere illustrati nell'opera stessa (Comenius, 2005, Cap. XII, 267). Ad ogni modo, per effettuare uno studio razionale della lingua bisogna studiare la scienza della grammatica che fornisce le regole della costruzione del discorso. Gli strumenti didattici devono essere costruiti ad arte ed essere graduali per poter costruire una via "sûre, courte et agréable qui porte aux auteurs" (Comenius, 2005, Cap. XII, 273); devono essere brevi, di bell'aspetto e pratici (Comenius, 2005, Cap. XII, 278), e devono essere scritti

---

[31] Cfr. anche su questo punto la *Didactica Magna* (Comenius, 1907, Cap. XXII, 205, 208).

"à la manière du peuple", perché possano essere letti con interesse da tutti, "même les jeunes enfants" (Comenius, 2005, Cap. XII, 280). È necessario inoltre che ci sia una connessione fra testo, lessico e grammatica, perché l'uno deve ricondurre all'altro. Gli allievi devono poi essere incoraggiati a fare delle traduzioni in lingua volgare servendosi del lessico e della grammatica (Comenius, 2005, Cap. XII, 280). In particolare, per quanto riguarda la grammatica:

> elle aura une vertu particulière qui consistera à mettre en continuel parallèle la langue latine et la langue vernaculaire, en prenant soin d'ajouter, en plus, des exemples dans les deux langues, à nulle autre fin que la règle. Ainsi, il sera possible de constater si et en quoi la angue vernaculaire a des usages similaires, différenciés, ou même contraires à la langue latine. Il sera alors nécessaire que la langue de chacun peuple ait une grammaire particulière (Comenius, 2005, Cap. XII, 281).

Comenius assicura a coloro che seguono il suo metodo che saranno in grado di "comprendre le latin, l'écrire et le parler de façon convenable" (Comenius, 2005, Cap. XVII, 338) e che potranno poi anche leggere per intero gli autori latini, che è lo scopo ultimo del suo metodo. Si noti che anche per Adam conoscere il latino non significa semplicemente averne studiato la grammatica, ma essere in grado di capire bene i testi degli autori, e saperlo leggere è equivalente al parlarlo. E si notino le chiare affinità fra ciò che promuoveva Comenius e ciò che Adam aveva cercato di mettere in pratica con i vari testi della sua *Vraie méthode*, fra grammatiche e "suites".

I manuali di studio promossi da Comenius devono essere preceduti da note che spieghino il loro utilizzo, perché possano essere usati in modo corretto anche da coloro che volessero cercare di apprendere la lingua da soli (Comenius, 2005, Cap. XIX, 366). Per studiare bene i testi, bisogna procedere alla metafrasi reciproca, ovvero fare una versione del testo dal latino al volgare e poi dal volgare di nuovo in latino e fare un confronto con l'originale. Segue una traduzione e ri-traduzione, invertendo l'ordine delle parole, delle frasi, dei periodi, a cui deve seguire una memorizzazione del testo (Comenius, 2005, Cap. XIX, 344-45). Lo stesso metodo, si è visto, è consigliato da Adam. Si noti, però, che mentre Comenius dà in generale grande importanza al ruolo dell'insegnante, il metodo di Adam è essenzialmente "sans maître", perchè (a parte per l'imparare la pronuncia) ritiene che i maestri siano 'inutili' per l'apprendimento linguistico.

Comenius aveva messo in pratica il proprio progetto didattico con il latino, al quale accordava un prestigio particolare, ma per le lingue volgari sosteneva la necessità di creare delle grammatiche che segnalassero chiaramente quanto vi era di particolare in una certa lingua, mettendolo in parallelo (o in contrasto) con ciò che avveniva nello specifico nella lingua latina, facendone notare analogie e irregolarità (Comenius, 2005, Cap. XX, 371). Il metodo di Comenius per l'apprendimento delle lingue, metodo a scala 'universale', prevede di mettere le lingue in parallelo fra loro, scomponendo il tessuto grammaticale di ciascuna, servendosi delle stesse regole grammaticali: "Ainsi, aucune des ressemblances et des différences ne pourra rester cachée" (Comenius, 2005, Cap. XXI, 380), e si potrebbe imparare qualsiasi lingua. È necessario, a questo scopo, avere, per iniziare, una grammatica "universelle et harmonieuse" della lingua materna concepita in modo tale "qu'on puisse faire nommée référence, sous les mêmes règles communes, à chaque particularité que possède une langue" (Comenius, 2005, Cap. XXI, 383),[32] e grazie alla quale "toutes les langues peuvent être ramenées aux même règles" (Comenius, 2005, Cap. XXI, 384).[33] È proprio quello che Adam aveva fatto con la sua *Vraie méthode*, a partire, appunto dalla *Grammaire françoise universelle à l'usage des dames*, ovvero da una "Grammaire Nationale toute nouvelle, vraiment élémentaire, dégagée de tout le scientifique & métaphysique, dont sont remplies toutes celles que nois connoissons; qui définisse avec précision, justesse, clarté & briéveté toutes les parties du discours appliquées a un grand nombre d'exemples familiers" (Adam, 1789, 16). In tal modo anche gli allievi delle scuole pubbliche avrebbero potuto avere nello spazio di poco tempo, 4 o 5 settimane, al massimo due mesi, "une connoissance approfondie du François" (Adam, 1789, 17). E a quella del francese aveva, appunto, fatto seguire delle grammatiche di altre lingue calcate sulla struttura e il contenuto della prima, senza nulla aggiungervi.

Per quanto concerne il metodo di lettura "globale" di Adam, che insiste sulla necessità di adottare un sistema che permetta di passare dal "*connu* à l'*inconnnu*", associando parole e suoni, si tratta, anche in questo caso, di un modo di procedere non nuovo, dato che già due secoli prima era, in parte almeno, in uso nella scuola latina di Sélestat, in Alsazia (dove aveva studiato il noto umanista Beatus Rhenanus) (Manguel, 2009, 77-78). Vi troviamo, però, riflesso

---

[32] Cfr. anche la *Didactica Magna* (Comenius 1907, Cap. XXII, 206). Il debito di Adam verso Comenius su questo punto è stato già messo in evidenza da Suso Lopez 2012, 72.
[33] Comenius non produsse mai un'opera dedicata solo all'apprendimento della lingua materna, ma l'*Orbis*, in quanto bilingue, poteva essere usato con questo scopo (Murphy 1995, 192).

anche il metodo generale di apprendimento di Comenius che ha alla base l'associazione, appunto, fra "cose" e "parole", in nome, appunto, di un apprendimento basato sull'esperienza sensoriale (e che a sua volta riflette Bacone, autore letto e apprezzato da Comenius).[34] Le parole non possono essere apprese slegate dagli oggetti e gli oggetti non si possono conoscere senza legame con le parole: "cose" e "parole" devono essere insegnate allo stesso momento, perché le cose non esistono né possono essere conosciute separatamente dalle parole. Un oggetto dovrebbe quindi essere mostrato e messo a disposizione dei vari sensi, perché la mente dei fanciulli possa riceverne l'immagine. Se Comenius stesso non sviluppò propriamente un metodo per l'insegnamento della lettura che possa competere con quelli moderni, è chiaro che la sua enfasi sul legame tra parole e cose è essenzialmente "a whole language approach" (Murphy, 1995, 193).

Per quanto concerne la traduzione 'sous quatre faces' e quella letterale, che hanno grande importanza in Adam, gli antecedenti si trovano nella traduzione interlineare di Du Marsais, nella "méthode par la double version" di Radonvilliers, e ancora prima in Locke.[35] Adam presenta, inoltre, le sue traduzioni accompagnandole da note grammaticali e lessico a piè di pagina, oppure con un vocabolario a due colonne a chiusura del testo. Anche in Comenius, come si è visto, la versione e la retroversione hanno un ruolo molto importante nell'apprendimento delle lingue e i testi di autore devono essere supportati da un lessico o da spiegazioni di parole e passaggi del brano nel testo stesso.

Vi sono ancora altre affinità fra Adam e il pedagogo ceco: per Comenius, per esempio, il sistema educativo doveva includere i fanciulli di entrambi i sessi e di qualsiasi estrazione sociale, e anche per le fanciulle era previsto, oltre al volgare, lo studio del latino, che anzi, a suo avviso, esse imparavano più

---

[34] Nella *Didactica Magna*, Comenius sottolineava l'importanza di legare parole e immagini nei suoi testi, perché i bambini potessero assimilare con più facilità concetti che non conoscevano. L'esperienza multisensoriale è molto importante per l'apprendimento, anche linguistico: ogni conoscenza, per Comenius, inizia infatti dalle percezioni date dall'esperienza dei sensi. Si tratta di una concezione dell'apprendimento basata sull'empirismo, che aveva tratto, appunto, dai principi del realismo di Bacone nel suo *The Advancement of Learning* (1605).

[35] Cfr. César Chesneau Du Marsais, *Exposition d'une méthode raisonnée pour apprendre la langue latine* (1722); [C. F. Lizarde de Radonvilliers], *De la manière d'apprendre les langues* (1768); John Locke, *Some Thought Concerning Education* (1693), che fu tradotto in francese già nel 1695 come *De l'éducation des enfants*. Sulla traduzione a "quatre faces", cfr. Reuillon-Blanquet, 1994; Colombat, 1999, 127-128. Sulla traduzione interlineare, si veda Besse, 1996.

velocemente dei fanciulli (Comenius 1907, Cap. IX, 66-68). Adam, come abbiamo visto prima, insiste sulla necessità di istruire anche le bambine, deplorando la pessima educazione data loro in convento, non adatta a renderle prime educatrici dei propri figli (Adam, 1787a [*Essai*], 14-15). Adam mette in scena dei dialoghi in cui illustra praticamente il suo metodo linguistico, e anche Comenius promuove i dialoghi di tipo teatrale per l'appredimento linguistico, secondo il principio per il quale il processo di apprendimento deve portare piacere (Comenius, 1907, Cap. XIX, 173).

Il confronto potrebbe continuare, ma anche solo da questo rapido excursus si può dedurre come Adam conoscesse, in forma diretta o mediata che fosse, il pensiero e gli scritti di Comenius. Pur senza citarlo apertamente, Adam cercò di metterne in pratica i principi con un entusiasmo e un trasporto che non sembrano dettati solo da mera speranza di profitto. Nello sviluppare il suo progetto pedagogico, Adam lasciò dietro di sé la formula iniziale "à l'usage des Dames" – forse, questa sì, inizialmente impiegata in modo pragmatico per fare appello ad un certo tipo di pubblico – per adottare sempre più un approccio 'universale', semplice, diretto, elementare, aperto a tutti.

Nelle parole di Adam pronunciate davanti all'Assemblée Nationale nel 1789, quindi, risuonava anche la voce di quel Comenius allora per lo più dimenticato.

Riferimenti bibliografici

[Adam, Nicolas] 1779
La vraie manière d'apprendre une langue quelconque, vivante ou morte, par le moyen de la langue françoise; ouvrage divisé en plusieurs parties. 1 Grammaire françoise à l'usage des dames, servant de base à toutes les autres Langues. 2 Grammaire italienne. 3 Grammaire latine. 4 Grammaire angloise. 5 Grammaire allemande. 6 Grammaire, &c. &c &c. Ière partie. Paris.

[Adam, Nicolas] 1780a
La vraie manière d'apprendre une langue quelconque, vivante ou morte, par le moyen de la Langue Françoise, ou démonstration et pratique de la nouvelle méthode d'enseignement. Grammaire latine, ou la maniere d'apprendre la Langue Latine aisément & le plus promptement qu'il est possible; supposé que d'avance l'on sache parfaitement la Grammaire Françoise Universelle, à l'usage des Dames, publiée pour servir de base à celle-ci. IIe Partie. Paris.

[Adam, Nicolas] 1780b
Les Quatre Chapitres, publiés en faveur de ceux qui apprennent la Langue Latine par le moyen et la méthode de la Grammaire Françoise universelle à l'usage des Dames. Paris.

[Adam, Nicolas] 1783a
Grammaire italienne, à l'usage des dames, ou la vraie manière d'apprendre aisément, et le plus promptement qu'il est possible, La Langue Italienne, par le moyen de la Grammaire Françoise Universelle, à l'usage des Dames. Paris.

[Adam, Nicolas] 1783b
Le Favole di Fedro, liberto d'Augusto, tradotte in versi volgari. Les Fables de Phèdre, affranchi d'Auguste, traduites en vers blancs italiens; accompagnées de la construction Françoise & d'un Dictionnaire très-commode, en faveur des personnes qui apprennent la Langue Italienne par le moyen des Grammaires Italienne & Françoise, à l'usage des Dames. Paris.

[Adam, Nicolas] 1786a
La vraie manière d'apprendre une langue quelconque, vivante ou morte, par le moyen de la langue françoise: quatrième partie. Grammaire angloise, ou la vraie manière d'apprendre aisément & le plus promptement qu'il est possible la langue angloise; supposé que l'on sache parfaitement la Grammaire françoise universelle, à l'usage des dames, publiée pour servir de base à celle-ci. Paris.

[Adam, Nicolas] 1786b
La vraie manière d'apprendre une langue quelconque, vivante ou morte, par le moyen de la Langue Françoise; ouvrage divisé en plusieurs parties. Deuxième partie. Grammaire latine, ou la manière d'apprendre la Langue Latine aisément & le plus promptement qu'il est possible; supposé que d'avance l'on sache parfaitement la Grammaire Françoise Universelle, à l'usage des Dames, publiée pour servir de base à celle-ci. Seconde edition. Paris.

[Adam, Nicolas] 1786c
La Vraie manière d'apprendre une langue quelconque, vivante ou morte, par le moyen de la Langue Françoise. Suite des Grammaires Françoise et Latine, ou les Fables de Phèdre, sous quatre faces, 2 vols. Paris.

[Adam, Nicolas] 1787a
La Vraie manière d'apprendre une langue quelconque, vivante ou morte, par le moyen de la Langue Françoise; ou démonstration et pratique de la Nouvelle méthode d'enseignement. Paris. [contiene Dissertation curieuse et intéressante, pour faire connaître davantage en France, &, pour la premiere fois, dans le reste de l'Europe, une Nouvelle Méthode d'apprendre & d'enseigner les Langues, conforme à la nature, & pour prouver invinciblement qu'elle seule, exclusivement à toute autre, doit être employée dans les études de la jeunesse. Par l'auteur de la Grammaire Françoise, à l'usage des Dames (pp. 1-60); Seule et unique leçon de langue allemande, sous la forme d'une scêne de comédie (pp. 61-89); Essai en forme de mémoire sur l'éducation de la jeunesse, pour servir de réponse à deux Questions générales, qui renferment toutes celles que l'on peut faire sur cette matiere (con frontespizio e paginazione propria, ii+40 pp.)

[Adam, Nicolas] 1787b
La vraie manière d'apprendre une langue quelconque, vivante ou morte, par le moyen de la langue françoise. Cinquième partie. Grammaire allemande. Paris.

[Adam, Nicolas] 1787c
La vraie maniere d'apprendre une langue quelconque, vivante ou morte, par le moyen de la Langue Françoise. Suite des Grammaires Françoise et Latine, ou Les Fables de Phedre, sous quatre faces, 2 voll. Paris.

[Adam, Nicolas] 1787d
La vraie maniere d'apprendre une langue quelconque, vivante ou morte, par le moyen de la Langue Françoise. Suite des Grammaires Françoise et Latine, ou Traduction littérale des oeuvres d'Horace, 2 voll. Paris.

[Adam, Nicolas] 1787e
La vraie manière d'apprendre une langue quelconque, vivante ou morte, par le moyen de la langue françoise suite de la Grammaire angloise; ou Traduction littérale d'un ouvrage anglois, intitulé "The prince of Abissinia", Histoire de Rasselas, prince d'Abyssinie: avec des remarques grammaticales en faveur des personnes qui apprennent l'anglois selon la nouvelle méthode d'enseignement, proposée par l'auteur de la grammaire françoise à l'usage des dames, pour servir également tant à ceux qui, entendant le français, veulent apprendre promptement l'anglois, qu'à ceux encore qui, sachant l'anglois, désirent d'apprendre le françois. Paris.

[Adam, Nicolas] 1789
A l'assemblée nationale: mémoire sur l'éducation de la jeunesse, par une méthode d'enseignement tout-à-fait nouvelle, & tout-à-fait opposée à la routine actuelle. Paris.

[Adam, Nicolas] 1790
La vraie manière d'apprendere une Langue quelconque, vivante et morte, par le moyen de la Langue Française, servant de base à toutes les autres. Grammaire Nationale. Cinquième édition, corrigée & augmentée d'un petit Traité de morale Logique. Paris.

Ayres-Bennett, Wendy (a cura di) 1994
Grammaire des Dames, numero monografico di: Histoire épistémologie langage, 16.2.

Beck-Busse, Gabriele 1994
Les "femmes" et les "illitterati"; ou: La question du latin et de la langue vulgaire. In: Grammaire des Dames, a cura di Wendy Ayres-Bennett, numero monografico di: Histoire épistémologie langage 16.2: 77-94.

Beck-Busse, Gabriele 2011-2012
À propos d'une histoire des "Grammaires des Dames": réflexions théoriques et approches empiriques. In: Voix féminines. Ève et les langues dans l'Europe moderne. Actes du colloque organisé par la SIHFLES à Gargnano, les 6–8 juin 2011, a cura di Irene Finotti e Nadia Minerva, numero monografico di: SIHFLES (Société Internationale pour l'Histoire du Français Langue Étrangère ou Seconde), 47/48: 13-43.

Beck-Busse, Gabriele 2014
Grammaire des Dames. Grammatica per le Dame. Grammatik im Spannungsfeld von Sprache, Kultur und Gesellschaft. Frankfurt.

Barbier Antoine-Alexandre 1806.
Dictionnaire des Ouvrages anonymes et pseudonymes, vol. 2. Paris.

Besse, Henri 1996
Traduction interlinéaire et enseignement des langues (chez Locke, Du Marsais, Radonvilliers, Robertson, et quelques autres). In: Documents pour l'histoire du français langue étrangère ou seconde 18: 293-312.

Bibliothèque des Dames 1716
Bibliothèque des dames, contenant des règles générales pour leur conduite, dans toutes les circonstances de la vie, ecrite par une dame, & publiée par M. le Chev. R. Steele. Traduite de l'anglois [attribuita a Mary, lady Wray]. Amsterdam.

Biographie universelle 1811
Biographie universelle ancienne et moderne, vol. I. Paris.

Campbell, T. J. 1907-1912
Adam, Nicholas, In: The Catholic Encyclopedia, 15 voll., a cura di Charles G. Herbermann *et al.*, vol. I. London: 134.

Caravolas, Jean Antoine 1984
Le Gutenberg de la didactographie ou Coménius et l'enseignement des langues. Montréal.

Caravolas, Jean Antoine 1994
La Didactique des langues: Précis d'histoire I, 1450-1700. Montréal.

Caravolas, Jean Antoine 2000
Histoire de la didactique des langues au siècle des Lumières. Précis et anthologie thématique. Montréal.

Caravolas, Jean Antoine 2016
Les Français et Jan Amon Comenius: Histoire d'une relation difficile (1631-2000). Paris.

Chesnaye-Desbois, François Alexandre Aubert de La 1771
Dictionnaire de la noblesse, contenant les généalogies, l'histoire & la chronologie des familles nobles de France, vol. 2. Paris.

Colombat, Bernard 1993
Les Figures de la construction dans la syntaxe latine (1500-1780). Louvain / Paris.

Colombat, Bernard 1999
La Grammaire latine en France à la Renaissance et à l'âge classique. Théories et pédagogie. Grenoble.

Comenius, Jan Amos 1907
The Great Didactic of John Amos Comenius, a cura di M. W. Keatinge. London.

Comenius, Jan Amos 2005 <1648>
Novissima linguarum methodus. La toute nouvelle méthode des Langues. Traduction française par Honoré Jean. Préface d'Étienne Krotky. A cura di Gilles Bibeau, Jean Caravolas e Claire Le Brun-Gouanvic. Genève.

De Prunay 1777
Grammaire des dames, où l'on trouvera des principes surs & faciles, pour apprendre à ortographier correctement la Langue française, avec les moyens de connaitre les expressions provinciales, de les eviter, & de prevenir, chez les jeunes demoiselles, l'habitude d'une prononciation vicieuse. Paris.

Dictionnaire de biographie française 1933
Dictionnaire de biographie française, vol. I., a cura di J. Balteau, M. Barroux, e M. Prevost. Paris.

Esprit 1780
Recensione anonima alla Grammaire françoise universelle à l'usage des dames, di Nicolas Adam, 1779. In: L'Esprit des journaux, françois et étrangers, février 1780, Tome II, 9ème année: 91-98.

Fernández Fraile, Maria Eugenia 2012
Avec quels ouvrages les femmes apprenaient (et enseignaient) les langues? Bibliographie raisonnée (XVe-XIXe siècles). In: Voix féminines. Ève et les langues dans l'Europe moderne. Actes du colloque organisé par la SIHFLES à Gargnano, les 6-8 juin 2011, a cura di Irene Finotti e Nadia Minerva, numero monografico di: SIHFLES (Société Internationale pour l'Histoire du Français Langue Étrangère ou Seconde), 47/48: 45-64.

Finotti, Irene / Minerva, Nadia 2012
Voix féminines. Ève et les langues dans l'Europe moderne. Actes du colloque organisé par la SIHFLES à Gargnano, les 6-8 juin 2011, a cura di Irene Finotti e Nadia Minerva, numero monografico di: SIHFLES (Société Internationale pour l'Histoire du Français Langue Étrangère ou Seconde), nn. 47-48.

Fischer, Steven Roger 2003
A History of Reading. London.

Hoefer, Jean-Chrétien-Ferdinand 1854
Nouvelle biographie générale depuis les temps les plus reculés jusqu'à nos jours. Paris.

Holtus, Günter 1997
La gvirlande des ievnes filles (1580) und *La grammaire des dames* (1748): Überlegungen zu französischen Grammatiken und ihrem Zielpublikum. In: Sprache und Geschlecht in der Romania: Romanistiches Kolloquium *X*, a cura di Wolfgang Dahmen, Günter Holtus, Johannes Kramer, *et al*. Tübingen: 241-60.

Manguel, Alberto 2009
Una storia della lettura. Milano.

Mézin, Anne 1998
Les consuls de France au siècle des lumières (1715-1792). Paris.

Minerva, Nadia 2000
Le donne e la grammatica: su alcune "Grammaires des Dames" tra Sette e Ottocento. In: Dames, demoiselles, honnêtes femmes: Studi di lingua e letteratura francese offerti a Carla Pellandra, a cura di Nadia Minerva. Bologna: 73-105.

Murphy, Daniel 1995
Comenius: A Critical Reassessment of his Life and Work. Dublin.

Pellandra, Carla 2000
La grammatica delle dame. In: L'educazione dell'uomo e della donna nella cultura illuministica. Atti del Convegno Internazionale di Torino, 1997, a cura di Lionello Sozzi. Torino: 103-115.

Plaza Picón, Francisca Del Mar 2012
La mujer y el estudio del latín en la Europa moderna. In: Discurso de género y didáctica. Relato de una inquietud, a cura di Félix San Vicente e María Luisa Calero Vaquera. Bologna: 35-52.

Recueil 1958
Recueil des instructions données aux ambassadeurs et ministres de France, depuis les traités de Westphalie jusqu'à la Révolution française. Publié sous les auspices de la Commission des archives diplomatiques au ministère des Affaires étrangères. Tom. 26. Venise, con introduzione e note di Pierre Duparc. Paris.

Reuillon-Blanquet, Madeleine 1994
Les Grammaires des dames en France & l'apprentissage des langues à la fin du XVIIIe siècle. In: Grammaire des Dames, a cura di Wendy Ayres-Bennett, numero monografico di: Histoire épistémologie langage, 16.2: 77-94.

Reuillon-Blanquet, Madeleine 1995
Grammaires des Dames, ou comment rendre "instructive et amusante" une étude généralement considérée comme rébarbative. In: Langages de la Révolution (1770-1815). Actes du 4ème Colloque international de lexicologie politique (1991). Paris: 163-175.

Rollin, Charles 1863 <1726>
Traité des études ou De la Manière d'enseigner et d'étudier les belles-lettres, par rapport à l'esprit et au cœur, 3 voll., a cura di Jean-Antoine Letronne. Paris.

Sanson, Helena 2014
"*Simplicité, clarté et précision*": Grammars of Italian "*pour les Dames*" and Other Learners in Eighteenth- and Early Nineteenth-Century France. In: Modern Language Review 109: 593-616.

Sanson, Helena 2015
"Ma e in latino nulla? Qualcosa sì, ma tanto poco, che paja un nulla": donne e latino in Italia fra Sette e Ottocento. In: Romanische Forschungen 127: 449-81.

Sanson, Helena 2016
Grammatiche dell'italiano "*pour les dames*" nel Settecento: Antonio Curioni fra Parigi e Londra. In: 500 Years of Italian Grammar(s), Culture, and Society in Italy and Europe: From Fortunio's *Regole* (1516) to the Present, a cura di Helena Sanson e Francesco Lucioli, numero monografico di: The Italianist 36.3, 447-70.

Suso Lopez, Javier 2012
Le rôle des Grammaires destinées aux dames dans la disciplinarisation du français (XVIIIe siècle). In: Voix féminines. Ève et les langues dans l'Europe moderne. Actes du colloque organisé par la SIHFLES à Gargnano, les 6–8 juin 2011, a cura di Irene Finotti e Nadia Minerva. numero monografico di: SIHFLES (Société Internationale pour l'Histoire du Français Langue Étrangère ou Seconde), 47/48: 65-80.

Wittman, Reinhard 1999
Was there a Reading Revolution at the End of the Eighteenth Century?. In: A History of Reading in the West, a cura di Guglielmo Cavallo e Roger Chartier. Cambridge: 284-312.

Ana Cristina Macário Lopes

Texto, relações discursivas e ensino

1. O relevo da competência metalinguística no ensino da língua materna

Gostaria de começar a minha reflexão reiterando algo que tenho vindo a defender ao longo destes últimos anos, sempre que me tenho pronunciado sobre o ensino do Português como língua materna. Refiro-me ao relevo da competência metalinguística no processo de ensino / aprendizagem de línguas, e, mais concretamente, no ensino / aprendizagem da língua materna. E desde já acrescento que, em convergência com Gombert (1990), não restrinjo a noção de competência metalinguística ao conhecimento refletido, explícito e sistematizado sobre as estruturas fonológicas, morfossintáticas e semânticas da língua, aquilo a que normalmente se chama a *gramática* da língua. Incluo igualmente sob essa designação conhecimento refletido sobre propriedades estruturais e funcionais de textos / discursos, nomeadamente conhecimento declarativo, ou seja, informação susceptível de ser armazenada nos sistemas de memória, aprendida com recurso à atenção e ao esforço e acessível à consciência (cf. Martins, 2008, 60-64), sobre mecanismos de construção da coesão / coerência de um texto, que certamente interagem com questões de género discursivo e modelos textuais.[1]

Clarificado o primeiro ponto, importa agora abordar a questão central: como justificar o relevo do conhecimento explícito na pedagogia da língua materna, ou, noutras palavras, o que legitima socialmente incluir o desenvolvimento da competência metalinguística nas aula de Português língua materna. Explanarei o que penso sobre o assunto tendo no horizonte duas perguntas recorrentes:
- conhecimento explícito tem algum valor intrínseco?
- o conhecimento explícito facilita o desenvolvimento do conhecimento implícito, procedimental?

---

[1] A minha conceção de competência metalinguística inclui ainda conhecimento reflexivo sobre o oral formal, a variação linguística, os atos de fala e estratégias discursivas diversas, mas, dadas as restrições de espaço, não incluo aqui estes aspetos.

No que toca à primeira questão, julgo que uma língua natural, enquanto sistema e enquanto instrumento de interação social, é um objecto suficientemente fascinante para merecer uma aprendizagem autónoma. Afinal, é no e pelo uso da sua língua materna que os indivíduos se constituem enquanto sujeitos que pensam de forma consciente, argumentam, narram histórias, expressam avaliações, emoções e sentimentos, interagem socialmente, modelizam e transmitem conhecimento acerca do mundo. Ainda no plano dos argumentos cognitivos, mas agora de incidência transversal, se forem adoptadas metodologias de ensino nos moldes propostos por Duarte (1992), ou seja, se houver trabalho oficinal sobre a língua e a multiplicidade de textos / discursos em que ela se plasma, o aluno treinará um conjunto de processos mentais relevantes em qualquer área científica: observação de dados, generalizações a partir da constatação de padrões, formulação de hipóteses e posterior retorno aos dados para validação.

No que toca à segunda questão, julgo que o conhecimento explícito das regularidades da gramática do português-padrão e uma reflexão sobre padrões de organização textual é um instrumento indispensável ao aperfeiçoamento dos usos, e, concomitantemente, ao desenvolvimento de competências de escrita, de leitura e de oralidade formal. Apenas alguns exemplos, sobejamente eloquentes: para saber pontuar correctamente em português, é necessário saber identificar, por exemplo, o sujeito e o predicado de uma frase; para estabelecer a concordância entre o verbo e o sujeito da frase, na produção de um texto oral ou escrito, é indispensável saber distinguir entre sujeito simples e sujeito composto; para expressar uma relação semântica de concessão, é preciso saber que o verbo de uma oração subordinada introduzida por *embora* ocorre obrigatoriamente no modo Conjuntivo; para poder resumir de forma adequada um texto, e, portanto, extrair dele a informação requerida, é útil saber que para diferentes géneros e tipos de texto há diferentes configurações macroestruturais de estruturação da informação.

Por fim, mencionarei um argumento de natureza psicossocial que, na minha opinião, sustenta igualmente a inclusão da competência metalinguística no conjunto de competências a desenvolver na aula de língua materna: a autoconfiança linguística do aluno sai reforçada se ele próprio sentir segurança ao optar pela construção que a língua-padrão sanciona, muitas vezes distinta daquela que adquiriu espontaneamente no seu meio familiar. De facto,

Texto, relações discursivos e ensino 231

não podemos escamotear a heterogeneidade linguística dos alunos que frequentam as nossas escolas (heterogeneidade essa que resulta de uma profunda diversidade de processos de socialização, onde as questões culturais identitárias não são despiciendas) e o facto de muitas crianças iniciarem a escolaridade básica sem um efetivo domínio da variedade padrão do Português. Compete à escola promover o domínio desta variedade por parte de todos os alunos (o que não implica, naturalmente, uma discriminação negativa das outras variedades). (Lopes, 2011, 225)

Tecidas estas considerações preliminares, que funcionam como moldura ou pano de fundo da minha reflexão, passarei de seguida para o tópico que figura no título, e que considero crucial na formação dos professores de Português.

2. Texto e relações discursivas

Um dos filões que tem mobilizado a minha pesquisa nestes últimos anos prende-se com a questão das relações que asseguram uma sequencialização semântico-funcional do texto, viabilizando a construção de um todo coerente de significação, susceptível de ser processado sem grandes custos cognitivos pelo ouvinte / leitor.

Essas relações, que têm vindo a ser designadas de forma diversa na literatura – relações ou conexões discursivas, relações retóricas, relações de coerência –, permitem interligar de forma relevante segmentos textuais de extensão e natureza diversa (predicações contíguas, que configuram frases complexas, por coordenação e subordinação adverbial, mas também enunciados sintática e ilocutoriamente autónomos, que ao serem discursivamente articulados dão origem a produtos textuais superiores ao período). Por outro lado, tais relações podem estar marcadas ou sinalizadas através de conectores,[2] mas podem também ser inferidas no processo de interpretação, o que os exemplos (1) e (2) mostram de forma transparente:

(1) As ruas ficaram alagadas porque choveu torrencialmente.
(2) Choveu torrencialmente. As ruas ficaram alagadas.

Os professores de Português estão familiarizados com algumas destas relações, na medida em que têm vindo a trabalhar com os alunos os diferentes tipos de

---

[2] Utilizo o termo ‹conetores› como hiperónimo e nele incluo não só as tradicionais conjunções de coordenação e subordinação adverbial, mas também expressões de base adverbial, preposicional e até verbal que entretanto se gramaticalizaram e cumprem uma função de conexão discursiva (*consequentemente, assim, de facto, com efeito, quer dizer*, entre muitas outras).

orações coordenadas e de orações subordinadas adverbiais. Com efeito, as tipologias referidas são de base semântica e põem em jogo, justamente, diversos nexos de natureza conceptual responsáveis pela construção de frases complexas, ou seja, frases que envolvem mais do que uma oração.[3] Assim, quando se fala em orações copulativas, adversativas ou disjuntivas, no domínio da coordenação, o que está em causa é justamente o nexo semântico que interliga os dois membros da construção: mera adição de informação compatível, no caso das orações copulativas, marcação de um contraste entre o que acontece(u) na realidade e aquilo que se esperaria que acontecesse, no caso das adversativas, sinalização de alternativas, no caso das disjuntivas. O mesmo acontece no domínio da subordinação adverbial: quando falamos de causais, condicionais, concessivas, temporais ou finais, estamos a referir o nexo que interliga semanticamente duas orações, ou, de forma mais rigorosa, o nexo que interliga as situações representadas ou descritas nessas orações.

Mas importa referir que a tipologia semântica das orações coordenadas e subordinadas adverbiais não esgota as relações ou conexões discursivas, explicitamente marcadas por conectores, que nos permitem tecer e configurar a unidade semântico-funcional de um texto. E estas outras relações têm sido escassamente contempladas na nossa tradição gramatical, mais centrada na frase do que no texto, como é sabido.

O que proponho nas linhas que se seguem é uma tipologia possível dessas relações discursivas que interligam segmentos textuais para lá das fronteiras da frase complexa, estabelecendo, sempre que me parecer relevante, uma articulação com os tipos de textos em que preferencialmente ocorrem.[4]

Os dados que apresento como exemplos foram, na sua larga maioria, extraídos do *Corpus do Português* (Davies / Ferreira, 2006).

---

[3] Considero, com Sanders et al. (2001), que as unidades mínimas que as relações discursivas ou de coerência articulam são as orações. Aliás, há inclusivamente linguistas que defendem que a gramaticalização das relações discursivas, primitivamente operantes ao nível do discurso / texto, está na origem das frases coordenadas e subordinadas. Para uma apresentação e discussão desta questão, veja-se Neves (2001).

[4] A tipologia aqui proposta foi construída com Ernestina Carrilho. Desde já sublinho que esta tipologia não pretende ser exaustiva. Para um aprofundamento do tópico, veja-se Lopes / Carrilho (a publicar).

3. Para uma tipologia de conetores discursivos / textuais
3.1 Reformuladores

A reformulação discursiva visa resolver problemas de formulação e promover, em última análise, um eficaz e apropriado processamento da informação. A análise sera aqui centrada em casos de auto-reformulação, que implica sempre uma atitude de auto-monitorização discursiva por parte do produtor do texto.

Distingue-se habitualmente, de acordo com Roulet (1987) e Rossari (1994), entre reformulação parafrástica e reformulação não parafrástica. A primeira assenta basicamente num princípio de equivalência semântica entre enunciados, e é geralmente marcada, em português, por conectores como *quer dizer, isto é, ou seja, por outras palavras*. Veja-se o exemplo:

> (3) Personalidade múltipla- Estado patológico em que uma pessoa se encontra que leva a que fragmente, inconscientemente, a sua personalidade em duas ou mais, sem se aperceber desse facto. Ou seja, não tem consciência da existência da(s) restante(s) personalidade(s); é como se existissem duas pessoas no mesmo corpo e que, frequentemente, funcionam de maneira antagónica.

Em (3), o enunciado introduzido por *ou seja* explica a anterior formulação, de modo a torná-la mais clara, precisa ou explícita. Note-se que o conector aparece depois de um ponto final e demarcado por vírgula à direita, o que reflete o seu estatuto de constituinte prosódico autónomo, na oralidade.[5]

A ocorrência destes conectores é frequente em sequências textuais expositivo-explicativas.[6] Estas sequências, podendo ocorrer em qualquer género discursivo, surgem tipicamente em textos de natureza científica ou didática, onde a clarificação de conceitos e a necessidade de adaptação da linguagem à faixa etária e à formação cultural do público-alvo são factores determinantes.

À reformulação que não envolve paráfrase dar-se-á o nome de retificação. *Ou melhor, ou antes, mais exactamente* são conectores que prototipicamente

---

[5] Esta propriedade, tipicamente associada aos conectores discursivos, permite distingui-los das conjunções. Na escrita, as conjunções não são seguidas de vírgula, ao contrário do que acontece com os conectores discursivos. Vejam-se os exemplos: (i) Está a chover torrencialmente, mas vou sair. (ii) Está a chover torrencialmente. Porém, vou sair.

[6] Uma sequência textual expositivo-explicativa, na esteira de Adam (1992), tem como objetivo facultar ao alocutário informação ou conhecimento que ele não possui, levando-o a compreender o como e / ou o porquê de uma dada questão.

sinalizam este tipo de reformulação, embora os conetores mencionados no âmbito da reformulação parafrástica possam igualmente ser utilizados para retificar ou corrigir informação prévia.[7] Veja-se o exemplo seguinte:

(4) E no PS há maiorias claras, há uma liderança fortíssima, sem alternativas. Isto é, há sempre alternativas, mas neste momento não faria qualquer sentido haver porque seria uma alternativa sem qualquer capacidade efectiva, porque a esmagadora maioria está muito satisfeita com o líder que tem e com o primeiro-ministro que tem.

Em (4), *isto é* comuta livremente com *ou melhor, ou antes*: o locutor corrige a sua primeira formulação, invalidando o dito, avaliado retrospectivamente como não verdadeiro.

Assinale-se que nem todos os enunciados são suscetíveis de reformulação. Com efeito, enunciados como «Declaro-vos marido e mulher» ou «Está aberta a sessão», que correspondem à realização de actos ilocutórios declarativos, regidos por fortes convenções extralinguísticas, não admitem qualquer tipo de reformulação, sob risco de anulação. De facto, a fórmula fixa, institucionalmente ritualizada, é o suporte indispensável para a sua efectiva realização. Já os enunciados que configuram todas as outras classes de atos ilocutórios podem ser submetidos a operações de reformulação.

3.2 Elaborativos

Nesta classe ampla, incluem-se conectores que sinalizam uma relação de especificação, reforço ou confirmação de informação precedente. Estes conectores contribuem para marcar o desenvolvimento temático do texto.

3.2.1 Especificativos

Um nexo relevante no desenvolvimento de um texto prende-se com a expansão de informação, que envolve essencialmente a especificação, particularização ou concretização do que foi dito previamente. Certos conectores são responsáveis pela sinalização desse nexo, nomeadamente *por exemplo, em particular, especificamente, nomeadamente, a saber*, e, num registo oral muito informal do português europeu, sobretudo em estratos jovens, *tipo*. Vejam-se alguns exemplos:

---

[7] Acrescente-se que o conector *aliás* pode cumprir também esta função (algo já assinalado em Cunha / Cintra 1984, 549). No entanto, ao contrário de todos os outros conectores mencionados nesta secção, *aliás* é também utilizado para marcar uma digressão, um comentário parentético sobre o que foi dito ou sobre uma entidade previamente referenciada.

(5) E se não é fácil a um especialista percorrer todos os passos que conduzem a uma identificação conclusiva, podemos antever as dificuldades que se levantam ao ensino da biologia bacteriana nas escolas. Daí que há muito se fizesse sentir a necessidade de novos utensílios de ensino para treinar os alunos de biologia na identificação de microrganismos. Em particular, utensílios que usem as capacidades multimédia e da interatividade.

(6) Línguas indo-europeias - Família de línguas que inclui algumas das mais importantes línguas clássicas do mundo, nomeadamente o sânscrito e o páli na Índia, o zende no Irão, o grego e o latim na Europa, assim como muitas das línguas faladas atualmente.

Como os exemplos ilustram, estes conectores tanto podem interligar enunciados que configuram predicações completas (cf. 5), como podem articular sintagmas no interior de um mesmo enunciado (cf. 6).[8]

Não sendo específicos de nenhuma sequência textual particular, estes conectores ocorrem com frequência em textos expositivos / explicativos e argumentativos. E isto porque viabilizam a introdução de informação que, ao exemplificar, ajuda a explicar um fenómeno ou a defender um ponto de vista.

3.2.2 Reforçativos

Incluem-se nesta subclasse os conectores que tipicamente aliam um valor aditivo a um valor de confirmação / reforço de um aspeto do conteúdo proposicional do enunciado prévio, frequentemente no âmbito de uma estratégia argumentativa tendente a levar o interlocutor / leitor a aceitar mais facilmente uma determinada posição ou ponto de vista. Os conectores que tipicamente marcam este nexo são *além disso, além do mais, adicionalmente, ainda por cima, sobretudo*. Veja-se o exemplo (7):

(7) JN - Quanto à nova Direcção, ela funciona? A.M. - Quando o novo director tomou posse transferiu todos os elementos incómodos. Além disso, a política da nova Direção é «posso, quero e mando».

Em (7), o falante entrevistado avalia negativamente o desempenho da nova Direção. Para apoiar o seu ponto de vista, convoca dois argumentos coorientados: em primeiro lugar, refere o facto de a Direção se ter descartado da responsabilidade de gerir «todos os elementos incómodos»; em segundo lugar,

---

[8] Note-se que relação discursiva em apreço pode ser inferida sem que haja sinalização por intermédio de conectores, o que significa que o seu domínio transcende os casos que os exemplos ilustram. Por exemplo, a representação de um evento complexo (visitar Paris) e a subsequente enumeração dos sub-eventos que o constituem (visitar o Louvre, a catedral de Notre-Dame, passear no Jardim do Luxemburgo, etc.) pode também ser considerado um caso de especificação, uma vez que se discriminam ‹partes› de um ‹todo›.

reforça o rumo argumentativo do seu discurso, sublinhando o funcionamento autocrático da Direcção, cujo lema é «posso, quero e mando».

Também *de facto, efectivamente, com efeito, na verdade, na realidade* podem assumir esta função de reforço, sinalizando que o enunciado que prefaciam sustenta e reforça informação anteriormente expressa, como se ilustra no seguinte exemplo:

(8) No dia 6 de Janeiro de 1501, foi colocada a primeira pedra da construção [do mosteiro dos Jerónimos], uma obra cuja relação com os Descobrimentos se alargava até mesmo ao seu financiamento. De facto, a construção do mosteiro começou a ser paga com parte dos lucros provenientes do comércio das especiarias com a África e o Oriente, o equivalente a cerca de 70 quilos de ouro por ano.

3.3 Estruturadores

Neste grupo, incluem-se conectores como *para começar, (em) primeiro (lugar), (em) segundo (lugar), continuando, depois, a seguir, para terminar, por fim, por último, finalmente,* cuja função consiste na ordenação da informação contida nos diferentes segmentos textuais. São conetores que basicamente estão ao serviço da planificação textual. Veja-se o exemplo (9):

(9) Não considero procedentes os argumentos que têm sido lançados contra a reforma ortográfica. Não existe nenhuma ortografia sacralizada pela tradição, tendo havido várias reformas ortográficas nos últimos cem anos. Não faz sentido acusar a reforma de ser uma cedência do «português» ao «brasileiro»: primeiro, porque o Brasil é de longe o principal «dono» da língua; depois, porque as mudanças são bilaterais; por último, porque na falta de unificação ortográfica será a norma brasileira a impor-se, dado o maior peso populacional do país.[9]

O autor defende a tese de que não faz sentido acusar a reforma ortográfica de ser uma cedência do «português» ao «brasileiro» e convoca seguidamente três argumentos que, a seu ver, apoiam / justificam essa tese. Os conectores demarcam de forma muito clara esses distintos argumentos e também os hierarquizam, em termos do respectivo relevo ou força argumentativa.

Os conectores *em suma, em síntese, resumindo e concluindo, numa palavra,* podem também ser incluídos neste grupo, uma vez que marcam a parte final de um texto ou de uma sequência, tendo, portanto, uma função demarcadora em termos da estrutura textual. É o que acontece em (10):

(10) D. Manuel assina o Édito de Expulsão, em 1496, mas tenta evitar o exílio em massa: disponibiliza um reduzido número de embarcações e decide converter / batizar os que

---

[9] Fragmento de um texto de Vital Moreira, publicado no jornal Público, em 2007.

ficavam no país. Relativamente à última estratégia não avaliou o Rei o reverso da medalha: os cristãos-novos podiam, a partir de então, ascender à nobreza, às ordens militares, às prebendas eclesiásticas. Em suma, podiam disputar cargos que estavam vedados aos judeus.

Note-se que, em (10), *em suma* sinaliza igualmente que o enunciado que prefacia configura uma reformulação sintética e conclusiva da informação precedente. Casos como este mostram que nem sempre se verifica uma divisão estanque e especializada das funções desempenhadas pelos conectores, havendo zonas de sobreposição e hibridismo, que atestam a multifuncionalidade consensualmente reconhecida dos articuladores discursivos.

Por fim, podem ainda ser incluídos nesta classe os conetores correlativos *por um lado, por outro (lado)*, que tipicamente apresentam os membros do texto que articulam como partes distintas no desenvolvimento de um mesmo tópico, como se ilustra em (11):

(11) Havia na sua personalidade contradições insolúveis. Por um lado, um egoísmo desumano e cego; por outro, a mais espontânea disponibilidade para servir o semelhante.

3.4 Consequenciais

Os conectores consequenciais introduzem enunciados que expressam uma consequência de algo que foi dito anteriormente. Atente-se no exemplo seguinte:

(12) A utilização de menos trabalhadores a tempo inteiro e mais empregados a tempo parcial com baixo salário contribuiu para o aumento histórico de 10 por cento nas margens de lucro que as empresas americanas têm vindo a desfrutar e tem alimentado a alta na Wall Street. Dez milhões por dia. Daí que o sindicato dos trabalhadores da UPS, a Irmandade Internacional dos Condutores, tenha apresentado como principal reivindicação não um aumento de salários, mas a criação pela UPS de 10 mil novos postos de trabalho a tempo inteiro nos próximos quatro anos.

Em (12), *daí que* introduz um enunciado que desceve uma situação do mundo apresentada como consequência ou resultado de uma outra.

Assim, consequentemente, por isso, por conseguinte, de modo que são outros conectores susceptíveis de sinalizar o mesmo nexo semântico. Note-se que conectores consequenciais e causais funcionam em espelho: *p porque q, q daí que / consequentemente p* são construções que, embora sintaticamente distintas, se equivalem semanticamente.[10]

---

[10] Note-se que os conectores que incluímos nesta classe podem também sinalizar um nexo conclusivo. Veja-se (i), em que *por isso* comuta livremente com *portanto*: (i) As luzes estão acesas. *Por isso*, o Rui deve estar em casa. Em (i), o segundo enunciado expressa uma conclusão,

3.5 Contrastivos

Nesta classe, e dada a abrangência muito lata do termo ‹contraste›, propomos uma subdivisão entre conectores contra-argumentativos e conectores contrastivo-comparativos.

Os primeiros – *porém, contudo, todavia, no entanto* – introduzem enunciados que tipicamente expressam uma quebra de expectativas. Noutros termos, são conectores que suprimem uma inferência autorizada pelo(s) enunciado(s) precedente(s). O contraste opera, assim, entre o que é dito no segmento introduzido pelo conector e a conclusão inferível a partir de informação previamente expressa.

Os segundos – *em contrapartida, ao invés, ao contrário, pelo contrário, já, agora* – introduzem enunciados que envolvem uma comparação implícita entre entidades ou situações e a sinalização de um contraste entre elas.

Veja-se o exemplo seguinte, que ilustra paradigmaticamente o uso de um conector contra-argumentativo:

(13) As exportações continuaram a crescer, bem como o turismo e as remessas dos emigrantes. Também a desvalorização das moedas no sudeste asiático permitiu uma redução nos custos de importação dos tecidos que suportam a indústria de confecção local. No entanto, uma parte das populações continuava a viver em condições muito precárias, principalmente as que estavam deslocadas no norte e no leste do país e as que viviam nas zonas controladas pelos tâmil.

Em (13), o enunciado introduzido por ‹no entanto› expressa de facto uma quebra de expectativas, uma conclusão contrária à que se poderia inferir: tendo em conta o crescimento das exportações, do turismo e das remessas dos emigrantes, bem como a redução dos custos de importação de materiais utilizados na indústria local, esperar-se-ia que a população tivesse melhorado o seu nível de vida, mas tal não aconteceu.

Atente-se agora no exemplo (14):

---

uma consequência lógica inferida pelo locutor a partir da premissa expressa (‹as luzes estão acesas›) e de uma premissa genérica implícita (‹quando as luzes estão acesas, o Rui costuma estar em casa›). A ocorrência do verbo modal *dever* sinaliza claramente o estatuto inferencial da informação contida no enunciado. A distinção entre consequenciais e conclusivos reflete a distinção entre dois domínios da significação, o domínio do conteúdo, que envolve a representação de situações do mundo sócio-físico, e o domínio epistémico, que envolve a representação do raciocínio do falante. Para um aprofundamento da especificidade da conexão conclusiva, cf. Lopes / Pezatti / Novaes (2001), Lopes (2004).

(14) A RFA, a Itália, a Bélgica e a Holanda conhecerão pela primeira vez índices de crescimento negativos (...). Pelo contrário, a França, a Irlanda e a Grécia terão ainda índices positivos.

Em (14), o locutor contrasta a situação vivida por dois grupos de países, contraste esse que envolve uma comparação em torno do seu índice de crescimento económico.

4. Considerações finais

Como sublinhei no início deste artigo, considero que o conhecimento explícito sobre a língua é uma das competências que deve ser desenvolvida na aula de português como língua materna, a par, naturalmente, de outras (competências de escrita e de leitura, de produção e compreensão do oral formal). E isto porque uma aula de português deve ser, a meu ver, um espaço de práticas de língua, mas também um espaço de reflexão sobre a língua e os seus usos textuais / discursivos.

Sendo o texto o objecto em torno do qual se estrutura toda a aula de português, parece-me indispensável que nela se promova uma reflexão de carácter metalinguístico sobre diferentes mecanismos que contribuem para a sua construção. E é inegável que a sequencialização semântico-funcional dos enunciados, sinalizada através dos conectores que abordei neste artigo, é um dos factores essenciais da textualidade. Assim, considero que uma reflexão sobre as conexões semântico-funcionais marcadas pelos conectores, a partir de exemplos paradigmáticos, é uma etapa crucial para um futuro uso adequado desses operadores, por parte dos alunos.

Por outro lado, é importante realçar que o trabalho ao nível do conhecimento explícito da língua, na área específica contemplada neste artigo, se articula transversalmente, de forma muito fecunda, com todas as outras competências a desenvolver na aula de língua materna. Com efeito, a compreensão do oral e a expressão oral, a escrita e a leitura implicam de forma muito óbvia a capacidade de produzir e interpretar textos de índole diversa, pertencentes a distintos géneros discursivos e estruturados de acordo com certos modelos organizacionais. E tipicamente um texto envolve, na sua construção, o uso de conectores adequados à sequencialização intendida pelo seu produtor, em função de uma determinada intencionalidade comunicativa.

Todos nós, professores, recolhemos, ao longo da nossa actividade docente, evidência empírica de que a conexão textual interfrásica é uma zona crítica que compromete muitas vezes o sucesso escolar dos nossos alunos (basta lembrar os textos escritos que nos chegam em período de avaliação). Assim, julgo que será consensual defender que se explore, sob forma de conhecimento declarativo e em situação de aula, os diferentes nexos que tecem um texto e os seus respetivos suportes linguísticos. O enfoque que defendo, dominantemente centrado nas relações semântico-funcionais que tecem o texto, não deverá escamotear questões de natureza mais formal, nomeadamente a posição dos conectores, que têm tipicamente uma mobilidade que os distingue das conjunções de coordenação e de subordinação adverbial. Só subsequentemente se poderá passar a uma fase de aplicação / exercitação, através de actividades didácticas diversificadas.[11]

Referências

Adam, Jean-Michel 1992
Les textes: Types et prototypes. Paris.

Cunha, Celso / Cintra, Lindley 1984
Nova Gramática do Português contemporâneo. Lisboa.

Duarte, Inês 1992
Oficina gramatical: Contextos de uso obrigatório do conjuntivo. In: Para a Didáctica do Português. Seis estudos de Linguística, ed. por Maria Raquel Delgado-Martins et al. Lisboa: 165-177.

Gombert, Jean-Emile 1990
Le développement métalinguistique. Paris.

Lopes, Ana Cristina Macário / Pezatti, Erotilde / Novaes, Norma 2001
As construções com portanto no português europeu e no português brasileiro. In: Scripta, Lingüística e Filologia 5.9: 203-218.

Lopes, Ana Cristina Macário 2004
Construções consequenciais em PE. In: Letras (Revista da Faculdade de Letras, PUC, Campinas) 23.1: 43-56.

Lopes, Ana Cristina Macário 2011
Atos de fala e ensino do Português como língua materna: Algumas reflexões. In: Português, Língua e Ensino, ed. por Isabel Margarida Duarte e Olívia Figueiredo. Porto: 223-246.

---

[11] A título de sugestão, aqui ficam algumas actividades possíveis: preenchimento de espaços vazios pelos conectores discursivos / textuais adequados; correção / reescrita de textos com reduzido ou nulo grau de coerência em função de uso inadequado de conectores; comentário de textos com zonas de ambiguidade, dada a ausência de conectores; produção de textos expositivos ou argumentativos, a partir de um conjunto-base de conectores; reconstrução de um texto a partir de um conjunto de enunciados ordenados de forma aleatória, muitos deles introduzidos por conectores.

Lopes, Ana Cristina Macário / Carrilho, Ernestina (a publicar)
Discurso e marcadores discursivos. In: Gramática do Português, ed. por Eduardo Paiva Raposo et al. Vol. 3. Lisboa.

Martins, Cristina 2008
Línguas em contacto: «saber sobre» o que as distingue. Coimbra.

Neves, Maria Helena Moura 2001
A gramaticalização e a organização dos enunciados. In: Scripta 5.2: 13-22.

Rossari, Corinne 1994
Les opérations de reformulation. Berne.

Roulet, Eddy 1987
Complétude interactive et connecteurs reformulatifs. In: Cahiers de linguistique française 8: 111-140.

Sanders, Ted et al. (eds.) 2001
Text Representation. Linguistic and Psychological Aspects. Amsterdam.

Astrid Lohöfer

Lyrische Sprache und Ethik: Theoretisch-methodische Überlegungen am Beispiel von Rimbauds „Les Reparties de Nina"

Die Frage nach der ethischen Relevanz von literarischen Texten wurde von zahlreichen Philosophen und Kunsttheoretikern – von Platon über Kant bis hin zu Levinas – immer wieder aufs Neue gestellt und auf unterschiedlichste Weise beantwortet. Spätestens seit im Frankreich des 19. Jahrhunderts die gegen den utilitaristischen Zeitgeist des Bürgertums gerichtete Theorie des *L'art pour l'art* aufkam, wird häufig argumentiert, dass Literatur als autonomer, d.h. zweckfreier und sich selbst genügender Bereich verstanden und gewürdigt werden sollte. In den letzten zwanzig Jahren hat sich vor allem in der angelsächsischen Literaturwissenschaft eine breite Gegenbewegung etabliert, welche die gesellschaftlich-ethische Bedeutung der Literatur hervorhebt und daher üblicherweise als *ethical criticism* bezeichnet wird. Trotz der Fülle von neueren Publikationen zum Verhältnis von Ethik und Literatur wurde der Gattung der Lyrik in diesem Zusammenhang allerdings kaum Beachtung geschenkt. Die meisten Studien auf dem Gebiet der ethischen Literaturkritik definieren den ethischen Nutzen der Literatur anhand von inhaltlichen Kriterien und beruhen auf der Annahme, dass Sprache als transparentes Medium einen unverstellten Blick auf die Welt und das menschliche Handeln ermöglicht. Diese Herangehensweise lässt sich mit den Charakteristika der Lyrik, wie z.B. Formbewusstsein, Selbstreflexivität oder Vieldeutigkeit, nur schwer in Einklang bringen und bestärkt somit letztlich das weit verbreitete Vorurteil, dass die Lyrik – insbesondere der Moderne – im Elfenbeinturm der gesellschaftlichen Irrelevanz gefangen bleibt.

Im Gegensatz dazu wird im vorliegenden Beitrag die These vertreten, dass die ethischen Implikationen lyrischer Texte an genau jenen komplexen und innovativen Sprachgebrauch geknüpft sind, der dieses Genre immer wieder in den Verdacht des Ästhetizismus gerückt hat. Um ein nuancierteres Bild des Verhältnisses von Ethik und Lyrik zu gewinnen, wird dem Verfahren ethischer Literaturinterpretation im Folgenden zunächst ein alternatives Sprachmodell zugrunde gelegt, welches Sprache nicht als transparentes Medium, sondern als Möglichkeit zur Welterschließung begreift, in deren Rahmen neue Blickwinkel auf ethische Fragestellungen eröffnet werden. Bereits lange vor der theoretischen Formulierung eines solchen Sprachkonzepts durch Martin Heidegger und Paul Ricœur wurde die welterschließende Funktion der Sprache von modernen Dichtern verschiedener Generationen und Kulturkreise literarisch umgesetzt und im Hinblick auf ihre ethische Relevanz poetologisch reflektiert, wie anschließend in einer detaillierten Analyse von Arthur Rimbauds „Les Reparties de Nina" nachgewiesen wird. Ziel des Beitrags ist es, anhand dieses von der Forschung weitgehend unbeachteten Textes exemplarisch aufzuzeigen, dass die ethische Dimension von (moderner) Lyrik durch die ästhetisch-poetologische Ebene nicht in den Hintergrund gedrängt wird, sondern vielmehr untrennbar mit letzterer zusammenhängt.

1. Ethik und Lyrik – Theoretische Aspekte

Der Begriff der Ethik bezeichnet die Reflexion über Normen und Werte und wird innerhalb der Philosophie für gewöhnlich von dem der Moral unterschieden: Während die Moral den bestehenden Wertekodex einer Gruppe oder Gesellschaft zum Gegenstand hat, geht es in der Ethik um die kritische Auseinandersetzung mit solchen etablierten Denk- und Verhaltensgewohnheiten. In der Literaturwissenschaft finden sich zahlreiche verschiedene Ansätze zur Definition und Anwendung des Ethik-Begriffs, die sich, wie Robert Eaglestone (1997) gezeigt hat, unter zwei Hauptströmungen subsumieren lassen: der sogenannten neo-aristotelischen und der postmodernen ethischen Literaturkritik.[1] Die neo-aristotelische Richtung, als deren Hauptvertreter Wayne Booth und Martha Nussbaum gelten,[2] geht davon aus, dass literarische Werke die Wertvorstellungen ihrer Leser beeinflussen, indem sie diverse – positive oder negative – Identifikationsmöglichkeiten bieten. Unter Rückgriff auf aristotelische Aussagen zu Ethik und Freundschaft wird argumentiert, dass wir zu fiktionalen Charakteren eine ebenso große Zu- oder Abneigung entwickeln können wie gegenüber real existierenden Personen, was sich wiederum auf unsere Ansichten und Werte auswirken kann. Die Vertreter der neo-aristotelischen Schule sprechen der Literatur sogar eine größere ethische Wirkkraft zu als der

---

[1] Für einen konzisen Überblick über die verschiedenen Ausprägungen des *ethical criticism* siehe Eskin (2004).
[2] Siehe Nussbaum (1990), Booth (1988).

Philosophie, da literarisches Schreiben im Gegensatz zu der rein rationalen Vorgehensweise philosophischer Argumentation Emotion, Empathie und Imagination involviert, also mentale Prozesse, deren Bedeutung für das ethische Handeln spätestens seit den Erkenntnissen der modernen Kognitionsforschung unumstritten ist (vgl. Johnson, 1993). Aus der Sicht von Martha Nussbaum (1998, 246)

> it is [...] as readers of novels that we should approach the social choices before us, trying [...] to consider [...] our fellow human beings with the wonder and the generosity that this imagination promotes.

Kritiker haben darauf hingewiesen, dass der von Booth und Nussbaum vertretene Ansatz eher als *moral criticism* bezeichnet werden müsste, da er von der Existenz universaler, zeitlos gültiger Werte ausgeht, die durch die Literatur tradiert und auf besonders effektive Weise vermittelt werden (Arizti / Martinez-Falquina, 2007, xii). Einhergehend mit dieser Gleichsetzung von Ethik und Moral lässt sich beobachten, dass der Aspekt der sprachlichen Gestaltung innerhalb des neo-aristotelischen Ansatzes eine – wenn überhaupt – nur untergeordnete Rolle spielt. Die Fokussierung auf die Identifikation der Leser mit fiktionalen Charakteren und ihren Handlungen und Werten zeugt von der impliziten Auffassung, dass die Wörter im Text wie durchsichtige Fensterscheiben einen unverstellten Blick auf die Außenwelt ermöglichen, so dass sich diese Methode ethischer Literaturkritik besonders gut auf realistisch-naturalistische Romane und Kurzgeschichten anwenden lässt, weniger jedoch auf Texte, in denen die sprachliche Ebene stärker im Vordergrund steht bzw. selbst zum Thema wird. Besonders das Genre der Lyrik wird in diesem Kontext so gut wie außer Acht gelassen, wenn nicht sogar explizit als Beispiel für eine Textsorte angesehen, die sich der Ethik und somit auch dem Verfahren ethischer Literaturanalyse mehr oder weniger vorsätzlich entzieht (vgl. Nussbaum, 2001, 75-76).

Die wenigen Studien, die diese Meinung hinterfragen, stützen sich entweder auf die neo-aristotelische Definition von literarischer Ethik und betonen die Nähe von – meist zeitgenössischen – lyrischen Texten zur Prosa (z. B. Scanlon, 2007), oder sie folgen der postmodernen Tradition ethischer Literaturkritik, welche davon ausgeht, dass die bewusste Auseinandersetzung mit künstlerisch geformter Sprache einen eigenen ethischen Nährwert hat (vgl. Sheppard, 2002; Woods, 2002). Der postmoderne Ansatz geht in erster Linie auf die Arbeiten von Paul de Man (1979), J. Hillis Miller (1987) und Emmanuel Levinas (^{2}1996 <1974>) zurück, welche die dekonstruktivistische Methode der Textlektüre gegen den Vorwurf ethischer Irrelevanz verteidigen, indem sie die sprachliche Basiertheit der Ethik betonen. Anders als die Vertreter der neo-aristotelischen Richtung, sehen die postmodernen Denker die Ethizität der Literatur nicht in deren Inhalten begründet, sondern vielmehr darin, dass literarisches Lesen zu einer Infragestellung von tief verwurzelten Annahmen über die Transparenz der Sprache führen kann, welche von den neo-Aristotelikern schlichtweg vorausgesetzt wird. Laut Miller und de Man wird bei der Anwendung des dekonstruktivistischen Leseverfahrens, bei dem verschiedene, oft einander widersprechende Schichten im Text freigelegt werden, ein Bewusstsein dafür geschaffen, dass der Prozess des Verstehens, Interpretierens und Evaluierens nie zu einem endgültigen Abschluss kommen kann – beim Akt des Interpretierens sprachlicher Zeichen im Text ebenso wenig wie bei der sprachlich vermittelten Reflexion über ethische Fragestellungen im Leben selbst: „To live is to read, or rather to commit again and again the failure to read which is the human lot" (Miller, 1987, 59). Statt einer transparenten Fensterscheibe gleicht die Sprache nach diesem Verständnis einem opaken Spiegel, der den Leser auf sich selbst und die unausweichliche Ambivalenz menschlichen Sprechens und Denkens zurückwirft.

Der Vorteil der postmodernen Theorie – die Berücksichtigung der sprachlich-ästhetischen Dimension der Literatur – kann gleichzeitig auch als ihr größter Nachteil angesehen werden, denn jegliche sprachexternen Aspekte, wie z.B. die gesellschaftlichen, kulturellen oder politischen Hintergründe von Texten, werden bewusst außer Acht gelassen. Daraus resultiert eine rein theoretische und letztlich wenig stichhaltige Definition des Ethik-Konzepts, welches eine radikale Umdeutung erfährt: Statt auf die kritische Auseinandersetzung mit konkreten Normen und Werten bezieht sich der Begriff der Ethik in der postmodernen Literaturkritik einzig und allein auf die abstrakte Einsicht in die universale Unmöglichkeit endgültigen Verstehens. Wie Robert Eaglestone treffend zusammenfasst, liefern Booth und Nussbaum gute Argumente für eine aristotelische Ethik, allerdings auf Kosten einer Methode für den Umgang mit textuellen Artefakten, während die postmodernen Theoretiker keine überzeugende Ethik-Definition bieten, da sie das Ethische auf ein rein sprachliches Phänomen bzw. ein bestimmtes Leseverfahren reduzieren (vgl. Eaglestone, 1997, 92, 94).

Um die genannten Schwachstellen der gegenwärtigen ethischen Literaturkritik zu überwinden und gleichzeitig eine Methode zu entwickeln, die sich auch zur Analyse der Lyrik eignet, wird im Folgenden ein Ansatz vorgeschlagen, der die ästhetische Ebene der Literatur in den Blick nimmt, ohne dafür den Begriff der Ethik als abstrakte epistemologische Kategorie umdefinieren zu müssen. Es wird dafür plädiert, die gängige Bedeutung von Ethik als Reflexion über moralische Werte beizubehalten und vielmehr die Funktion literarischer Sprache zu überdenken, und zwar in Richtung einer Überwindung des Dualismus zwischen Sprache als transparentem Medium (wie nach Auffassung der neo-aristotelischen Theoretiker) und Sprache als System von opaken, nur auf sich selbst verweisender Zeichen (wie im Verständnis der postmodernen Denker).

Zwei prominente Philosophen, die ein solches alternatives Sprachmodell erarbeitet haben, sind Martin Heidegger und Paul Ricœur. Beide entwickeln ihre Theorie unter anderem auch anhand von lyrischen Texten; und beide betrachten die sprachliche Kreativität der Literatur als Wegbereiterin neuer Einsichten und Perspektiven, welche durch die Ausdrucksmöglichkeiten der Alltagssprache tendenziell verdeckt werden. So beschreibt Heidegger ([18]2001 <1927>, 220) die ästhetisch-poetische Erfahrung mit dem vorsokratischen Konzept der *aletheia* (‚Unverborgenheit' oder ‚Lichtung der Wahrheit') und argumentiert, dass Kunstwerke im Allgemeinen, und lyrische Werke im Speziellen, eine bestimmte Form der Wahrheit vermitteln, die nicht auf empirisch belegbaren Tatsachen beruht, sondern vielmehr aus einer Enthüllung von bislang unentdeckten Erkenntnis- und Erlebnisbereichen besteht (vgl. Heidegger, [8]2003 <1935/1936>, 1-74). Die Sprache, die er als „Haus des Seins" bezeichnet ([14]2007 <1957/1958>, 166), wird für Heidegger gerade durch ihre ästhetische (Um-)gestaltung in der Dichtung zu einem Auslöser dafür, unsere Beziehungen mit der Welt und uns selbst in einem anderen Licht zu betrachten und immer wieder neu zu überdenken (vgl. Heidegger, [11]2009 <1951>, 186).

Auf ähnliche Weise betont Paul Ricœur (1975, 251) das ethische Potential literarischer Sprache, indem er poetische Texte mit erweiterten Metaphern vergleicht, welche üblicherweise voneinander getrennte Bild- bzw. Denkbereiche zusammenführen und dadurch neue Bedeutungsebenen entstehen lassen:

> Ne peut-on pas dire que la stratégie de langage à l'œuvre dans la métaphore consiste à oblitérer les frontières logiques et établies, en vue de faire apparaître de nouvelles ressemblances que la classification antérieure empêchait d'apercevoir? Autrement dit, le pouvoir

de la métaphore serait de briser une catégorisation antérieure, afin d'établir de nouvelles frontières logiques sur les ruines des précédentes.

Das Potential metaphorischer Sprache, automatisierte Sichtweisen zu durchbrechen oder in einem neuen Licht erscheinen zu lassen, beschränkt sich zwar keineswegs auf das Genre der Lyrik, kommt aber aus der Sicht Ricœurs (1975, 306) in dieser Textsorte auf besonders effektive Weise zum Einsatz: „C'est l'œuvre poétique comme un tout – le poème – qui projette un monde". Wie Heidegger versteht Ricœur die Sprache der Dichtung also weder als transparentes Medium noch als selbstreferenzielles Zeichensystem, sondern als einen Ort der Eröffnung neuer Blickwinkel auf vorherrschende Denkmuster und Ideologien – ein Verständnis, das somit das Konzept des Ethischen im ursprünglichen Wortsinn bereits in sich birgt.

Diese theoretische Herangehensweise an die Frage des Verhältnisses zwischen Ethik und poetischer Sprache hat entsprechende methodologische Konsequenzen. Um die oft nur subtil vermittelten ethischen Inhalte einzelner Gedichte aufdecken zu können, bedarf es einer detailgenauen Lektüre, die sprachlich-stilistische Mittel ebenso wie relevante zeitgeschichtliche Hintergründe mit einbezieht. Um erneut die Worte Heideggers zu bemühen, sollten wir beim literarischen Lesen nicht versuchen, die eigenen vorgefassten Meinungen im Text wiederzufinden, sondern vielmehr „aus der Verschlafenheit des eiligen Meinens erwachen" und „uns vom Anspruch der Sprache eigens angehen lassen, indem wir auf ihn eingehen, uns ihm fügen" (^{14}2007 <1957/1958>, 193, 159). Durch die Anwendung einer solchen Lesestrategie, die der hermeneutischen Tradition verpflichtet ist und sowohl Form als Inhalt des Textes berücksichtigt, wird es möglich, auf die insbesondere für die Lyrik charakteristischen sprachlich-ästhetischen Gestaltungsformen einzugehen, ohne dabei in jene „literarhistorische Amnesie" (Uhlig, 1982, 14) zurückzufallen, die für die meisten textzentrierten Interpretationsmethoden der Gegenwart – inklusive der postmodernen ethischen Literaturkritik – typisch ist.

2. Rimbauds „Les Reparties de Nina" – Gedichtanalyse

Ein prägnantes Beispiel für einen Text, dessen ethische Aussagekraft ebenso übersehen wurde wie seine ästhetische Raffinesse, ist „Les Reparties de Nina" von Arthur Rimbaud. Ähnlich wie die gesamte Epoche des Symbolismus wird das üblicherweise dieser literarischen Strömung zugeordnete *Œuvre* Rimbauds immer wieder mit den Konzepten von *poésie pure* und Ästhetizismus in Verbindung gebracht; bzw. wird das eindeutiger gesellschaftlich engagierte Frühwerk oft als künstlerisch unausgereifter Ausdruck jugendlicher Rebellion angesehen, während im Spätwerk, beginnend mit dem berühmten Langgedicht „Le Bateau ivre", eine Tendenz zur Hermetik und Wortalchemie festgestellt wird (vgl. Wetzel, 1985, 6). Das im Jahr 1870 verfasste „Les Reparties de Nina" (Rimbaud, 1972, 24-27) ist der frühen Phase zuzurechnen und gehört zu den am wenigsten erfolgreichen Gedichten Rimbauds. Abgesehen von zwei Aufsätzen von Jean-François Laurent (1986) und Gonou Lee (1992), wurde das Gedicht von der Literaturkritik entweder gänzlich ignoriert oder explizit als unergiebig abgetan. Yves Bonnefoy bezeichnet es beispielsweise als „une œuvrette", das er als „ennuyeux" spezifiziert, denn „[…] les 115 premiers vers – sur 116 – des ‚Reparties de Nina' […] sont […] très réellement une des parts les plus faibles de l'œuvre d'Arthur Rimbaud" (Bonnefoy, 1978, 88, 95, 97). Im Gegensatz dazu wird im Folgenden die These vertreten, dass sich das Gedicht bei einer genaueren Untersuchung seiner Struktur, Metaphorik und Diktion als ein zentrales ethisch-poetologisches Manifest herausstellt, welches den Übergang von Rimbauds Frühwerk zu seinem späteren, experimentelleren Stil einleitet.

Das Gedicht besteht aus einem in fünf Abschnitte gegliederten Dialog, welcher sich jedoch – in ironischem Kontrast zur Überschrift – bis auf die letzte Zeile als Monolog entpuppt. Im ersten Abschnitt wird die junge und schöne Nina vom Sprecher des Gedichts zu einer Landpartie eingeladen, bei der er sie zu verführen hofft:

LES REPARTIES DE NINA

. . . .

Lui.   – Ta poitrine sur ma poitrine,
                Hein? nous irions,
          Ayant de l'air plein la narine,
4   Aux frais rayons

          Du bon matin bleu, qui vous baigne
             Du vin de jour?…
          Quand tout le bois frissonnant saigne
8   Muet d'amour

          De chaque branche, gouttes vertes,
             Des bourgeons clairs,

```
                On sent dans les choses ouvertes
12                  Frémir des chairs:

                Tu plongerais dans la luzerne
                    Ton blanc peignoir,
                Rosant à l'air ce bleu qui cerne
16                  Ton grand œil noir,

                Amoureuse de la campagne,
                    Semant partout,
                Comme une mousse de champagne,
20                  Ton rire fou:

                Riant à moi, brutal d'ivresse,
                    Qui te prendrais
                Comme cela, – la belle tresse,
24                  Oh! – qui boirais

                Ton goût de framboise et de fraise,
                    Ô chair de fleur!
                Riant au vent vif qui te baise
28                  Comme un voleur,

                Au rose églantier qui t'embête
                    Aimablement:
                Riant surtout, ô folle tête,
32                  A ton amant!…
                . . . . . . . . . . . . . . . . . . .

                Dix-sept ans! Tu seras heureuse!
                    Oh! les grands prés!
                La grande campagne amoureuse!
36                  – Dis, viens plus près!…
```

Die erste Strophe, welche sich direkt an Nina wendet, enthält auffällig umgangssprachliche Redewendungen – wie z.B. den Fragepartikel „hein?" (2) –, was einerseits eine gewisse Vertrautheit zwischen Nina und dem Sprecher vermuten lässt, andererseits den Leser überrascht, der von dieser Textsorte eine gehobenere Ausdrucksweise erwartet hätte. Bereits in der zweiten Strophe bringt der Sprecher jedoch auch seine lyrische Seite zum Vorschein, verwendet poetische Bilder wie „tout le bois frissonnant saigne / Muet d'amour" (7-8) und zieht symbolistisch-synästhetische Vergleiche zwischen der Morgenröte und der Farbe von Wein (5-6) oder zwischen Ninas Haut und dem Geschmack von Himbeeren (25-26). Als Dichter lädt er Nina dazu ein, mit ihm gemeinsam in die Schönheit der Natur einzutauchen, wodurch sie beide in die Lage versetzt werden, die Schauer der Leidenschaft (7-8) und die bebende Lebendigkeit aller Dinge (11-12) zu erfahren. Vor dem Hintergrund der in frühlingshaften Liebesrausch getauchten weiten Landschaft (35) erscheint die angesprochene Nina jedoch einigermaßen oberflächlich – ein gewöhnliches Mädchen aus der Stadt, das sich, wie die dunklen Ringe unter ihren Augen verraten (15-16), üblicherweise wohl weniger an einer Landpartie als am Nachtleben erfreut; so wird durch die Hinweise auf Ninas weißen Bademantel (14), ihren schönen Zopf (23) und den schäumenden Champagner, mit dem ihr Lachen verglichen wird (19-20), die Vorstellung evoziert, wie das junge Mädchen vor dem Spiegel sitzt und sich zum Ausgehen bereit macht. Ninas ständiges Lachen, das über vier Strophen hinweg als verrückt (20), ausgelassen (27) und provokativ (21, 31-32) beschrieben wird, bringt den verliebten Dichter beinahe dazu, die Geduld zu verlieren und sie grob zu packen (22-23); schließlich bewahrt er aber doch die Fassung und versucht, ihre Aufmerksamkeit mit Worten zu gewinnen: „Dis, viens plus près!" (36). Wie sich aufgrund der letzten Strophe vermuten lässt, besteht die durch die gepunktete Linie angedeutete Reaktion Ninas aus einem schließlich doch geweckten Interesse für die Einladung des Dichters, welcher daraufhin vorübergehend vom Konjunktiv in die zuversichtlichere Futurform wechselt: „Tu seras heureuse!" (33).

Die lang ersehnte Annäherung zwischen Nina und dem Sprecher stellt das Thema des zweiten Abschnitts dar, der mit einer Wiederholung der ersten Zeile des Gedichts beginnt:

```
              – Ta poitrine sur ma poitrine,
                  Mêlant nos voix,
              Lents, nous gagnerions la ravine,
40                Puis les grands bois!...

              Puis, comme une petite morte,
                  Le cœur pâmé,
              Tu me dirais que je te porte,
44                L'œil mi-fermé...

              Je te porterais, palpitante,
                  Dans le sentier:
              L'oiseau filerait son andante:
48                Au Noisetier...

              Je te parlerais dans ta bouche:
                  J'irais, pressant
              Ton corps, comme une enfant qu'on couche,
52                Ivre du sang
```

>   Qui coule, bleu, sous ta peau blanche
>   Aux tons rosés:
>   Et te parlant la langue franche...
> 56   Tiens!... – que tu sais...
>
>   Nos grands bois sentiraient la sève
>   Et le soleil
>   Sablerait d'or fin leur grand rêve
> 60   Vert et vermeil.
>   . . . .

In der Vorstellung des Sprechers wird Nina während des langen Spaziergangs durch die Wälder so müde, dass sie am ganzen Körper zittert und ihren Begleiter bittet, sie zu tragen (42-46). Dieser äußere Umstand – Ninas körperliche Erschöpfung – führt schließlich zu der vom Sprecher lang ersehnten zärtlichen Vereinigung zwischen den beiden. Während er sich vorher durch Ninas Unaufmerksamkeit dazu getrieben fühlte, sie heftig an sich zu reißen, verspürt er nun das Bedürfnis, sie wie ein Kind im Arm zu wiegen (51) – ein Bild, das durch Anspielungen wie „petite morte" (41), „coucher" (51), „ivre du sang" (52) oder „sève" (57) in eine Vision vom Liebesakt transformiert wird. Von diesem Moment an lacht Nina den Dichter nicht mehr für seine Worte aus, sondern erlaubt ihm vielmehr, in ihren Mund zu sprechen (49), so dass ihre Stimmen eins werden (38) und mit dem süßen Gesang der Vögel verschmelzen (47-48). Der Dichter fühlt sich daraufhin ermutigt, von nun an im Gespräch mit ihr eine „langue franche" (55) zu verwenden, welche einerseits an den umgangssprachlichen Ton anknüpft, den Nina gewöhnt ist – „Tiens!... – que tu sais..." (56) –, andererseits aber auch auf den poetischen Stil verweist, den er ihr näherzubringen versucht und der sich besonders deutlich in den verklärten Bildern der letzten Strophe niederschlägt.

Ninas inzwischen erwachtes Interesse für die Worte des Dichters wird erneut angedeutet, indem der Sprecher zu Beginn des dritten Abschnitts ihre Frage wiederholt:

>   Le soir?... Nous reprendrons la route
>   Blanche qui court
>   Flânant, comme un troupeau qui broute,
> 64   Tout à l'entour
>
>   Les bons vergers à l'herbe bleue
>   Aux pommiers tors!
>   Comme on les sent toute une lieue
> 68   Leurs parfums forts!

	Nous regagnerons le village
	Au ciel mi-noir;
	Et ça sentira le laitage
72	Dans l'air du soir;
	Ça sentira l'étable, pleine
	De fumiers chauds,
	Pleine d'un lent rythme d'haleine,
76	Et de grands dos
	Blanchissant sous quelque lumière;
	Et, tout là-bas,
	Une vache fientera, fière,
80	À chaque pas...

In diesen Strophen scheint der Dichter am Ziel seiner Träume angelangt zu sein; statt wie zuvor immer wieder in den Konjunktiv zurückzufallen, verwendet er hier ausschließlich das Futur für seine hoffnungsfrohe Beschreibung ihres harmonischen Spaziergangs durch dörfliche Landschaften in der Abenddämmerung. Die von Obstbäumen und friedlich grasenden Kühen bevölkerten Weiden gleichen einem paradiesischen Ort des einfachen und sündenfreien Lebens – ein Ort, an dem man statt mit Champagner mit dem Geruch frischer Milch erfreut wird (71) und wo die Vorstellung der von der Liebe des Dichters peinlich berührten, hysterisch lachenden Nina dem Bild einer majestätisch schreitenden Kuh weicht, welche bei jedem Schritt stolz und ohne jegliche Scham ihre natürliche Notdurft verrichtet (79-80). In diesem ländlichen Garten Eden haben die Früchte des „pommiers tors" (66), der an den verwachsenen Baum aus Baudelaires „Bénédiction" erinnert,[3] noch nicht zum Sündenfall geführt, so dass die Geschöpfe Gottes in einem ursprünglichen Zustand von Unschuld, Frieden und Seligkeit miteinander leben können. In der Beschreibung dieser bukolischen Szene gelangt die „langue franche" des Dichters zur endgültigen Perfektion; im Gegensatz zum oft gebrochenen Ton der vorherigen Strophen sind die Verse nun so melodiös und gleichmäßig wie der langsame Rhythmus des Atems der Tiere (75), und die verwendeten Metaphern – beispielsweise der Vergleich des mondbeschienenen Pfades mit einer langsam vorbeiziehenden Herde weißer Kühe (61-63) – ebenso schlicht wie eindrucksvoll.

---

[3] In Baudelaires „Bénédiction" (1954, 83-85) werden die Zeilen „Et je tordrai si bien cet arbre misérable, / Qu'il ne pourra pousser ses boutons empestés" (15-16) von der Mutter des Dichters ausgerufen, dessen ‚Blumen des Bösen' mit der verbotenen Frucht der Erkenntnis verglichen werden. Rimbauds Verwendung der ungewöhnlichen, bei Baudelaire jedoch mehrfach vorkommenden Kollokation des ‚verdrehten Baumes' legt den Vergleich dieser Szene mit dem biblischen Paradies nahe.

Gleichzeitig schöpft Rimbaud in diesen Strophen die Möglichkeiten der in seinen *Voyant*-Briefen angepriesenen synästhetischen Effekte[4] voll aus: Während er zuvor hauptsächlich visuelle Eindrücke evoziert hat, schafft er hier eine Synthese aus Klängen, Bildern und Gerüchen, die den imaginierten Spaziergang durch die ländliche Idylle zu einer Reise durch alle Sinne werden lassen.

Im Anschluss an die Paradiesszene folgt die Beschreibung einer Bauernfamilie, welche Nina und der Sprecher nach ihrer Ankunft im Dorf durch eine Fensterscheibe hindurch beobachten:

```
              – Les lunettes de la grand-mère
                   Et son nez long
              Dans son missel; le pot de bière
  84               Cerclé de plomb,

              Moussant entre les larges pipes
                   Qui, crânement,
              Fument: les effroyables lippes
  88               Qui, tout fumant,

              Happent le jambon aux fourchettes
                   Tant, tant et plus:
              Le feu qui claire les couchettes
  92               Et les bahuts.

              Les fesses luisantes et grasses
                   D'un gros enfant
              Qui fourre, à genoux, dans les tasses,
  96               Son museau blanc

              Frôlé par un mufle qui gronde
                   D'un ton gentil,
              Et pourlèche la face ronde
 100               Du cher petit...

              Noire, rogue au bord de sa chaise,
                   Affreux profil,
              Une vieille devant la braise
 104               Qui fait du fil;

              Que de choses verrons-nous, chère,
                   Dans ces taudis,
              Quand la flamme illumine, claire,
 108               Les carreaux gris!...
```

---

[4] Siehe „Lettre à George Izambard" (13. Mai 1871) und „Lettre à Paul Demeny" (15. Mai 1871), in: Rimbaud (1972, 248-254), bes. 252.

In den wenigen Interpretationen, die zu „Les Reparties de Nina" verfasst wurden, wird diese Passage als Fortsetzung der oben beschriebenen bukolischen Utopie verstanden; so schreibt beispielsweise Robert Cohn (1973, 65), die nächtlich erleuchtete Hütte symbolisiere für Rimbaud „[...] the pathetic longing for the happy home he never had, a resting place". Bei genauerem Hinsehen enthält dieser Abschnitt des Gedichts jedoch einige stark negativ konnotierte Begriffe, die einer solchen Deutung widersprechen. Während die lange Nase der in der Hütte am Feuer sitzenden Großmutter noch in einem neutralen Ton beschrieben wird, werden die Lippen des Großvaters, die gleichzeitig Bier, Schinken und Pfeifenrauch verschlingen, als „effroyables" bezeichnet (83-90); ebenso hässlich erscheinen das auf dem Boden herumkriechende Kleinkind, von dem man nur die fetten, glänzenden Hinterbacken sieht (93), sowie die am Spinnrad sitzende Alte, deren abscheuliches, vom Feuer schwarz-rot aufleuchtendes Profil eher an den Teufel als an einen Ort der Ruhe denken lässt (101-102). Im Gegensatz zu den Kühen, die in der vorangehenden Paradiesbeschreibung wie würdevolle Personen einherschreiten, verhalten sich die Mitglieder der Bauernfamilie wie wilde Tiere, indem sie Schinken in sich hineinschlingen (89) und ihre weißen Schnauzen in die Schüsseln tauchen (95-96) wie hungrige Schweine; nicht natürliche Würde, sondern vielmehr übermäßige Gier – „Tant, tant et plus" (90) – zeichnen die Dorfbewohner aus. Interessanterweise ist gerade der Hund das einzige Lebewesen in der Hütte, welches seinen Mund nicht zum Essen und Trinken gebraucht, sondern dazu, dem Kleinkind seine Zuneigung auszudrücken: „[...] un mufle qui gronde / D'un ton gentil, / Et pourlèche la face ronde / Du cher petit..." (97-100). Abgesehen von dem Hund kommuniziert keines der Familienmitglieder miteinander, sondern alle stecken, im direkten Sinn des Wortes, ihre Nase in ihre eigenen Angelegenheiten: Die Großmutter in ihr Gebetsbuch (82-83), der Großvater in sein Bierglas (83-85) und das Kleinkind in die Schüsseln (95-96).

Zusätzlich zur semantischen Ebene tragen auch noch weitere stilistische Mittel dazu bei, die von der Literaturkritik übersehene Negativität der Szene zu unterstreichen. Im krassen Gegensatz zu den vorangehenden Strophen sind die hier verwendeten Rhythmen unregelmäßig und abgehackt und die Passage besteht aus einer Folge von Nebensätzen, die keinerlei Verb zugeordnet sind. Darüber hinaus werden die dargestellten Personen durch die in fast jeder Strophe verwendete Stilfigur des *pars pro toto* auf ihre hässlichsten Körperteile reduziert: die Großmutter auf ihre lange Nase (82), der Großvater auf seine schauerlichen Lippen (87), das Kleinkind auf seinen feisten Hintern (93) und die spinnende Alte auf ihr abschreckendes Profil (102). Vor dem Hintergrund einer solchen stilistischen Analyse erscheint die Dorfszene weniger als eine Fortführung als ein direkter Gegensatz zu der vorherigen Darstellung ungetrübter Landidylle; der Dichter zeigt Nina nicht nur das Paradies friedlichen Zusammenlebens, sondern auch einen höllenähnlichen, von Feuer erleuchteten Ort voller Würdelosigkeit und eigennütziger Begierde.

In Anbetracht dessen ist es daher kaum verwunderlich, dass Nina, nach einem letzten Überzeugungsversuch des Sprechers, dessen Einladung unter dem Vorwand beruflicher Pflichten endgültig ablehnt, wobei zum ersten Mal ihre genauen Worte wiedergegeben werden:

	– Puis, petite et toute nichée
	Dans les lilas
	Noirs et frais: la vitre cachée,
112	Qui rit là-bas…
	Tu viendras, tu viendras, je t'aime!
	Ce sera beau.
	Tu viendras, n'est-ce pas, et même…
116	ELLE. – *Et mon bureau*?

Rimbauds Gedicht endet mit einer überraschenden Pointe, welche alle vorangehenden Inhalte in Frage stellt und die Leser bewusst in Unklarheit darüber versetzt, wie der gesamte Text zu verstehen ist. Die nächstliegende Reaktion wäre die direkte Identifikation mit dem Sprecher, dessen poetische Weltsicht durch Ninas lakonische Antwort ins Lächerliche gezogen wird, und der sich von der pragmatisch-utilitaristischen Haltung seiner Geliebten enttäuscht und zurückgewiesen fühlt. Wie Jean-François Laurent (1986, 27-28) hervorhebt, weist die durch die zahlreichen gepunkteten Linien angedeutete Präsenz Ninas im Text jedoch darauf hin, dass sie weniger desinteressiert an den Visionen des Sprechers ist, als es ihre letzte Antwort vermuten lässt; vielmehr scheint sie seinen Worten immer intensiver zuzuhören und ihn sogar durch Nachfragen zum Fortfahren zu ermutigen (61). Unter Berücksichtigung dieses Aspekts könnte man sich umgekehrt aber auch auf die Seite Ninas stellen, die sich zwar von den romantischen Ideen des Sprechers zwischenzeitlich angezogen fühlt, am Ende aber doch zur Vernunft kommt und sich auf ihre täglichen Aufgaben besinnt. Aus dieser Sichtweise erscheint der Dichter am Ende als pflichtvergessener Tagträumer, der sich nicht nur kindisch, sondern auch geradezu unmoralisch verhält, indem er sich seiner Verantwortung gegenüber sich selbst und der Gesellschaft entzieht.

Eine dritte mögliche Interpretation ergibt sich durch eine nähere Betrachtung der vorletzten Strophe, die meines Wissens von der bisherigen Forschung völlig übersehen wurde, obwohl sie sich inhaltlich deutlich vom Rest des Gedichtes absetzt. Während alle anderen Strophen aus detaillierten, realistischen Beschreibungen bestehen, evoziert der vorletzte Vierzeiler ein surrealistisch anmutendes Bild einer kleinen kichernden Fensterscheibe, die sich in der Kühle schwarzen Flieders versteckt (109-12). Vor dem Hintergrund von Rimbauds Konzept des *poète voyant* lässt sich die Fensterscheibe als eine Metapher für den Dichter deuten, der am Ende des Textes einen rückwirkenden Hinweis auf seine eigene poetische Methode gibt. Wie später von Heidegger und Ricœur theoretisch und in anderem Kontext expliziert, besteht diese Methode darin, das scheinbar Bekannte in einem neuen und unerwarteten Licht zu präsentieren; dementsprechend versteckt sich der Dichter nicht nur hinter der Fensterscheibe, die den Blick auf die Utopie eines paradiesischen Urzustandes eröffnet, sondern auch hinter dem Feuer, das die höllenähnlichen Zustände realen menschlichen Zusammenlebens erleuchtet, welche ansonsten hinter den dreckigen Fensterscheiben der Dorfhütte verborgen geblieben wären (105-108).

Das Bild der im Flieder versteckten winzigen Fensterscheibe, die kichernd und mit kühler Klarheit die Zustände in der Welt erhellt, weist dabei auf die Implizitheit hin, mit dem der Dichter seine Kritik zum Ausdruck bringt – ein Vorgehen, das zu Zeiten der napoleonischen Zensur kaum anders zu erwarten ist. Der Grad der Chiffrierung zeigt sich besonders in der Dorfszene. Hier wird die menschliche Habgier und Selbstsucht nur durch die Gesten und Bewegungen der am Feuer sitzenden Bauern symbolisiert, welche, wie in Platons Höhlengleichnis, auf ihre eigenen Schatten starren, ohne die verdeckte Wahrheit sehen zu können, die der sich hinter den verschmutzen Scheiben ihrer Behausung verbergende Dichter für sie bereit hält. Einzig die Adjektive „effroyable" (87) und „affreux" (102) weisen auf die Abscheulichkeit hin, die sich in dieser Szene offenbart; alle anderen Aspekte werden nur versteckt angedeutet, wie z.B. die Erstarrung kirchlicher Lehre und Strukturen durch die auf ihr Gebetbuch fixierte Großmutter (81-84), die Gier der Bauern durch das Verb „happer" (89), oder ihre Selbstbezogenheit durch den Kontrast mit dem freundlichen und aufgeschlossenen Verhalten des Hundes (97-100). Die gesamte Szene erhält ihre volle Bedeutung wiederum erst in ihrer Gegenüberstellung mit der vorangehenden Paradiesszene, wodurch sich das, was auf den ersten Blick als gemütliches Beisammensein am Kamin erscheint, letztlich als eine Hölle auf Erden herausstellt. Wie von Ricœur beschrieben, fungieren diese beiden Abschnitte des Gedichts als erweiterte Metaphern, welche zwei Bildbereiche zusammenführen und dadurch neue Bedeutungsebenen eröffnen.

Ein ähnlicher Effekt entsteht bei der näheren Betrachtung der weiblichen Figuren, die in „Les Reparties de Nina" vorkommen. Ninas Antwort am Ende des Gedichts wird im Grunde schon in der Dorfszene bei der Beschreibung der beiden alten Frauen vorweggenommen – eine Beschreibung, die sich im Nachhinein wie eine Vorhersage von Ninas eigener Zukunft verstehen lässt: Die Großmutter, die außer ihrem Gebetbuch nichts um sich herum wahrnimmt und sogar ihr eigenes Enkelkind verwahrlost auf dem Boden herumkriechen lässt, projiziert Ninas Weigerung, den Wahrheiten des Dichters Gehör zu schenken; und die alte Frau am Spinnrad, die selbst bei längst erloschenem Feuer noch ihre Habe zu vermehren versucht (103), deutet auf Ninas oberflächlichen Materialismus hin, der sich bereits zu Beginn des Gedichts in ihrer Liebe zu teurem Champagner und schönen Kleidern andeutete und der durch ihre finale Antwort endgültig die Oberhand über sie gewinnt. Die Spinnerin ist wie eine Warnung für Nina und der Sprecher weist sie sogar explizit auf das Elend hin, in das ein solches Verhalten münden kann: „Que de choses verrons-nous, chère, / Dans ces taudis" (105-106). Während die Bewohner der Dorfhütte entweder zu jung oder zu alt sind, um ihr Schicksal eigenständig ändern zu können, sind Nina und der Dichter zum Zeitpunkt ihres Besuches im Dorf noch in der Lage, eine Entscheidung zu treffen zwischen der ihnen vorgelebten Existenz in Armut und zwischenmenschlichem Elend und der vorangegangenen Erfahrung eines Lebens, in dem jegliche materielle Armut durch gedankliche Freiheit und emotionalen Reichtum kompensiert wird. Der Dichter hat alles versucht, um Nina von diesem Leben zu überzeugen – er hat sie in ihrer eigenen, einfachen Sprache angesprochen, sie mit seinen poetisch-lyrischen Visionen zu verführen versucht und sie in seinen Armen zu den Orten getragen, die er ihr zeigen wollte. Während sie ihn anfangs noch durch ihr langsam wachsendes Interesse ermutigt hat fortzufahren, bleiben ihre Reaktionen während der Beschreibung von Paradies und Hölle völlig aus, und ihre letzte, zum ersten

Mal explizite Antwort besiegelt schließlich ihre Weigerung, den von den Dorfbewohnern vorgegebenen Pfad stumpfsinnigen Alltagslebens zu verlassen und ihre tägliche Routine zugunsten einer Reflexion über die ethische Frage „Was ist ein gutes Leben?" zu unterbrechen. Nina wird somit zum Symbol sowohl einer Leserschaft, die sich durch Lyrik unterhalten, aber nicht wachrütteln lassen möchte, als auch der Menschheit im Allgemeinen, die sich tendenziell lieber auf das Gewohnte zurückzieht, als das eigene Handeln kritisch in Frage zu stellen.

Wer dennoch geneigt ist, sich insgesamt eher mit Nina zu identifizieren, dem wird in Rimbauds Gedicht das letzte Wort überlassen, denn dem Dichter geht es nicht darum, anderen seine Visionen aufzuzwängen – was er für die Leser, ebenso wie für Nina, bereit hält, ist eine Einladung, ein Angebot. Unabhängig davon, ob seine Einladung angenommen wird oder nicht, ist es auch der Dichter selbst, den seine eigenen imaginären Reisen einen Schritt weiterbringen: Während der erste Teil von „Les Reparties de Nina" noch wie eine bewusste Nachahmung traditioneller lyrischer Ausdrucksmittel anmutet – „Ô chair de fleur!" (26); „Oh! les grands prés!" (35) –, werden die verwendeten Rhythmen und Metaphern gegen Ende des Gedichts immer origineller, wobei die oben besprochene vorletzte Strophe bereits auf Rimbauds späteren, expressionistisch-surrealistischen Stil der *Saison en enfer* hinweist. Auch ohne Ninas Zustimmung ist es dem Dichter auf seiner Reise zu sich selbst gelungen, eine Sprache zu finden, die neue Sichtweisen auf die Welt und ihre – wenngleich auch nur potentielle – Umgestaltung eröffnet und damit der Aussage aus den *Voyant*-Briefen entspricht: „La Poésie ne rythmera plus l'action; *elle sera en avant*".[5] Da das Tempo, mit dem sich das Handeln der Menschen, wenn überhaupt, verändert, hinter dem seiner poetischen Visionen zurückfällt, bleibt dem Dichter zunächst nichts anderes übrig, als sich im Flieder zu verstecken und Nina das überlegene Lachen zurückzugeben, mit dem sie zuvor ihn bedacht hat. Das geradezu absurd anmutende Bild der winzigen, leise kichernden Glasscheibe, die zwischen den riesigen schwarzen Blumen quasi unsichtbar bleibt, deutet darauf hin, dass Rimbaud wenig Hoffnung hatte, von seinen Lesern eine andere Reaktion zu erhalten als der Sprecher seines Gedichts von Nina; und zumindest in Bezug auf dieses eine Gedicht lag er mit dieser Einschätzung

---

[5] Rimbaud, „Lettre à Paul Demeny" (1972, 252), Herv. im Original.

letztlich nicht falsch. Auch wenn sich dies nur wenige Jahre später bereits anders darstellte, war der zukünftige Autor des „Bateau ivre" und der *Illuminations* zum Zeitpunkt der Entstehung von „Les Reparties de Nina" jedoch offenbar noch nicht bereit, sich durch das Gefühl des Nicht-Verstanden-Werdens von seiner Kunst abbringen zu lassen: „Tu viendras, n'est-ce pas, et même..." (115).

3. Abschließende Überlegungen

Ziel des vorliegenden Beitrags war es, am Beispiel eines Gedichts von Rimbaud die Interdependenz von poetischer Kreativität und ethischer Reflexion in der (modernen) Lyrik hervorzuheben und dadurch sowohl ästhetisch-poetologische als auch ethisch-gesellschaftliche Implikationen in dem Gedicht aufzuzeigen, die bislang unbeachtet geblieben sind. Die hier vertretene These, dass die ethische Dimension lyrischer Texte von der ästhetischen Ebene nicht in den Hintergrund gedrängt wird, sondern beide Ebenen unmittelbar zusammenhängen, konnte anhand einer detaillierten Analyse von „Les Reparties de Nina" bestätigt werden; denn bei näherer Betrachtung erweist sich dieses vielfach unterschätzte Gedicht als ein komplexer metapoetischer Text, der Ethik und Ästhetik auf subtile Weise miteinander zu verbinden sucht, ohne dabei einseitig moralisierend oder auf oberflächliche Weise sprach- und formzentriert zu werden. Wie der Sprecher in „Les Reparties de Nina", der alle ästhetischen Register zieht, um seiner Geliebten die imaginäre Reise durch verschiedene Existenzformen schmackhaft zu machen, fordert das Gedicht selbst seine Leser auf, die subtilen sprachlichen Gestaltungsmittel (symbolisiert durch die kichernde Fensterscheibe) auf sich wirken zu lassen und sich den dadurch evozierten ethischen Themenbereichen zu öffnen. Dies kann nur auf der Basis einer detailgenauen Lektüre erfolgen, welche sowohl sprachlich-stilistische Mittel (wie die Verwendung von Rhythmus und Metaphern) mit einbezieht als auch textexterne, gesellschaftlich-kulturelle Hintergründe (zum Beispiel die Werte der Gesellschaft des neunzehnten Jahrhunderts, die Rimbaud in seinem Gedicht hinterfragt). Ein solches Leseverfahren, das der hermeneutischen Tradition und dem damit verbundenen Paradigma des schrittweisen Verstehens verpflichtet ist, ermöglicht ein Erkennen der Wechselwirkungen zwischen der konkreten sprachlichen Gestaltung eines Textes und seiner ethischen Hinterfragung bestimmter Normen und Werte. Zuvor erfordert es allerdings von den

Lesern – um erneut die Worte Heideggers zu bemühen –, „aus der Verschlafenheit des eiligen Meinens zu erwachen" und bei der Lektüre literarischer Texte nicht nur auf vorgefertigte Moralvorstellungen zu hoffen, sondern sich selbst auf die Suche nach der Fensterscheibe der Ästhetik zu machen, die neue Sichtweisen auf Fragestellungen der Ethik eröffnet.

Das mit dieser Methode zusammenhängende Sprachmodell von Heidegger und Ricœur, welches die Ausdrucksformen der Dichtung als Mittel zur Welterschließung begreift und somit Rimbauds poetologischen Prinzipien entspricht, stellt dabei eine Möglichkeit dar, das aktuelle Diskursfeld der ethischen Literaturkritik zu erweitern und das bislang in diesem Zusammenhang vernachlässigte Genre der Lyrik stärker in den Blick zu nehmen. Bislang wurden lyrische Texte entweder, wie im neo-aristotelischen Ansatz, als inkompatibel mit einer Ethik- (bzw. Moral-)basierten Textanalyse betrachtet, oder, wie in der postmodernen Theorie, als Beispiel für diejenige sprachliche Komplexität angeführt, durch die den Lesern die ethische (bzw. literaturtheoretische) Einsicht in die Unmöglichkeit eindeutigen Verstehens vermittelt werden kann; und dabei erscheint Sprache entweder als uneingeschränkt transparentes Medium oder als opakes, auf sich selbst verweisendes Zeichensystem. Demgegenüber vertreten Heidegger und Ricœur die Ansicht, dass künstlerisch geformte Sprache innerhalb des hermeneutischen Zirkels von Expression und Reflexion als Mittel zur Durchbrechung automatisierter Denkweisen fungieren kann – ein Konzept, das in Rimbauds Gedicht durch die Fensterscheibe symbolisiert ist, welche zwar transparent ist, aber gleichzeitig vom Leser aktiv aufgespürt werden muss. Ein solches Sprachverständnis ermöglicht die Beibehaltung des Begriffs der Ethik im Sinne einer kritischen Auseinandersetzung mit gesellschaftlichen Normen, ohne dass dadurch ästhetische Aspekte vernachlässigt oder dem Verdacht der ethisch irrelevanten Formenspielerei ausgesetzt werden müssen. Die Ergebnisse dieser Untersuchung zeigen daher nicht nur die Bedeutung des welterschließenden Potentials von Sprache für die Ethik moderner Lyrik, sondern leisten darüber hinaus einen Beitrag zur Überwindung der traditionellen Dichotomie von ästhetisch-formalistisch und ethisch-gesellschaftlich orientierten Ansätzen in der Literaturwissenschaft.

Literaturangaben

Arizti, Bárbara / Martínez-Falquina, Silvia 2007.
Introduction. In: On the Turn: The Ethics of Fiction in Contemporary Narrative in Ethics, hg. v. Bárbara Arizti und Silvia Martínez-Falquina. Newcastle: ix-xxxiii.

Baudelaire, Charles 1954
Œuvres complètes, hg. v. Yves-Gérard Le Dantec. Paris.

Bonnefoy, Yves 1978
Rimbaud: ‚Les Reparties de Nina'. In: Le Lieu et la formule: Hommage à Marc Eigeldinger, hg. v. Claude Pichois. Neuchâtel: 88-110.

Booth, Wayne C. 1988
The Company We Keep: An Ethics of Fiction. Berkeley.

Cohn, Robert Greer 1973
The Poetry of Rimbaud. Princeton.

De Man, Paul 1979
Allegories of Reading. New Haven.

Eaglestone, Robert 1997
Ethical Criticism: Reading After Levinas. Edinburgh.

Eskin, Michael 2004
On Literature and Ethics. In: Poetics Today: International Journal for Theory and Analysis of Literature and Communication 25.4: 575-577.

Lee, Gonou 1992
À la rencontre de Daphné: Lecture mythocritique des Reparties de Nina. In: Rimbaud, cent ans après: Actes du Colloque du Centenaire de la Mort de Rimbaud tenu à Charleville-Mézières 5-10 septembre 1991, hg. v. Steve Murphy. Charleville-Mézières: 25-35.

Heidegger, Martin [18]2001 <1927>
Sein und Zeit. Tübingen.

Heidegger, Martin [8]2003 <1935/1936>
Der Ursprung des Kunstwerks. In: Heidegger, Holzwege, hg. v. Friedrich-Wilhelm von Herrmann. Frankfurt: 1-74.

Heidegger, Martin [14]2007 <1957/1958>
Das Wesen der Sprache. In: Heidegger, Unterwegs zur Sprache. Stuttgart: 157-216.

Heidegger, Martin [11]2009 <1951>
„Dichterisch wohnet der Mensch". In: Heidegger, Vorträge und Aufsätze. Stuttgart: 181-198.

Johnson, Mark 1993
Moral Imagination: Implications of Cognitive Science for Ethics. Chicago.

Laurent, Jean-François 1986
Reparties en pointillés: D'un manuscrit à l'autre ou les implications d'un pluriel. In: Parade Sauvage: Revue d'Études Rimbaldiennes 3: 26-32.

Levinas, Emmanuel ²1996 <1974>
Autrement qu'être ou au-delà de l'essence. La Hague.

Miller, J. Hillis 1987
The Ethics of Reading. New York.

Nussbaum, Martha C. 1990
Love's Knowledge: Essays on Philosophy and Literature. Oxford.

Nussbaum, Martha C. 1998
The Literary Imagination in Public Life. In: Renegotiating Ethics in Literature, Philosophy, and Theory, hg. v. Jane Adamson, Richard Freadman und David Parker. Cambridge: 222-246.

Nussbaum, Martha C. 2001
Exactly and Responsibly: A Defense of Ethical Criticism. In: Mapping the Ethical Turn: A Reader in Ethics, Culture, and Literary Theory, hg. v. Todd F. Davis und Kenneth Womack. Charlottesville: 59-79.

Ricœur, Paul 1975
La Métaphore vive. Paris.

Rimbaud, Arthur 1972
Œuvres complètes, hg. v. Antoine Adam. Paris.

Scanlon, Mara 2007
Ethics and the Lyric: Form, Dialogue, Answerability. In: College Literature 34.1: 1-22.

Sheppard, Robert 2002
Poetics and Ethics: The Saying and the Said in the Linguistically Innovative Poetry of Tom Raworth. In: Critical Survey 14.2: 75-88.

Uhlig, Claus 1982
Theorie der Literarhistorie: Prinzipien und Paradigmen. Heidelberg.

Wetzel, Hermann H. 1985
Rimbauds Dichtung: Ein Versuch, „die rauhe Wirklichkeit zu umarmen". Stuttgart.

Woods, Tim 2002
The Poetics of the Limit: Ethics and Politics in Modern and Contemporary American Poetry. New York.

Peter Klaus

À la découverte des littératures canadiennes de langue française (Québec, Acadie, Ontario)

Remarques préliminaires

Northrop Frye, le grand critique littéraire canadien, raconte l'anecdote suivante:

> À l'occasion du Centenaire de la création du *Dominion of Canada* en 1867 le Canada se serait donné les buts suivants : combiner des institutions britanniques et l'élan économique américain avec la culture française. Résultat un siècle plus tard : une politique à la française, un élan économique britannique et une culture américaine. (Frye, 1986, 43)

Le Canada – un cas bizarre et unique dans l'histoire des Amériques : il est le seul pays à ne pas avoir fait sa révolution (cf. les USA, le Mexique, Haïti). Le Canada a atteint sa souveraineté par décision du Parlement britannique à Westminster (1931).

Mais les bizarreries continuent : Le Canada est membre simultanément de l'OIF (Organisation Internationale de la Francophonie) et du *Commonwealth of Nations*. Le Canada occupe même trois sièges au sein de l'OIF : un siege tenu par le gouvernement fédéral à Ottawa, un siege par le Québec et le troisième à la seule province officiellement bilingue du Canada, le Nouveau-Brunswick. Quel autre pays peut prétendre à un tel ‹ cumul › d'appartenances ? Résultat : le Canada est un pays prérévolutionnaire et en même temps postcolonial. À part cela on présente souvent le Canada comme le modèle d'un multiculturalisme réussi, un pays dont on loue les efforts concernant le bilinguisme de sa société. La survivance de la langue et de la culture françaises malgré deux siècles de domination britannique est due à une civilisation de résistance qui fait fi des forces assimilatrices. Et ce n'est pas fini : les littératures qui émergent au Canada anglais et français depuis quelques décennies méritent souvent l'épithète de ‹ postmodernes ›.

Si le poète canadien Octave Crémazie (1827-1879) pouvait jeter un coup d'oeil aujourd'hui sur le paysage littéraire du Canada tout entier, il n'en reviendrait pas. Car c'est lui qui disait dans une lettre adressée à l'Abbé Casgrain en 1867, l'année de la création de la Confédération du Canada:

> Ce qui manque au Canada, c'est d'avoir une langue à lui. Si nous parlions iroquois ou huron, notre littérature vivrait [...] Nous avons beau dire et beau faire, nous ne serons toujours, du point de vue littéraire qu'une simple *colonie* [...]. (Crémazie cité dans Gauvin, 2000, 23)

Aujourd'hui la littérature canadienne s'écrit au moins dans les deux langues officielles du Canada, l'anglais et le français, et on ne compte plus les prix nationaux et internationaux raflés par les écrivains des deux bords. Dernière en date : Alice Munro, Prix Nobel de littérature en 2013. Mais dans le camp français ou francophone, les mérites et prix sont également bien répartis. Pensons à Yann Martel et son *Man Booker Prize* pour *Life of Pi* [L'histoire de Pi] (2001), écrit et publié en anglais par un Montréalais francophone et traduit en français par ses propres parents. Pensons à l'écrivain Dany Laferrière (né en 1953 à Port-au-Prince), à la renommée internationale, Prix Médicis en 2009 pour son roman *L'Énigme du retour* (2009) et qui est « né comme écrivain à Montréal », comme il dit, la ville où il vit depuis 1976. Il a été élu en 2013 comme premier Haitano-Québécois à siéger à l'Académie française.

Rien que ces deux exemples nous donnent un avant-goût de la variété et de la non-homogénéité des littératures canadiennes. Oubliés les complexes d'infériorité évoqués par Crémazie, qui lui, ne parlait pas encore du Québec ni de littérature québécoise, mais de littérature canadienne.

La francophonie littéraire du Canada

Les adeptes de l'indépendance du Québec n'aimeraient pas être répertoriés comme Franco-Canadiens. Mais force est de constater que la province du Québec, la seule province canadienne avec le français comme seule langue officielle, n'est plus seule à représenter la culture et la littérature créées en français sur le sol canadien. Le Québec est certes le foyer principal de cette présence unique en Amérique du Nord qui par sa seule présence nous interpelle par rapport à la survie du français, tellement surprenante à première vue. On pourrait s'interroger sur les raisons et les conditions de la survie du français tant au Québec que dans les autres régions du Canada où le français joue encore un rôle aujourd'hui.

D'après Gratien Allaire le terme de ‹ francophonie canadienne › est le reflet d'un passage du « [...] Canada français à un ensemble plus éclaté, qui se définit par la langue, d'une part, et se situe, d'autre part, par l'appartenance à une province » (Allaire, 1999, 13). Mais les choses ne sont jamais aussi simples. Nous avons aujourd'hui une littérature québécoise de langue française et de langue anglaise (surtout montréalaise), nous avons une littérature acadienne, aussi dispersée que la francophonie canadienne. On y reviendra. Nous avons une littérature francontarienne, également dispersée régionalement. À cela s'ajoutent une littérature de la minorité francophone du Manitoba, essentiellement concentrée à Saint-Boniface (administrativement dépendante de la ville de Winnipeg) et une petite littérature émergente de l'Ouest (Saskatchewan et Colombie-Britannique). Toutes ces littératures ne pourraient survivre sans l'infrastructure culturelle et économique, c'est-à-dire les maisons d'éditions, une politique de la subvention du livre et de sa traduction (dans d'autres langues que les langues officielles du Canada). Différents organismes fédéraux et provinciaux appuient les activités des maisons d'éditions et des auteurs, tels le Conseil des Arts du Canada à Ottawa et les différents Conseils des Arts provinciaux et municipaux. La ville de Montréal, pour ne donner que cet exemple, dispose d'un Conseil des Arts fondé en 1956 pour soutenir les organismes artistiques professionnels de Montréal. Les organismes cités soutiennent également les tournées à l'étranger d'artistes, d'auteurs littéraires, etc.

Vu la situation minoritaire de la plupart des littératures francophones du Canada (et le lectorat restreint en langue française), la survie de ces littératures constitue un petit miracle. Les différentes politiques de subvention sont absolument nécessaires et ont contribué dans le passé et jusqu'à nos jours à une meilleure connaissance du fait littéraire canadien à l'étranger, mais aussi au Canada anglais.

Le cheminement de la ‹ littérature québécoise › contemporaine
La littérature québécoise s'appelle ainsi seulement depuis 1960/1961. Avant cette date on parlait de littérature canadienne française, et pour apprécier l'évolution de cette étonnante littérature québécoise depuis une cinquantaine d'années, il suffit de jeter un coup d'oeil sur un auteur : il s'agit de Naïm Kattan (*1928). Naïm Kattan a obtenu le Prix Athanase David en 2004, le prix le plus prestigieux que le Gouvernement du Québec décerne une fois par an. Naim Kattan est un écrivain qui a marqué et qui a façonné la vie culturelle et littéraire du Québec (et du Canada) depuis cinquante ans. Il a été honoré par ce prix en tant qu'écrivain, narrateur, essayiste et aussi en tant que directeur de la partie ‹ livres et édition › du Conseil des Arts du Canada à Ottawa. Dans l'hommage rendu à Naïm Kattan, on a surtout souligné le fait que de par le vaste éventail de ses activités, l'auteur avait contribué à rendre la littérature québécoise plus

ouverte sur le monde. Cet aspect de l'ouverture sur le monde mérite toute notre attention.

L'attribution de ce prix à Naïm Kattan et les arguments qui ont amené le jury à cette décision jettent une lumière toute particulière sur l'évolution sociétale de même que sur les transformations profondes tant sur le plan littéraire que sur le plan culturel au Québec et au Canada. Car il ne va pas de soi qu'un juif iraquien né à Bagdad, qui part d'abord faire des études à Paris et qui débarque à Montréal en 1954 pour y rester, soit honoré de cette façon. L'aspect suivant a été particulièrement souligné dans l'éloge : on met en avant le fait que Naïm Kattan s'était sciemment décidé pour le français en tant que langue de création littéraire. Cette décision de l'auteur est un fait non-négligeable. Mais l'éloge ne s'arrête pas là : on honore l'écrivain également en tant que passeur et médiateur culturel, en tant que représentant d'une espèce particulière d'immigrant, un migrant qu'il ne veut pas être, puisqu'il se considère plutôt comme un nomade. Pourtant il se voit biographiquement localisé à Montréal : « Je suis d'ici ». Un nomade sédentaire ?

Dans la personne de Naïm Kattan se cristallise une évolution dans la littérature du Québec et du Canada qui depuis une trentaine d'années environ se discute sous des appellations aussi disparates que ‹ écritures migrantes ›, ‹ imaginaires métissés ›, ‹ littérature néo-québécoise ›, et j'en passe. Mais le phénomène de ces ‹ écritures émergentes ›, – appelons-les ainsi pour le moment –, va devenir un fait marquant dans le paysage littéraire du Québec, et Naïm Kattan en aura été un des pionniers.

Se considérant longtemps comme des citoyens de seconde zone, marqués par un complexe d'infériorité quant à leur variété du français et aussi parce qu'« on ne pouvait pas gagner sa vie en français »,[1] les Québécois se découvrent une nouvelle assurance suite à la ‹ Révolution tranquille › (1960-1965)[2] :

---

[1] Cité d'après la pièce de théâtre « Medium saignant » (1970) de Françoise Loranger qui thématise la « guerre des langues » dans le quartier montréalais deSaint-Léonard marqué par l'immigration italienne. Les immigrants italiens d'alors avaient opté majoritairement pour l'anglais et ont envoyé leurs enfants à l'école anglaise.

[2] On appelle ‹ Révolution tranquille › cette période du Québec contemporaine qui commence après la mort du Premier ministre Maurice Duplessis (1959) et la fin de l'époque de la Grande Noirceur. Dans les années 1960 le Québec entame une série de transformations profondes de la société. L'État s'implique davantage dans les affaires publiques et réalise une véritable séparation de l'Église et de l'État. En quelques années le Québec rattrape son retard dans de nombreux domaines (p.ex. dans l'économie) et il commence à se développer une véritable identité québécoise. D'ailleurs la littérature québécoise s'appelle comme ça seulement depuis

C'est l'époque charnière du Québec moderne. La société québécoise se donne les moyens de transformer et de moderniser ses institutions et de prendre en main les rênes de l'économie. Les différentes lois linguistiques viennent à l'aide pour garantir la survie du français, surtout la ‹ Charte de la Langue française ›, autrement dit la Loi 101 (1977), car il y a toujours eu une préoccupation au Québec : la disparition. Un *leitmotif* : la survivance et, liée à celle-ci, la « surconscience linguistique »:

> La LOI 101 constitue une sorte de couronnement linguistique de ce désir d'être « maîtres chez nous », et de dire plus loin : « Le respect et l'accomodement à la diversité s'avéreront, à terme, plus bénéfiques à la cause du français au Québec que l'appel à la conformité et à l'assimilation ». (Maclure, 2005, 153)

Entre « américanité » et « francité »

Si à l'époque de la ‹ Révolution tranquille › et encore quelques années après la langue et la littérature ont été instrumentalisées par divers courants politico-artistiques (‹ Guerre du Joual ›),[3] si l'on pense à l'autodéfinition des Québécois comme « Nègres blancs d'Amérique » (Vallières, 1968) ou au poème-manifeste « *Speak white* » (1974) de Michèle Lalonde, où le français des Québécois est qualifié de « parlure pas très propre » et où les Québécois eux-mêmes se considèrent comme « peuple-concierge » : on voit déjà que le chemin vers l'indépendance a dû être long et pénible.

L'acquis d'une certaine indépendance économique et politique suite aux années de la ‹ Révolution tranquille › s'est même répercuté dans les arts, surtout dans la chanson. Òu ailleurs sinon en URSS lors des heures glorieuses du ‹ réalisme socialiste › a-t-on pu chanter les exploits d'une technologie moderne telle que la construction des méga-barrages dans le grand Nord québécois?

1960/1961. Avant on cachait son identité derrière des termes hybrides comme p.ex. ‹ littérature canadienne française ›.

[3] Joual serait une déformation phonétique du mot « cheval » et est devenu le terme pour désigner ce substandard populaire du Québécois, qui est considéré comme vulgaire et qui est truffé d'anglicismes. Le « Joual », cette variété linguistique décriée, est devenu pendant les années 1960-70 le cheval de bataille des indépendantistes du Québec, qui auraient voulu en faire la langue nationale d'un Québec indépendant. *Le Cassé* (Renaud, 1964), premier roman en joual publié en 1964, a fait un scandale et a été mis sur l'index à cause de sa violence langagière. Les protagonistes du roman de Jacques Renaud (*1944) sont des marginaux, des nomades urbains, une thématique qui accentue l'auto-définition des Québécois de l'époque comme étant des citoyens de seconde zone et qui ne sont pas « maîtres chez eux », autrement dit: « un peuple concierge » (d'après le poème-manifeste de Michel Lalonde (1974)).

(Georges Dor : « La Manicouagan »).[4] C'est une nouvelle fierté de ce petit peuple de francophones qui s'affirme et qui ne chante plus les malheurs des coureurs des bois ou autres bûcherons et draveurs partis pour la saison des coupes de bois. Les arts aussi se mettent du côté d'une certaine modernité.

Et c'est suite à la publication des romans de Jacques Poulin et de Jacques Godbout que les Québécois découvrent leur « américanité », c'est-à-dire cette partie de l'identité québécoise profondément marquée par les Amériques. Louis Balthazar, politilogue à l'Université Laval en parlant de l'« américanité », a dit lors d'une conférence il y a quelques années : « C'est notre contribution à la francophonie ! ». Et Jacques Godbout a eu cette heureuse formule pour cette double appartenance : « Ma mère s'appelait Hollywood et mon père Saint-Germain-des-Prés » (Godbout, 1981b, 35).

Une nouvelle période de l'écriture romanesque québécoise s'ouvre et ce qui est significatif c'est qu'apparemment le nouveau nomadisme du roman met un terme également à ce qu'on apppelle le ‹ syndrome de l'enfermement ›, ce repli sur soi-même des Québécois. Jacques Allard (1994, 497) a parlé d'un « double rétrécissement provincial » au Québec, double lorsqu'on prend à la lettre le terme ‹ Québec › qui signifie en langue algonquine ‹ là où le fleuve se rétrécit › et qui signifierait également cet enfermement idéologique. Le roman témoigne de tous ces changements et la littérature québécoise se fait aussi le reflet de l'évolution de la société. Ce n'est qu'au Québec, où la francophonie se sent constamment menacée dans sa survie, que langue et littérature sont intimément liées en tant que vecteurs de la nouvelle identité québécoise. Jacques Godbout est un de ces romanciers contemporains qui accompagne les changements sociétaux avec sa création littéraire et ses films. À chaque étape importante du Québec contemporain, Godbout est là pour en témoigner.

Les Têtes à Papineau et la ‹ mort › du Canada bilingue

En 1981, Jacques Godbout a publié le roman *Les Têtes à Papineau* (Godbout, 1981a) une sorte de parabole du bilinguisme et du biculturalisme canadien. Son héros naît en 1955 à Montréal dans une famille de Canadiens français, les Papineau, mais l'enfant est très particulier : c'est un monstre bicéphale, il a deux

---

[4] Georges Dor (1931-2001) est un chanteur, poète, dramaturge et essayiste québécois. Sa chanson « La Manic » (1972) est devenue emblématique pour toute une génération de Québécois en quête d'assurance et d'indépendance. La chanson chante les exploits de la nouvelle technologie québécoise, celle des grandes centrales hydro-électriques.

têtes, l'une s'appelle François et parle, rêve et agit en français, l'autre s'appelle Charles et agit, parle et rêve en anglais. Les « deux têtes », comme on les appelle couramment dans le roman, font la Une des gazettes et de la curiosité publique, mais à un moment donné elles confessent leur désarroi face à une situation devenue invivable : « Être ou ne pas être deux » ?

Solution : une intervention chirurgicale qui se fait effectivement à Vancouver, effectuée par un Canadien d'origine francophone et anglophone. Résultat après la réunion des deux parties du cerveau : le livre se termine par une page en anglais, signé Charles F. Papineau et c'est en anglais que ce dernier informe son éditeur qu'il sera désormais incapable de terminer le roman en français ! Certains ont vu dans ce roman un constat pessimiste quant à la survie d'un Canada bilingue. Toujours est-il que la métaphore employée pour caractériser le Canada pendant très longtemps était celle des ‹ Deux Solitudes ›, d'après le titre du roman *Two Solitudes* de Hugh MacLennan (1945).

Mais ce sera surtout grâce au roman *Volkswagen Blues* (1984) de Jacques Poulin que le lecteur québécois se réapproprie son histoire, celle du continent américain, en suivant les traces des voyageurs et autres découvreurs, souvent français et qui ont mis l'Amérique sur la carte. Qu'est-ce qui est nouveau dans ce roman ? C'est d'abord un roman qui fait découvrir l'espace nord-américain en commençant à Gaspé, au début de l'histoire française du continent avec Jacques Cartier, le découvreur du Canada. Et le voyage se termine à San Francisco, à l'aboutissement de l'histoire.

Mais ce voyage en *VW Bus* est plus que cela. Littérairement il rend hommage à un précurseur célèbre, à l'auteur franco-américain de la *beat generation* Jack Kerouac et son road novel *On the road* de 1957. Le roman de Jacques Poulin est également parsemé de citations littéraires et de rencontres littéraires, entre autres avec le romancier Saul Bellow à Chicago, un Saul Bellow qui est né à Montréal et dont une des communes, la ville de Lachine, vient de consacrer sa bibliothèque municipale au grand romancier. Le roman réussit autre chose encore : de par ses allusions intertextuelles il crée, et ceci est nouveau, un réseau référentiel nord-américain où manque toute référence à la mère-patrie la France. Et il faut souligner encore d'autres particularités : les protagonistes du roman : d'un côté l'écrivain québécois doté du joli nom de Jack Waterman (joli nom de plume, n'est-ce pas ?) et de l'autre sa compagne de route qu'il a rencontrée par hasard à Gaspé – il s'agit de la jeune métisse Pitsémine ou ‹ la Grande Sauterelle ›. Les deux personnes font le voyage ensemble à travers le continent. Le but du voyage est de retrouver le frère américain Théo de Jack Waterman. Le voyage est donc aussi une recherche et une quête. Les deux voyageurs auront l'occasion pendant le temps que dure leur périple de discuter de leur conception de l'histoire du continent à partir d'un point de vue ‹ eurocanadien › (comme aiment dire les Amérindiens) et d'un point de vue amérindien. Ces affrontements idéologiques entre les deux protagonistes les obligent à tour de role à faire des concessions quant à leur interprétation de l'histoire depuis les découvertes et l'exploration du continent.

L'autre élément qui rend ce roman très moderne est le thème du métissage. Jacques Poulin est le premier à rendre explicitement hommage au métissage dans le sens large du terme : lorsque Pitsémine se plaint à un moment donné et au bout de leurs nombreuses discussions de ne plus savoir qui elle est, ce sera Jack Waterman qui la consolera et qui dira : « Vous êtes quelque chose de neuf, quelque chose qui commence. Vous êtes quelque chose qui ne s'est encore jamais vu » (Poulin, 1984, 224). Cette remarque est aussi une première valorisation de l'apport amérindien à l'histoire du Canada, du Québec et à la composition d'une identité nord-américaine particulière.

On a dit que ce roman est une quête. D'abord une quête du frère de Jack, qu'on retrouve finalement au terme du voyage de nos deux protagonistes à San Francisco. Mais la rencontre avec Théo sera un échec, Théo ne parlant plus français ne se souvient même plus de ses origines. Tandis que pour Jack et pour Pitsémine le voyage à deux leur a apporté une nouvelle dimension à leur identité nord-américaine ; l'écrivain québécois découvre son américanité, son enracinement dans l'histoire et l'espace nord-américains. Le thème du métissage évoqué plus haut nous occupera encore plus loin.

On a parlé de l'autre romancier : Jacques Godbout et de sa boutade « Ma mère s'appelait Hollywood et mon père Saint-Germain-des-Prés ». C'est ce même Jacques Godbout qui représente en quelque sorte cette autre évolution. C'est qu'il représente aussi cette distanciation par rapport à la mère-patrie, la France, lorsqu'il souligne le caractère autonome de la culture, de la littérature et de la langue québécoises. Ce n'est pas une boutade lorsqu'il publie dans « Le Monde » un article intitulé « Je suis un étranger parmi vous » (16 mars 1999, p.1), un signal net contre toute sorte d'annexion ou d'appropriation par l'institution littéraire parisienne. Godbout insiste sur son altérité et exprime cette nouvelle assurance qu'on pourra signaler ici comme étant représentative pour la littérature québécoise contemporaine. En direction du lecteur hexagonal, il lance aussi cette remarque ironique : « Pourquoi vous donner la peine de traduire en français les *best-sellers* américains ? Nous vous écrivons la littérature américaine directement en québécois ! » La redéfinition de sa propre identité à travers la rencontre avec l'Amérique et avec l'Autre amène en plus d'une correction de sa propre compréhension de l'histoire à l'établissement d'un nouveau schéma référentiel.

L'Âge de la parole – la parole femme

Il faut absolument signaler dans ce contexte l'apport des femmes dans la littérature québécoise contemporaine. Je ne vous parlerai pas de Gabrielle Roy, qui a écrit le premier roman urbain du Canada français avant qu'il s'appelle Québec.[5] Je ne mentionnerai que le nom d'Anne Hébert qui a connu les heures de gloire avec l'attribution du Prix Fémina pour *Les Fous de Bassan* en 1982, qui a vécu la majeure partie de sa vie en région parisienne avant de rentrer au Québec peu de temps avant sa mort en 2000. Il faudrait parler également de Nicole Brossard, poète, romancière et féministe engagée, ou de Marie-Claire Blais. Je voudrais attirer votre attention sur un phénomène littéraire également survenu dans les années 1980 et qui à mon avis marque également une étape importante dans ce que j'appellerais une nouvelle affirmation littéraire et une émancipation de et par la langue.

J'illustrerai ce que je viens de dire par quelques remarques concernant le roman *Maryse* de Francine Noël. Ce roman date de 1983. L'année 1983 est une date charnière dans la littérature québécoise contemporaine et ceci pour plusieurs raisons. J'y reviendrai tout à l'heure lorsque je parlerai de l'apport des écrivains allophones du Québec. Dans *Maryse* de Francine Noël on peut détecter plusieurs traits caractéristiques qui témoigneraient d'une nouvelle assurance en littérature, mais aussi une nouvelle assurance de la femme dans la société telle que se dessinent les portraits des trois protagonistes féminins.

La protagoniste principale Maryse est elle-même d'origine irlandaise par son père et québécoise par sa mère. Son nom véritable est Marilyn O'Reilly.

---

[5] Ce n'est que depuis 1960/1961 que l'on parle de « littérature québécoise ». Avant cette date on dissimule timidement cette littérature derrière le terme hybride de ‹ littérature canadienne-française ›. Le changement de terminologie va de paire avec la profonde transformation de la société québécoise que l'on appelle communément ‹ Révolution tranquille › (1960-65) et qui a pris son essor grâce à une assurance nouvellement acquise et traduite entre autre par le slogan électorale « Maître chez nous ».

Tout son cheminement dans le roman l'amène à une émancipation à plusieurs niveaux, à savoir l'émancipation de sa mère (trop québécoise, parlant joual), l'émancipation de son ami Michel Paradis (trop dominant) et l'émancipation de son sentiment d'infériorité sociale et linguistique. Le *leitmotif* sous-jacent est l'histoire d'Eliza Dolittle d'après la pièce « Pygmalion » de Georges Bernard Shaw (ou le musical « *My fair* Lady »). L'élément nouveau dans ce roman est le commerce désinvolte avec la langue, les langues et les différents registres. Nouveau est également le fait que ces procédés linguistiques sont commentés par les protagonistes. La langue ainsi produite véhicule un air rafraîchissant de modernité sans oublier son caractère foncièrement ludique. Cet apparent irrespect par rapport aux normes donne des résultats désopilants tels que vous les verrez plus loin. Vous constaterez dans le premier exemple que les protagonistes commentent l'usage de l'anglais par rapport au français, ainsi que les différents registres employés:

> Au milieu d'octobre, Tit-cul Galipo quitta la piaule [...] Sa remplaçante [...] possédait elle aussi un toaster mais le sien était, définitivement, un grille-pain : Jocelyne vénérait le « français de France » et le moindre anglicisme l'étrivait. À son contact, Maryse et Coco durcirent leurs positions ; ils se mirent à parler du sink, de la rédio, de l'hostie de pick-up *fucké* à Ladouceur, et, bien sûr, cela s'imposait, du toaster à m'ame Ménard. Ils eurent beaucoup de fun avec Jocelyne [...]. (Noël, 1983, 60)

La deuxième citation n'est pas dépourvue de piquant non plus:

> Elle parlait d'André. André Breton, son ancien professeur et nouveau chum [...] Breton s'était permis de l'écœurer !
> « Chez moi, dit-elle à Maryse, au-dessus d'un repas que j'avais spécialement cuisiné pour monsieur ! Comme si j'étais sa femme, maudite marde [...] Ma chume Marie-Hélène m'avait prévenue: ‹ Les Français trouvent toujours à redire sur la bouffe. Watche-out ! Si tu réussis ce coup-là, il va peut-être devenir un chum permanent. › [...] Avant le souper j'avais employé le mot espèce au masculin. Il m'a corrigé: c'est féminin, figure-toi donc ! En France et dans le dictionnaire, le mot espèce est féminin. Je : jamais ! [...] Au dessert, j'avais oublié tout ça et je lui ai déclaré qu'il était le chum le plus fin que j'aie jamais eu ! Je t'en prie, Marie-Lyre, m'dit, ne m'appelle pas ton chum. Ce mot est tellement laid dans ta jolie bouche. C'est vulgaire ».
> « C'est toujours pareil avec les Français, dit Maryse, quand on leur parle, on a l'impression de passer un examen [...] ». (Noël, 1983, 112-113)

Cette nouvelle assurance linguistique assortie d'un côté ludique souvent désopilant telle que manifestée par les écrivains québécois devient une nouvelle image de marque. Cette évolution se fait à un moment où plusieurs tendances coïncident : on a parlé de la réappropriation de l'espace et de l'histoire de l'Amérique du Nord par les Québécois, leur découverte de l'américanité et aussi de la découverte de l'identité forcément nord-américaine du Québécois. On a mentionné également le ‹ métissage ›.

La valorisation positive du ‹ métissage › tombe à une époque où des termes tels que ‹ hybriditié › et ‹ hétérogénéité › sont largement discutés, de même que le concept de la ‹ transculture ›. Lorsque Gilles Dorion dit en 1997 « que parmi les littératures de la francophonie, la littérature québécoise est devenue celle de toutes les audaces et de toutes les démesures » (Dorion, 1997, 381), il pense sûrement à certaines transgressions artistiques et thématiques, mais je ne pense pas que ces transgressions soient exclusivement dues à des auteurs québécois de souche ou pure laine.

Il y a quelques années on a pu assister à deux succès internationaux : Nelly Arcan avec son roman au titre sans équivoque *Putain* et le roman de Yann Martel *Life of Pi*, couronné du *Man Booker Prize*. Les deux auteurs ont transgressé chacun des tabous. Nelly Arcan en dévoilant dans son livre les détails assez voyeuristes d'une *callgirl* de luxe et Yann Martel, d'origine montréalaise et parfaitement francophone qui publie son roman en anglais. Les deux tabous : le sexe et la façon dont en parle le roman et la question linguistique telle que présentée par le roman de Yann Martel, ces deux trangressions ont été rendues possibles seulement grâce au travail émancipatoire des prédécesseurs, les féministes des années 1970 et l'accalmie toute relative autour de la question de la langue. Il faut préciser que le roman de Yann Martel, traduit en francais par ses parents, a seulement été acclamé comme succès québécois lors de la parution de la traduction.

Les innovations ne s'arrêtent pas là. On aurait dû mentionner la création tout originale au Québec des années 1970 de la ‹ Ligue Nationale d'Improvisation › (LNI), cette forme de spectacle hybride issue du sport national, le hockey, et de la *commedia dell'arte*. Cette invention a connu beaucoup de succès, même en France. Plus près de nous, il faut naturellement mentionner les spectacles mondialement acclamés de Robert Lepage et les succès du ‹ Cirque du Soleil › montréalais qui sont des signes et des symboles d'une nouvelle universalité de la scène artistique et littéraire du Québec. En plus, tous les deux, Robert Lepage et le ‹ Cirque du Soleil ›, s'intègrent de par leur refus de stéréotypes nationaux et par l'éclatement des genres dans le monde de l'hétérogène, de l'hybride, tel que justement incarnés par les ‹ écritures migrantes › du Québec avec leur revendication des appartenances multiples.

Le postmoderne

La modernité de la littérature du Québec a par conséquent de nombreux pères, de nombreuses mères. Si de par le passé les topoi de la ‹ survivance › et de la ‹ surconscience linguistique › ont été déterminants dans les discours officiels, et si la réduction du problème linguistique à un problème ethnique et national a été un élément marquant dans le discours officiel, le changement intervenu depuis les années 1980 est d'autant plus remarquable.

Ce sont des Italo-Québécois tels que Fulvio Caccia, Antonio d'Alfonso et Lamberto Tassinari qui avec la création de la revue trilingue « Vice versa. Revue transculturelle » en 1983 ont lancé publiquement le débat autour de la notion de la transculture, une entreprise dans laquelle fut impliquée également Régine Robin, la migrante francophone de Paris. Le fait décisif dans cette aventure, c'est que la plus grande partie des écrivains italo-québécois avaient opté pour le français comme langue de création. Et ceci ne va pas de soi, même au Québec, même à Montréal. En tant que porte-parole de ces écrivains néo-québécois, Fulvio Caccia annonce la couleur. Il soutient le caractère profondément francophone de la société, de la culture et de la littérature québécoises, mais il pose ses conditions : « En français oui, mais autrement ! » (L'Hérault, 1991, 81). « Autrement », c'est l'élément nouveau, la contribution des « immigrés » dont le vécu se nourrit des expériences les plus diverses. La contribution des « voix venues d'ailleurs » va par conséquent modifier l'outil de l'écrivain qui est la langue.

Régine Robin dans son roman *La Québécoite* a ventilé, elle aussi, une altérité de langue française. La protagoniste de son roman déconstructiviste et postmoderne découvre que même la langue commune, le français, ne lui est pas tellement utile pour son intégration dans la société du pays d'accueil. Elle constate qu'elle ne fait pas partie de ce « Nous » évoqué partout: « Je suis autre. Je ne fais pas partie de ce Nous si fréquemment utilisé ici [...] » (Robin, 1983, 53). Et plus loin elle dit: « [...] même ma langue respire l'air d'un autre [...] » (Robin, 1983, 53). Malgré le constat de cette altérité affichée, le roman de Régine Robin constitue aujourd'hui un jalon important dans la littérature québécoise contemporaine, elle, la Parisienne, introduit quasiment la littérature québécoise dans la phase de la postmodernité. Nous voyons par là que ce ne sont pas forcément toujours les immigrés allophones qui façonnent le paysage culturel du Québec et contribuent ainsi à ce que le français évolue, lui aussi.

Dernièrement on a vu éclore à Montréal une nouvelle dramaturgie, un nouveau genre de théâtre, une sorte de docu-théâtre accompagné de docu-films. Ce sont des Algériens de langue française qui ont fui l'insécurité de leur pays et qui sensibilisent maintenant le public montréalais aussi bien aux problèmes politiques de leur pays d'origine qu'aux problèmes sociétaux, comme par exemple le rôle de la femme dans une société musulmane contemporaine. Le français sert donc aussi à transmettre ces réflexions hautement politiques.

Le groupe d'immigrés francophones les plus en vue du Québec sont sûrement les Haïtiens. Leur influence, présente dans la littérature québécoise depuis les années 1960 comme on l'a constaté plus haut, a amené les Québécois et la littérature québécoise à s'ouvrir aux imaginaires caraïbo-latino-américains, à s'adonner à la sensualité tropicale et à ces imaginaires métissés qui participent au réalisme merveilleux, mais qui en même temps sont travaillés aussi par les horreurs des dictatures, tortures, assassinats, la misère et l'exil des *boat-people*. La subversion indirecte de l'‹ imaginaire québécois › et de la langue française du Québec par des immigrés francophones et allophones a fait dire à Émile Ollivier, ce « schizophrène heureux » : « nous sommes des agents de la subversion culturelle ».[6]

Mais ce n'est pas que le culturel qui est sapé de l'intérieur, c'est aussi la notion du ‹ national ›. Les néo-québécois y sont également pour quelque chose. Ils contribuent à faire sortir le Québec de ce « rétrécissement provincial » dont parlait Jacques Allard (1994, 497), à le libérer du ‹ syndrome › de l'enfermement pour le conduire vers la modernité, à le faire franchir les étapes d'un statut prérévolutionnaire vers un statut quasi postnational.

La réception des ‹ écritures migrantes › au Québec ne s'est pas toujours passée sans heurts. Il y a eu des jalousies et des animosités suite aux nombreux prix littéraires raflés par Sergio Kokis, le Brésilien, pour son premier roman *Le pavillon des miroirs* (1994). On a également questionné l'appartenance et la loyauté de ces écrivains. On n'a qu'à évoquer le texte de Monique LaRue *L'arpenteur et le Navigateur* (1996), qui a donné lieu à toute une polémique. Anthony Phelps, le poète haïtiano-québécois, qui figure dans toutes les anthologies québécoises, a bien nourri ces préjugés lorsqu'il a dit : « Je suis celui qui sort de toutes parts et qui n'est point d'ici ». (Phelps, 2007, 50)

Des écrivains en vue ont rendu hommage à cette évolution de la société

---

[6] Émile Olliver (1940-2002) a eu cette phrase heureuse lors d'une conférence donnée à la Freie Universität Berlin, en juin 2000.

et à l'apport de l'Autre, de l'immigrant. C'est une expérience semblable que fait le protagoniste de la nouvelle *Les Aurores montréales* de Monique Proulx (1996). Laurel, 16 ans, seul et solitaire dans son nouveau quartier, sans amis, reste un marginal et confie à son cahier ses expériences, son vécu quotidien. Sa vie change à partir du moment où il a saisi le code du groupe des autres jeunes. C'est lui le Québécois solitaire qui sera finalement intégré par ses apparents adversaires, ces enfants d'immigrés qui l'accueillent, lui, le Québécois, dans sa propre ville. Il est enfin arrivé chez lui.

Les signaux qu'émettent les œuvres de Jacques Poulin et de Monique Proulx sont plus qu'audibles. Elles mettent l'accent sur l'élément nouveau et novateur dû notamment à la contribution des immigrés dans les arts et surtout en littérature. L'hommage rendu au métissage dans le roman *Volkswagen Blues* de Jacques Poulin (1984) est complété par Monique Proulx (1996), qui fait explicitement l'éloge de la contribution des écrivains venus d'ailleurs. Ceci est documenté par des nouvelles qui sont nommément dédiées à certains auteurs clés comme par exemple Ying Chen, Marco Micone et Dany Laferrière. C'est un tournant hautement symbolique dans la création littéraire canadienne et québécoise. Et Naïm Kattan, dont on a parlé plus haut, est un des représentants majeurs de cette évolution encourageante.

La surprenante littérature acadienne[7]

Avoir un pays

Dire mon Acadie
Comme on dit ma Chine
Comme on dira un jour
Peut-être
Mon Kébek
Et sentir dans ses entrailles
Palpiter
Comme une envie de pain de pays
Et des frissons d'appartenance

Avoir les yeux grands ouverts
Comme pour capter les messages
De ses arbres et de ses fleurs
De l'air du feu du sel et de l'eau

    Calixte Duguay (1975)

---

[7] Légèrement modifiées, les pages qui suivent sont tirées de mon introduction à la publication Klaus, 2004.

Dans son texte, le poète et chanteur acadien Calixte Duguay pose d'emblée le problème : « avoir un pays ». Toute la question existentielle de l'Acadie et des Acadiens se trouve résumée dans ces trois mots. L'Acadie, nous le savons, existe, mais quelle Acadie ? Où se trouve-t-elle exactement ? Ou y en a-t-il peut-être plusieurs ? La terminologie varie. Ainsi parle-t-on de l'Acadie de l'Atlantique, de l'Acadie des Maritimes, certains même distinguent l'Acadie du Nouveau-Brunswick de l'Acadie de Nouvelle-Écosse, de celle de l'Île-du-Prince-Édouard, de Terre-Neuve et du Labrador. Comme si l'Acadie toute seule ne suffisait pas.

Nous savons que ce qui manque à l'Acadie, c'est d'avoir un territoire bien délimité tel que le Québec, par exemple. Car contrairement au Québec, l'Acadie, elle, paraît être un mythe, un pays imaginaire, sans véritables assises géographiques. Nous pouvons nommer tous les territoires du Canada, même ceux des Autochtones, et dessiner leurs contours. Par contre, nous aurons beaucoup de difficultés à dessiner et à donner corps à l'Acadie. Malgré tout, malgré cette absence d'une entité géographique et politique, nous parlons d'Acadie et d'Acadiens, nous parlons de français acadien et de littérature acadienne et nous avons tous l'impression – au moins implicitement – de savoir ce dont nous parlons. Quel destin étonnant et original que cette Acadie qui à vrai dire n'existe pas ?

Et malgré tous ces balbutiements politico-historiques l'Acadie a fêté en 2004 ses 400 ans. Que penser alors du cri que lançait Michel Roy en 1978 lorsqu'il publie son livre au titre pessimiste *L'Acadie perdue* ? Dès son prologue il fait le constat étonnant que l'évolution ultérieure confirmera: « L'Acadie renaît ! L'Acadie est plus vivante que jamais ! L'Acadie vivra toujours ! Surge Acadia ! En l'histoire de l'Acadie, il faut passer par là » (Roy, 1978, 9).

On pouvait lire dans le quotidien montréalais « Le Devoir » (15/01/04) que l'on allait désigner le 28 juillet journée canadienne de commémoration du Grand Dérangement (1755)[8] afin de reconnaître officiellement les torts causés aux ancêtres des Acadiens d'aujourd'hui lors des déportations survenues au

---

[8] Le Grand Dérangement de 1755, autrement dit la déportation des Acadiens qui refusaient de prêter serment d'allégeance à la couronne britannique, signifie que des milliers de personnes ont été déracinées et dépossédées de leurs terres et dispersées. Certains ont été déportés en Europe d'où ils sont revenus plus tard, d'autres ont été déporté vers les futurs ètats de la Nouvelle-Angleterre. Les acteuls Cajuns de Louisiane sont en grande partie des descendants de ces Acadiens. Antonine Maillet raconte cette épopée dans son roman *Pélagie-la-Charrette* (1979).

cours du 18e siècle. Dans le même article on peut lire également que les Acadiens « n'ont jamais remis en question leur adhésion aux institutions politiques canadiennes » et l'auteur de continuer :

> Ces institutions, héritage de la tradition britannique, ont permis que se développent des modalités particulières de reconnaissance du pluralisme largement supérieur au modèle républicain à la française [...]. (Thériault, 2004)

Selon Michel Roy (1978) les Acadiens de 1755, l'année du Grand Dérangement, auraient déjà eu leur identité à eux et ils auraient été déportés à cause de leur acadianité. L'Acadie aurait donc toujours été quelque chose de particulier. D'après l'écrivain, poète, dramaturge et artiste Herménégilde Chiasson l'Acadie était en effet autre chose qu'un pays. Il s'agissait plutôt d'une communauté culturelle et spirituelle éparpillée dans tout l'Est américain, et l'auteur Thierry Bissonnette (2000) de conclure que la diaspora acadienne est même une preuve que l'existence d'une collectivité peut très bien être détachée du concept de nation. Ce qui déplairait foncièrement aux souverainistes québécois. Selon Bissonnette, Chiasson rêverait d'une reconquête mentale de l'Acadie par les Acadiens. L'identité acadienne passerait donc d'abord par l'installation de l'être dans sa langue, et dans l'œuvre de Chiasson, aussi bien dans son théâtre que dans sa poésie, le poète parle de l'Acadie tout en inscrivant son œuvre dans l'universel où s'affrontent la tradition et la modernité, ce grand écart dont témoigne l'actualité littéraire acadienne.

Nous savons que les aspirations souverainistes du Québec après la ‹ Révolution tranquille › ont contribué à perturber les rapports avec les autres communautés francophones du Canada. Les Acadiens se sont souvent sentis fragilisés et en même temps quelque peu isolés par la politique québécoise. Comment l'identité acadienne va-t-elle évoluer à l'avenir, maintenant que l'on commémore les torts du passé ?

L'Acadie d'aujourd'hui, nous l'avons dit plus haut, est un mythe politique et littéraire, et en même temps le terme même d'Acadie circonscrit un espace géographique dont les pourtours seraient à préciser, un espace qui à travers les siècles a préservé ses particularités culturelles et linguistiques. La majorité des Acadiens d'aujourd'hui habitent pour la plupart les régions côtières (nord, est et sud-est) de la seule province officiellement bilingue du Canada, le Nouveau-Brunswick. Les Francophones constituent environ 35% de la population. D'autres isolats francophones plus ou moins importants se trouvent en Nouvelle-Écosse, sur l'Île-du-Prince-Édouard et sur Terre-Neuve. Les Îles de la

Madeleine dans le golfe du Saint-Laurent qui appartiennent politiquement au Québec sont principalement habitées par des descendants d'Acadiens.

La survivance des minorités francophones donc acadiennes dans les provinces maritimes du Canada a été particulièrement soutenue par la création ces dernières décennies de radios francophones et de programmes scolaires et universitaires francophones. Au Nouveau-Brunswick, ce sont surtout les activités du Premier ministre Louis-J. Robichaud (1960-1970) et son programme « chances égales pour tous » (1960) qui ont eu des effets plus que positifs. Parmi les résultats tangibles de sa politique sont la création de l'Université de Moncton et de l'École Normale française ainsi que la reconnaissance officielle des deux langues du Canada. La fondation de l'Université de Moncton (1968-1969) peut être comparée en tant que résultat politique avec les révoltes estudiantines en Europe et aux USA. Le cinéaste et poète québécois Pierre Perrault a rendu hommage à cette lutte pour le droit à la langue dans son film documentaire « L'Acadie, l'Acadie » (1972). Ce n'est qu'après ces événements du début des années 1970 que la littérature acadienne a commencé à éclore comme écriture authentique, autonome et originale. Mais l'émergence de la littérature acadienne s'accompagne aussi de ce sentiment de se trouver doublement quelque part en ‹ périphérie ›. Doublement pourquoi ? Par rapport à la France, ce qui est le cas de toute littérature francophone en dehors de l'Hexagone, mais aussi par rapport au Québec. François Paré va reprendre quelques-unes de ces idées de la fragilisation de la création artistique en milieu minoritaire dans son essai « Les littératures de l'exiguïté » (Paré, 1992).

La création des Éditions d'Acadie (1972) aura été un événement catalyseur pour l'émergence de cette jeune littérature, événement à peu près comparable à la fondation de la maison d'édition ‹ L'Hexagone › en 1953 à Montréal par Gaston Miron et cinq de ses amis. Les Éditions d'Acadie ont publié en huit ans plus de 50 titres, entre temps on compte environ 350 publications et 200 auteurs, parmi lesquels des auteurs de la Louisiane. Les auteurs acadiens avaient donc leur maison d'édition comme soutien. Malheureusement la maison a entre temps (en 2000) dû fermer ses portes. D'autres grandes dates dans la littérature acadienne contemporaine sont celles de la publication de *La Sagouine* (1971), cette célèbre pièce de théâtre quasi mythique d'Antonine Maillet. L'actrice qui a incarné le rôle de la protagoniste de la pièce, cette véritable femme du peuple, Viola Léger, a été nommé sénatrice en 2001 par Jean Chrétien, ancien Premier ministre du Canada. Comme quoi les arts compteraient encore pour quelque chose au Canada ! C'est un signal important de toute façon.

Le recueil de poésie *Cri de terre* (1972) de Raymond LeBlanc aura été un autre jalon important, de même que *Acadie Rock* (1973) de Guy Arsenault, une accusation poétique truffée de violence sous-jacente qui se manifeste par rapport à toute manipulation identitaire. Si avant 1972 environ 60% des écrivains faisaient partie du clergé catholique, les données se sont quelque peu normalisées entre temps : seulement 5% des écrivains sont encore des cléricaux. Le renforcement institutionnel de la littérature acadienne a été accompagné par les activités de deux grands écrivains acadiens, dont la lauréate du prix Goncourt Antonine Maillet, elle-même revendiquée également par la littérature québécoise, et Ronald Desprès. Les auteurs seraient responsables d'une nouvelle orientation de la littérature acadienne en vue d'une réapppropriation de l'histoire et de l'espace géographique : une littérature qui se veut contestataire.

Presque tous les jeunes auteurs des années 1970 développent avec nostalgie l'histoire et la tradition du passé, et jusque dans les années 1980, le roman acadien s'adonnait plutôt à une thématique historisante. Antonine Maillet n'est pas une exception à cette règle. Bien qu'elle opte sciemment pour une perspective tournée vers le passé, ses personnages restent représentatifs pour la population acadienne tout entière. Dans la littérature la question nationale est au centre des intérêts et sert pour ainsi dire à justifier l'appartenance à une communauté. L'Acadien partage en quelque sorte ces préoccupations identitaires et nationales avec la littérature québécoise des années 1960-1970.

Mais contrairement aux romanciers, les poètes ont senti plus rapidement le besoin de prendre leurs distances par rapport à la question nationale et le mythe historique de l'Acadie. En 1979, Antonine Maillet reçoit le prix Goncourt pour son épopée acadienne *Pélagie-la-Charrette* (1979). Dans ce roman elle raconte le long et combien difficile retour des Acadiens déportés et chassés de leurs terres ancestrales vers la terre promise. Avant cette parution elle avait déjà présenté le destin des Acadiens, incarné cette fois-ci de manière exemplaire par une protagoniste d'origine plus que modeste. C'est grâce au monologue dramatique de *La Sagouine* (1971) que la région d'où elle est originaire a été baptisée ‹ Pays de la Sagouine ›.

Avec le roman *L'Été aux puits secs* de Germaine Comeau (Prix France-Acadie 1983), le roman *Les Portes tournantes* de Jacques Savoie (1984), *Les Jongleries* (1980) et *Route Rurale n° 11* (1987) d'Anne Lévesque, la littérature acadienne commence à se tourner à pas de géants vers la modernité. Les romanciers quittent le terrain des sujets historiques traditionnels avec leur évaluation nostalgique du passé afin de se tourner vers une thématique davantage marquée par l'époque contemporaine. Le discours dominant dans la production littéraire acadienne est dorénavant marqué – et cela au-delà des limites des différents genres – par un commerce plus ludique avec la langue française.

Ce plus d'assurance manifestée à l'égard de la langue française dénote également un parallélisme certain avec des tendances dans la littérature québécoise des années 1970 et 1980. On pourrait nommer Dyane Léger et ses *Graines de fées* (1980, Prix France-Acadie 1981) et *Sorcière de vent* (1983), mais également *L'été insulaire* (1982) de Melvin Gallant, la poésie innovatrice d'un Herménégilde Chiasson et de ses *Dix incantations* (1976, Herménégilde Chiasson que certains qualifient de plus grand poète de la francophonie. Il faut mentionner aussi les auteurs dramatiques Claude Renaud avec sa pièce *Sacordjeu !* (1978), le drame historisant *Cochu et le soleil* (1979) de Jules Boudreau qui thématise l'expropriation de la population francophone au 18e siècle en faveur des Loyalistes et *Tête d'eau* (1974) de Laval Goupil. La langue littéraire des auteurs acadiens met de plus en plus l'accent sur le débat émancipatoire entre l'idiome acadien traditionnel et le français de France.

Là aussi on pourrait citer des exemples québécois pour souligner cette thèse (*Maryse* de Francine Noël, 1983). Raymond LeBlanc dans *Cri de terre* (1972) crée un nouveau langage né des ruines étonnantes d'un français archaïque acadien. De manière ludique, le poète transgresse les bornes, déconstruit les mots et en crée de nouveaux. Pourtant le rapport avec la réalité vécue est maintenu. France Daigle est une autre personnalité littéraire qui se mérite simultanément les épithètes d'écrivaine acadienne, contemporaine et postmoderne. Elle est publiée dans des maisons d'éditions montréalaises et deux de ses publications ont été traduites entre temps en anglais et publiées par des maisons d'édition torontoises. En Nouvelle-Écosse, deux romans ont vu le jour en 1997 : *Loin de France* de Germaine Comeau et *Sigogne par les Sources* de Gérald Boudreau. La petite université francophone de Pointe de l'Église (Université de Sainte-Anne) publie la revue littéraire « Feux chalins. Littératures des Maritimes ». Cette même université publie également depuis le printemps 2001 la revue « Port Acadie. Revue interdisciplinaire en études acadiennes. *An interdisciplinary Review in Acadian Studies* ». C'est en Terre-Neuve que vit l'auteure francophone Annick Perrot-Bishop qui y enseigne le français et qui a publié trois ouvrages depuis 1990 : *Les Maisons de cristal. Récits* (1990), *Au bord des yeux de la nuit. Poèmes* (1997) et *Fragments de saisons. Nouvelles* (1998). Ses livres ont été publiés jusqu'à maintenant à Montréal et à Hull (Québec).

Ce petit aperçu ne revendique aucunement l'épithète exhaustif, loin de là. Il voudrait tout simplement souligner le fait que l'Acadie littéraire et artistique est vivante et dynamique et que certains de ses auteurs (Antonine Maillet, Herménégilde Chiasson, France Daigle, Dyane Léger, etc.) font dorénavant partie de la grande littérature. L'Acadie s'est dotée entre temps de l'infrastructure nécessaire pour assurer la survie de sa spécificité, bien que les lois du marché ne soient pas toujours favorables au maintien de telles institutions. De nombreuses activités communautaires (salles de spectacle, théâtres) s'ajoutent aux productions livresques traditionnelles. L'Acadie publie des revues littéraires et culturelles telles que « Ven'd'est. Le magazine acadien » et « Éloizes. Revue de l'Association des écrivains acadiens ». Dans son premier numéro publié en 1980 (l'association a été créée seulement en 1980) on peut lire cette déclaration somme toute caractéristique pour toute création artistique en Acadie : « Ce volume est comme l'Acadie la preuve d'un monde en gestation, avec toutes ses tensions, toutes ses contradictions et toutes ses richesses » . (Éloizes 1 : 9)

Lorsqu'on feuillette ce numéro de la revue, on voit réuni presque tout le Gotha de la littérature acadienne contemporaine, dont Dyane Léger, Pierre Berthiaume, Guy Arsenault, Melvin Gallant, etc. Sans oublier évidemment Herménégilde Chiasson qui n'y a pas contribué par un texte cette fois-ci, mais par la maquette de la couverture, une autre démonstration de ce multitalent artistique. L'avant-propos de la revue peut bien être fier de l'acquis et de la qualité des textes réunis (nouvelles et poèmes), lorsqu'on constate que « [...] l'écriture n'a rien à envier, quant à sa modernité, aux textes français, québécois, ou autres ». Mais rien n'est jamais acquis, surtout pour une littérature produite dans un contexte fragile et minoritaire, un contexte qui encouragerait plutôt l'assimilation. D'où vient donc la vitalité de cette culture et littérature originales ? Peut-être qu'Antonine Maillet donne un début de réponse à cette question dans ce qui suit: « [...] ce goût bizarre que j'ai éprouvé très tôt pour une vocation qui n'était pas habituelle en Acadie : écrire des livres » (Major, 1973, 13).

L'Acadie peut-être fière des ses créateurs dont les activités ont été honorées entre temps de différentes façons : Antonine Maillet avec le Prix Goncourt en 1979 pour *Pélagie-la-Charrette*, Viola Léger nommée sénatrice pour ses mérites d'actrice de théâtre surtout dans le rôle de *La Sagouine* et *last not least* le multitalent Herménégilde Chiasson qui a été nommé en été 2003 Lieutenant Gouverneur général pour le Nouveau-Brunswick. Tout serait donc pour le mieux dans une Acadie qui n'hésite pas à honorer ses artistes et écrivains ?

La littérature de l'Ontario français

Contrairement au Québec qui a son territoire et à l'Acadie qui a son histoire, l'Ontario français se trouve dans une situation de précarité territoriale, linguistique, culturelle et sociale. Pourtant, l'histoire semble se répéter : après la ‹ Révolution tranquille › qui a apporté maintes transformations à la société québécoise suivies par l'émergence des écritures migrantes, l'Ontario français semble entamer une trajectoire comparable. Pourtant, la situation de l'Ontario français diffère en cela sensiblement de celle du Québec, que la littérature ontarienne – vue sa situation minoritaire – se voit confrontée au quotidien à la pression assimilatrice de l'anglais. La ‹ survivance › du fait français en Ontario est due à l'engagement, à la motivation et au soutien d'individus, de groupes, d'institutions, d'universités, de maisons d'édition, de théâtres, entre autres. Entre temps, l'Ontario français connaît également le phénomène de ces ‹ voix venues d'ailleurs › qui renforcent par leurs activités culturelles, littéraires et théâtrales la présence d'une culture de langue française en Ontario. On y reviendra.

L'Ontario suit-il seulement le mouvement québécois ou y a-t-il une voie distincte ontarienne, une transculture à l'ontarienne ? En dehors du Québec, l'Ontario regroupe le plus grand nombre de francophones au Canada plus qu'en Acadie. Sur 10 millions d'habitants environ 520.000 déclarent le français comme langue maternelle, donc 5%. Cela semble peu, mais ces chiffres ne disent pas tout, ils cachent des particularités qui ont à voir avec la répartition géographique des Francophones de l'Ontario. Il s'agit surtout de trois points forts, trois îles ou insularités : Ottawa, la capitale et sa région, la ville minière de Sudbury (35% de francophones) et celle de Toronto. En plus de cela, dans le Nord de l'Ontario, qui a connu une forte immigration québécoise dans la deuxième partie du 19e siècle, il existe des petites villes universitaires comme Hearst et Timmins dont la population est à 90% francophone. Et c'est justement dans ces petites villes que la culture francophone reste vivante et c'est à

Hearst qu'a été fondée une des maisons d'édition phare « Le Nordir », par le regretté Robert Yergeau en 1988, professeur et écrivain.

Identité ontarienne et distanciation par rapport au Québec

Depuis les années 1970 se développe le sentiment d'une identité francontarienne. La réunion des membres de la ‹ Coopérative des Artistes du Nouvel-Ontario › (CANO) au début des années 1970 a certainement marqué un tournant décisif dans l'histoire francontarienne. Le signe extérieur de cet éloignement par rapport au Québec est que la ‹ Fédération des Francophones Hors Québec › (FFHQ) devient en 1991 la ‹ Fédération des communautés francophones et acadiennes du Canada › (FCFAC). On bannit de ces appellations donc même toute allusion au Québec, le Québec qui d'allié est devenu au cours des années depuis la ‹ Révolution tranquille › plutôt un facteur d'inquiétude pour les petites francophonies canadiennes. Déjà menacées dans leur survie quotidienne, les francophonies canadiennes redoutent fort de faire les frais d'une éventuelle sécession du Québec.

À cela il faut ajouter le mépris avec lequel certains Québécois traitent les Francontariens. Jean Marc Dalpé en a eu ce mot d'auto-définition du Francontarien : « Nous sommes les *Nigger-Frogs* de l'Ontario » (Dalpé, 1981, 91) qui rappelle le cri des Québécois des années 1960-1970 en quête d'identité et qui se considéraient comme les « Nègres blancs d'Amérique » (Vallières, 1968) ou qui se disaient être « La Négraille blanche sur la galère d'Amérique ». Daniel Poliquin, l'écrivain francontarien d'Ottawa a lui aussi connu le mépris de ses camarades d'études québécois à l'Université d'Ottawa qui ne supportaient pas le bilinguisme des Ontariens et les traitaient d'assimilés. Pour citer Daniel Poliquin qui dit:

> [...] la vision identitaire au Québec est fausse, car elle est statique, alors que l'identité est dynamique. J'ai toujours su que j'étais un metis culturel. Certains de mes contemporains pensent qu'il ne faut pas être métissé, mais pur. Je pense qu'ils ont tort... [...]. (Ouellet, 1995/1996, 56)

Comme on peut voir, le rapport Québec-Ontario n'est pas aussi simple que l'on pourrait le croire.

L'Ontario français ne suit donc pas et n'imite pas le Québec dans son évolution littéraire et artistique, mais à y regarder de près on constate que les années passées ont porté à notre connaissance des phénomènes qui font penser dans une certaine mesure à ce que nous connaissons du Québec. L'Ontario français subit en quelque sorte le même sort que les petites littératures de langue française en Europe. Souvent le lieu de publication ne nous dit rien de l'origine de l'auteur. Nous nous souvenons tous des auteurs suisses et belges qui ont été froidement inclus dans le canon hexagonal. Ce phénomène se produit actuellement aussi au Canada où les grandes maisons d'édition montréalaises publient tel grand auteur acadien ou ontarien, à commencer par France Daigle, Hérménégilde Chiasson, pour terminer avec Jean-Marc Dalpé et Patrice Desbiens, pour ne nommer que les auteurs les plus connus.

Les petites francophonies canadiennes souffrent donc doublement : premièrement d'une pression assimilatrice de tous les jours par l'anglais, deuxièmement d'un manque de lectorat et troisièmement d'une pression supplémentaire exercée par le Québec, ce centre littéraire et artistique qui n'a qu'à faire une bouchée de ces phénomènes périphériques que sont l'Acadie et l'Ontario.

À cela s'ajoute l'attraction de Montréal pour écrivains, poètes, dramaturges, comédiens, metteurs en scène ; exemples : le poète Patrice Desbiens, le comédien et dramaturge Jean Marc Dalpé et la réalisatrice Brigittte Haentjens, qui ont tous choisi d' ‹ émigrer › vers la métropole québécoise. Malgré tout, nous assistons actuellement à une sorte d'embellie littéraire appuyée par une infrastructure culturelle de taille. Les auteurs francophones de l'Ontario ne seraient donc pas obligés de passer par le Québec pour se faire connaître, vu qu'il y a actuellement un bon nombre de maisons d'édition solides et de renom, et ceci aussi bien à Sudbury qu'à Ottawa. À cela s'ajoutent des Centres de recherche en études franco-canadiennes, par exemple à l'Université d'Ottawa, université bilingue. En plus, le gouvernement de l'Ontario a créé en 1994 le Prix Trillium[9] visant à récompenser les écrivaines et écrivains francophones de l'Ontario et leurs éditeurs.

L'Ontario français a pourtant de grands écrivains de rénommée plus que nationale et cela dans les domaines aussi bien du roman que de la nouvelle, de la poésie et du théâtre. Je ne citerai que quelques noms : Daniel Poliquin (*1953), dont l'œuvre compte parmi les plus importantes du Canada actuellement. Il est le romancier le plus connu de l'Ontario, qui a thématisé plus d'une fois les problèmes de ‹ métissage › et de ‹ migration ›, thèmes d'une brûlante

---

[9] Le Prix Trillium, le plus prestigieux que le Gouvernement de l'Ontario décerne, a été créé en 1987 pour récompenser d'abord les écrivains anglophones de l'Ontario. Il est doté de la somme de $ 20.000 pour le lauréat et de $ 2.000 pour l'éditeur et la promotion de l'œuvre. En 1994, le Prix Trillium a été élargi à la communauté francophone de l'Ontario.

actualité dans tout le Canada. Germaniste de formation, traducteur au parlement fédéral à Ottawa, il a obtenu de nombreux prix, le dernier étant le Prix du Gouverneur Général pour la traduction en français du livre de Thomas King : *L'Indien malcommode* (2014) [Titre de l'original : *The Inconvenient Indian : A Curiuous Account of Native People in North America*, 2013]. Patrice Desbiens, qui a innové la poésie, qui reflète le bilinguisme mal vécu. Jean-Marc Dalpé, qui a innové le théâtre de l'Ontario français en privilégiant souvent des thèmes comme l'assimilation culturelle, le bilinguisme, la valorisation de l'Autre et de sa langue.

Immigration et ‹ écritures migrantes ›

Nous connaissons tous le charme de ces écritures venues d'ailleurs qui font du Québec un laboratoire vivant et novateur depuis quelques décennies. Ce qui est vrai pour le Québec l'est également dans une certaine mesure pour l'Ontario français et sa vie littéraire et artistique. En Ontario ce phénomène est d'autant plus intéressant qu'il se manifeste dans les deux langues officielles du Canada, l'anglais et le français.[10] Dans son livre *La Francophonie canadienne* (1999), Gratien Allaire fait état de la diversité culturelle de la communauté francophone de Toronto. Il dit:

> Haïtiens, Somaliens, Vietnamiens, Sénégalais, Tunisiens et autres forment une proportion de l'ensemble de la population francophone qui est deux fois plus élevée que dans Ottawa-Carleton et trois fois plus élevée que dans la région de Sudbury [...]. (Allaire, 1999, 120)

Cette diversité est fort remarquable et elle se manifeste également bien sûr dans la présence littéraire. On n'a qu'à relever les noms de Hédi Bouaroui d'origine tunisienne, de Marguerite Andersen (d'origine allemande), de Melchior Mbonimpa (originaire du Burundi) et de Didier Leclair (pseudonyme de Didier Kabagema, né à Montréal de parents africains et qui a séjourné de nombreuses années dans différents pays d'Afrique) pour se faire une petite idée. Tous ces écrivains font ‹ naturellement › partie du *corpus* littéraire ontarien.

Hédi Bouraoui, un genial jongleur de mots, poète, romancier et professeur

---

[10] Il suffit de penser aux écrivains d'origine indienne, entre autres, tels que Rohinton Mistry et Bharati Mukherjee. Il ne faudrait pas oublier non plus Michael Ondaatje, d'origine srilankaise et hollandaise, qui thématise le phénomène de l'immigration dans son roman *In the Skin of the Lion* (1987). Vu que la plupart des immigrés se concentrent dans les métropoles du Canada, on ne s'étonnerait pas qu'une grande partie des écrivains issus de l'immigration se retrouvent également à Toronto ou dans une moindre mesure à Ottawa.

à York University à Toronto, y a fondé le Centre Canada-Maghreb. Les nombreux recueils de poésie qu'il a publiés, ont des titres comme *Musocktail* (1966), *Haïtuvois* (1980), *Emigressence* (1992), qui rappelle la célèbre formule « enracinerrance » de l'auteur haïtien Jean-Claude Charles. Marguerite Andersen, née en 1924 à Magdeburg où son père Theodor Bohner a été professeur de lycée, est en fait berlinoise et a passé son *Staatsexamen* en 1958 à la *Freie Universität Berlin*. Marguerite Andersen est devenu au fil des ans la figure de proue de la literature francontarienne. Deux de ses romans ont été couronnés par le Prix Trillium, en 2008 le récit autofictionnel *Le Figuier sur le toit* et en 2013 son roman *La mauvaise mère*. *Le Figuier sur le toit* sera peut-être le plus intéressant pour le public germanophone. Ce récit à la troisième personne plonge le lecteur dans le Berlin et l'Allemagne des années 1930-1940, époque où le père de la protagoniste a été président de l'association des écrivains allemands jusqu'à l'arrivée des Nazis. Puisque le grand-père de la protagoniste a été missionnaire protestant dans l'ancienne colonie britannique *Gold Coast* (l'actuel Ghana), la famille a pu profiter du passeport britannique. Suit le récit mouvementé de la vie de la protagoniste, qui vit d'abord en Tunisie avec son mari français avant de revenir en Allemagne d'où elle part pour Montréal et ensuite Toronto. Là, elle dirigera plus tard le département d'études françaises de l'Université de Toronto. Elle dirige encore aujourd'hui la revue « Virages » qui privilégie le genre de la nouvelle et qui offre une plate-forme aux créateurs en herbe.

Didier Leclair, de son vrai nom Didier Kabagema, est un cas particulier. Il a conquis le public avec son roman décapant *Toronto, je t'aime* (2000) et a publié depuis plusieurs romans. Dans *Toronto, je t'aime*, un roman d'apprentissage et d'initiation, le narrateur Raymond, un jeune Béninois, débarque à Toronto avec pour seul repère une carte postale de la rue Yonge la nuit et une vague adresse d'un ami de jeunesse de Cotonou qu'il ne verra jamais. Il y doit cohabiter avec d'autres Noirs, un Haïtien, un Jamaïcain et un autre Africain, ce qui pourrait lui faciliter la familiarisation avec le Nouveau Monde. Mais cette cohabitation le confronte pour la première fois au racisme inter-noir. Le roman est une *road novel*, décapant, avec des va-et-vient entre Toronto qu'il commence à conquérir ou qui le nargue, et ses souvenirs africains, surtout ceux de son grand amour, la plus belle prostituée de Cotonou.

Melchior Mbonimpa, professeur à l'Université Laurentienne à Sudbury, fascine le lecteur dans son roman *Les morts ne sont pas morts* (2006) par ce grand écart culturel qu'il dessine entre le Canada et le Burundi, entre la difficile intégration de son protagoniste qui a fui un pays en guerre et a réussi professionnellemt comme avocat mais qui est déchiré par sa double appartenance. Il commence donc à replonger dans le culte des ancêtres et dialogue avec les morts pour finalement décider à rentrer en Afrique avec toute sa famille. Devenu ministre de la justice, il sera assassiné quelque temps après son retour.

Vu ce petit aperçu d'une littérature en devenir et d'une nouvelle assurance acquise, on n'est peut-être pas surpris d'apprendre que depuis quelques années les institutions universitaires et scolaires ontariennes mettent d'abord au programme de leurs cours des auteurs ontariens avant d'inclure les auteurs québécois, acadiens ou français. Avec J. R. Leveillé, un des auteurs franco-manitobains les plus en vue actuellement, on pourrait dire:

> Valoriser sa littérature, ce n'est pas nier l'importance et l'apport d'autres littératures. Et comme Jacques Folch-Ribas, on peut avoir des affinities qui sont autres. J'en ai. Le lecteur, disait un auteur *étranger*, a tous les droits. Mais enseigner et valoriser sa littérature en premier, c'est ne pas céder tout l'avant-scène, même aux prédécesseurs... [...]. (Léveillé, 2008/2009, 21)

Conclusion

Ce survol des littératures francophones du Canada avait pour but éventuel d'éveiller l'intérêt pour cette diversité culturelle et littéraire d'outre-Atlantique qui reste quelque peu méconnue malgré certaines percées médiatiques d'un Dany Laferrière (Haïtien montréalais et nouveau membre de l'Académie française), des succès de certains réalisateurs du cinema québécois comme le jeune Xavier Dolan, les tournées de chanteurs et chanteuses du Québec en France, les spectacles du ‹ Cirque du Soleil › ou ceux de Robert Lepage, et j'en oublie.

Le lectorat européen ouvert aux Francophonies devrait aussi garder en tête les noms d'auteurs comme France Daigle (Acadienne), de Daniel Poliquin (Ontarien), de Dider Leclair (Torontois) ou de Marguerite Andersen (également Torontoise), sans oublier bien sûr les grands noms de la littérature québécoise contemporaine comme par exemple Larry Tremblay, Marie-Célie Agnant ou autres Nicolas Dickner et Éric Dupont.

Il y aura tout un univers métissé à découvrir, une multitude de voix où le Québec joue peut-être encore le premier violon, mais il n'est qu'une partie de cette nouvelle polyphonie francophone du Canada.

Références

Allaire, Gratien 1999
La Francophonie canadienne : portraits. Québec.

Allard, Jacques 1994
Profile d'une nouvelle litterature. Dans : University of Toronto Quarterly. A Canadian Journal of the Humanities 63.4 : 488-503.

Andersen, Marguerite 2008
Le figuier sur le toit. Roman. Ottawa.

Andersen, Marguerite 2013
La Mauvaise mère. Sudbury.

Arcan, Nelly 2001
Putain. Roman. Paris.

Arsenault, Guy 1973
Acadie Rock. Moncton.

Bissonnette, Thierry 2000
Herménégilde Chiasson. Hybrider, dit-il… . Dans : Nuit Blanche 80 : 22-25.

Boudreau, Gérald C. 1997
Sigogne par les Sources. Moncton.

Boudreau, Jules
Cochu et le soleil : pièce en trois actes. Moncton.

Bouraoui, Hédi 1966
Musocktail. Wheaton.

Bouraoui, Hédi 1980
Haïtuvois, suivi de Antillades. Montréal.

Bouraoui, Hédi 1992
Emigressence. Ottawa.

Caccia, Fulvio *et al.* (éd.) 1983-1996
Vice versa. Revue transculturelle. Montréal.

Chiasson, Herménégilde 1976
Dix incantations pour que le pays vienne. Rapport sur l'état de mes illusions. Moncton.

Comeau, Germaine 1983
L'Été aux puits secs. Moncton.

Comeau, Germaine 1997
Loin de France. Moncton.

Dalpé, Jean Marc 1981
Gens d'ici. Sudbury.

Dorion, Gilles 1997
Le roman de 1968 à 1996. Dans : Panorama de la littérature québécoise contemporaine, éd. par Réginald Hamel. Montréal : 352-385.

Frye, Northrop 1986
Der gemeinsame Kontinent. (traduit par Michael Mundhenk). Dans : Die Horen, Zeitschrift für Literatur, Kunst und Kritik 31: 141.

Gallant, Melvin 1982
L'été insulaire. Moncton.

Gauvin, Lise 2000
Langagement. L'Écrivain et la langue au Québec. Montréal.

Godbout, Jacques 1981a
Les Têtes à Papineau. Roman. Paris.

Godbout, Jacques 1981b
Place Cliché. Dans: Liberté 138: 35-40.

Goupil, Laval 1974
Tête d'eau. Pièce en 3 tableaux et 2 finales. Moncton.

Georgeault, Pierre / Pagé, Michel (éds.) 2006
Le français langue de la diversité québécoise : Une réflexion pluridisciplinaire. Montréal.

Hébert, Anne 1982
Les Fous de Bassan. Paris.

Kerouac, Jack 1957
On the road. New York.

King, Thomas 2014
L'Indien malcommode. Un portrait inattendu des Autochtones d'Amérique du Nord. Traduit de l'anglais (Canada) par Daniel Poliquin. Montréal.

Klaus, Peter (éd.) 2004
Acadie 1604 – 2004, publié avec une présentation et une introduction par Peter Klaus. Neue Romania 29. Berlin.

Kokis, Sergio 1994
Le Pavillon des miroirs. Roman. Montréal.

Laferrière, Dany 2009
L'Énigme du retour. Paris.

Lalonde, Michèle 1974
Speak white. Montréal.

LaRue, Monique 1996
L'Arpenteur et le navigateur. Montréal.

LeBlanc, Raymond 1971
Cri de terre. Montréal.

Leclair, Didier 2000
Toronto, je t'aime. Ottawa.

Léger, Dyane 1980
Graines de Fées. Moncton.

Léger, Dyane 1983
Sorcière de vent. Moncton.

Léveillé, Jean Roger 2008/2009
La littérature française: littérature étrangère. Dans : Revue Liaison 142 : 21

Lévesque, Anne 1980
Les jongleries. Moncton.

Lévesque, Anne
Route Rurale n° 11. Moncton.

L'Hérault, Pierre 1991
Pour une cartographie de l'hétérogène : derives identitaires des années 1980. Dans : Fictions de l'identitaire au Quebec, éd. par Sherry Simon, Alexis Nouss, Robert Schwartzwald et Pierre L'Hérault. Montréal : 53-114.

MacLennan, Hugh 1945
Two Solitudes. Toronto, New York, Des Moines.

Maclure, Jocelyn (2005)
Politique linguistique ou politique d'intégration ? La promotion de la langue dans une communauté politique, libérale, démocratique et pluraliste. Dans : Le français, langue de diversité québécoise, éd. par Pierre Georgeault et Michel Pagé. Montréal : 153-170.

Maillet, Antonine 1971
La Sagouine. Montréal.

Maillet, Antonine 1979
Pélagie-la-Charrette. Paris.

Major, André 1973
Entretiens avec Antonine Maillet. Dans: Écrits du Canada français 36: 9-27.

Martel, Yann 2001
Life of Pi [L'Histoire de Pi]. Montréal.

Mbonimpa, Melchior 2006
Les Morts ne sont pas morts. Sudbury.

Noël, Francine 1983
Maryse. Roman. Montréal.

Ouellet, François 1995/1996
Daniel Poliquin : L'invention de soi. Dans : Nuit Blanche, magazine littéraire 62 : 54-58.

Paré, François 1992
Les littératures de l'exiguïté. Hearst.

Phelps, Antony 2007
Mon pays que voici. Nouvelle édition avec introduction de l'auteur, album photos et annexe. Montréal.

Poulin, Jacques 1984
Volkswagen Blues. Montréal.

Proulx, Monique 1996
Les Aurores montréales. Nouvelles. Montréal.

Renaud, Claude 1978
Sacordjeu ! Moncton.

Renaud, Jacques 1964
Le Cassé. Montréal.

Robin, Régine 1993 <¹1983>
La Québécoite. Montréal.

Roy, Michel 1978
L'Acadie perdue. Montréal.

Savoie, Jacques 1984
Les Portes tournantes. Boréal.

Thériault, Joseph Yvon 2004
La proclamation royale et le Grand Dérangement – Quelle mémoire commémore-t-on ? Dans : « Le Devoir » (Montréal), 15 janvier 2004 ; <http://www.ledevoir.com/non-classe/44893/la-proclamation-royale-et-le-grand-derangement-quelle-memoire-commemore-t-on>.

Vallières, Pierre 1968
Nègres blancs d'Amérique. Montréal.

Madeleine Kinsella

"*Une Seconde Patrie*": The Irish in France. The Historical and Cultural Dynamics of a Diaspora 1600-1800

Since the 1990s the new orientation towards transnationalism as a means of analysing social phenomena arising from economic processes connected with globalisation, and transculturalism as a concept to examine cultural identities and the continuity of cultural encounter and interactions between different nations and ethnicities, has proved a useful tool for historians as well as literary and cultural studies specialists to explore from a different perspective the dynamics of political, economic and cultural relations between the countries of Europe. In the case of Ireland, its centuries-old binary relationship with its neighbour Great Britain has not unnaturally been to the forefront of interest. But the ties between Ireland and France as well as other European nations, particularly Spain, Austria, and the Netherlands have increasingly attracted the attention of scholars interested in this shared history and cultural heritage.

Events such as the restoration funded by the Irish government of the old *Collège des Irlandais* in Paris, the origins of which go back as far as 1578, and its transformation into the *Centre Culturel Irlandais* in 2002 have reinvigorated cultural exchange and interaction between France and Ireland. A similar project transformed the Irish College in Louvain, originally established by the Franciscans in 1607, into the Leuven Institute for Ireland in Europe. In Ireland itself, public interest in historical and cultural relations with the countries of Continental Europe was renewed when in December 2007 the National Library of Ireland opened the exhibition "Strangers to Citizens. The Irish in Europe 1600 to 1800." In France, the *Musée de l'Armée* in partnership with the Irish Embassy organized in 2012 the exhibition "The Irish and France: Three Centuries of Military Relations," which illustrated the role played by Irishmen of the *Brigade Irlandaise* in the armies of the French monarchy and subsequently in the *Légion Irlandaise* founded by Napoleon in 1803, as well as the most recent cooperation of French and Irish army units in the UN peacekeeping operations in Chad.

Despite its peripheral location on the edge of Europe, Ireland had always maintained ties to France, its nearest continental neighbour, as demonstrated in the Early Middle Ages by the activities of missionary saints such as Columbanus and of Irish scholars at the courts of the Carolingian rulers, including Sedulius Scotus, grammarian and biblical commentator in Liège (815-831), and astronomer and geographer Dicuil Hibernicus. Irish influence reached its zenith at the court of Charles the Bald, where the circle of scholars included the most famous of all the Irish teachers associated with the Carolingian Renaissance, John Scotus Eriugena, theologian and philosopher (ca. 815-877), who spent thirty years in France teaching and writing under the patronage of Charles the Bald. Throughout the later Middle Ages the Irish continued to travel to France as pilgrims, merchants and mercenaries (Gillespie, 2013 a, 11-13).

The significance of the relationship between Ireland and France is perhaps best summarized in the foreword of the Festschrift for Patrick Rafroidi, one of the most influential French scholars in Irish Studies in the 20th century:

> The 'French connection' has never been severed by Irish people since the first Irish missionaries established cultural bases in France in the middle ages. [...] In that long reach of time, from the early middle ages to the present, the history of Irish-French relations and interconnections remains to be written. It is a history of affinities, mutual indebtedness and diverse communication, a history that illuminates and modifies ideas, literature, and political developments; a history that illuminates the forces that shape identity. It is a history of a friendship that has borne fruit in many ways. (Hayley, 1992, ix-x)

A comprehensive overview of this 'French connection' would be far beyond the scope of this article. Its intention is rather to consider certain aspects of that relationship in the 17th and 18th centuries, namely the different waves of migrants from Ireland to France in this time span and their historical and cultural impact on both nations. The diversity and complexity of the Irish diaspora in France in this period offer an insight into the fluidity of hybrid identities arising from similarities, such as a shared religion and cultural compatibility with the host nation, while at the same time, a network of familial and cultural contacts with the homeland preserves the consciousness of a distinct Irish identity which coexists with a remarkable degree of assimilation by the émigré Irish into French society.

The development of a substantial Irish diaspora in France from the end of the 16th century onwards was set in motion by political turmoil, religious strife, and economic hardship caused by the efforts of the Tudor Dynasty to gain control of Ireland through its policy of Anglicisation, which entailed the suppression of the Gaelic language and culture, and their substitution by English laws and customs, including the replacement of the Catholic religion by the Reformation. Throughout the 1500s, the semi-independent Irish aristocracy had sought to counteract Tudor influence on Irish affairs by establishing diplomatic relations with the courts of Francois I and Henri II in order to persuade them to send military support for their resistance to the English presence in Ireland.[1] However, the French kings were more worried about their Habsburg rivals than English policies in Ireland and ultimately it was the Spanish King Philip III who sent an ineffective military expedition to Ireland in 1601 at the request of the Gaelic Lords of Ulster. The disastrous result of this alliance was the defeat of the Irish and Spanish at the Battle of Kinsale in 1601 and the final disintegration of Gaelic resistance to English rule. The ensuing economic collapse with serious food shortages also intensified the first of three major waves of Irish migration to Continental Europe in the 17th century with several thousand choosing France as their destination. Recent studies[2] of Irish migration from the 1600s onwards distinguish three main categories of migrants: the Gaelic intelligentsia intimately linked to the Catholic clergy and the aristocratic elite; soldiers for whom military service in the armies of the kings of France as well as the Habsburgs was the only viable option for survival; the merchant class who saw their livelihoods decimated by economic chaos in their homeland and who sought to capitalize on already existing trading links with France and Spain in order to rebuild their fortunes.

There is a fourth category not as well documented as the other three, which remains in the shadows of history: a class of impoverished and displaced Irish, who particularly suffered from near-famine conditions at home. They arrived in the Channel ports, roamed the Breton countryside, travelled as far as Paris where many lived as vagrants and thieves around the Pont Neuf. Unsurprisingly, they were not welcome and seldom prospered. Indeed, the French authorities tried on several occasions to repatriate them.[3]

---

[1] James Hogan's study of Irish-French relations in the 16th century (1920) details the efforts of the leading Irish earls to involve the French in their efforts to counteract English interference in their affairs.
[2] See O'Connor (2001), Worthington (2010), also O'Connor / Lyons (2006).
[3] Both Ó Ciosáin (2001, 93-94) and Lyons (2013, 25-26) comment on the comparative paucity of sources and information on the fate of the poor and dispossessed who fled to France from Ireland from the end of the 16th century onwards.

1. Irish Intellectuals and the Irish Colleges in France

The story of the fortunes in France of the first migration category, the Catholic émigré intellectuals and clerics, begins with the foundation of a network of Irish colleges from the 1600s onwards in several towns across France, most notably in Bordeaux (1603), Douai (1603), Rouen (1612), Nantes (1694), Paris, the oldest of them all, as early as 1578. Toulouse, in existence as an informal community of clerics since 1610, was formally founded in 1659 when Louis XIV legalised it by letters patent at the instigation of Anne of Austria, who took a great interest in it:

> C'est un ouvrage de la piété d'Anne d'Autriche, reine de France et mère de Louis XIV qui l'a établi pour servir d'asile aux jeunes hommes de cette nation, qui, étant altérés des eaux de la sagesse, ne trouvoient chez eux que des sources empoisonnées et ont cherché dans les pays étrangers ce qu'ils ne trouvoient pas dans le leur. C'est encore un séminaire de missionnaires et d'hommes apostoliques, car, après que ces écoliers ont achevé leurs études [...] ils repassent la mer selon le vœu qu'ils en ont fait, lorsqu'ils ont été reçus dans ce collège [...] et rentrant dans leur îsle pour y être la consolation de tant d'églises affligées, le soutien des fidèles que l'effet de la persecution pourroit avoir ébranlés, et le médecin soucieux de tant de brebis que la rage des loups a déchirées par des morsures cruelles. (Ferté, 2006, 37)

The intentions of the Queen Mother are quite clear: the Irish College is a tool in the armoury of the Counter-Reformation. Under her protection, both moral and financial, young Irishmen can be prepared for the priesthood and then return to Ireland as priests well versed in the dogmas and theology of the European Counter-Reformation to serve the Irish Church in its hour of need.

Gradually the Irish Colleges in France expanded from their original core function as centres of education and training for the Catholic clergy in Ireland to provide other vital services for their fellow exiled countrymen. They were places of refuge from religious and cultural persecution, and offered to the sons of Irish families who could afford the expense, an opportunity to receive a university education no longer available to Catholics in post-Reformation Ireland. The Toulouse Irish College exemplifies this trend: by the 18th century, more Irish students in Toulouse were studying medicine and law than theology, which would indicate that it was being used by Catholic Irish as a means to enter professions for which they could not qualify in their homeland and, if they did not return to Ireland, build new lives in a country where they could freely practice their religion (Ferté, 2006, 69-76). An education at a French university enabled ambitious young Irishmen to embark on successful careers in the higher echelons of French society, and to find advancement as diplomats and emissaries in the service of the French monarchy.

The success of the Irish colleges as vectors for renewed cultural interchange between Ireland and France was remarkable. They opened up a direct conduit for the transmission of new ideas in European philosophy, culture, and politics from which Gaelic Ireland had been isolated for most of the 16th century. They had access to the newest developments in European print technology which enabled them to produce literature influenced by the ideas and values of one of the most powerful Catholic nations in Europe for an Irish audience on a larger scale than previously possible through the limited possibilities of manuscript transmission (Gillespie, 2013 b, 105-120).

The influence of the Irish colleges is perhaps best exemplified in the history of the best known and most prestigious of these, the *Collège des Irlandais* in Paris.[4] Its origins lie in the group of Irishmen under the leadership of Father John Lee, who fled to France and settled in Paris in 1578. They formed a small émigré community of clerics studying philosophy and theology at the Sorbonne University. From the very beginning, this community enjoyed considerable prestige and patronage under the *Ancien Régime* which ensured its privileged status until the French Revolution. Father Lee guided the fortunes of this first of the Irish colleges in France for forty years until 1620. His connections with Jean de l'Escalopier, President of the Parliament of Paris, provided the community with a residence in Rue de Sèvres. L'Escalopier also introduced them to Cardinal Retz, then bishop of Paris. These powerful figures in the political and ecclesiastical establishment of Paris provided much needed

---

[4] For detailed accounts of the history of the *Collège des Irlandais* in Paris, see two publications in particular: Swords (1978), and Mac Cana (2001).

financial and practical assistance to the fledgling *Collège des Irlandais*. Their material support enabled the Paris-educated and ordained Irish priests to return to Ireland to preach Catholic doctrine as formulated by the Council of Trent (1545-1563) and introduce to the Irish Church the Tridentine reform agenda, thus checking the spread of the Protestant Reformation in Ireland. The college also enjoyed the support of King Louis XIV himself who in 1677 granted it possession of the former Italian *Collège des Lombards* in Rue des Carmes. When more space was urgently needed in the 18th century, another property in Rue du Cheval Vert (later renamed Rue des Irlandais by consular decree of Napoleon Bonaparte) was donated to the College in 1769 by Irish benefactors. This building was enlarged and reconstructed by the French architect François-Joseph Bélanger and is the building which today serves as the *Institut Culturel Irlandais*.

Throughout the first 200 years of its existence, the Paris *Collège des Irlandais* was of vital importance to the survival of the Irish Church, which suffered severe repression that lasted from the reign of Henry VIII until almost the end of the 18th century. Full religious freedom and civil rights to non-Protestants would only be granted in 1829, mainly through the efforts of the statesman and first great nineteenth-century Irish nationalist leader, Daniel O'Connell, another French-educated Irishman (at Douai), whose successes were to earn him the title of "The Liberator." O'Connell had a further noteworthy connection with France. His namesake and paternal uncle enjoyed a successful career as lieutenant-general of the Irish Brigade in the French military and was made a Count of France in 1783.

The questions of political allegiance and religious and cultural identity confronting the migrant Irish community in Continental Europe were of grave importance to the Irish intelligentsia, who sought not only to rescue their Gaelic cultural heritage, which was under severe pressure from English policies of Anglicisation and assimilation in their homeland, but also to represent Ireland as a member of the European family of Catholic nations to both an Irish and a European readership. Two Irish colleges, Paris and Louvain, were heavily engaged in this literary, historical, and hagiographical enterprise, and in the course of the 17th and 18th centuries several influential works in Latin and in Gaelic were written under the auspices of these two institutions.

The career and scholarship of Thomas Messingham (ca.1575-1638), one of the outstanding rectors of the Paris *collège* in the early 17th century,[5] illustrate how these Irish scholars dealt with the problems of exile, identity, and at times identification, with their host country. Messingham's hagiographical writings are a pertinent example of the binary nature of intellectual activity on the part of Irish clerics in France.[6] Superficially they are theological works intended to further the Counter-Reformation in Ireland and secure the continued survival of the Catholic Church there. At the same time, as Thomas O'Connor (1999, 157-177) has demonstrated in his article "Towards the Invention of the Irish Catholic *Natio*," their purpose was to present a specific image of Ireland by proving to Messingham's French hosts the justification of Ireland's claim not to be regarded as a subordinate territory in the new British unitary state under the Stuart dynasty, which it considered alien in religion, laws, culture and language. Instead, Messingham asserts the historical and cultural right of his homeland to the status of a Catholic *natio* true to the Papacy since the conversion of the Irish by St. Patrick, whose mission had papal sanction as far back as the early 5th century. With his knowledge of France and its troubled relationship with its Huguenot minority, Messingham was very much aware of the political significance of religious identity to the Bourbon monarchy.

His Magnum Opus, *Florilegium Insulae Sanctorum seu Vitae et Acta Sanctorum Hiberniae* [Garland of the Island of Saints or Lives and Acts of the Saints of Ireland], published in Paris in 1624, is in essence a hagiographical text containing the lives of several Irish saints with pride of place being given to the three traditional patron saints of Ireland. Their pictures on the title page were printed according to the original drawings made by Messingham himself and depict St. Patrick in the centre, flanked on the left by St. Columcille and on the right by St. Brigid (Lyons, 2008, 91). The depiction of St. Patrick, significantly in the garb of a Tridentine bishop and as such the representative of theological orthodoxy, would become the standard representation of Ireland's national saint. The lives of the three patron saints are followed by the *Vitae* of several Early Irish saints famous for their missionary activities in Europe (St. Patrick himself was reputed to have spent nine years preparing for his Irish

---

[5] It was Messingham who secured the affiliation of the *Collège des Irlandais* to the University of Paris and in 1626 obtained the approval of the Archbishop of Paris for the new rules he had drawn up for the government of the college.

[6] For an analysis of Messingham's life and work, see Mac Cana (2001, 55-68).

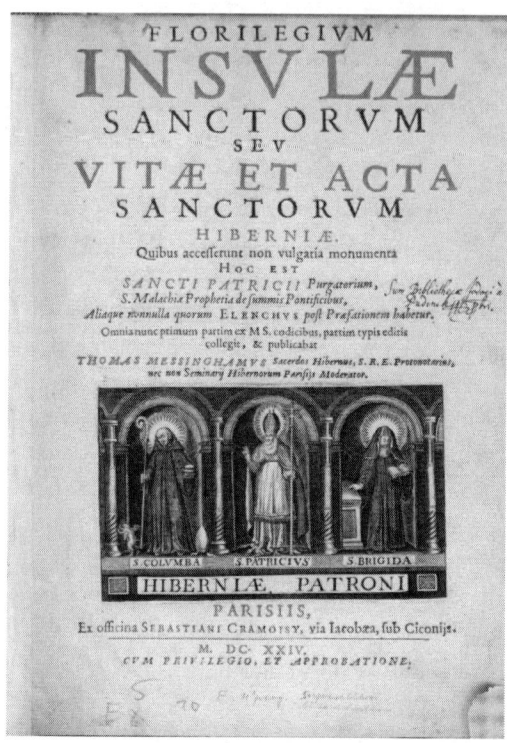

mission at St. Honoratus, one of the two islands of Lérins). He includes Columbanus, who was particularly active in Burgundy, where he founded three monasteries (Annegray, Luxueil, and Fontaine lès Luxueil) before proceeding to Bobbio, his most famous foundation. Also numbered among the texts is St. Bernard of Clairvaux's *Liber de vita et rebus gestis Sancti Malachiae Hiberniae Episcopi* [The life and deeds of Saint Malachy, Bishop of Ireland].[7] The significance of the friendship between the two famous Church reformers, one French and one Irish, would not have been lost on Messingham who recognized not only the catechetical uses of a modern hagiography of native Irish saints in the pastoral care and education of Irish Catholics but also its political value in convincing an educated French readership of Ireland's cultural and religious links to France. He therefore takes care to include *Vitae* of those saints who would appeal to those influential French readers connected to the highest levels of Parisian society (O'Connor, 1999, 164). Aware of the need to secure patronage for the college, Messingham dedicated his *Florilegium* to the sons of its generous patron, Jean de L'Escalopier, who died in 1620 before its publication in 1624.

In this respect he followed in the footsteps of his friend David Rothe (1568-1650), who composed a Vita of St. Brigid, (*Brigida Thaumaturga*

---

[7] St Malachy (1094-1148), Bishop of Armagh and important Church reformer, introduced the Cistercian Order to Ireland. He was a personal friend of St Bernard and on his second visit to Clairvaux he fell sick and died in St Bernard's arms on 2nd November, 1148.

[Brigid Miracle Worker]), at the request of de L'Escalopier, which was published in Paris in 1620 (Mac Cana, 56-59). Rothe had studied together with Messingham at Douai and had returned to Ireland as a priest. However, persecution at home forced him to flee Ireland and find refuge in Paris. The scholarly works which resulted from this shared interest in hagiography, which Messingham and Rothe pursued in exile, impressed their French benefactors, whose contributions to the costs of the college were of great value, given its often precarious financial situation.

O'Connor's research illuminates how émigré intellectuals like Rothe and Messingham, using language and concepts learned at European universities, transformed Irish hagiography. They belonged to a new generation of Irish scholars on the Continent who applied the theories of seventeenth-century hagiography to the problems of cultural and political identity within a European context. He concludes:

> A *Natio* at home, a state on the map of Europe and an assured place in heaven: these were the ambitious aspirations which early seventeenth century Irish intellectuals could entertain in their continental refuges as they imagined Ireland for the Iron Century. (O'Connor, 1999, 177)

This transnational vision of Ireland emphasized its religious, political and cultural distinctiveness, while at the same time underlining its commonalities with Catholic Europe. Its commingling of *natio* and *religio* as the embodiment of the true Irish nation would prove remarkably tenacious in its persistent influence on later generations and it gained new momentum in the modern political mass movements led by Daniel O'Connell and the rise of nationalism in nineteenth-century Ireland, a fact that coincides with the conclusions of Susanne Lachenicht (2009, 11) in a different context: "[...] nineteenth-century nationalisms seem to owe more to early modern nationalisms, as they evolved in diaspora, than research has suggested so far."

The successful hagiographical enterprise of the Irish scholars in Paris was matched by similar projects undertaken by the Franciscans of St. Anthony's College in Louvain and there was a brief period of cooperation in the collection and exchange of source material between the two institutions (Mac Cana, 2001, 59-68). The ideological response of this generation of Irish scholars, educated at French universities and exposed to new ideas and trends in all branches of learning, was not confined to hagiography alone. They also recognized the value of historiography as a political instrument in the consolidation of national identities and loyalties in the nation states of Europe, and their studies had familiarized them with the new standards and methods of historical scholarship developed in the 17th century. This access to the intellectual world of French universities and other European scholarly networks inspired the writing of the first modern histories of Ireland. The two seminal works of Irish historical scholarship to emerge from this intellectual milieu in the 1630s were Geoffrey Keating's *Foras Feasa ar Éirinn* [History of Ireland] and the *Annála Ríoghachta Éireann* [Annals of the Kingdom of Ireland] compiled by the Franciscan friar Micheál Ó Cléirigh and his associates, and better known as *Annals of the Four Masters*. For the first time, histories of Ireland written in Irish were based on the critical examination and use of carefully collected older manuscript source materials.

Geoffrey Keating, author of *Foras Feasa ar Éirinn*, was a secular priest who had studied in Bordeaux, where he probably gained his doctorate in theology, and Reims. His theological writings reflect his intellectual formation abroad, while his familiarity with the new ideas and concepts in historical scholarship with their emphasis on the importance of sources enabled him to construct a unique narrative history of the pre-conquest kingdom of Ireland from earliest times to the Anglo-Norman invasion in 1169. The *Annals of the Four Masters* were an integral part of the programme of hagiographical and historical text production undertaken by the Irish Franciscans of St. Anthony's College, Louvain (Cunningham, 2007, 53).

Just as the hagiographical texts of Messingham and Rothe had demonstrated Ireland's rightful place in the family of Catholic *nationes* by virtue of the lives of the early Irish saints, so the histories of Geoffrey Keating and Micheál Ó Cléirigh and his collaborators set out to prove that Ireland had been an independent kingdom in its own right, obedient to God's law before the English conquest, and that it continued to deserve recognition as such. O'Cléirigh's dedication of his work "dochum glóire Dé agus onóra na hÉireann" [to the glory of God and the honour of Ireland] reflects the ongoing preoccupations of Irish scholars of the 17th century both at home and abroad with the concepts of *religio* and *natio*. The influence of these texts would prove to be more pervasive and long lasting than their authors could ever have imagined. Rediscovered, translated, and re-interpreted by the historians and antiquarians of the 19th century, they became foundational texts for the Cultural Revival movement of the 19th century which was instrumental in the emergence of an independent

Irish state in which "the Irish language and Irish history were central to its core tenets of Irishness" (Cunningham, 2010, 16).

The Irish colleges with their contacts to powerful patrons in the highest echelons of the French state were a source of valuable assistance of a diplomatic and consular nature to the two other categories of migrants, the soldiers and the merchants. They were able to provide essential documents on which the fortunes of these émigrés often depended and without which they could not prosper in France. Their networks with the Irish Church enabled them to issue certificates of Catholic baptism and marriage from Ireland and to validate genealogical pedigrees for members of the Gaelic nobility. Without proof of aristocratic birth, these exiles could not obtain senior positions in the French army, where only persons belonging to the nobility could serve in the officer corps, nor could those qualified to pursue careers in law, diplomacy, or the Church, rise in French aristocratic society. They were also able to submit applications for pensions for soldiers who had served in the French army and attest to their good character and faithful service to the monarchy, thus preventing many from falling into penury. In return, these soldiers and the merchants, whose sons were educated mainly in the Irish colleges, made significant financial contributions without which the colleges would have found it difficult to survive (McGarry, 2013, 21-22).

The Irish historian Micheline Walsh has examined a total of 50 such documents that have survived in the Bibliothèque Nationale and other French archives (Walsh, 1978, 63-87). They date from the 18th century and reflect the various circumstances in which the Irish found themselves and how they sought to accommodate their identity and circumstances to life as exiles in France. One of these, a certificate dated February 17th 1711, in favour of Sir Bryan Carney (captain in the Dillon Regiment, one of the most renowned Irish regiments in the King's service), confirming his status as chief of "Clan Carney in the County of Roscommon," was issued by the Irish College in Paris to help him obtain an official genealogy and family coat of arms. Carney's insistence that his first name be a French equivalent to the Irish Bryan and his surname be spelt with a 'C' and not with the original 'K' throws a revealing linguistic light on the efforts of Irish migrants to integrate into French society, to prosper in it and to secure the future of their families and descendants in what had become for them *"une seconde patrie"*:[8]

> If my name be not writ Bernard Carney and with the same letters, it cannot be for my purpose for though in writing to my countrymen I writ most commonly my name with a K but since I am established in France, knowing the letter K is not practised in the Frenche language I have signed my contract of marriage and all others that I signed in France with a C and not with a K, and my Christian name Bernard, its not just I should gett a genelogie made or my name to it after another way for in this Country the leste thing gives room for a sceane, besides *if fortun or misfortun should keep my children in France, to write their name with a K would make them strangers these 300 years to come* [my italics]. (Walsh, 1978, 67)

Women are also represented in these documents which are usually a request for a pension after the death of a husband in the French army. The certificate in favour of Elene Macartan, signed by the *Proviseur* of the Irish College in Paris, Joseph Farelly, reveals the precarious nature of survival for women widowed in such circumstances:

> Je sousigné pretre docteur de Sorbonne et proviseur du College des Irlandois a Paris certiffie que la dame ELENE MACARTAN veuve du Sieur Macartan Lieutenant au regiment Irlandois de Berwick qui mourut de ses blessures receües au service du Roy dans le Milannois est de la Religion Catholique apostolique et romaine, chargée d'un fils agé de treize ans et etant malade il y a quelques années elle a entierement perdu la veue, c'est pourquoi je luy accorde ce certificate la voyant un objet tres digne des graces de Sa Majesté. Fait a Paris le vingt deux may 1713. (Walsh, 1978, 70)

Fortunately for Elene Macartan, this eloquent petition was successful and she received a pension of 200 *livres*. She, too, had adopted a French form of her Irish name.

2. *La Brigade Irlandaise*: The Irish in the Armies of France

The numerically largest category of migrants who comprised the Irish diaspora on the European continent in the 17th and 18th centuries was the military, with most of these men serving in the armies of France. An understanding of the reasons why thousands of Irishmen emigrated to fight for France necessitates a brief overview of the events that caused such a massive exodus from Ireland of young men of all classes, from scions of the Gaelic nobility and Old Norman families seeking career opportunities as officers in the armies of the Bourbons and Habsburgs, to the landless peasants and poor, often unemployed, artisans.

---

[8] The use of this phrase by the Irish diaspora to define their relationship to the French state is documented in various sources. (see Chambers (2009, 21) and Bartlett (2006, 171).

This wave of migration is perhaps best comprehended in terms of the triangular relationship between Britain, France and Ireland at this period, whereby Ireland was a useful pawn in the rivalry between two great powers that had been hereditary enemies since the Hundred Years War.

The Stuart dynasty failed miserably to control religious and political dissension in both Britain and Ireland. In 1641 mass rebellion in Ireland broke out with Irish from all sides forming the Confederation of Kilkenny. Conflict between Charles I and his parliament on how to defeat the Confederation led to civil war in England and the king's eventual execution in 1649. His son, the future Charles II, and family found refuge at the French court, thus beginning a long connection between the Stuart and Bourbon kings, which ended only with the final defeat of the Stuarts in 1746 at the Battle of Culloden. In the 1630s and 1640s, before his defeat in the civil war, King Charles I, who was married to Henrietta Maria, daughter of Henri IV, allowed Irish soldiers to leave for France to support Cardinal Richelieu's efforts to create a standing army for the French monarchy. This practice was continued after the Restoration when Charles II permitted Irish soldiers to enlist for military service in France in the 1670s as a gesture of support for his cousin Louis XIV who was facing military threats from his neighbours.[9]

The defeat of the Confederation of Kilkenny by Oliver Cromwell in his Irish campaign from 1649 to 1652 left the country in ruins and seriously depopulated. It has been estimated that at least half a million people died and thousands more were transported to the new British colonies in the West Indies. It is not surprising, therefore, that there was a surge in the numbers of young men, possibly as many as 54,000, leaving for France and Spain in the 1650s (Ó Ciosáin, 2010, 130-131).

Not only French foreign policy towards Britain but also Irish hopes of improvement in the social and economic situation of the country became linked to the fortunes of a Stuart king on the English throne. These took a disastrous turn when the stronger faction in the Protestant-dominated parliament, fearful of the prospect of a permanent Catholic dynasty and reversal of the Reformation in Britain after the accession of James II, invited William of Orange in 1688 to take the throne instead. The ultimate battle between Catholic James II, supported by French troops under the command of Maréchal de Saint Ruth sent

---

[9] For an examination of the political reasons and events that saw significant movements of Irish soldiers to France from the 1630s to the 1650s, see Ó Ciosáin (2009).

to Ireland by Louis XIV, and William of Orange, leader of the 'Grand Alliance' against Louis' attempts to dominate Europe, was fought neither on English soil nor on French territory but in Ireland, on the banks of the river Boyne, north of Dublin on 1st July 1690. It was a battle of European significance. William's victory over James at the Boyne and his subsequent military successes against Louis XIV ensured the rise of England as an effective counterforce to French power in the following centuries. It also settled the fate of the Stuart dynasty and was the end of Irish hopes for more generous treatment and religious freedom from James.

After the Battle of the Boyne, James deserted his Irish allies and fled to France, where Louis allowed him to set up a court in exile at Saint-Germain-en-Laye. In the immediate aftermath of the decisive defeat at the Boyne the remnants of the Irish army, now under the leadership of Patrick Sarsfield, Earl of Lucan, retreated to Limerick. Sarsfield negotiated the Treaty of Limerick (1691) which effectively ended a century of war in Ireland and made the English conquest complete. William, now undisputed King of England, was anxious to rid Ireland of the thousands of defeated Irishmen who had rallied to the Jacobite cause. Louis XIV for his part was anxious to recruit them for his own military needs before they could join the armies of his European rivals. Under the terms of the Treaty of Limerick, an estimated 14,000 soldiers plus 4000 women and children sailed for France in 1691, including Patrick Sarsfield, who fell two years later at the Battle of Landen and would become an iconic hero in the later nationalist narrative of Irish history. This mass migration of Irish soldiers to France became known in Irish history as the 'Flight of the Wild Geese' and in France as '*L'Envol des Oies Sauvages.*' It had been preceded by the shipping of another 6000 men to France in 1690.[10] The epithet 'Wild Geese' was also applied to those Irish who continued to join the French military in the course of the 18th century until the French Revolution.

The Irish troops who arrived in France in 1690 were fully integrated into the French army. Those who arrived in 1691 were mainly assigned as a private army to the exiled James II at Saint-Germain-en-Laye but paid for by the French king. According to the terms of the Treaty of Ryswick (1697), which ended the War of the 'Grand Alliance,' Louis XIV was obliged to recognize William of Orange as King of England and to cease to aid the Jacobites. This

---

[10] For an overview of the history of the Wild Geese, see Genet-Rouffiac (2009).

entailed a reorganization of the French army in 1698 whereby all the Irish regiments were incorporated into the new *Brigade Irlandaise* in the service of the French King.

The *Brigade Irlandaise* was considered one of the very best units in the French army of the 18th century. Their officers were exclusively Irish and from families with a claim to noble Irish ancestry. Their sons as well as relatives from Ireland were often educated at one of the Irish *collèges* in France and then enrolled in a regiment of the *Brigade Irlandaise* as officer cadets so that it was not unusual to find up to three generations from the same family serving at one time. They proved their worth in the European wars waged by Louis XIV as one of the best trained units in the French army and were well regarded by him. The decree of naturalisation issued by Louis in 1715 enabled those Irish who had served 10 years in the French army to become naturalised citizens of France. Importantly, this applied not only to the officers but also to the rank and file and gave less privileged Irish soldiers the opportunity to become fully integrated into French society, intermarry, and found French families.[11]

The Wild Geese regiments (as the *Brigade Irlandaise* became known in Irish history) initially fled to France in the hope of returning to Ireland to fight for the Stuart cause. In the course of the 18th century that expectation was dimmed and finally all hope of a Stuart monarch on the British throne died when Charles Edward, or "Bonnie Prince Charlie" as he is better known in Scottish history, was defeated at the Battle of Culloden on 16th April, 1746. What is less generally known, is the role the Irish played in the organization of the 1745 Jacobite Rebellion in Scotland. Irish bankers in Paris contributed 180,000 *livres* to it, the ship in which Prince Charles Edward sailed to Scotland was provided by Antoine Vincent Walsh, an Irish merchant in Nantes, and an elite force drawn from the ranks of the *Brigade Irlandaise* fought alongside the Scottish rebels (Simms, 1986, 635-636).

From their arrival in the 1690s to the French Revolution a hundred years later, the soldiers of the *Brigade Irlandaise* served the Bourbon monarchy and the French state loyally and an unknown number, but certainly several thousand, died fighting in the succession of wars that characterized European

---

[11] For a description of the individual lives of all classes of soldiers in the *Brigade Irlandaise*, see McGarry, 2013, 30-45.

power politics in the 18th century.[12] In the Italian campaign which opened the War of the Spanish Succession (1701-1714) a battalion of 600 Irish troops at Cremona managed to fight off Prince Eugene of Savoy by holding the Po Gate against all odds in an action reminiscent of the Spartans of Thermopylae and preventing him from taking the city, one of the rare reversals on the battlefield that great general experienced.[13] Cremona established the reputation of the Irish as elite troops of the French army but could not prevent subsequent French defeats in Flanders, Italy, and Germany. However, the Irish went on to play a significant role in the Spanish campaign at the Battle of Alamansa on 25th April 1707 under the command of Marshal James Fitzjames, Duke of Berwick[14] and Lieutenant General Arthur Dillon.[15] A few months later Dillon took Barcelona. These successes ensured the defeat of the 'Grand Alliance' by France in Spain.

While these victories enabled Louis XIV to secure the succession of his grandson, Philippe, Duc d'Anjou, to the Spanish throne, his primary aim in the war, France's long-term position as pre-eminent power in Europe, was fatally compromised. It left the way open for Britain to accelerate its imperial expansion in new and immensely rich territories in the New World and consolidate its growing naval superiority. Ultimately, this power shift would ensure Britain's ability to withstand the existential threat posed by the Revolutionary Wars in the 1790s and by the subsequent Napoleonic Wars with the final French defeat at Waterloo in 1815, which ended 20 years of conflict in Europe. It also copper-fastened British hegemony over Ireland for the next 200 years and ensured that the Great Rebellion of 1798, inspired by the Republican ideals of the French Revolution and supported by three failed French military expeditions to Ireland between 1796 and 1798, was doomed to failure.

---

[12] For detailed accounts of the European wars in which Irish soldiers participated and the battles they fought, see in particular McGarry (2013), and Clark (2010).
[13] See Ó hAnnracháin (2006) for full details of this particular battle in the history of the *Brigade Irlandaise*.
[14] The Duke of Berwick (1670-1734), natural son of James II, and one of Louis XIV's best generals, commanded the regiment in the Irish Brigade named after him. He married Patrick Sarsfield's widow, Honora de Burgh, in 1700 and was killed at the battle of Philippsburg in 1734.
[15] Arthur Dillon (1670-1733) was a member of one of the most pre-eminent aristocratic Irish families in exile who formed their own Jacobite regiment, the Dillon Regiment, to fight for the Stuarts. It was subsumed into the *Brigade Irlandaise* but continued under the hereditary command of the Dillon family to serve France until the French Revolution.

The War of the Spanish Succession was the first of a series of interminable conflicts that ravaged Europe until 1715. The *Brigade Irlandaise* served in all of them, including campaigns in North America, the West Indies and as far afield as the Franco-British war in India. A glimpse into the lives of some of those who survived the battlefields has been provided by Eoghan Ó hAnnracháin who identified 2,600 Irish veterans in the registers of Les Invalides for the period between 1670 and 1789 (Ó hAnnracháin, 2009).[16]

Apart from Cremona, one Irish battle honour stands out among all others: Fontenoy on 11th May 1745. It was fought just outside Tournai between the villages of Vezon and Fontenoy (now in present-day Belgium). For the French, defeat would have meant that for the first time since it lost Calais in 1558, Britain could have regained control over parts of Northern France. The route to Paris would have been open and the Bourbon monarchy might have fallen. The success of the *Brigade Irlandaise* in turning what seemed like an imminent French defeat into victory was perhaps its greatest service to the French monarchy. All seven Irish regiments, six infantry and one cavalry, participated. The battle was turned in its final stages in favour of the French by the furious victorious charge of the Irish against the British lines led by Colonel Thomas Lally, whose battle cry to his soldiers "Cuimhnigí ar Luimneach agus ar feall na Sasanach" [Remember Limerick and the English betrayal] echoed through the ranks and later through the pages of the nationalist narrative of Irish history in the 19th and 20th centuries.[17]

The Young Ireland Movement founded in the 1840s by the cultural nationalist, Thomas Davis, celebrated the victory at Fontenoy along with other exploits of the Wild Geese in its influential paper "The Nation." The term came to apply to all the Irish who had left Ireland and fought on the European continent, not only for France but also for Spain and Austria. They entered into the collective memory and became icons of a separate Irish identity. The ultimate symbol of Gaelic Ireland, the Celtic cross, was used to erect a memorial to the

---

[16] Ó hAnnracháin also estimates the number of Irishmen who served in the armies of France at 250,000 (90) but there is no common agreement among historians on this number.

[17] The cry recalls the Flight of the Wild Geese from Limerick in 1691 and subsequent breaking of the terms of the Treaty of Limerick. Tim Pat Coogan, Irish journalist and historian, relates that the famous ballad "Fontenoy" by Thomas Davis was still taught when he was a schoolboy (Coogan, 2000, 31-33). I also remember similar history lessons in school about the Wild Geese, Patrick Sarsfield, hero of the siege of Limerick, and the Irish at Fontenoy, taught by the St. Louis nuns, a teaching order originally founded in France in the 19th century.

fallen Wild Geese in the village of Fontenoy in 1907, the year in which Sinn Féin was officially founded and ideas of a separate nationalist and Gaelic identity were finding new and urgent expression in Irish politics. It was partly funded by Irish emigrants to the USA and inaugurated by the Lord Mayor of Dublin on 27th August 1907. Among those present was Séan MacBride, one of the 15 leaders executed in the aftermath of the 1916 Rebellion. The Celtic Cross at Fontenoy has remained a *lieu de mémoire*, part of the construction of the Irish past and a historical bridge between Continental Europe and a small island on its most western periphery. In 1995, on the 250th anniversary of this battle, the Irish and Belgian post offices issued a common stamp showing the Celtic cross flanked by soldiers of the *Brigade Irlandaise* and in 2014 the Irish government provided funds for the repair and restoration of the cross. The commemoration of the Battle of Fontenoy and the fallen Irish is held every year on 11th May beside the cross. It is attended by the Irish ambassador in the presence of representatives of Belgium and France, and the 271st anniversary in 2016 was no exception.[18] A similar annual ceremony honouring all who fell there, French, Irish and British alike, takes place at the French monument in Vezon, also in the presence of the Irish ambassador.[19]

3. Irish Merchant Communities in France

While soldiers were numerically the largest category of Irish migrants to France in the 17th and 18th centuries, the third and last migrant group under consideration here, the merchants, traders and bankers, were in terms of prosperity and integration into French society by far the most successful. They were also of prime importance in maintaining direct connections between Ireland and Continental Europe in general. Their ships, linguistic skills, commercial expertise, and overseas contacts facilitated not only the export and import of goods but also the passage to and from the French coastal ports of travellers who were the bearers of news of events in Europe and communications from friends and relatives overseas, as well as the importation of printed books and new ideas from abroad. They also served as one of the earliest migrant paths

---

[18] Short videos of this ceremony with images of the famous Celtic Cross of Fontenoy can be viewed on various websites including <http://www.notele.be/list13-le-jt-a-la-carte-media42740-commemorations-de-la-bataille-de-fontenoy.html>.

[19] A report of the ceremony at Vezon in May 2016, including photographs of the French monument, can be found under <http://tournai.blogs.sudinfo.be/archive/2016/05/14/2016-05-11-fontenoy-plus-de-30-personnes-au-monument-francai-188890.html>.

for mercenaries, clerics and pilgrims seeking to leave Ireland (Lyons, 2003, 13-14). As early as the 16th century, individual Irish merchants had already established themselves in the ports of Brittany and further south in Bordeaux, while their French counterparts had created trading relationships with the Irish merchant families operating out of Cork and Galway as well as the main ports in the south-east of Ireland, especially Waterford (which had particularly strong links with the Breton ports of Nantes, La Rochelle and Saint-Malo). These early maritime connections between French and Irish merchants and sea captains were the original networks which would facilitate the large-scale migration of Irish merchants to French towns. This exodus began in the 1640s and 1650s when the economic fall-out from the 1641 rebellion and the subsequent Cromwellian campaign in the 1650s made life very difficult for many families involved in trade. In Waterford the legal disadvantages imposed on the Catholic merchant community by Cromwell's punitive policies prompted them to emigrate in large numbers to France where they settled along the north-west coast in Dunkirk, Saint-Malo, Lorient, La Rochelle, Brest and Nantes.

In a mirror image of the events that drove so many Catholics to flee to France after Cromwell's Irish campaign, Huguenot refugees came to Ireland, many of them taking the places left vacant by the merchants in Waterford and other Irish towns. In the decades after the Revocation of the Edict of Nantes in 1685 and the defeat of the Jacobite Irish by William of Orange in 1690, another wave of Huguenot exiles (ca. 5000 in all) came to Ireland where, like the Irish in France, they became fully integrated into Irish society and several made outstanding contributions to Irish culture, politics and trade. The career of David La Touche (1671-1745), one of the most prominent and prosperous Huguenots in eighteenth-century Dublin, exemplifies their success in their new homeland. He was born near Blois in the Loire valley and originally came to Ireland in William's army and fought at the Battle of the Boyne. He subsequently became a textile merchant in Dublin and founded the La Touche Bank in 1716. This banking dynasty would play an important part in the commercial life of the city down to the early 1900s. Another Huguenot, whose achievements are still visible in Dublin today, was the architect James Gandon, who designed several important public buildings of Georgian Dublin in the Palladian style, including its Custom House and the Four Courts.[20] Perhaps the most notable of all the Huguenot descendants in Ireland is Seán Lemass, participant in the 1916 Rising, who was Taoiseach (Prime Minister) of Ireland from 1959 to 1966. As a result of modernising policies directed at stimulating economic growth and his introduction of more outward-looking foreign policies, which led to Ireland joining the then European Economic Community in 1973, he is considered one of the architects of modern Ireland.

The merchant families from Ireland who established themselves in France in the 17th and 18th centuries brought their capital, their commercial and banking expertise, and their linguistic skills with them and were quick to take advantage of the opportunities they found there. Their international connections, which were based on kinship networks and personal relationships, often cemented by intermarriage, whether in Ireland, Spain or France, were extremely advantageous to their host nation. Their trading networks created new demands for goods and services both in France and abroad and their access to markets in the Atlantic world through their compatriots already established there, invigorated the economies of the French Atlantic ports, especially Nantes. In his article "Les Résaux commerciaux des Irlandais de Nantes sous le règne de Louis XIV" Guy Saupin examines the role of the Irish in the commerce of the city, and especially their trading activities which dominated and extended Atlantic trade between Nantes and the French colonies in the West Indies:

---

[20] James Gandon (1742-1823) of Huguenot descent was born in London but came to Ireland in 1781, where he spent 42 years until his death in 1823. His classical designs for new public buildings transformed Dublin into an elegant eighteenth-century urban landscape and they remain the architectural jewels of the modern city.

> Les Irlandais ont [...] formé le quatrième grand mouvement migratoire venu enrichir le milieu marchand nantais, ceci à partir du règne de Louis XIV en plusieurs vagues correspondant à la conjoncture politique et britannique et à ses deux révolutions.[...] Leurs anciennes attaches irlandaises et anglaises, leur dissémination dans tous les ports français et européens de la façade ouest de l'Europe et la nécessité de surmonter les contraintes économiques de l'exil formaient les composants d'une dynamique susceptible de les rendre performants dans la constitution de ces réseaux commerciaux atlantiques. (Saupin, 2007, 116)

By the end of the 17th century, Nantes had become France's most important port on the Atlantic trade route. The many Irish merchants, who had settled there and created a triangular trade route between Nantes, Ireland and the French Caribbean, found lucrative opportunities to trade in the luxury goods tobacco, sugar, coffee, and cocoa that were flowing in from France's overseas colonies (Saupin, 2007, 115). From Nantes these precious commodities were forwarded to other European ports to satisfy the voracious demand for them all over Europe. It was also the capital of the French slave trade between the African coast and the West Indies and it is not surprising that some entrepreneurial (and unscrupulous) Irish, seeing the enormous profits to be made, became involved in this dark chapter in European history. They provided ships which were loaded with agricultural produce in Irish ports destined for the colonies and then increased their profits with the additional transportation of slaves from Africa to Saint-Domingue, Guadeloupe and Martinique. These profits were further multiplied by investment in sugar plantations on the islands (Lyons, 2008, 98). The most successful and the most notorious of these Irish engaged in the Atlantic slave trade was Antoine Vincent Walsh, who was born in 1703 into a fervent Jacobite family in Saint-Malo. His grandfather had commanded the ship which brought the defeated Stuart monarch, James II back to France after the Battle of the Boyne in 1690. Several years later, Antoine would captain the *Doutelle*, the ship that brought Prince Charles Edward to Scotland on his ill-fated attempt to wrest the Crown of England from the Hanoverians.

Saint-Malo, also known as the '*Cité Corsaire*,' was the centre of the Walsh family's shipbuilding operations and Antoine was a successful '*capitaine corsaire*,' harrying English merchant ships. Having amassed a fortune by this means, the family settled in Nantes and became shipowners. At one stage they operated 28 slave ships between Nantes, Africa, and the West Indian colonies and their participation in slavery made them one of the wealthiest merchant families in the city. Their fortune increased considerably when Antoine founded the *Societé d'Angola* in 1748, which provided the means for even more profitable investment in the Nantes slave trade. In an era when slave traders like Antoine incurred no stain on their reputation, the dubious source of his wealth was no barrier to his appointment as *secretaire du Roi* in 1740. The family fortune was also used to buy the Château de Serrant on the Loire near Angers for Antoine's younger brother, Francis, who was created Comte Walsh de Serrant by letters patent issued on 16th July 1755 by Louis XV (Hussey-Walsh, 1900, 160-174). Antoine Walsh spent the last 10 years of his life in retirement on his sugar plantation in Saint-Domingue. His descendants married into the highest circles of the French aristocracy (among them Valentine Walsh, born in 1810, who married Charles Bretagne Marie de La Trémoïlle in 1830). Through this connection, the Château de Serrant was eventually inherited by the present-day Prince de Ligne. The Walshes had come a long way from their origins as Wild Geese refugees fleeing their homeland in the 1690s.[21]

In his research on the Irish communities in Nantes and Bordeaux, Richard Hayes points out that the links between these French cities and Ireland extend as far back as the Gallo-Roman era.[22] In the case of Bordeaux, as earliest records prove, wine was the motor for trade between French and Irish merchants. This prized commodity was traded by the French along with spices and almonds for Irish agricultural produce, mainly salted beef, butter, wool, hides and tallow. The same circumstances that enabled the Irish to prosper in Nantes, namely access to capital, international markets and pre-existing support networks (an Irish College had been founded there in 1694), allowed several well-known Irish families, many of whom had Jacobite connections, to establish themselves easily in the Bordeaux wine trade and the banking sector. They also enjoyed the advantage of an Irish College, established as early as 1603 and the presence of Bordeaux University, founded in 1441, where several prominent Irishmen, most famous of all, the historian Geoffrey Keating, had studied in the 17th century.

Originally obliged to reside outside the town walls of Bordeaux, the early merchants established themselves in the Quartier des Chartrons. Later, the

---

[21] Holohan (2008, 30-39). Her monograph also considers the history of the most successful Irish merchant families in other regions of France.
[22] For a detailed account of the Irish in Nantes, see Hayes (1939). Hayes also examines the role and history of Irish families in the Bordeaux wine trade (Hayes, 1938).

most successful ones acquired vineyards in the region and, of course, the requisite *château* as well. The names and achievements of these Irish families are reflected in the *appellation d'origine* of several of the best known wines from the Bordeaux region: Château Lynch-Bages, and Lynch-Moussas, Château Kirwan, Château Boyd Cantenac, Château Clarke in Listrac, Château Dillon from Haut-Médoc, Château Léoville Barton and Langoa Barton, though the Châteaux which bear their names are no longer in the hands of the original families with one or two exceptions, most notably the Bartons who now operate under the name of Guestier & Barton.[23] However, the new companies that own these famous Bordeaux vineyards have discovered the marketing advantages of the historic Irish connections and advertise and promote their wines by referring to themselves as the 'Wine Geese,' a reference, of course, to the Wild Geese migrants.[24] The ongoing sentimental attachment of the Irish to the historic Bordeaux connection is also evidenced by the fact that the wine of choice served at important state and diplomatic functions at home and abroad is Château Lynch-Bages.

The Irish wine merchants recognized early on that the most lucrative markets for Bordeaux wine (or claret as it was called in the English-speaking world) were the wealthy elites of Georgian England, Ireland, and the American colonies. They also knew that these elites were only prepared to purchase a high-quality product. They therefore developed techniques to improve the original Bordeaux wines by a process of blending and aging them to suit the tastes of their exacting but wealthy clientele. Another important development in the Bordeaux wine industry was the design and production of glass bottles of a type still in use today by an Irishman, Pierre Mitchell, a Jacobite refugee. He introduced a technique, previously unknown in France, to manufacture more robust bottles to hold the precious vintages. In 1723 Pierre Mitchell obtained letters patent for his glass manufacture and in 1738 it was elevated to the status of *Verrerie Royale de Bordeaux*. Mitchell was evidently familiar with the more advanced glass-making techniques current in Ireland and England at the time and his success is an example of the important role played by Irish immigrants in the introduction of advances in industrial production methods to France in the 18th century.

---

[23] For more details on the history of these families, see Holohan, 2008, 53-81.
[24] The term was originally coined by Murphy (2005) and was immediately adopted by adept purveyors of Bordeaux wines to Ireland as a successful marketing slogan.

The success of the Irish wine merchants in Bordeaux was also replicated with the involvement of other Irish families in the production and export of fine brandy and spirits in the Cognac district. The demand for spirits in general, and brandy in particular, increased throughout the 18th century in France and the rest of Continental Europe as well as Ireland, Britain, and Colonial America. Brandy production in France developed in two main areas, one along the Loire, where it was supported by the ability of the Irish merchant community in Nantes to trade it profitably in exchange for Irish beef and butter. Further south, the Charente area specialised in brandy production with the town of Cognac, which would give its name to this prestige drink, at its centre. Irish families already engaged in the wine trade in Bordeaux recognized the new opportunities presented by the demand for cognac abroad. They were also instrumental in developing more efficient distilling methods. In his monograph on the Irish brandy houses of eighteenth-century France, L.M. Cullen judges the Irish contribution to the economy to have been considerable:

> [...] close links existed between Bordeaux and Cognac largely through the region's Irishmen. [...] As such they are a key element in the movement of men, capital and skills which was an essential factor in the conversion of the southwest of France from two separate economic regions into a single and richer economic entity. (Cullen, 2000, 11)

These enterprises were not without commercial risk as the brandy business suffered periods of instability caused by internal factors such as poor vintages and external factors such as export difficulties in times of war with Britain. Not all Irish brandy houses in the Charente or the Loire region were able to withstand these pressures and those who survived often did so by judicious intermarriage, either within their own community or through local marriages which successfully merged family businesses (Cullen, 2000, 28-31). The most famous of all these marriages was the one between the Martell and Hennessy families in 1795 which created a drinks dynasty that has prospered and grown over seven generations since Richard Hennessy, a young officer from County Cork who had served in the Clare Regiment of the *Brigade Irlandaise*, founded his own Cognac firm in 1765. His son James married Martha Martell, a daughter of the rival Martell brandy house, and this marriage secured the success and survival of one of France's best known commercial enterprises into the 21st century.[25]

---

[25] For a brief history of the Hennessy family, see Holohan (2008, 44-51).

Irish mercantile families from the 17th century onwards made perfect use of the unique and far-flung trading networks they had begun to establish in the 16th century and by the end of the 18th century these would far outstrip their commercial successes in France and circumscribe the globe from Ireland to Britain, Spain, the Netherlands and Austria and further afield to the newly independent states of America, the British and French possessions in the islands of the Caribbean and all the way to India through both the British and French East India Trading Companies. These international networks, to give but one example, were so effectively used by the Johnston family of Bordeaux that through the Marquis de Lafayette's contacts with George Washington's secretary, the Irishman James McHenry, they managed to acquire several hundred American customers (McConnell, 2014, 227). The Irish had become adept at operating across political boundaries and traded transnationally, regardless of the rivalries between the European powers. Like today's multinationals, they supplied goods and services wherever they were in demand, whatever the political situation of the moment.

4. The French Revolution and the Weakening of the 'French Connection' with Ireland

The political earthquake that was the French Revolution in 1789 upset not only the social order and deposed the *Ancien Régime*, it also destroyed the delicate balance between the Irish communities and the French state. Over the previous two hundred years, these Irish had striven to integrate successfully into French society through intermarriage, naturalisation, and service to the monarchy, a success characterized by the Franco-Irish historian Patrick Clarke de Dromantin as follows:

> Par leur dynamisme, leur travail, leur sens des affaires, leur remarquable réseau relationnel, mais aussi pour certains grâce à leur fortune et à de fructueuses alliances, les vaincus de la Boyne ont su relever le défi et [...] se sont parfaitement insérés dans la société du siècle des Lumières. Ils ont même été beaucoup plus loin, puisqu'ils ont activement participé au développement économique du royaume de France, notamment grâce à de nombreux transferts technologiques qui mériteraient à eux seuls une autre communication, mais il s'agit-là d'un autre sujet. (Clarke de Dromantin, 2006, 143-144)

While they had retained a cultural and personal attachment to their heritage through their connections with the Irish colleges and their extended family networks both at home and in France, for the majority of Irish migrants France had become *"une seconde patrie"* as proclaimed in an anonymous pamphlet written in defence of a group of Irish students whose rowdy behaviour in damaging the Altar of the Fatherland on the Champs de Mars on 6th December 1790 so incensed a mob that they subsequently attacked the *Collège des Irlandais*.[26] This plea, "Ce sont des Irlandois qui se font remarquer dans tous les pays par leur attachement pour la France; qui de tout temps, ont chéri *la France comme une seconde patrie*," [my italics] as well as an appeal in another pamphlet signed by a member of the Club des Cordeliers, "François par reconnaissance, François par attachement, François par intérêt comme propriétaires, comment pourroient-ils, ces Irlandois, chercher à être odieux à la nation Françoise?" express the depth of the *"attachement"* the naturalized Irish felt for their French homeland (cited by Chambers, 2009, 21).

All three migrant groups would suffer immensely during the Revolution and the Terror in particular. The *Collège des Irlandais* in Paris survived thanks to the courage and tenacity of its Irish directors Charles Kearney and John Baptist Walsh but in much diminished form, and it never regained its former prestige since its associations with the *Ancien Régime* rendered it suspect long after the1790s. The colleges in Nantes, Toulouse and Bordeaux were not as fortunate as Paris. They were closed, as were other smaller ecclesiastical establishments associated with the Irish Church in France.

The *Brigade Irlandaise* was torn apart by divided loyalties. Some military chose the monarchy, others sided with the new regime and many, no matter whether revolutionaries or royalists, died tragically under the guillotine, particularly during the Terror from September 1793 to July 1794 (Swords, 2001, 204). Tainted as it was by its previous loyalty to the *Ancien Régime*, it could not survive under the new political circumstances in France and was disbanded in 1791. Some members of the displaced Irish military later joined the *Légion Irlandaise*, established by Napoleon in 1803 originally for a projected invasion of Ireland. However, the British naval victory at Trafalgar in 1805 rendered any such venture impossible and after Waterloo it was doomed. Despite the protests of John Frances Mahony, last commander of the *Légion Irlandaise*, that France was *"comme une seconde patrie"* for the Irish, who since the 1640s had fought for it on the battlefields of Europe, it was disbanded and "the long chapter of Irish military formations in continental armies drew to an inglorious

---

[26] This incident on the Champs de Mars and its ramifications for the *Collège des Irlandais* is discussed by Swords (1989, 31-37).

close" (Bartlett, 2006, 171). A last tangible link with this Franco-Irish connection, now almost lost to historical memory in France, stands unnoticed in the centre of Paris: the inscription on the Arc de Triomphe of the names of three *Hibernois,* Kilmaine and Dillon (North Pillar) and Clarke (East Pillar), all generals in the French military. However, there would be one last occasion when Irish soldiers would once again fight on French soil – under the Union Jack at the Battle of the Somme in 1916.

The Irish merchant communities who had achieved integration and enjoyed prosperity and acceptance in French society under the Bourbons now shared the many and varied fates suffered by their neighbours. Some fell foul of the revolutionary councils and were guillotined, others lost their property and fortune and fled the country. Those who escaped were in many cases able to call on the long established and frequently family-based global trading networks that the Irish had built up over the course of the 18th century and thus take advantage of the opportunities offered by the Atlantic economy. Those with the means and the inclination to do so, like the Bartons of Bordeaux, re-established their fortunes in France after the Bourbon Restoration while others made new lives elsewhere and never returned.

The lifestyle of those Irish who had succeeded in reaching the pinnacle of French society is described in a remarkable memoir spanning the decades leading up to the French Revolution and its aftermath written by Madame de la Tour du Pin (1969), née Henriette-Lucy Dillon. It encapsulates the life and times of a notable Irish family of Jacobite origin with connections to the court of Louis XVI.[27] Composed as a letter to one of her children, it remained, unpublished, in the family's possession until 1906.[28] Her personal account of life as a lady in waiting to Marie-Antoinette, her marriage to the Marquis de la Tour du Pin, her narrow escape from the guillotine and subsequent flight to America, her acquaintance there with Talleyrand and her eventual return to France with her husband is an extraordinary story of resilience and survival in a period when so many Irish and French perished. The *Journal d'une Femme*

---

[27] Lucy's family relationships illustrate the complex interplay between Irish émigrés of high social standing and French society. Her father, Arthur Dillon, commanded the Dillon regiment in the *Brigade Irlandaise* from 1766 until 1794 when he was executed by the revolutionaries. Her great-uncle, also named Arthur Dillon, became Bishop of Narbonne. Her female relatives, like herself, married into the French aristocracy.

[28] It was not translated into English until 1969 when it was published under the title *Memoirs of Madame de la Tour du Pin.*

de 50 Ans is a window on the world of the Irish descendants of the Wild Geese in the last quarter of the 18th century before it vanished in the turmoil of the Revolution and the Napoleonic wars. For those *Hibernois* who had safely weathered the tumultuous years of the Revolution and continued to live in France, the purpose and validity of the hybrid identity they had adhered to and valued throughout the 17th and 18th centuries was thrown into question and prudence demanded a greater degree of invisibility and seamless integration into the new French state that emerged from the Revolution.

Reverberations of the earthquake that changed forever the social order in France would echo throughout the 1790s in Ireland where the philosophical ideas of the Enlightenment and the *Déclaration des Droits de l'Homme* were taken up by a group of intellectuals and radicals deeply dissatisfied with many aspects of British rule in Ireland. They founded the Society of the United Irishmen in 1791 and a Dublin lawyer, Theobald Wolfe Tone, emerged as its iconic leader. Armed rebellion was not the original intention of the United Irishmen but severe repression of the movement inspired Wolfe Tone and his associates to seek French aid to establish an Irish Republic. Tone's mission to Paris was successful but the French attempt to land an expeditionary force of 15,000 men in Bantry Bay off the south coast of Ireland in late 1796 failed because of bad weather. Large-scale rebellion broke out in 1798 and the French sent two much smaller naval expeditions to support the rebels. But the military defeat of the United Irishmen and their French allies was a foregone conclusion and of the leaders who escaped, many found refuge in Paris and subsequently joined Napoleon's *Légion Irlandaise*. Wolfe Tone, who had returned to Ireland with the third French naval expedition under Admiral Jean-Baptiste-François Bompart in October 1798, was captured and committed suicide before he could be hanged but entered historical memory as the 'Father of Irish Republicanism.'

1798 may have been unsuccessful militarily but its ideological legacy lived on. The earlier adherence to a monarchist tradition was shaken, whether to the Stuarts, the French monarchy, or the Hanoverians on the British throne. Furthermore, the older Early Modern idea of *natio* based on religion, race and language had become infused with French Revolutionary concepts of universal rights and progressive Republican ideals. Thus Republican ideas became firmly established in Irish political thought within a nationalist framework, even if they did not predominate. The founding of the Irish Republican Brotherhood in the late 19th century continued a new politics of national identity premised on the future establishment of an Irish Republic. This tendency was paralleled and reinforced by the idea of Irish cultural exceptionalism that owed much to the impulses of European cultural nationalism and the doctrines of the Romantic movement. 1789 in France led to 1798 in Ireland and it, in its turn, would eventually lead to 1916. The Proclamation of the Irish Republic as the opening act of that rebellion by its leader, Pádraig Pearse, expressed the determination of the twentieth-century Irish revolutionaries not only to "break the connection with England" as Wolfe Tone had demanded in the 1790s, but also to ensure that a republic would be the legitimate form of government for the Irish people. When monarchist Britain eventually agreed to the principle of Irish independence in 1921, its government absolutely refused to contemplate the foundation of a republic and the new political entity established for an old nation by the Anglo-Irish Treaty in 1922 had to be content with the title of 'Irish Free State.' It was only after the Second World War that the Irish Government was able to unilaterally declare a republic on Easter Monday 1949, the 33rd anniversary of the 1916 Rising. By this circuitous route French political theory of the late 18th century is interwoven into the fabric of modern Irish statehood in the 21st century. 'The Republic' is, perhaps, the most enduring legacy in political philosophy that the French nation has bequeathed to the Irish nation.

In his study of the French Revolution, "The Past in French History," Robert Gildea (1994) analyses the process of the "construction of collective memory": A "community elaborates a collective memory that is peculiar to itself and relatively impermeable to the memories of other communities." When applied to Franco-Irish relations, it is not unreasonable to suggest that while on the one hand, the French collective memory of its transnational agency in Ireland and its transcultural influence on the Irish émigré community in its midst might be described as a peripheral footnote in its long history oriented towards its relations with its immediate European neighbours, the Irish, on the other hand, entertain a more tangible and enduring memory of France as a nation sympathetic to their history and their culture and, not least, to their place in the European family of nations. Gildea's conclusion "What matters is myth [...] in the sense of a construction of the past elaborated by a political community for its own needs" is particularly applicable to Irish interpretations of history, including their historical connections with France. 'Myth' has always been a potent force in Irish perceptions of the past. The 'myth' of iconic nationalist heroes like Patrick Sarsfield and the Wild Geese, Wolfe Tone and the United Irishmen was used in the "construction of collective memory" of nationalist Ireland in the 19th and early 20th century "to define a mythical past which promotes the interest of the community that constructs it."[29]

The most recent use of history and 'myth' in the story of Franco-Irish relations calls on the memory of Ireland's solidarity with France during three wars when Irishmen would once again fight on French soil, in the 1870-1871 Franco-Prussian War, under the Union Jack in World War I and later, in the Second World War. The contribution of the Irish soldiers to the defence of French territory at the Battle of the Somme in 1916 and the debt owed to them by France was expressed by Marshal Ferdinand Foch in a speech printed (in English) in The Irish Times of November 10th, 1928: "[...] France will never forget her debt to the heroic Irish dead and in the hearts of the French people today their memory lives [...] and we shall try to ensure that the generations that come after us shall never forget the heroic dead of Ireland."[30] This promise was honoured on the one hundredth anniversary of Irish participation in the Battle of the Somme in 1916. A memorial, commissioned by the French Government, designed by sculptor Patrice Alexandre and executed by students of the École Nationale Supérieure des Beaux Arts in Paris, was gifted to the Irish people and unveiled in Glasnevin Cemetery, Dublin, on Sunday, 13th November 2016. Limestones representing Ireland are crowned by a Celtic cross and on the stones, engraved in Gaelic, English and French are the final lines of Foch's tribute to the Irish soldiers in 1928: "We shall try to ensure that the generations that come after us shall never forget the heroic dead of Ireland." The monument is dedicated to all Irishmen who lost their lives in past conflicts, fighting for France. The highly symbolic Celtic cross, whether deliberately or not, evokes the memory of that other Celtic cross at Fontenoy and a new *lieu de mémoire* linking Irish and French history is now set in the heart of Dublin. In his message to the Irish people,[31] the French President, François Hollande, used the occasion to declare that this memorial "is the result of an artistic effort of remembrance by young students who became, for the occasion, channels of

---

[29] All quotations refer to Gildea, 1994, 10-12.
[30] Text reprinted in The Irish Times, Saturday, November 12th, 2016.
[31] The full text of François Hollande's speech can be found under <http://www.irishtimes.com/opinion/fran%C3%A7ois-hollande-france-s-gratitude-to-ireland-will-be-set-in-stone-1.2863113>.

memory between France and Ireland" and that "by recalling this shared history we will rediscover the purpose of the European project."

The admission of Ireland to the European Economic Community in 1973, after a period of cultural and economic stagnation in the post-independence period from the 1920s to the 1960s, gave it the opportunity not only to expand its commercial, social and cultural horizons and reinvigorate the cultural interdependencies, affinities, and the old *"attachement"* between the two nations but also to reconcile and form new bonds of friendship with that other island, Great Britain. As Brian Friel, Ireland's greatest twentieth-century playwright, proclaimed in *Translations*: "[...] it is not the literal past, the 'facts' of history, that shape us, but images of the past embodied in language [...] we must never cease renewing those images, because once we do, we fossilize" (Friel, 1984, 445).

Illustrations

Messingham, Thomas, *Florilegium Insulae Sanctorum seu Vitae et Acta Sanctorum Hiberniae* [Garland of the Island of Saints or Lives and Acts of the Saints of Ireland] Paris 1624.
Bayerische Staatsbibliothek, München, Signatur: 2 V. ss. c.87, Title Page, URN: nbn:de:bsb10637030-3.

Entrance to the Centre Culturel Irlandais, former Collège des Irlandais, 5, Rue des Irlandais, Paris, 18/07/2016.
Special thanks to Niall Murphy for permission to use this image.

The Custom House, Dublin, 11/04/2008. Designed by the Huguenot architect James Gandon. URL: <https://commons.wikimedia.org/wiki/File:CustomHouseDublin.JPG>.
Photo by José Porras, Licence: CC-BY-3.0.

References

Bartlett, Thomas 2006
Last Flight of the Wild Geese? Bonaparte's Irish Legion 1803-15. In: Irish Communities in Early-Modern Europe, ed. by Thomas O'Connor and Mary Ann Lyons: 160-171.

Chambers, Liam 2009
"Une Seconde Patrie": The Irish Colleges, Paris, in the Eighteenth and Nineteenth Centuries. In: Diaspora Identities. Exile, Nationalism and Cosmopolitanism in Past and Present, ed. by Susanne Lachenicht and Kirsten Heinsohn. Frankfurt: 16-30.

Clark, George B. 2010
Irish Soldiers in Europe. $17^{th} - 19^{th}$ Century. Cork.

Clarke de Dromantin, Patrick 2006
L'Insertion des réfugiés jacobites dans la société française du dix-huitième siècle. In: Irish Communities in Early-Modern Europe, ed. by Thomas O'Connor and Mary Ann Lyons. Dublin: 130-144.

Coogan, Tim Pat 2000
Wherever Green is worn. The Story of the Irish Diaspora. London.

Cullen, Louis M. 2000
The Irish Brandy Houses of Eighteenth-Century France. Dublin.

Cunningham, Bernadette 2000
The World of Geoffrey Keating. History, Myth and Religion in Seventeenth-Century Ireland. Dublin.

Cunningham, Bernadette 2007
Seventeenth-Century Historians of Ireland. In: Writing Irish History. The Four Masters and their World, ed. by Edel Bhreathnach and Bernadette Cunningham. Dublin: 53-56.

Cunningham, Bernadette 2010
The Annals of the Four Masters. Irish History, Kingship and Society in the Early Seventeenth Century. Dublin.

De la Tour du Pin, Henriette-Lucy 1969
Memoirs of Madame de la Tour du Pin [Journal d'une femme de cinquante ans], ed. and translated by Felice Harcourt. London.

Ferté, Patrick 2006
The Counter-Reformation and Franco-Irish Solidarity: Irish Clerical Refugees at the Universities of Toulouse and Cahors in the Seventeenth and Eighteenth Centuries. In: Irish Communities in Early-Modern Europe, ed. by Thomas O'Connor and Mary Ann Lyons. Dublin: 32-68.

Ferté, Patrick 2006
Étudiants et professeurs Irlandais dans les universités de Toulouse et Cahors (XVII-XVIIe Siècles): les limites de la mission irlandaise. In: Irish Communities in Early-Modern Europe, ed. by Thomas O'Connor and Mary Ann Lyons. Dublin: 69-84.

Friel, Brian (1984)
Translations. In: Selected plays. London.

Genet-Rouffiac, Nathalie 2009
The Wild Geese in France. A French Perspective. In: Franco-Irish Military Connections. 1590-1945, ed. by Nathalie Genet-Rouffiac and David Murphy. Dublin: 32-54.

Gildea, Robert 1994
The Past in French History. New Haven.

Gillespie, Raymond 2013 a
Irish Europe 1600-1650. Writing and Learning, ed. by Raymond Gillespie and Ruairí Ó hUiginn. Irish in Europe. Vol. 5. Dublin.

Gillespie, Raymond 2013 b
The Louvain Franciscans and the Culture of Print. In: Irish Europe 1600-1650. Writing and Learning, ed. by Raymond Gillespie and Ruairí Ó hUiginn. Dublin: 105-120.

Hayes, Richard 1938
"Irish Links with Bordeaux." In: Studies: An Irish Quarterly Review, 27. 106: 291-306.

Hayes, Richard 1939
"Irish Associations with Nantes." In: Studies: An Irish Quarterly Review, 28. 109: 115-126

Hayley, Barbara 1992
Ireland and France, a Bountiful Friendship. Literature, History and Ideas. Essays in Honour of Patrick Rafroidi, ed. by Barbara Hayley and Christopher Murray. Irish Literary Studies. Vol. 42. Gerrards Cross.

Hogan, James 1920
Ireland in the European System. Vol. 1.1500-1557. London.

Holohan, Renagh 2008
The Irish Châteaux. In Search of Descendants of the Wild Geese. Dublin.

Hussey-Walsh, V. 1900
"A Famous French Château." In: The Anglo-Saxon Review, 4: 160-174.

Lachenicht, Susanne / Heinsohn, Kirsten (eds.) 2009
Diaspora Identities. Exile, Nationalism and Cosmopolitanism in Past and Present. Frankfurt.

Lyons, Mary Ann 2003
Franco-Irish Relations 1500-1610. Politics, Migration and Trade. Woodbridge, Suffolk.

Lyons, Mary Ann 2008
Strangers to Citizens. The Irish in Europe 1600-1800, ed. by Mary Ann Lyons and Thomas O'Connor. Dublin.

Lyons, Mary Ann 2013
St. Anthony's College, Louvain. Gaelic Texts and articulating Irish Identity, 1607-40. In: Irish Europe 1600-1650. Writing and Learning, ed. by Raymond Gillespie and Ruairí Ó hUiginn. Dublin: 21-43.

Mac Cana, Proinsias 2001
Collège des Irlandais, Paris, and Irish Studies. Dublin.

McConnell, Tara 2014
Ireland in the Georgian Era: Was there Any Kingdom in Europe so Good a Customer at Bordeaux? In: France and Ireland in the Public Imagination, ed. by Benjamin Keatinge and Mary Pierse. Reimagining Ireland. Vol. 55. Bern: 223-240

McGarry, Stephen 2013
Irish Brigades Abroad. From the Wild Geese to the Napoleonic Wars. Dublin.

Murphy, Ted 2005
A Kingdom of Wine. A Celebration of Ireland's Wine Geese. Cork.

Ó Ciosáin, Éamon 2001
A Hundred Years of Irish Migration to France 1590 to 1688. In: The Irish in Europe 1580-1815, ed. by Thomas O'Connor. Dublin: 93-106.

Ó Ciosáin, Éamon 2009
Irish Soldiers and Regiments in the French Service before 1690. In: Franco-Irish Military Connections, 1590-1945, ed. by Nathalie Genet-Rouffiac and David Murphy. Dublin: 16-27.

Ó Ciosáin, Éamon 2010
Hidden by 1688 and After. Irish Catholic Migration to France 1590-1685. In: British and Irish Emigrants and Exiles in Europe 1603-1688, ed. by David Worthington. Leiden: 125-138.

O'Connor, Thomas 1999
"Towards the Invention of the Irish Catholic *Natio*: Thomas Messingham's *Florilegium* (1624)." In: Irish Theological Quarterly, 64: 157-177.

O'Connor, Thomas (ed.) 2001
The Irish in Europe 1580-1815. Dublin.

O'Connor, Thomas / Lyons, Mary Ann (eds.) 2006
Irish Communities in Early-Modern Europe. Dublin.

Ó hAnnracháin, Eoghan 2006
Irish Involvement in the 'Surprise of Cremona' 1702. In: Irish Communities in Early-Modern Europe, ed. by Thomas O'Connor and Mary Ann Lyons. Dublin: 429-456.

Ó hAnnracháin, Eoghan 2009
Guests of France. A Description of the Invalides with an Account of the Irish in that Institution. In: Franco-Irish Military Connections, 1590-1945, ed. by Nathalie Genet-Rouffiac and David Murphy. Dublin: 55-93.

Saupin, Guy 2007
Les Résaux commerciaux des Irlandais de Nantes sous le règne de Louis XIV. In: Irish and Scottish Mercantile Networks in Europe and Overseas in the Seventeenth and Eighteenth Centuries, ed. by David Dickson, Jan Parmentier and Jane Ohlmeyer. Ghent: 116-146.

Simms, J.G. 1986
The Irish on the Continent. 1691-1800. In: A New History of Ireland. Bd. IV: Eighteenth-Century Ireland. 1691-1800, ed. by T.W. Moody and W.E. Vaughan. Oxford: 629-654.

Swords, Liam (ed.) 1978
The Irish-French Connection 1578-1978. Paris.

Swords, Liam 1989
The Green Cockade. The Irish in the French Revolution 1789-1815. Dublin.

Swords, Liam 2001
The Irish in Paris at the End of the Ancien Régime. In: The Irish in Europe 1580-1815, ed. by Thomas O'Connor. Dublin: 191-205.

Walsh, Micheline 1978
Irish Soldiers and the Irish College in Paris. 1706-1791. In: The Irish-French Connection 1578-1978, ed. by Liam Swords. Paris: 63-87.

Worthington, David (ed.) 2010
British and Irish Emigrants and Exiles in Europe 1603-1688. Leiden.

Gabriele Beck-Busse

Veröffentlichungen

Schriften

1986

Spanische Romane seit 1975. Teil 1. In: Tranvía 3: 28-29. [Übersetzung von Santos Sanz Villanueva: La novela española desde 1975]

1987

Verb – Satz – Zeit. Zur temporalen Struktur der Verben im Französischen. Tübingen.

Spanische Romane seit 1975. Teil 2. In: Tranvía 4: 44-45. [Übersetzung von Santos Sanz Villanueva: La novela española desde 1975]

Manuel da Fonseca – ein „autor alentejano"? In: Tranvía 5: 48.

Carolina Michaëlis de Vasconcelos (1851-1925). Porträt einer Deutsch-Portugiesin um die Jahrhundertwende. In: Tranvía 6: 48-49.

1988

Praktische Schülertätigkeiten im Erdkundeunterricht. In: Praxis Geographie 9: 55-56.

1989

Besprechung von Hartmut Kleineidam und Michel Vincent. Praxis der französischen Grammatik. Übungen für Fortgeschrittene. München. 1988. In: Zeitschrift für französische Sprache und Literatur 99: 306-307.

Besprechung von Pratique du français moderne. Grammatisches Übungsbuch für die gymnasiale Oberstufe, hg. v. Dietmar Matthes et al. Stuttgart. 1984. In: Zeitschrift für französische Sprache und Literatur 99: 314.

1990

La généricité „aspectuelle": les *states*. In: Equivalences 17/18: 19-30.

Les *verbes pronominaux* – eine Unterrichtsreihe für die Sekundarstufe II. In: Französisch heute 4: 370-379.

Besprechung von Pierre-Maurice Richard. Découverte du français familier et argotique. Umgangsfranzösisch verstehen lernen. Unt. Mitarb. v. Heinz-Otto Hohmann. München. 1987. In: Zeitschrift für französische Sprache und Literatur 100: 322-323.

Besprechung von Observer et décrire les faits culturels, hg. v. Geneviève Zaraté. Paris. 1988. In: Zeitschrift für französische Sprache und Literatur 100: 365-367.

1991

Verbsyntax und Fremdsprachenunterricht. In: Französisch heute 1: 27-40.

Zur Problematik der *verbes pronominaux* im Unterricht der Sekundarstufe II. In: Neusprachliche Mitteilungen 3: 179-182.

Die Präpositionalergänzung – kritische Würdigung einiger Übungsformen in Lehrwerken Deutsch als Fremdsprache. In: Projekt. Revista de Cultura brasileira e alemã 5: 13-16. [Vortrag auf der Regionalkonferenz Zielsprache Deutsch im regionalen und internationalen Kontext, Havanna, 14.-21. Januar 1990]

„Wie hältst Du's mit der Verbsyntax?" – Fragen an acht grammatische Übungsbücher des Französischen (Sammelbesprechung). In: Die Neueren Sprachen 90: 79-97.

Besprechung von Wolfgang Pollak. Studien zum Verbalaspekt. Mit besonderer Berücksichtigung des Französischen. Unt. d. Mitw. von Michèle Pollak. Bern etc. 1988. In: Zeitschrift für französische Sprache und Literatur 101: 93-94.

Besprechung von Jean-Jacques Franckel. Etude de quelques marqueurs aspectuels du français. Genève. 1989. In: Zeitschrift für französische Sprache und Literatur 101: 287-289.

1992

Das Tandem als perpetuum mobile? In: Die Neueren Sprachen 91: 234-237.

Besprechung von Arie Molendijk. Le passé simple et l'imparfait: une approche reichenbachienne. Amsterdam etc. 1990. In: Zeitschrift für französische Sprache und Literatur 102: 304-308.

Besprechung von In zwei Sprachen leben. Berichte, Erzählungen, Gedichte von Ausländern, hg. v. Irmgard Ackermann. Mit einem Vorwort von Harald Weinrich. München. 3. Auflage. 1992. In: Berliner Zeitung vom 14. Dezember 1992: 30. (Nochmals 1993 in Zielsprache Deutsch)

1993

Verbe et objet. Berlin.

„Un ami me demande: Doit-on dire un autoradio ou une autoradio?" Tagebuch der französischen Sprache, mein *Journal de la langue française*. In: Französisch heute 2: 143-151.

Briefe aus Frankreich; oder: „Der galante Hermes"; oder auch: Wie die Frantzosen ihre Sprache pflegen. In: Neue Romania 14 [Sonderheft Berliner Romanistische Studien. Für Horst Ochse]: 7-22.

Besprechung von Maike Hansen und Michael Wendt. Sprachlernspiele: Grundlagen und annotierte Auswahlbibliographie unter besonderer Berücksichtigung des Französischunterrichts. Tübingen. 1990. In: Die Neueren Sprachen 92: 290-291.

Besprechung von In zwei Sprachen leben. Berichte, Erzählungen, Gedichte von Ausländern, hg. v. Irmgard Ackermann. Mit einem Vorwort von Harald Weinrich. München. 3. Auflage. 1992. In: Zielsprache Deutsch 24: 108. (Auch 1992 in Berliner Zeitung)

1994

La *grammaire française dédiée à mes jeunes amies*: bibliographie raisonnée de manuels de la langue française à l'usage de la jeunesse féminine (1564-1850). In: Histoire Epistémologie Langage 16/II: 9-33.

Les ‚femmes' et les ‚illitterati'; ou: la question du latin et de la langue vulgaire. In: Histoire Epistémologie Langage 16/II: 77-94.

Besprechung von Hervé Curat. Morphologie verbale et référence temporelle en français moderne. Essai de sémantique grammaticale. Genève. 1991. In: Zeitschrift für französische Sprache und Literatur 104: 318-320.

1995

Per una rilettura di *Verbs and Times* di Zeno Vendler. In: Studi Italiani di Linguistica Teorica e Applicata 24/1: 43-58.

Vom Fremderleben in der Sprachpflege: die Radiosendung *La langue française, joyau de notre patrimoine*. In: Die Herausforderung durch die fremde Sprache. Das Beispiel der Verteidigung des Französischen, hg. v. Jürgen Trabant unt. Mitarb. v. Dirk Naguschewski. Berlin: 117-147.

Europa und das Sprachen-Tandem; oder: „Romanisch" als Schulfach? In: Französisch heute 1: 52-72.

Ökonomie und Ökologie im Fremdsprachenunterricht: *chi due lepri caccia, l'una non piglia, e l'altra lascia*. In: Verstehen und Verständigung durch Sprachenlernen? Dokumentation des 15. Kongresses für Fremdsprachendidaktik, veranstaltet von der Deutschen Gesellschaft für Fremdsprachenforschung (DGFF), Gießen, 4.-6. Oktober 1993, hg. v. Lothar Bredella. Bochum: 188-194.

Besprechung von Helga Gebhard und Régis Titeca. Question de langue(s). Stuttgart etc. 1991. In: Zeitschrift für französische Sprache und Literatur 105: 82-83.

1996

„Rome tremble, & les Cardinaux, & tous les Evesques": à propos de Sabbataï Zevi (1626-1676), faux Messie de Smyrne. In: Hommage à Haïm Vidal Sephiha, sous la direction de Winfried Busse et Marie-Christine Varol-Bornes. Berne etc.: 445-464.

1997

A propos de la nature temporelle des verbes en français. In: Actas do XIX Congreso Internacional de Lingüística e Filoloxía Románicas. Universidade de Santiago de Compostela, 1989, publicadas por Ramón Lorenzo. Vol. I. A Coruña: 279-290.

Besprechung von Edgar Radtke. Gesprochenes Französisch und Sprachgeschichte. Zur Rekonstruktion der Gesprächskonstitution in Dialogen französischer Sprachlehrbücher des 17. Jahrhunderts unter besonderer Berücksichtigung der italienischen Adaptionen. Tübingen. 1994. In: Zeitschrift für französische Sprache und Literatur 107: 125-128.

Besprechung von Die Frau in der Renaissance, hg. v. Paul Gerhard Schmidt. Wiesbaden. 1994. In: Wolfenbütteler Renaissance Mitteilungen 21/1: 20-22.

1999

La grammatica in Arcadia: „The French Garden for English Ladyes and Gentlewomen to walke in" di Peter Erondell (Londra 1605). In: Tempi e spazi di vita femminile tra medioevo ed età moderna, a c. di Silvana Seidel Menchi, Anne Jacobson Schutte, Thomas Kuehn. Bologna: 175-191. [Englische Fassung 2001, second printing 2005]

Besprechung von Ob die Weiber Menschen seyn, oder nicht? 2., überarb. u. erw. Aufl., hg. v. Elisabeth Gössmann. München. 1996. In: Wolfenbütteler Renaissance Mitteilungen 23/2: 66-67.

2000

Besprechung von Querelles. Jahrbuch für Frauenforschung 1997. Band 2: Die europäische *Querelle des Femmes.* Geschlechterdebatten seit dem 15. Jahrhundert, hg. v. Gisela Bock und Margarete Zimmermann (unt. Mitarb. v. Monika Kopyczinski). Stuttgart, Weimar. 1997. In: Wolfenbütteler Renaissance Mitteilungen 24/1: 20-23.

Besprechung von Geschlechterbeziehungen und Textfunktionen. Studien zu Eheschriften der Frühen Neuzeit, hg. v. Rüdiger Schnell. Tübingen. 1998. In: Wolfenbütteler Renaissance Mitteilungen 24/2: 125-128.

2001

Grammar in Arcadia. In: Time, Space, and Women's Lives in Early Modern Europe, ed. by Anne Jacobson Schutte, Thomas Kuehn, Silvana Seidel Menchi. Kirksville: 29-40. [Leicht modifizierte englische Version des Beitrags Bologna 1999]

2002

Sammelbesprechung von Frauen der italienischen Renaissance. Dichterin – Herrscherin – Mäzenatin – Ordensgründerin – Kurtisane, hg. v. Dirk Hoeges. Frankfurt a. M. etc. 1999 sowie Frauen der italienischen Renaissance. Dichterinnen, Malerinnen, Mäzeninnen, hg. v. Irmgard Osols-Wehden. Darmstadt. 1999. In: Wolfenbütteler Renaissance Mitteilungen 26/1: 41-43.

2003

Frauen in der Romanistik.
Online-Präsentation unter <http://www.lingrom.fu-berlin.de /frauen-in-der-romanistik/>
Gestaltung, Koordination und Herausgabe; Einleitung, Interview mit Iris Radisch, eigene Beiträge insbesondere zu Henriette Gustava Michaelis, Hedwig Dohm und Luise Ey sowie diverse Übersetzungen aus dem Spanischen und Portugiesischen.
Technische Unterstützung: Ana Isabel Sühling
Idee und Vorarbeiten: Brigitte Jostes und Hiltrud Lautenbach

2004

Carl Goldbeck – «amigo e mentor». In: Dona Carolina Michaëlis e os estudos de Filologia Portuguesa, hg. v. Ulrike Mühlschlegel. Frankfurt am Main: 12-20.

2005

Von der Historizität des Schreibens über Grammatik. In: Paragrana – Internationale Zeitschrift für Historische Anthropologie 14/1: 21-46.

Second printing von Grammar in Arcadia 2001.

Galerie der Frauen in der Romanistik.
Online-Präsentation unter <http://www. romanistinnen.de> und
<http://www.romanistas.de>
Gestaltung, Koordination und Herausgabe; eigene Beiträge insbesondere zu Caroline und Henriette Michaelis sowie Luise Ey; diverse Übersetzungen.
Technische Unterstützung: Christiane Musketa
Redaktionelle Mitarbeit: Kirsten Süselbeck, Astrid Lohöfer
[Weiterführung von Frauen in der Romanistik 2003]

Mit Ulrike Mühlschlegel
Henriette Michaelis' *Neues Wörterbuch der portugiesischen und deutschen Sprache:* zwischen Tradition und Fortschritt. In: Lusorama 61-62: 118-143. [Vortrag auf dem 5. Deutschen Lusitanistentag, Rostock, 25.-28.9.2003]

2006

Catharinus Dulcis.
Online-Präsentation unter <http://www.dulcis-info.de>
Technische Unterstützung: Christiane Musketa

2009

Carolina Michaëlis de Vasconcelos und die Kraft der Philologie. In: Das Potential europäischer Philologien. Geschichte, Leistung, Funktion, hg. v. Christoph König. Göttingen: 264-281.

2011

‚Unruhe' im Lexikon: Drei Vollständige Wörterbücher im Vergleich. In: Sprachliche Dynamiken. Das Italienische in Geschichte und Gegenwart, hg. v. Maria Selig und Gerald Bernhard. Frankfurt am Main et al.: 105-123.

Mit Winfried Busse
Os dicionários „Michaëlis": o „Duden" português. In: Miscelânea de Estudos em Homenagem a Maria Manuela Gouveia Delille. Vol. 2, hg. v. Maria Teresa Delgado Mingocho, Maria de Fátima Gil und Maria Esmeralda Castendo. Coimbra: 773-788.

2011-2012

A propos d'une histoire des « Grammaires des Dames »: Réflexions théoriques et approches empiriques. In: Documents pour l'histoire du français langue étrangère ou seconde 47-48: 13-43. [= Voix féminines. Eve et les langues dans l'Europe moderne. Actes du colloque co-organisé par la SIHFLES à Gargnano, les 6-8 juin 2011. Numéro coordonné par Irene Finotti et Nadia Minerva].
Seit 2015 auch unter: <http://dhfles.revues.org/3121>

2012

Henriqueta Michaëlis: lexicógrafa, editora, tradutora ... elo de ligação. In: Aspectos da Lusofonia: A Língua Portuguesa. Elo de Ligação e de Integração. Actas do Colóquio. Heidelberg, 20/01/2011. / Facetten der portugiesischsprachigen Welt: Die Sprache als Bindeglied und Integrationskraft. Akten des Kollquiums. Heidelberg, 20/01/2011, org. v. Filomena Sousa Alberti, Maria de Jesus Durán Kremer und Rosa Rodrigues: 32-43.
Zugriff über <urn:nbn:de:bsz:16-opus-135514> und <http://www.ub.uni-heidelberg.de/archiv/13551>

2013

A jovem Carolina: os anos de Berlim. In: Carolina Michaëlis e Joaquim de Vasconcelos: a sua projecção nas artes e nas letras portuguesas, hg. v. Maria Manuela Gouveia Delille, João Nuno Corrêa-Cardoso und John Greenfield. Porto: 91-124.

2014

Grammaire des Dames • Grammatica per le Dame. Grammatik im Spannungsfeld von Sprache, Kultur und Gesellschaft. Frankfurt am Main et al.

Autarchia linguistica: contestualizzazione di un termine in «rispondenza alle necessità del tempo». In: La lingua italiana dal Risorgimento a oggi. Unità nazionale e storia linguistica. / Das Italienische nach 1861. Nationale Einigung und italienische Sprachgeschichte, hg. v. Elmar Schafroth und Maria Selig in Zus.arb. m. Nora Wirtz. Frankfurt am Main et al: 153-164.

A la búsqueda de Leonie Feiler: un paseo por Berlín entre 1907 y 1933. In: Señoritas en Berlín • Fräulein in Madrid. 1918–1939, hg. v. Gabriele Beck-Busse, Arno Gimber und Santiago López-Ríos. Berlin: 184-200.

Señoritas en Berlín • Fräulein in Madrid. 1918–1939, hg. v. Gabriele Beck-Busse, Arno Gimber und Santiago López-Ríos. Berlin.

Mit Arno Gimber und Santiago López-Ríos
Vorwort / Prólogo. In: Señoritas en Berlín • Fräulein in Madrid. 1918–1939, hg. v. Gabriele Beck-Busse, Arno Gimber und Santiago López-Ríos. Berlin: 6-8, 9-11.

Herausgeberin der Reihe Sprache • Gesellschaft • Geschichte in der Peter Lang Edition, Frankfurt am Main et al. Seit 2016 zusammen mit Margarita Borreguero Zuloaga, Madrid.

Im Druck

La *Grammatica italiana delle Dame*: suggerimenti per una sua storia. In: Atti del XIV Congresso della Società Internazionale di Linguistica e Filologia Italiana (SILFI): Acquisizione e didattica dell'italiano. Madrid 4-6 aprile 2016, a c. di Margarita Borreguero Zuloaga.

Enseigner le français aux personnes non-grammatisées dans les pays de langue allemande: l'exemple de Christian Gottfried Hase. In: Seitenblicke auf die Französische Sprachgeschichte. Akten der Tagung *Französische Sprachgeschichte* vom 13.-16. Oktober 2016 an der Ludwig-Maximilians-Universität München, hg. v. Barbara Schäfer-Prieß und Roger Schöntag. Tübingen.

In Vorbereitung

Besprechung von Harro Stammerjohann. La lingua degli angeli. Italianismo, italianismi e giudizi sulla lingua italiana. Firenze. 2013. Für Romanische Forschungen.

Unveröffentlicht

„Ridendo dicere verum quid vetat": Philosophy, Astronomy, Physics ... Grammar „for ladies". International Colloquium „Woman in Debate. Mary Wollstonecraft and the rights of woman", Madeira, 3rd-7th May 1993, Leitung Zina Abreu.

Ausstellungen • Gedenktage • Erinnerungsorte

2005

Caroline Michaelis. Zum 80. Todestag der Romanistin.
Ausstellung im Foyer der Universitätsbibliothek Marburg.

Einweihung der Caroline-Michaelis-Straße in Berlin.
In Anwesenheit von S. E. dem Botschafter von Portugal in Berlin und des Bezirksbürgermeisters von Berlin-Mitte.

2006

Catharinus Dulcis: 1540-1626.
Akademischer Nachmittag zur Erinnerung an die Ernennung von Catharinus Dulcis zum ersten Professor für Französisch und Italienisch vor 400 Jahren.
Öffentliche Veranstaltung im Historischen Rathaussaal der Stadt Marburg.

Werner Krauss zum Gedenken.
Veranstaltung im Magistratssitzungssaal der Stadt Marburg.

2007

Hans Staden in Brasilien: 1548-1555.
Vortrag, Lesung und Ausstellung zur 450. Wiederkehr des Marburger Erstdrucks der „Wahrhaftigen Historia".
Öffentliche Veranstaltung im Historischen Rathaussaal der Stadt Marburg.

2011

Virtuelle Ausstellung zum 75. Todestag von Luise Ey.
Vernissage am 17. Mai 2011.
Unter Mitwirkung von Astrid Lohöfer und Stefan Serafin.
Zugänglich unter <http://www.romanistinnen.de/expo_ey/index.htm>

Serata Risorgimentale: Zum 150. Jahrestag der Einheit Italiens.
Vortrag, Ausstellung und Empfang im Foyer der Geisteswissenschaftlichen Institute der Philipps-Universität Marburg.
Leitung und Organisation: Roberta Martignon-Burgholte. In Zusammenarbeit mit dem Istituto Italiano di Cultura di Francoforte.

Fernão Mendes Pinto und die Faszination des Fernen Osten.
Ausstellung im Foyer der Universitätsbibliothek Marburg.
In Zusammenarbeit mit Maria José Peres Herhuth und dem Instituto Camões.

KULTUR – KOMMUNIKATION – KOOPERATION

herausgegeben von Gabriele Berkenbusch und Katharina von Helmolt

ISSN 1869-5884

1   *Gabriele Berkenbusch und Doris Weidemann (Hg.)*
      Herausforderungen internationaler Mobilität
      Auslandsaufenthalte im Kontext von Hochschule und Unternehmen
      ISBN 978-3-8382-0026-2

2   *Vasco da Silva*
      Critical Incidents in Spanien und Frankreich
      Eine Evaluation studentischer Selbstanalysen
      ISBN 978-3-8382-0036-1

3   *Gwendolin Lauterbach*
      Zu Gast in China
      Interkulturelles Lernen in chinesischen Gastfamilien:
      Eine Längsschnittstudie über die Erfahrungen deutscher Gäste
      ISBN 978-3-8382-0082-8

4   *Katharina Bertz*
      Akkulturationsmodelle in der aktuellen Forschung
      Metaanalyse neuester wissenschaftlicher Studien über Akkulturation
      ISBN 978-3-8382-0126-9

5   *Sabine Emde*
      Immigration und Schwierigkeiten im deutschen Alltag
      Eine chinesische Migrantin in Deutschland
      ISBN 978-3-8382-0101-6

6   *Andrea Richter*
      Auslandsaufenthalte während des Studiums - Stationen,
      Bewältigungsstrategien und Auswirkungen
      Eine qualitative Studie
      ISBN 978-3-8382-0108-5

7   *Jessica Bielinski*
      Bikulturelle Partnerschaften in Deutschland
      Eine Studie über Diskriminierungen, Konflikte und Alltagserfahrungen
      ISBN 978-3-8382-0299-0

8   *Gabriele Berkenbusch, Katharina von Helmolt, Vasco da Silva (Hg.)*
      Migration und Mobilität aus der Perspektive von Frauen
      ISBN 978-3-8382-0156-6

9   Ann-Kathrin Hörl
    Interkulturelles Lernen von Schülern
    Einfluss internationaler Schüler- und Jugendaustauschprogramme auf die persönliche
    Entwicklung und die Herausbildung interkultureller Kompetenz
    ISBN 978-3-8382-0361-4

10 Gwendolin Lauterbach
    Hierarchie in internationalen Hochschulkooperationen
    Eine Studie zu deutsch-kirgisischer Projektarbeit
    ISBN 978-3-8382-0392-8

11 Gabriele Berkenbusch, Elisa Wiesbaum, Jens Weyhe
    Zwischen Hochschule und Arbeitsmarkt
    Die Absolventenstudie der Fakultät Angewandte Sprachen und Interkulturelle
    Kommunikation der Westsächsischen Hochschule Zwickau
    ISBN 978-3-8382-0351-5

12 Ciara Hogan, Nadine Rentel, Stephanie Schwerter (eds.)
    Bridging Cultures: Intercultural Mediation in Literature, Linguistics
    and the Arts
    ISBN 978-3-8382-0352-2

13 Katharina von Helmolt, Gabriele Berkenbusch, Wenjian Jia (Hg.)
    Interkulturelle Lernsettings
    Konzepte – Formate – Verfahren
    ISBN 978-3-8382-0349-2

14 Alexandra Bauer
    Identifikative Integration
    Über das Zugehörigkeitsgefühl von Migranten und Migrantinnen
    zu ihrer Aufnahmegesellschaft
    ISBN 978-3-8382-0382-9

15 Melanie Püschel
    Emotionen im Web
    Die Verwendung von Emoticons, Interjektionen und emotiven Akronymen in
    schriftbasierten Webforen für Hörgeschädigte
    ISBN 978-3-8382-0506-9

16 Friederike Barié-Wimmer, Katharina von Helmolt, Bernhard Zimmermann
    Interkulturelle Arbeitskontexte
    Beiträge zur empirischen Forschung
    ISBN 978-3-8382-0637-0

17 Nicola Düll, Katharina von Helmolt, Begoña Prieto Peral,
    Stefan Rappenglück, Lena Thurau (Hg.)
    Migration und Hochschule
    Herausforderungen für Politik und Bildung
    ISBN 978-3-8382-0542-7

18   Sara Dirnagl
   „*Because here in Germany*". Kategorisierung und Wirklichkeit
   Eine dynamische *Membership Categorization Analysis* von Migrationsberatungsgesprächen
   ISBN 978-3-8382-1005-6

19   Astrid Lohöfer und Kirsten Süselbeck (Hg.)
   Streifzüge durch die Romania
   Festschrift für Gabriele Beck-Busse zum 60. Geburtstag
   ISBN 978-3-8382-1000-1

Sie haben die Wahl:

Bestellen Sie die Schriftenreihe
Kultur – Kommunikation – Kooperation
einzeln oder im **Abonnement**

per E-Mail: vertrieb@ibidem-verlag.de | per Fax (0511/262 2201)
als Brief (***ibidem***-Verlag | Leuschnerstr. 40 | 30457 Hannover)

Bestellformular

☐ Ich abonniere die Schriftenreihe *Kultur – Kommunikation – Kooperation* ab Band # ____

☐ Ich bestelle die folgenden Bände der Schriftenreihe *Kultur – Kommunikation – Kooperation*
____; ____; ____; ____; ____; ____; ____; ____; ____; ____

Lieferanschrift:

Vorname, Name ....

Anschrift ....

E-Mail.. | Tel.: ....

Datum .... | Unterschrift ....

Ihre Abonnement-Vorteile im Überblick:
- Sie erhalten jedes Buch der Schriftenreihe pünktlich zum Erscheinungstermin – immer aktuell, ohne weitere Bestellung durch Sie.
- Das Abonnement ist jederzeit kündbar.
- Die Lieferung ist innerhalb Deutschlands versandkostenfrei.
- Bei Nichtgefallen können Sie jedes Buch innerhalb von 14 Tagen an uns zurücksenden.

ibidem.eu